以读者之心做书

以百姓之心施政

程连昌

政法干警招录培养考试辅导教材编写者名单

程连昌	贾德臣	黄希华	魏 星	陈闻达	古 峰	方卓敏	吴晓花
秦 晔	范 杰	王 曼	王凤梅	武 娜	王一达	郝鹏飞	丛 衡
战月菲	张 斌	陈 朔	高 尚	陈 晨	杨志军	唐博凯	李言晖
李建新	倪少岩	孙熙兰	任月红	李 敏	刘苏娜	张凯玮	郑 美
查庭晓	高 见	邹 婵	李 妍	冯 宁	张 冀	戴丹妹	王少栋
贡 琳	朱 燕	陈红艳	彭千卉	隋 琨	葛 楠	李 淼	李 力
裴雅峰	马志佳	杜晓宁	周芳薇	孟军英	曲春子	董 锋	翟 帆
曾湘泉	朱勇国	沈剑飞	吴 铮	张明睿	冯 威	李如海	戴晓东
丁雪峰	刘旭涛	石 伟	孙秀秋	王甫银	宋卫平	周 盈	高世秀
谭林妃	姬雪松	许铭桂	李文燕	魏鲁宁	彭 灿	赵同勤	高 凡
郑立华							

金榜图书
JINBANG BOOKS · SINCE 1997

2014最新版政法干警招录培养考试辅导教材

民法学一本全

程连昌 李文燕 主编

中国人民公安大学出版社
CPPSUP

图书在版编目(CIP)数据

民法学一本全 / 程连昌，李文燕主编.
—北京：中国人民公安大学出版社，2013.7

2014最新版政法干警招录培养考试辅导教材

ISBN 978-7-5653-1173-4

Ⅰ.①民… Ⅱ.①程…②李… Ⅲ.①警察—招聘—考试—教材
②民法—法的理论—中国—教材 Ⅳ.①D631.13②D923.01

中国版本图书馆 CIP 数据核字(2012)第 318500 号

2014最新版政法干警招录培养考试辅导教材

民法学一本全

程连昌　李文燕　主编

出版发行：	中国人民公安大学出版社
地　　址：	北京市西城区木樨地南里
邮政编码：	100038
经　　销：	新华书店
印　　刷：	大厂回族自治县彩虹印刷有限公司

版　　次：	2013 年 7 月第 1 版
印　　次：	2013 年 7 月第 1 次
印　　张：	19.75
开　　本：	787 毫米×1092 毫米　1/16
字　　数：	544 千字

书　　号：	ISBN 978-7-5653-1173-4
定　　价：	48.00 元

网址：www.cppsup.com.cn　　www.porclub.com.cn
电子邮箱：zbs@cppsup.com　　zbs@cppsu.edu.cn

营销中心电话：010－83903254
读者服务部电话（门市）：010－83903257
警官读者俱乐部电话（网购、邮购）：010－83903253
公安图书分社电话：010－83905672

前言

根据《中共中央转发〈中央政法委员会关于深化司法体制和工作机制改革若干问题的意见〉的通知》(中发〔2008〕19 号)精神,为加强政法干部队伍建设,完善政法干警招录培养体制,从 2008 年开始,各省、自治区、直辖市逐步深入实施了基层政法干警招录培养考试。

基层政法干警招录培养考试是一种招录、培养、定向上岗考试。其高举中国特色社会主义伟大旗帜,围绕加强政法工作和政法干部队伍建设大局,以造就政治业务素质高、实战能力强的应用型、复合型政法人才为目标,重点从部队退役士兵和普通高校毕业生中选拔优秀人才,力求为基层政法机关特别是中西部和其他经济欠发达地区县(市)级以下基层政法机关提供人才保障和智力支持。

为了给广大有志于成为政法干警的报考者提供最好的帮助,我们组织**中国人民公安大学**等权威专家、学者,针对基层政法干警招录培养考试专业科目《考试大纲》,精心编写了本套"**政法干警招录培养考试辅导教材**"。本套教材包括:《文化综合一本全(历史 地理 政治)》、《民法学一本全》。

本套政法干警招录培养考试辅导教材是**全国唯一一套由中国人民公安大学出版社出版的政法干警招录培养考试辅导教材,**以极强的针对性和较高的质量为报考者取得政法干警招录培养考试的成功提供了重要保障。

本套教材借鉴了考试成功者的复习策略,精选了考试的重点和要点,内容简练,紧密联系考试实际,有代表性,实战性强,能大大提高复习效率。

本套教材在编写、出版过程中,得到了有关专家和有关部门、单位的大力支持,同时参考并引用了部分著作、文件资料,谨在此一并致谢!

希望本套教材能给报考者的复习备考带来一些实实在在的帮助,并衷心祝愿有志成为政法干警的广大报考者顺利通过考试。

编 者

目录

上篇　大纲考点详解

下篇　历年真题及模拟试卷

上篇

大纲考点详解

第一章　民法总论

第一节　民法概述

一、民法的概念

根据《中华人民共和国民法通则》第 2 条从民法的对象和任务角度来看,民法是调整平等主体的公民之间、法人之间、公民和法人之间的财产关系和人身关系的法律规范的总称。民法调整的财产关系的内容包括物权、债权和知识产权;民法调整的人身关系的内容包括人格权和身份权。

二、民法的调整对象

民法有自己特定的调整对象,即平等的民事主体之间的财产关系和人身关系。这是民法能够作为一个独立的法律部门得以存在和发展的客观依据。

(一)民法调整平等主体之间的财产关系

民法调整平等主体之间的财产关系,是指平等的民事主体在从事民事活动的过程中所发生的以财产所有和财产流转为主要内容的权利与义务关系。它有如下特点:

1.从主体方面来看

民法所调整的财产关系的主体在法律地位上具有平等性。这是由商品经济活动的平等性所决定的。

2.从内容方面来看

民法所调整的财产关系主要包括财产所有关系和财产流转关系。财产所有关系,是指民事主体因对财产的占有、使用、收益和处分而发生的社会关系;财产流转关系,是指民事主体因对财产进行交换而发生的社会关系。其中,财产所有关系是财产流转关系的发生前提和民事主体追求的直接后果;而财产流转关系又是实现财产所有关系的基本方法。

3.从利益实现方面来看

民法调整的财产关系主要体现等价有偿的基本要求。这是因为,商品经济活动要求民事主体在进行商品生产和商品交换的过程中,要取得对方的财产,必须支付相应的对价,从而使全社会物质资料的再生产和扩大再生产成为可能。

(二)民法调整平等主体之间的人身关系

民法调整平等主体之间的人身关系,是指平等的民事主体之间发生的以人格关系和身份关系为主要内容的权利与义务关系。这种人身关系具有如下特点:

1.从内容方面来看

民法调整的人身关系主要是指人格关系和身份关系。其中,人格关系,是指因民事主体之间为实现人格利益而发生的社会关系。身份关系,是指民事主体之间因彼此存在的身份利益而发生的社会关系。身份利益,是指民事主体之间因婚姻、血缘和法律拟制而形成的利益,在法律上体现为配偶权、亲权、监护权等。

2.从人身关系与财产关系的相互联系来看

人身关系与财产关系是密切相关的。尽管人身关系本身并无直接的财产内容,但某些人身关系是特定财产关系发生的前提条件,如亲属之间的身份权是亲属之间取得财产继承权的法定条件。此外,对人身权的侵害会直接给民事主体带来一定的财产损失,受害人有权通过法定程序和运用民法规范追究侵权行为人的财产责任。

三、民法的渊源

(一)民法渊源的概念

民法的渊源,即民法的法律渊源(简称法源),是指民事法律规范借以表现的具体形式。在制定法上,它主要体现为各个国家机关根据其权限范围所制定的规范性文件;而在制定法之外,还包括习惯、判例、法理等。

(二)民法渊源的种类

1.制定法

制定法,是指立法机关以条款形式编纂,制定成文件并予颁行的法律。民法的制定法形式有以下几种:

宪法中关于民事的法律规定。宪法是全国人民代表大会制定的基本大法,具有最高的法律效力。宪法中有关财产所有权的规制、公民的民事基本权利和义务的规制等,都是民法的表示形式。民事基本法和单行法都必须以宪法的有关规定为依据。

民事法律。民事法律是全国人民代表大会及其常务委员会制定公布的民事立法文件,是我国民法的主要表示形式。民事法律的形式有民事基本法、民事单行法、民事特殊法的区分。民事基本法就是民法典,我国目前还没有民法典,《中华人民共和国民法通则》(以下简称《民法通则》)起着民事基本法的作用。民事单行法,是为调整某特定类型的民事关系而制定和颁行的法律。我国目前的民事法律,以单行法的形式为特性,《中华人民共和国合同法》(以下简称《合同法》)、《中华人民共和国担保法》(以下简称《担保法》)、《中华人民共和国继承法》(以下简称《继承法》)、《中华人民共和国专利法》(以下简称《专利法》)、《中华人民共和国商标法》(以下简称《商标法》)、《中华人民共和国著作权法》(以下简称《著作权法》)、《中华人民共和国物权法》(以下简称《物权法》)等,都属于单行法。民事特殊法,是指相对于民事基本法而具有特殊规定的单行法。民事特殊法既遵循民事基本法的基本原则和规定,又有特殊的原则和规定,而且这些特殊的原则和规定,一般应该优先适用。例如,《中华人民共和国公司法》、《中华人民共和国票据法》等,就属于民事特殊法。

国务院及其各部委发布的行政法规、规章中的民事规范。国务院是国家最高行政机关,能够依据宪法、法律和全国人民代表大会常务委员会的授权,制定和发布民事规范。由国务院及其部委发布的民事规范,是我国民法的主要表示形式。例如,《中华人民共和国商标法实施条例》(以下简称《商标法实施条例》)等。

地方性法规、民族区域自治条例和单行条例中的民事规范。地方各级权力机关、行政机关依照宪法和法律制定与公布的,只在本地域内发生法律效力的民事规范,也是我国民法的渊源。

最高人民法院的司法说明。最高人民法院是我国的最高审判机关,有权就审判工作中详细使用民事法律进行司法说明。最高人民法院的民事司法说明,是我国民法的主要渊源之一。例如,最高人民法院《关于贯彻执行〈中华人民共和国民法通则〉若干问题的意见(试行)》(以下简称《民通意见》)等。

2.习惯

所谓习惯,就是人们在日常生活、交易中形成的经常性做法。习惯根据其适用,可以分为区域性习惯和行业性习惯、生活习惯和交易习惯等。我国民法没有对习惯的效力做一般性规定;但有些单行法肯定习惯效力,如我国《合同法》第125条就允许用交易习惯解释合同的歧义条款。

四、民法的适用范围

民法的适用范围,也称民法的效力,是指民事法律规范在何时、何地,对何人发生法律效力。民法的适用范围包括以下三个方面:

1.时间上的适用范围

民法在时间上的适用范围主要指两个方面:

第一,民事法律规范发生法律效力的起止时间,即从什么时间开始生效,至什么时间终止效力。立法上对民事法律规范开始生效的时间,一般有两种做法:一种是在法律文件中明文规定,该法从其通过或公布之日起开始生效;另一种是在民事规范的条文中单独列举一条,说明该规范在公布后的什么时间才开始生效。例如,《民法通则》是1986年4月12日通过的,但该法第156条规定:"本法自一九八七年一月一日起施行。"这种规定是为了让人们在新法生效之前理解该法,并给有关司法机关以预备时间。民事法律的失效时间,法律本身一般都不作规定,而是通过以下方式肯定:天然失效,即当某一民事法规规定的义务已经完成后,该法规的效力天然终止;在公布新的法律时,明白宣布以前的同类法规与其相抵牾的部分效力终止;改动并重新公布实施新法律,并宣布原法律的效力终止。

第二,民法上的溯及既往效力,即民法对于其公布实施以前发生的民事关系有无溯及既往的效力。一般情形下,新的民事法律,只适用于该法生效后所发生的民事关系,也就是说,民法原则上没有溯及既往的效力。

2.空间上的适用范围

民法在空间上的适用范围,是指民法在什么地域内适用。由于制定法律的机关不同,民事法律法规在空间上的适用范围也就不同。一般分为两种情形:

第一,凡是由全国人民代表大会及其常务委员会、国务院及其各部、委等中央机关制定并公布的民事法规,适用于中华人民共和国的领土、领空、领水,以及依据国际法和国际通例应该视为我国范畴的一切范畴。例如,我国的驻外使馆、领馆,我国在境外的船舶、飞机等。

第二,凡是地方各级政权机关所公布的民事法规,只在该地域内发生法律效力,在其他地域不发生效力。

从以上两种情形能够看出,我国民法的适用范围以属地法为原则,即凡是在中国范畴内发生的民事活动,原则上都适用中国法。

3.对人的适用范围

民法对人的适用范围,即指民法对哪些人有法律效力。民法上的人包括天然人和法人。

我国民法对人的效力主要有以下几种情形：

第一，对居住在我国境内的中国自然人或设立在中国境内的中国法人及其他组织，都具有法律效力。

第二，对于居留在我国境内的外国人、无国籍人和经我国政府准许设立在中国境内的外国法人及其他组织，原则上具有法律效力，但依法享有外交豁免权的人除外。另外，我国民法中某些专门由中国公民、法人或其他组织享有的权利能力，对外国人、无国籍人或外国法人和其他组织不具有法律效力。

第三，栖身在外国的我国公民，原则上适用住在国的民法，而不适用我国民法。但是，依照我国法律以及我国与其他国家缔结的双边协定，或我国加入的国际条约、我国认可的国际通例，应该适用我国民法的，仍旧适用我国民法。

五、民法的基本原则

(一)民法基本原则的概念

民法的基本原则，反映民事活动的根本属性，尤其是市民社会的一般条件、趋势和要求。民法的基本原则是制定、解释、执行和研究我国民法的指导思想，是我国民法的社会主义本质的集中表现，也是我们进行民事活动必须遵循的法律准则。《民法通则》第3条至第7条对我国民法的原则作了规定，概括其内容，大约可以分为两类：一类是对民法内容有普遍约束力的原则，是指导民事立法、民事审判和民事活动的基本准则，如平等、自愿等原则；还有一类是适用于特定民事法律关系的原则，如公平、诚实信用、禁止权利滥用等原则。

(二)我国民法的基本原则

1. 自愿原则

自愿原则的实质，就是在民事活动中当事人的意思自治，即当事人可以根据自己的判断，去从事民事活动，国家一般不干预当事人的自由意志，充分尊重当事人的选择。其内容应该包括自己行为和自己责任两个方面。自己行为，即当事人可以根据自己的意愿决定是否参与民事活动，以及参与的内容、行为方式等；自己责任，即民事主体要对自己参与民事活动所导致的结果承担责任。

2. 平等原则

民法中的平等原则，是指主体的身份平等。身份平等是特权的对立物，是指不论其自然条件和社会处境如何，其法律资格亦即权利能力一律平等。《民法通则》第3条规定，当事人在民事活动中的地位平等。任何自然人、法人在民事法律关系中平等地享有权利，其权利平等地受到保护。

3. 公平原则

公平原则，是指在民事活动中以利益均衡作为价值判断标准，在民事主体之间发生利益关系摩擦时，以权利和义务是否均衡来平衡双方的利益。因此，公平原则是一条法律适用的原则，即当民法规范缺乏规定时，可以根据公平原则来变动当事人之间的权利与义务；公平原则又是一条司法原则，即法官的司法判决要做到公平合理，当法律缺乏规定时，应根据公平原则作出合理的判决。

4. 诚实信用原则

所谓诚实信用原则，其本意是要求按照市场制度的互惠性行事。在缔约时，诚实并不欺不诈;在缔约后,守信用并自觉履行。如果说任何自由都是受制约的自由,那么诚实信用应是题中之义。然而,市场经济的复杂性和多变性昭示:无论法律多么严谨,也无法限制从复杂多变的市场制度中暴露出种种弊端,总会表现出某种局限性。民法规定该原则,一方面,使法院在审理具体案件中,能主动干预民事活动,调整当事人利益的摩擦,使民事法律关系符合正义的要求;另一方面,法院可根据该原则作出司法解释,填补法律的漏洞。由于该原则位阶高、不确定性强,使用不当也可能会成为司法专横的工具,故对该原则的运用必须与其他原则结合起来统筹考虑。

5. 公序良俗原则

公序良俗是公共秩序和善良风俗的简称。所谓公序良俗原则,是指民事主体实施民事法律行为时应当尊重社会公德,不得违反公共秩序和善良风俗,不得损害国家和社会的根本利益。尊重社会公德,不损害社会公共利益,是一个国家一切社会活动都必须遵循的共同准则,当然也应当成为民事主体进行民事法律行为所必须遵守的基本准则。《民法通则》规定,民事活动应当尊重社会公德,不得损害社会公共利益,扰乱社会经济秩序。

6. 禁止权利滥用原则

禁止权利滥用原则,是指民事主体在进行民事活动中必须正确行使民事权利,如果行使权利损害同样受到保护的他人利益和社会公共利益时,即构成权利滥用。对于如何判断权利滥用,《民法通则》及相关民事法律规定,民事活动首先必须遵守法律,法律没有规定的,应当遵守国家政策及习惯,行使权利应当尊重社会公德,不得损害社会公共利益,扰乱社会经济秩序。

第二节 民事法律关系

一、民事法律关系概述

(一)民事法律关系的概念与特征

1. 民事法律关系的概念

民事法律关系,是由民事法律规范所调整的社会关系,也就是由民事法律规范所确认和保护的社会关系。

人是社会的人。人们之间发生各种社会关系。调整社会关系的法律不同,由此而形成的法律关系的性质也就不同。由民法所调整的社会关系就是民事法律关系。

民事法律关系与民法密切联系。民法是民事法律关系形成的前提,民事法律关系是民法所调整的结果,是由民法所派生出来的现象。具体而言,民法确认了民事主体的权利和义务,但这种权利和义务是抽象的,只具有可能性,并不表明主体已经享有了某种权利或应承担某种义务。而在民事法律关系中,主体的权利、义务是具体的,并具有可能性。

2. 民事法律关系的特征

民事法律关系作为法律关系的一种,有着法律关系的一般特征,如它是人和人的关系,是体现国家意志的社会关系等,同时它也有自己的具体特征。

(1)民事法律关系是主体之间的民事权利和民事义务关系。

民法调整一定的财产关系和人身关系,是赋予当事人以民事权利和民事义务,在民事法律关系产生以后,民事法律规范所确定的抽象的民事权利和民事义务便落实为约束当事人行为的具体的民事权利和民事义务。以民事权利和民事义务为内容,正是民事法律关系与其他法律关系的重要区别。

(2)民事法律关系是平等主体之间的关系。

民法调整平等主体之间的财产关系和人身关系,这就决定了参加民事法律关系的主体地位平等,他们相互独立、互不隶属。同时,由于主体地位平等,决定了其权利、义务一般也是对等的,一方在享受权利的同时,也要承担相应的义务。

(3)民事法律关系主要是财产关系。

民法以财产关系为其主要调整对象,因此,民事法律关系也主要表现为财产关系。虽然民事法律关系也有人身关系,但这在数量上只是一小部分。

(4)民事法律关系的保障措施具有补偿性和财产性。

民法调整对象的平等性和财产性,也表现在民事法律关系的保障手段上,即民事责任以财产补偿为主要内容,惩罚性和非财产性责任不是主要的民事责任形式。

(二)民事法律关系的要素

民事法律关系的要素,是指构成民事法律关系的必要因素。所有的民事法律关系都由主体、内容和客体三要素构成。

1. 主体要素

主体要素,是指参加民事法律关系,享受权利和承担义务的具有民事主体资格的人,即民事法律关系的参与者、权利的享有者和义务的承担者。民事主体主要有自然人、法人、非法人组织,在特定情况下还包括国家。

2. 客体要素

民事法律关系的客体,又称标的,是民事主体之间据以建立民事法律关系的对象性事物,是民事主体追求的利益的反映,成为民事主体活动的目标。就规范意义上的民事法律关系而言,其客体大致是固定的。

民事法律关系的客体概括起来有以下几种:

(1)物,指自然人身体之外,能够满足人们需要并且能够被支配的物质实体和自然力。

(2)行为,指能满足权利主体某种利益的活动。

(3)智力成果,指人的脑力劳动创造出来的精神财富,包括各种科学发现、发明、设计、作品、商标等。

(4)人身利益,包括人格利益和身份利益。

3. 内容要素

具有民事主体资格的人如何实现其参与民事活动的目标,也即实现其参与民事活动的目的。这种实现其受法律保护的利益的方式和过程,就是民事法律关系的内容。

(三)民事法律事实

1. 民事法律事实的概念

民事法律事实,是法律所规定的、能够引起民事法律关系产生、变更和消灭的现象。如上所述,民事法律关系是因民事法律规范的调整而在主体之间形成的权利义务关系,但民事法律规范本身并不能在主体之间直接形成民事法律关系,也不能改变或消灭某一法律关系。民事法律关系的产生、变更和消灭需要具备三个基本的条件:民事法律规范、民事主体和民事法律事实。其中,民事法律规范和民事主体是民事法律关系产生的抽象条件,而民事法律事实则是民事法律关系产生的具体条件。只有在一定的法律事实发生后,民事法律关系才能产生,并因一定的法律事实的发生而变更或消灭。

2. 民事法律事实的分类

(1)事件。

事件是与人的意志无关的法律事实。事件本是自然现象,只是能引起民事法律关系的变动,才被列为法律事实,如人的死亡、地震等。前者可能导致继承关系的发生;而后者若将房屋震塌导致所有权的消灭,事前若投保时,又使保险赔偿关系发生。

(2)行为。

行为是与人的意志有关的法律事实。行为是法律要件中最常使用的法律事实。行为虽与人的意志有关,但根据意志是否需明确对外作意思表示,行为又被划分为表意行为和非表意行为。

①表意行为。表意行为是行为人通过意思表示,旨在设立、变更或消灭民事法律关系的行为。民事法律行为是合法的表意行为,因行为人有预期的效果意思表示,所以,该行为能产生当事人意欲达到的民事法律关系发生、变更和消灭的效果。

②非表意行为。非表意行为是行为人主观上没有产生民事法律关系效果的意思表示,客观上引起法律效果发生的行为。例如,侵权行为,行为人主观上并没有效果意思表示,但客观上却导致赔偿的发生。

3. 民事法律事实的构成

民事法律事实构成,是指能引起民事法律关系发生、变更或消灭的几个法律事实的总和,又简称法律事实构成。

民事法律关系的发生、变更和消灭需要具备三个基本的条件:民事法律规范、民事主体和民事法律事实。其中,民事法律规范和民事主体是民事法律关系产生的抽象条件,而民事法律事实则是民事法律关系产生的具体条件。只有在一定的民事法律事实发生后,民事法律关系才能产生,并因一定的民事法律事实的发生而变更或消灭。

二、民事权利

(一)民事权利的概念

民事权利,是指民事法律规范赋予民事主体实现其利益的法律手段。

(二)民事权利的分类

民事权利是民法赋予民事主体实现其利益所得实施行为的界限。民事权利的类型划分有以下几种:

1. 财产权与人身权

以民事权利客体所体现的利益为标准,民事权利分为人身权和财产权。财产权是以财产利益为内容的权利,如物权、债权等;人身权是以人身利益为内容的权利,具有与人身不可分离的特点,包括人格权、身份权等。

2. 支配权、请求权、形成权与抗辩权

以民事权利的效力为标准,民事权利可分为支配权、请求权、形成权、抗辩权。支配权,是指权利主体进行直接的排他性支配,并享受其利益的权利,如人身权、物权、知识产权中的财产权等属于支配权。请求权,是指权利人请求他人为一定行为或不为一定行为的权利,如债权是典型的请求权。形成权,是指权利人以自己单方的意思表示就能使权利发生变更、消灭的权利,如撤销权、解除权、追认权、抵消权等属于形成权。抗辩权,是指阻止请求权效力的权利,如先诉抗辩权、不安抗辩权等。

3. 绝对权与相对权

以民事权利效力所及相对人的范围为标准,民事权利可以划分为绝对权和相对权。绝对权,是指权利效力所及不特定人的权利,如物权、人身权等均属绝对权。相对权,是指权利效力所及特定人的权利,如债权是典型的相对权。

4. 主权利与从权利

以民事权利的依存关系为标准,民事权利可分为主权利与从权利。主权利是不依赖他权利为条件而能够独立存在的权利。从权利是以主权利的存在为前提的权利,如担保债权。

5. 原权利与救济权

以权利发生的先后及相互关系为标准,民事权利可分为原权利与救济权。

原权利,是指基础性权利;救济权,是指当基础权利受到侵害时,予以救济的权利。救济方式分为公力救济与私力救济。

6. 既得权与期待权

以民事权利是否现实取得为标准,民事权利可分为既得权与期待权。

三、民事权利的保护方法

保护民事权利的措施,按照性质可以分为公力救济和私力救济。

(一)公力救济

公力救济,又称国家保护,是指权利人通过法定程序请求国家对其权利进行保护。公力救济是以民事责任作为中介的。民事权利受到侵犯时,原来正常的民事权利义务关系的实现受到阻碍和干扰,从而产生民事责任法律关系。权利人向人民法院提起民事诉讼,人民法院便行使公权力强制责任人承担第二性的义务,以对正常的民事法律关系加以补救。

除了民事性质的停止侵害、返还财产、赔偿损失、赔礼道歉等十种责任形式之外,还可以采用训诫、收缴财物或非法所得、罚款、拘留、判处刑罚等行政和刑事性质的保护方法。

(二)私力救济

所谓私力救济,又称自我保护,是指权利受到侵害时,权利人须在法律规定的范围内,采取自我保护措施,自行救济受侵害的权利。现代社会,权利侵害以公力救济为原则,但在有些情况下,民事主体权利受到侵害,情形紧迫,如不及时制止或躲避侵害,不仅会使权利人无从实现权利,还有可能扩大势态,影响社会秩序。所以,各国民法均规定,民事主体可在一定限度内进行私力救济,包括自卫行为和自助行为。

(1)自卫行为。自卫行为,是指民事主体为使自己或他人的权利免受不法侵害而采取的自卫或躲避措施,包括正当防卫和紧急避险。

正当防卫,是指为了使本人或他人的财产或人身权利免受正在进行的不法侵害,对侵权行为人采取的必要防卫行为。正当防卫的构成要件有:

①必须是针对不法的侵害行为而实施,对合法行为,不能防卫。

②不法侵害行为必须是在进行中的。正在进行中的不法侵害,是指已经开始的,或者正在实施而尚未结束的不法侵害行为。如果这种行为纯属想象或推测,或者是已经终止的,则当事

人不存在防卫问题。

③必须是针对不法侵害人进行防卫。

④不得超过必要限度,造成不应有的伤害,防卫过当要承担相应的责任。

紧急避险,是指为了使本人或他人的财产和人身免受正在发生的侵害,不得已而采取的损害他人权益的行为。紧急避险是以损害较小的利益来保全较大的利益,因而是有利于社会的行为。紧急避险的构成要件是:

①必须有危及本人或他人的财产和人身的危险存在。

②危险必须是紧迫的、现实的。

③避险行为是不得已的,是唯一可以采取的方法。

④行为不能超过必要限度,也即避险造成的损失应当小于所避免的损失。因紧急避险造成损害的,由引起险情的人承担民事责任;如果危险是由自然原因引起的,紧急避险人不承担民事责任或者承担适当的民事责任。

(2)自助行为。自助行为,是指民事主体为保护自己的权利而自行采取的保全措施。自助行为主要在于保护债权,如留置权。

四、民事义务的概念与分类

(一)民事义务的概念

民事义务,是指在民事法律关系中,当事人一方为满足他方利益所应实施的行为的法律约束。民事义务体现为应权利人的要求实施一定行为或不得实施一定行为的必要性。

(二)民事义务的分类

1.积极义务——作为

积极义务以作为为内容,即积极实施某种民事行为。例如,给付货物、交付劳动成果。

2.消极义务——不作为

消极义务以不作为为内容。例如,公司董事竞业禁止义务、劳动者的保密义务。

第三节　公民(自然人)

一、自然人概述

(一)自然人的概念

自然人,是指基于自然出生而依法在民事上享有权利和承担义务的个人。在我国,公民在民事法律地位上和自然人同义。

自然人民事主体资格的法律特征:

(1)自然人主体资格具有广泛性,即任何人都要参加民事法律关系,不论其是否愿意,都要受到民事法律关系的调整。

(2)自然人主体资格的平等性。民法上的平等是机会平等,而不是实质平等。所有的人都有平等的民事权利,有平等的民事义务。

(二)自然人的住所

根据《民法通则》和《民通意见》的规定,公民住所地的确定有以下几个标准:

(1)公民以他的户籍所在地的居住地为住所。户籍是确定作为权利主体的公民的法律地位的基本法律文件,内容包括公民的姓名、性别、出生日期、住所、职业、亲属、死亡等事项。

(2)经常居住地与住所不一致的,经常居住地视为住所。经常居住地,是指公民离开住所地最后连续居住一年以上的地方。

(3)公民由其户籍所在地迁出后至迁入另一地之前,无经常居住地的,仍以其原户籍所在地为住所。

必须注意:住所与居所不同。居所是公民居住的处所,可以是长期居住的处所,也可以是暂时居住的处所;住所则必须是长久居住的,公民所参加的民事法律关系集中发生的地域。

二、自然人的民事权利能力

(一)自然人民事权利能力的概念与特征

民事权利能力,是民事法律赋予民事主体从事民事活动,从而享受民事权利和承担民事义务的资格。民事权利能力与民事权利是既有联系又有区别的两个概念,比较两者,可以清楚地认识与理解民事权利能力的基本法律特征。

(1)民事权利能力是法律赋予民事主体享有民事权利和承担民事义务的一种可能性,还没给民事主体带来实际利益。而民事权利则是民事主体参加到具体的民事法律关系后,才能实际享有的。

(2)民事权利能力包括民事主体取得民事权利和承担民事义务的资格。而民事权利则仅指民事主体在具体的民事法律关系中实际取得利益的可能性。

(3)民事权利能力的内容和范围由法律加以规定,与民事主体的个人意志没有直接关系。而民事权利则是民事主体在法律允许的范围内按其意愿实际参与民事活动时所取得的,它直接反映着民事主体的个人意志。

(4)民事权利能力与民事主体人身的存在是不可分离的,民事主体不能转让或放弃,他人也无权限制或剥夺这种民事权利能力。而民事权利则不同,除法律另有规定外,民事主体既可以依法转让或放弃某项民事权利,也可以依法被限制行使或被剥夺其原享有的某项民事权利。

(二)自然人民事权利能力的开始与终止

我国民法关于公民民事权利能力的开始时间,规定在《民法通则》第9条中。该条规定:"公民从出生时起到死亡时止,具有民事权利能力,依法享有民事权利,承担民事义务。"根据该条规定,我国公民的民事权利能力始于出生,终于死亡,公民享有民事权利能力的时间与其生命的存续时间是完全一致的。对公民出生时间的确认依据,最高人民法院在1988年1月26日通过的《民通意见》第1条提出:"公民的民事权利能力自出生时开始。出生的时间以户籍证明为准;没有户籍证明的,以医院出具的出生证明为准。没有医院证明的,参照其他有关证明认定。"这一司法解释,对解决在审判实践中遇到的公民的出生时间问题如何准确认定是具有重要意义的。

《民法通则》规定,公民死亡是公民民事权利能力终止的法定事由。公民死亡后,就不再有从事民事活动、参与民事法律关系的可能性和必要性,也不必再保留其民事权利能力。公民死亡的方式有自然死亡和宣告死亡两种。无论何种方式,只要公民死亡的事实发生,其民事权利能力便终止。

三、自然人的民事行为能力

(一)自然人民事行为能力的概念与特征

民事行为能力,是指民事主体能以自己的行为取得民事权利、承担民事义务的资格。简言之,民事行为能力为民事主体享有民事权利、承担民事义务提供了现实性。民事行为能力是民事主体独立地以自己的行为为自己或他人取得民事权利和承担民事义务的能力。公民的民事行为能力包括公民取得、行使民事权利的能力;公民承担和履行义务的能力;公民对自己违反民事义务的违法行为承担民事责任的能力。

自然人的民事行为能力具有以下特征:

(1)自然人的民事行为能力是法律赋予的一种独立参加民事活动的资格。民法有关自然人民事行为能力的规定属于强制性规范,对于自己的民事行为能力,自然人不得转让和放弃。非依法定条件和程序,自然人的民事行为能力不得被限制或被剥夺。

(2)自然人的民事行为能力既包括自然人为合法行为的资格(独立地取得民事权利和承担民事义务,独立地行使民事权利和履行民事义务),也包括自然人对自己实施的违法行为承担民事责任的资格(如因非法侵害他人利益而承担的损害赔偿责任)。

(二)自然人民事行为能力的种类

1.完全民事行为能力

《民法通则》第11条第1款规定,18周岁以上的公民是成年人,具有完全民事行为能力,可以独立进行民事活动,是完全民事行为能力人。这也就是说,年满18周岁,就可享有完全民事行为能力。具有完全民事行为能力的人,可以实施法律不禁止的任何民事法律行为。

对于未满18周岁,但已满16周岁且以自己的劳动收入为主要生活来源的,《民法通则》第11条第2款规定,16周岁以上不满18周岁的公民,以自己的劳动收入为主要生活来源的,视为完全民事行为能力人。

2.限制民事行为能力

限制民事行为能力,是指只能独立实施与年龄和智力相适应的民事法律行为的能力。既言限制,意味着这种行为能力并不完全;就限制的范围而言,只能独立实施与年龄和智力相适应的行为,否则须经法定代理人同意或由法定代理人代理。《合同法》第47条第1款规定,限制民事行为能力人订立的"纯获利益的合同或者与其年龄、智力、精神健康状况相适应而订立的合同,不必经法定代理人追认"。限制民事行为能力人订立"纯获利益的合同",无论数额大小,无须法定代理人代理,属其民事行为能力范围,这是《合同法》对《民法通则》相关规定的一个补充。

《民法通则》对限制民事行为能力人的规定分为两类。对年满10周岁以上的未成年人,即认定其为限制民事行为能力人,采取年龄主义;对成年人,是指不能完全辨认自己行为的精神病人,采取个案审查制。

3.无民事行为能力

无民事行为能力,是指不能独立实施民事法律行为的能力。《民法通则》规定,不满10周岁的未成年人和不能辨认自己行为的精神病人是无民事行为能力人。无民事行为能力人参与民事活动,须有法定代理人代理,其自己不能独立参与民事活动,为民事法律行为。对于无民事行为能力人的认定方法,与限制民事行为能力相同,分别采取年龄主义和个案审查制。

4.对成年人限制民事行为能力与无民事行为能力的认定

对于精神病人的认定,如是未成年人,根据年龄就可确定他们为限制民事行为能力或无民事行为能力,无须再有其他认定程序。但对成年人如何认定,根据《民通意见》第5条的解释,即如果没有判断能力和自我保护能力,不知其行为后果的,可以认定为不能辨认自己行为的人;对于比较复杂的事物或者比较重大的行为缺乏判断能力和自我保护能力,并且不能预见其行为后果的,可以认定为不能完全辨认自己行为的。实务中,如何判断一个人是否达到法律所说的没有或者缺乏"判断能力和自我保护能力,并且不能预见其行为后果",则属于医学范畴的技术,需要由医生来鉴定。

对成年人之限制民事行为能力人和无民事行为能力人的认定,可以由本人或利害关系人提出申请,由人民法院宣告。此项宣告,是对事实状态的公示,而不是成年人行为能力欠缺的法律要件。

四、宣告失踪与宣告死亡

(一)宣告失踪

宣告失踪,是指经利害关系人的申请,由法院依照法定条件和程序,宣告下落不明满一定期限的公民为失踪人的民事法律制度。

1.宣告失踪的条件与程序

《民法通则》具体规定了以下宣告失踪的条件:

(1)公民离开其住所下落不明。所谓"下落不明",是指公民离开最后居住地后没有音信的状况。

(2)公民下落不明的状况超过2年期限。下落不明的起算时间,从公民音信消失之次日起算。如果公民在战争期间下落不明的,应当从战争结束之日起计算。

宣告失踪的法律程序:

(1)须经利害关系人申请。申请宣告失踪的利害关系人,包括被申请宣告失踪人的配偶、父母、子女、兄弟姐妹、祖父母、外祖父母、孙子女、外孙子女以及其他与被申请人有民事权利义务关系的人。

(2)须被申请人下落不明满一定期间。《民法通则》第20条规定,公民下落不明满2年的,利害关系人可以向人民法院申请宣告他为失踪人。战争期间下落不明的,下落不明的时间从战争结束之日起计算。

(3)须由人民法院经过法定程序宣告。

2.宣告失踪的效力

根据《民法通则》第21条的规定,宣告失踪的效力是:"失踪人的财产由他的配偶、父母、成年子女或者关系密切的其他亲属、朋友代管。代管有争议的,没有以上规定的人或者以上规定的人无能力代管的,由人民法院指定的人代管。失踪人所欠税款、债务和应付的其他费用,由代管人从失踪人的财产中支付。"

(二)宣告死亡

宣告死亡,是指经利害关系人申请,由法院依照法律规定的条件和程序,判决宣告下落不明满一定期限的公民死亡的民事法律制度。

1.宣告死亡的条件与程序

《民法通则》对宣告死亡的条件规定如下：

(1)公民离开其住所地或最后居住地下落不明，杳无音信，不知生死。

(2)公民离开其住所地或最后居住地下落不明的事实状态超过了法定期间。该法定期间有三种情况：一是在一般情况下离开其住所地或最后居住地下落不明满4年；二是因意外事故下落不明，从事故发生之日起满2年；三是在战争期间下落不明，从战争结束之日起满4年。

关于宣告失踪与宣告死亡的关系，按照《民法通则》的规定，宣告失踪不是宣告死亡的必经程序。在公民下落不明又符合申请宣告死亡的条件下，利害关系人可以不经过申请宣告失踪而直接申请宣告死亡。如果利害关系人只申请宣告失踪的，应当宣告失踪；但同一顺序的利害关系人，有的申请宣告死亡，有的不同意宣告死亡，则应宣告死亡。

(1)须经利害关系人申请。申请人包括：①配偶；②父母、子女；③兄弟姐妹、祖父母、外祖父母、孙子女、外孙子女；④其他有民事权利义务关系的人。必须按此顺序申请，顺序在先的申请人有排他效力，有在先顺序的排除在后顺序，同顺序的权利平等。

(2)须被申请人下落不明满一定期间。①下落不明满4年；②意外事故下落不明从事故发生之日起满2年；③意外失踪且取得死亡证明的。

(3)须由人民法院宣告。人民法院受理宣告死亡案件后，必须发出寻找下落不明人的公告。被申请宣告死亡的公民下落不明满4年或者因意外事故下落不明满2年的，公告期间为1年；被申请宣告死亡的公民因意外事故下落不明，经有关机关证明其不可能生存的，公告期间为3个月。

宣告失踪不是宣告死亡的必经程序。如果自然人下落不明满4年，但利害关系人只申请宣告失踪的，人民法院仍然只能作出失踪宣告，而不能作出死亡宣告。

2.宣告死亡的效力

公民被宣告死亡的，应发生与公民自然死亡同样的法律后果，即被宣告死亡的公民丧失作为民事主体的资格，其民事权利能力和民事行为能力终止；其原先参加的民事法律关系归于变更或者消灭；其婚姻关系自然解除，其个人合法财产作为遗产按继承程序处理。

3.宣告死亡的撤销

被宣告死亡的人重新出现或者确知他没有死亡，经本人或利害关系人申请，人民法院应撤销对他的死亡宣告。宣告死亡的判决一经撤销则发生以下法律后果：

(1)被撤销死亡宣告的人民事主体资格不消灭，其仍可享有各种人身权利和财产权。

(2)被撤销死亡宣告的人有权请求返还财产。

(3)被撤销死亡宣告的人的配偶在其宣告死亡后尚未再婚的，夫妻关系从撤销死亡宣告之日起自行恢复；如果配偶再婚后又离婚或者再婚后配偶死亡的，则不认定夫妻关系自行恢复。

(4)被撤销死亡宣告的人的子女在被宣告死亡期间被他人依法收养的，该收养关系有效，被撤销死亡宣告的人仅以未经本人同意而主张收养关系无效的，一般不应准许，但收养人和被收养人同意的除外。

五、监护

(一)监护的概念

民法的监护，是为了监督和保护无民事行为能力人和限制民事行为能力人的合法权益而设置的一项民事法律制度。监督和保护人简称监护人，受到监督和保护的无民事行为能力人和限制民事行为能力人称为被监护人。

(二)监护的设立

监护依设立的方式,可分为法定监护、指定监护。

1.法定监护

法定监护,是指由法律直接规定监护人范围和顺序的监护。法定监护人可以由一人或多人担任。《民法通则》第16条第1款规定,未成年人的父母是未成年人的监护人。父母对子女享有亲权,是当然的第一顺位监护人。未成年人的父母死亡或没有监护能力的,依次由祖父母和外祖父母、兄、姐、关系密切的,亲属或朋友、父母单位和未成年人住所地的居委会或村委会、民政部门担任监护人。成年精神病人的法定监护人的范围和顺序是:配偶、父母、成年子女、其他近亲属、关系密切的其他亲属或朋友、精神病人所在单位或住所地的居委会、村委会、民政部门。

法定监护人的顺序有顺序在前者优先于在后者担任监护人的效力。但法定顺序可以依监护人的协议而改变;前一顺序监护人无监护能力或对被监护人明显不利的,人民法院有权从后一顺序中择优确定监护人。

2.指定监护

指定监护,是指有法定监护资格的人之间对担任监护人有争议时,由监护权力机关指定的监护。从《民法通则》的规定看,指定监护实际上是法定监护的延伸,仍属法定监护的范畴。

指定监护只是在法定监护人有争议时才产生。所谓争议,在未成年人是其父母以外的监护人范围内的人争抢担任监护人或互相推诿都不愿意担任监护人;在成年精神病人则是监护范围内的任何人之间的争议,争议项如同前述。

《民法通则》规定的指定监护的权力机关,是被监护人住所地的居民委员会或村民委员会。指定监护可以用口头方式,也可以用书面方式,只要指定监护的通知送达被指定人,指定即成立。被指定人不服指定的,可在接到指定通知次日起30天内向人民法院起诉,由人民法院裁决。指定监护的被指定人未提起诉讼时,自收到通知后满30天后生效;在提起诉讼时,自法院裁决之日起生效。

(三)监护人

1.未成年人的监护人

根据《民法通则》第16条的规定,为未成年人设定监护人必须符合下列法律要求:

(1)为未成年人设定法定监护人。除父母外,未成年人的法定监护人为祖父母、外祖父母、兄姐、关系密切的其他亲属、朋友,父母所在单位或者未成年人住所地的居民委员会、村民委员会或民政部门等法人组织。上述法定监护人,顺序在先者排斥顺序在后者。未成年人的法定监护人需要具备承担监督和保护被监护人的人身及财产等合法权益的法律职责的行为能力,即监护能力。

(2)为未成年人指定监护人。《民法通则》规定,只有未成年人的近亲属,才有资格作为未成年人的指定监护人。

2.精神病人的监护人

根据《民法通则》第17条的规定,为无民事行为能力或者限制民事行为能力的精神病人设定监护人,应当符合以下法律要求:

(1)为精神病人设定法定监护人。可以担任精神病人的法定监护人依次为下列几种:有监护能力的配偶、父母、成年子女;有监护能力的其他近亲属;关系密切的其他近亲属、朋友有监护能力并且本人愿意承担监护责任,经精神病人所在单位或者住所地的居民委员会和村民委员会、当地的民政部门同意的。

(2)为精神病人指定监护人。有资格担任精神病人的指定监护人的,仅限于精神病人的近亲属,其顺序依次为:有监护能力的配偶、父母、成年子女、兄弟姐妹、祖父母、外祖父母、孙子女、外孙子女。上述近亲属之间可以就监护人的担任进行协商,协商一致时,就不必再指定监护人。如果近亲属对于由谁担任监护人有争议,则由精神病人的所在单位或者住所地的居民委员会、村民委员会在近亲属中指定监护人。被指定为监护人的近亲属对指定不服的,可以向人民法院起诉,由人民法院依法以判决方式维持或撤销原先的指定。如果人民法院判决撤销原指定,应同时另行指定监护人。

(四)监护人的职责

根据《民法通则》的规定,监护人应承担的职责是:
(1)保护被监护人的身体健康。
(2)照顾被监护人的生活。
(3)管理和保护被监护人的财产。
(4)代理被监护人进行民事活动。
(5)对被监护人进行管束和教育。
(6)代理被监护人进行诉讼。
(7)承担因不履行监护职责致使被监护人实施侵权行为而给他人造成损害的赔偿责任。

监护人依法行使监护的权利,受法律保护。对监护人依法行使监护权利的,任何组织或个人均无权利干涉。如果监护人的合法监护权利遭到不法侵害,监护人有权向人民法院提起诉讼,请求给予必要的法律保护,排除侵害。

第四节　法人

一、法人概述

(一)法人的概念与特征

法人是一种享有民事主体资格的组织,它和自然人一样,同属于民事主体的范围,而且是民事主体中的重要组成部分,《民法通则》第36条第1款规定:"法人是具有民事权利能力和民事行为能力,依法独立享有民事权利和承担民事义务的组织。"

法人具有以下基本特征:
(1)法人是一种社会组织。法人是一种客观存在,但它和自然人不同的是,它不是作为有血有肉的生物存在,而是作为组织体存在。
(2)法人是依法成立的社会组织。依法成立,是一定的社会组织能够成为民事主体的基本前提。
(3)法人是具有民事权利能力和民事行为能力的社会组织。法律对法人的承认,其目的在于使其能够作为民事主体参与民事法律关系,因此,法人具有民事权利能力和民事行为能力。
(4)法人是能够独立承担民事责任的社会组织。对独立承担民事责任是否应当为法人的特征,各国法律有不同的规定。我国《民法通则》第 37 条明确规定,法人应当能够独立承担民事责任。法人的独立责任,是指法人在违反义务而对外承担责任时,其责任范围应当以其所拥有或经营管理的财产为限,法人的成员和其他人不对此承担责任。

(二)法人应具备的条件

法人设立的结果是法人成立,但并不是任何设立行为都会导致这一结果的产生,只有按照法律规定的要求而进行的设立行为才会导致法人的成立。法人成立的条件就是指法人得以成立的要件,它包括程序要件和实质要件两个方面。法律对不同类型的法人的成立有不同的程序上的要求,这些要求就是法人成立的程序要件。

《民法通则》第 37 条规定:"法人应当具备下列条件:(一)依法成立;(二)有必要的财产或者经费;(三)有自己的名称、组织机构和场所;(四)能够独立承担民事责任。"这一规定被认为是对法人设立条件的规定。

上述《民法通则》的规定将能够独立承担民事责任也作为法人的条件,但能够独立承担民事责任更主要地体现为法人成立后的特征。因此,不应当认为能够独立承担民事责任是法人成立的条件。

以上条件是法人成立的一般的或基本的条件,对于不同类型的法人,应当按照有关法律的规定来确定其具体条件。

(三)法人的机关

法人的机关,是根据法律或法人章程的规定,对内管理法人事务,对外代表法人从事民事活动的个人或集体。

法人机关一般由权力机关、执行机关和监督机关三部分构成。其中,权力机关是法人意思的形成机关,如股份有限公司的股东代表大会和有限责任公司的股东会,它们有权决定法人生产经营活动中的重大问题。执行机关是法人权力机关的执行机关,负责实现业已形成的法人意志,如股份有限公司的董事会。执行机关的主要负责人是法人的法定代表人,如股份有限公司的董事长、法定代表人有权代表法人对外进行民事活动。监督机关,是指对法人执行机关的行为进行监督检查的机关,如股份有限公司的监事会。法人机关是法人的组成部分,法人机关在其权限范围内所为的一切行为,均为法人本身的行为,其行为后果由法人承担。

二、我国现行立法对法人的分类

我国《民法通则》将法人分为两类:一是企业法人;二是机关、事业单位和社会团体法人。后者又称为非企业法人。这是根据法人设立的宗旨和所从事活动的性质所进行的分类。

(一)企业法人

企业法人是以营利为目的、独立从事商品生产和经营活动的经济组织,因此,企业法人相当于传统类型中的营利法人。

依照《民法通则》第 41 条和其他法律的规定,我国的企业法人分为全民所有制企业法人、集体所有制企业法人、私营企业法人以及中外合资经营企业法人、中外合作经营企业法人和外资企业法人等。这主要是按照所有制和出资者国籍的不同所进行的分类。随着现代企业制度的逐步建立,企业法人又主要被分为公司法人和非公司法人。

(二)机关、事业单位和社会团体法人

1.机关法人

机关法人,是指依法享有国家赋予的行政权力,以国家预算作为独立的活动经费,具有法人地位的中央和地方各级国家机关。机关法人相当于西方国家所谓的公法人,它们因行使职权的需要而享有相应的民事权利能力和民事行为能力,因而也是一种民事主体。

机关法人的基本特征是:(1)主要从事国家行政管理活动。(2)具有相应的民事权利能力和民事行为能力。(3)有独立的经费。(4)依照法律或行政命令成立,不需要进行核准登记程序,即可取得机关法人资格。

2.事业单位法人

事业单位法人,是指从事非营利性的、社会公益事业的各类法人,如从事文化、教育、卫生、体育、新闻、出版等公益事业的单位。

3.社会团体法人

社会团体法人,是指由自然人或法人自愿组成,从事社会公益、文学艺术、学术研究、宗教等活动的各类法人。社会团体包括的范围十分广泛,如人民群众团体、社会公益团体、学术研究团体、文学艺术团体、宗教团体等。

三、法人民事权利能力

(一)法人民事权利能力的概念

和自然人一样,法人也具有民事权利能力,能够享有民事权利和承担民事义务。法人的民事权利能力是法人作为民事主体参与民事活动的前提,没有这种民事权利能力,它就不能参与民事活动。与自然人的民事权利能力一样,法人的民事权利能力不是自然能力,而是法律所赋予的一种资格。《民法通则》第36条明确了法人是具有民事权利能力的社会组织。

(二)法人民事权利能力的特征

法人不同于自然人,这表现在其民事权利能力也有所不同,法人与自然人的民事权利能力主要有以下区别:

(1)民事权利能力开始与消灭的情形不同。法人的民事权利能力,从法人成立时产生,到法人终止时消灭;而自然人的民事权利能力是从自然人的出生开始,到自然人死亡时消灭。

(2)民事权利能力的范围不同。专属自然人的某些民事权利能力的内容,如继承权利、接受扶养的权利等,法人不可能享有;而专属法人的某些民事权利能力的内容,如银行法人开展信贷业务的权利,自然人则不能享有。

(3)民事权利能力之间的差异程度不同。自然人的民事权利能力是普遍、一致和平等的,相互之间一般没有多大差别;而不同法人的民事权利能力都有局限性,并且相互差异很大。这是由于法人各自经营的业务范围不同,分别受到法律和自己章程的限制,其民事权利能力的具体内容当然各有区别。例如,机关法人和企业法人的权利能力就不相同,而各企业法人的权利能力也不相同,它们只能在其核准登记的经营范围内从事经营。

四、法人民事行为能力

(一)法人民事行为能力的概念

法人民事行为能力,是指法人以自己的意思独立进行民事活动,取得民事权利并承担民事义务的能力或资格。法人作为民事主体之一,除了具有民事权利能力之外,还必须有民事行为能力。国家赋予法人以民事行为能力,就是为了保证法人实现其民事权利能力。《民法通则》第36条肯定了法人具有民事行为能力。

(二)法人民事行为能力的特征

与自然人的民事行为能力相比,法人的民事行为能力主要具有以下特点:

(1)法人的行为能力和权利能力在发生和消灭的时间上具有一致性。是否具有行为能力,直接取决于主体是否具有意思能力。法人的意思由法人的机关作出,它不受年龄和智力因素的影响,因此,法人在成立时,即法人享有民事权利能力时即具有民事行为能力。这与自然人的民事行为能力不同。自然人虽然一出生就有一般的民事权利能力,但其民事行为能力受到年龄和智力的影响,具有民事权利能力的自然人不一定具有民事行为能力。

(2)法人民事行为能力的范围不一致。民事主体只能在其民事权利能力范围内活动,即民事行为能力范围受民事权利能力范围的限制。由于不同法人的民事权利能力范围各不相同,因此,各法人的民事行为能力范围也不一致。而自然人的民事权利能力范围具有一致性,因此,自然人的民事行为能力范围也基本一致。

(3)法人的民事行为能力由它的机关或工作人员来实现。法人作为组织体,其自身并不能直接从事民事活动,法人只能通过法人的机关或工作人员,如法定代表人来从事民事活动,同时,法人机关和工作人员代表法人所从事的活动就应认为是法人的行为,其法律后果由法人承担。

五、法人的变更、终止与清算

(一)法人变更的概念与类型

法人的变更,是指法人成立后,其组织、名称、住所、经营范围等重要事项发生的变化,这些事项的变更,可依法人意思自主决定,法人只要做相应的变更登记,即可发生变更效力。唯企业法人的分立或合并,因涉及法人与相对交易人的债权债务关系,为了维护交易秩序和相对人的信赖利益,法律对分立或合并后法人的债权债务移转,做了强制性规定。《民法通则》第44条第1款规定,企业法人分立、合并或者有其他重要事项变更,应当向登记机关办理登记并公告。公司法等法律也有相应的规定。

1.法人的合并

这是指两个以上的法人集合为一个法人的民事法律行为。法人的合并是法人集中资金,扩大实力,增强竞争优势的重要手段。由于合并不需经过法定清算程序,比之解散原法人,成立新法人,手续更为简便,操作成本也更低廉。法人合并,有新设式合并和吸收式合并两种方式。

(1)新设式合并,也称创设式合并,是两个以上的法人归并为一个新法人,原法人均告消灭的合并方式。

(2)吸收式合并,也称吞并式合并,是一个法人吸收被合并的其他法人,合并后只有一个法人存续,被吸收的法人均告消灭的合并方式。法人合并时,应有法人机关的合并决定和合并各方缔结的合并合同。为保障各合并法人的债权人的利益,法人应在合并前将合并决定通知债权人,债权人如要求清偿债务或提供担保的,作为债务人的法人应照办。否则,不得合并。

2.法人的分立

这是指一个法人分为两个以上法人的民事法律行为。法人分立是调整经营规模、分散风险的重要手段。法人分立也不需经过法定清算程序,所以有与法人合并同样的优点。法人分立,有新设式分立和存续式分立两种分立方式。

(二)法人终止的概念与原因

法人的终止,也称法人的消灭,是指法人资格的消灭,即法人丧失民事主体资格和法律上的人格,不再具有民事权利能力和民事行为能力的状态。企业法人终止的原因主要有:

1.依法被撤销

企业被撤销的原因一般是企业法人的经营行为违反了法律法规的相关规定,如企业登记时提供虚假文件,伪造、涂改、出租、转让营业执照等,都可能导致企业被撤销。但是,有些时候,企业也许并没有违法,而是出于法定原因直接将其撤销。

2.解散

解散是企业自行终止的情形。解散的原因主要有:因设立企业的目的已实现而解散;企业成员协商解散;章程规定的期限届满或规定的事由出现而解散等。

3.依法宣告破产

破产是企业严重亏损,无法清偿到期债务时,依法宣告破产,将破产财产偿还给债权人的一种强制执行程序。宣告破产是企业解散的一个重要途径,不仅有利于保护债权人的合法权益,还有利于救济破产企业,维护社会经济秩序的稳定。

4.其他原因

企业法人除前三种情况外,也有可能因其他原因解散,如因不可抗力、意外事故等原因导致企业终止。

(三)法人清算的概念与清算终结

1.法人清算的概念

法人清算,是指法人终止后由清算组织依据职权清理并消灭法人的全部财产关系。《民法通则》第40条规定,法人终止,应当依法进行清算,停止清算范围外的活动。

法人清算主要有两种形式:一是企业法人自行决定解散的,由法人自己成立清算组织进行清算;二是企业法人被撤销或者被宣告破产的,应当由主管机关组织有关人员组成清算组织;或者由人民法院根据有关破产程序的法律规定成立清算组织。有关机关包括财政、审计、工商、税收、银行、劳动等部门。中外合资经营企业、中外合作经营企业或外资企业,其清算组织的成员还应包括该企业审批部门的代表。清算组织,是指从事法人清算活动的组织,如清算组、清算委员会等。

2.清算终结

关于法人清算的清算终结,即清算组织完成上述职责。清算终结应由清算组织至工商行政管理机关办理法人注销登记并公告,正式使法人消灭。

第五节 合伙

一、合伙的概念

合伙的概念既可以从法律行为的角度给出,也可以从组织形态的角度给出。就法律行为的角度而言,合伙是指两个以上的民事主体共同出资、共同经营、共负盈亏的协议;就组织形态的角度而言,合伙是指两个以上的民事主体共同出资、共同经营、共负盈亏的企业组织形态。由此可知,无论是从法律行为角度还是从组织形态角度,都强调合伙的主要特征是共同出资、共同经营、共负盈亏、共担风险。

我国目前调整合伙的法律规范,一是《民法通则》中有关个人合伙及法人联营的规定,二是《中华人民共和国合伙企业法》(以下简称《合伙企业法》)。

二、普通合伙

(一)普通合伙的概念与特征

普通合伙,是指两个或两个以上的合伙人组成,各合伙人以自己个人的财产对合伙组织的债务承担无限连带责任。其基本法律特征是:一是依协议自愿成立;二是共同出资、共享利润;三是合伙经营,即全体合伙人共同经营,并具有同等地位,都是合伙组织的业主;四是合伙人以其个人财产对合伙组织债务承担无限连带责任。

(二)普通合伙设立的条件

(1)有2个以上合伙人。

合伙人可以是自然人、法人和其他组织,但禁止国有独资公司、国有企业、上市公司以及公益性事业单位、社会团体成为普通合伙企业中的普通合伙人。

(2)有书面合伙协议。

(3)有合伙人认缴或者实际缴付的出资。

出资形式包括货币、实物、知识产权、土地使用权、其他财产权利或者劳务。

(4)有合伙企业的名称和生产经营场所。

(5)法律、行政法规规定的其他条件。

(三)普通合伙的财产

1.合伙财产的构成

合伙企业的财产由合伙人的出资、以合伙企业名义取得的收益和依法取得的其他财产三部分构成。

2.合伙财产的分割

(1)合伙人在合伙企业清算前,不得请求分割合伙企业的财产。但是,《合伙企业法》另有规定的除外。

(2)合伙人在合伙企业清算前私自转移或者处分合伙企业财产的,合伙企业不得以此对抗善意第三人。此种情况下,合伙企业只能向合伙人主张权利,要求退回私自转移或者处分的合伙企业财产并赔偿损失。

（3）合伙财产的转让。

第一，合伙人之间的转让。合伙人之间转让在合伙企业中的全部或者部分财产份额时，应当通知其他合伙人。

第二，对外转让。合伙人向合伙人以外的人转让其在合伙企业中的全部或者部分财产份额时，须经其他合伙人一致同意。合伙人向合伙人以外的人转让其在合伙企业中的财产份额的，在同等条件下，其他合伙人有优先购买权。但是，合伙协议另有约定的除外。

（4）合伙财产的出质。合伙人以其在合伙企业中的财产份额出质的，须经其他合伙人一致同意，未经其他合伙人一致同意，其行为无效，由此给善意第三人造成损失的，由行为人依法承担赔偿责任。

（四）普通合伙事务的执行

1.合伙事务执行的形式

（1）全体合伙人共同执行合伙事务。

（2）各合伙人分别执行合伙事务。

（3）委托一个合伙人执行合伙事务。

（4）委托数个合伙人执行合伙事务。

采用后两种形式的，应当经全体合伙人决定，且其他合伙人不再执行合伙事务。作为合伙人的法人、其他组织执行合伙事务的，由其委派的代表执行。

合伙企业对合伙人执行合伙事务以及对外代表合伙企业权利的限制，不得对抗善意第三人。

2.合伙人在合伙事务执行中的权利与义务

（1）权利。

①报酬请求权。

②提出异议权。

③表决权。

第一，合伙人对合伙企业有关事项作出决议，按照合伙协议约定的表决办法办理。

第二，合伙协议未约定或者约定不明确，实行合伙人一人一票并经全体合伙人过半数通过的表决办法。

第三，《合伙企业法》对合伙企业的表决办法另有规定的，从其规定。

第四，除合伙协议另有约定外，合伙企业的下列事项应当经全体合伙人一致同意：

改变合伙企业的名称；改变合伙企业的经营范围、主要经营场所的地点；处分合伙企业的不动产；转让或者处分合伙企业的知识产权和其他财产权利；以合伙企业名义为他人提供担保；聘任合伙人以外的人担任合伙企业的经营管理人员。

④监督权。

（2）义务。

①忠实义务。合伙人不得从事损害本合伙企业利益的活动。

②报告义务。执行事务合伙人的报告义务。

③竞业禁止义务。合伙人不得自营或者同他人合作经营与本合伙企业相竞争的业务。

④自我交易禁止义务。合伙人不得同本合伙企业进行交易，合伙协议另有约定或者全体合伙人一致同意的除外。

(五)普通合伙损益的分配与合伙债务的承担

1.合伙损益的分配

(1)按照合伙协议的约定办理。

(2)合伙协议未约定或者约定不明确的,由合伙人协商决定。

(3)协商不成的,由合伙人按照实缴出资的比例分配、分担。

(4)无法确定出资比例的,由合伙人平均分配、分担。

合伙协议的禁止约定:全部利润分配给部分合伙人,由部分合伙人承担全部亏损。

2.合伙债务的承担与清偿

(1)合伙企业的债务清偿与合伙人的关系。

①对外关系。合伙企业对外债务,应先以其全部财产进行清偿。合伙企业不能清偿到期债务的,合伙人承担无限连带责任。

②内部关系。合伙人清偿数额超过其亏损分担比例的,有权向其他合伙人追偿。

(2)合伙人的债务清偿与合伙企业的关系。

合伙人发生与合伙企业无关的债务,相关债权人不得以其债权抵销其对合伙企业的债务,也不得代位行使合伙人在合伙企业中的权利。

合伙人的自有财产不足清偿其与合伙企业无关的债务的,该合伙人可以以其从合伙企业中分取的收益用于清偿,债权人也可以依法请求人民法院强制执行该合伙人在合伙企业中的财产份额用于清偿。

(3)合伙企业债务清偿——"双重优先"原则。

①合伙企业的债务清偿。第一顺序,以合伙企业的全部财产进行清偿。第二顺序,合伙企业财产不足清偿到期债务的,各合伙人应当承担无限连带责任。

②合伙人个人债务的清偿。第一顺序,合伙人个人财产清偿。第二顺序,该合伙人从合伙人企业中分取的收益,也可以依法请求人民法院强制执行其在合伙企业中的财产份额。

(六)普通合伙人的入伙、退伙

1.入伙的概念、条件及效力

(1)入伙,是指在合伙企业续存期间合伙人以外的人加入合伙企业并取得合伙人资格的法律行为。

(2)入伙的条件:

①入伙人必须与原合伙人订立书面合作协议,就相互的权利、义务关系在协议中作出明确的规定。

②订立入伙协议前,原合伙人应将合伙企业的经营状况和财务状况明确告知新合伙人。

③签订协议后,应在15日内向企业登记机关办理合伙企业的变更登记手续。

(3)入伙的效力。入伙人对其入伙前合伙企业的债务承担连带责任,不论入伙人与原合伙人就此问题有无其他约定,约定都不得对抗合伙企业的债权人。

2.退伙的概念、形式及效力

(1)退伙,是指在合伙企业续存期间合伙人退出合伙企业并使其合伙人资格归于消灭的法律行为。

(2)退伙的形式:

①协议退伙。

协议退伙,是指退伙人与其他合伙人协商一致或按合伙协议的约定退伙。协议退伙在协议达成之日或退伙事由出现起生效。

②声明退伙。

声明退伙,是指基于退伙人的单方意思表示而退伙,声明退伙发生在以下两种情况:

a.如果合伙协议约定了合伙企业经营的期限,出现下列情形之一的,合伙人可以声明退伙。第一,发生合伙人难于继续参加合伙企业的事由。第二,其他合伙人严重违反合伙协议规定的义务。

b.如果合同协议未约定合伙企业经营期限的,只要退伙不给合伙企业的执行造成不利影响,合伙人可以声明退伙,但应当提前30日通知其他合伙人,以便其他合伙人提前就有关事项作出安排。

约定经营期限的声明退伙,自合伙人提出退伙的声明之日起生效。未约定经营期限的声明退伙,自提出退伙声明之日起满30日生效。

③法定退伙。

法定退伙,是指基于法律的直接规定而退伙。法定退伙的情形包括:

第一,公民死亡或被依法宣告死亡。

第二,公民被依法宣告为无民事行为能力人。因为合伙人必须是具有完全民事行为能力的人。

第三,个人丧失偿债能力,因为这种情况下合伙人无法履行无限连带责任。

第四,被人民法院强制执行在合伙企业的全部财产份额。

法定退伙在法定事由成就时即发生退伙效力。

④除名。

除名,是指合伙人一致决定将某合伙人开除出合伙企业。除名的事由包括:

第一,为履行出资义务。

第二,因故意或重大过失给合伙企业造成重大损失。

第三,执行合伙企业事务时有不正当行为。

第四,合伙协议约定的其他事务。

自被除名合伙人接到通知之日起生效。

(3)退伙的效力:①退伙人丧失合伙人身份;②退伙并不必然导致合伙企业的解散;③退伙人对其退伙前合伙企业的债务仍需承担无限连带责任;④合伙人死亡或依法宣告死亡的,合伙人的合法继承人依合伙协议约定或全体合伙人同意可以继承该合伙人在合伙企业的身份,继承人也可以根据自己意愿只继承财产不继承身份;⑤合伙人退伙,应依法对合伙企业进行清算,如有未了结的业务,则等到了结后清算,清算完了,退还退伙人财产,可以退还货币,也可以退还实物。

(七)特殊普通合伙的概念与特征

1.特殊普通合伙的概念

特殊普通合伙,是指以专业知识和专业技能为客户提供有偿服务的专业机构。特殊普通合伙企业必须在其企业的名称中标明"特殊普通合伙"的字样,以区别于普通合伙企业。

2.特殊普通合伙的特征

特殊普通合伙的特征:承担责任的原则不同,在特殊的普通合伙企业中,一个合伙人或数个合伙人在执业活动中因故意或者重大过失造成合伙企业债务的,应当承担无限责任或者无限连带责任,其他合伙人则仅以其在合伙企业中的财产份额为限承担责任。

三、有限合伙

(一)有限合伙的概念与特征

1.有限合伙的概念

有限合伙企业,是指由有限合伙人和普通合伙人共同组成,普通合伙人对合伙企业债务承担无限连带责任,有限合伙人以其认缴的出资额为限对合伙企业债务承担责任的合伙组织。

2.有限合伙的特征

(1)有限合伙是合伙的一种,不具备法人资格,对外在整体上仍承担无限连带责任,仅仅是在其内部对承担责任的合伙人进行了分类,有限合伙人承担有限责任,普通合伙人承担无限责任。

(2)其内部设置了一种与普通合伙制有根本区别的两类法律责任:有限合伙人仅投入资金并仅以其出资为限承担合伙的债务,对合伙债务仅负有限责任,而普通合伙人除投入资金外并要负责合伙事务的经营管理,对合伙债务承担无限连带责任。

(3)有限合伙人必须以金钱或其他财产出资,不得以劳务或信用出资,只要经全体合伙人同意,他就可以将自己的股份转让;普通合伙人出资形式较为灵活,而且出资比例可以较小,如他可以只是象征性地投入1%的注册资本,而有限合伙人投入99%的注册资本。

(4)有限合伙人的死亡、破产不影响合伙的存在,不产生终止合伙的效果;而普通合伙人的死亡和退出,除非合伙协议另有规定,合伙即告终止。

(5)有限合伙兼具人合性与资合性,且偏重于人合性。有限合伙集普通合伙的人合性与有限责任公司的资合性于一身,它是由人合与资合两种因素有机结合而成的一种合伙形式,就其属性更侧重于人合性。

(二)有限合伙设立的条件

(1)有两个以上五十个以下合伙人。

合伙人的限制:至少应当有一个普通合伙人;国有独资公司、国有企业、上市公司以及公益性的事业单位、社会团体不得成为普通合伙。

(2)有书面合伙协议。

(3)有限合伙人认缴或者实际缴付的出资。

有限合伙人不得以劳务出资;有限合伙人应当按照合伙协议的约定按期足额缴纳出资;未按期足额缴纳的,应当承担补缴义务,并对其他合伙人承担违约责任。

有限合伙企业登记事项中应当载明有限合伙人的姓名或者名称及认缴的出资数额。

(4)有限合伙企业的名称(标明"有限合伙"字样)和生产经营场所。

(5)法律、行政法规规定的其他条件。

(三)有限合伙人的入伙、退伙

1.入伙

新入伙的有限合伙人对入伙前有限合伙的债务,以其认缴的出资额为限承担责任。这里需要注意,在普通合伙中,新入伙的合伙人对入伙前合伙的债务承担连带责任,而在有限合伙中,新入伙的有限合伙人对入伙前有限合伙的债务,以其认缴的出资额为限承担责任。

2.退伙

(1)有限合伙人当然退伙。有限合伙人出现下列情形之一时当然退伙:①作为合伙人的自然人死亡或者被依法宣告死亡;②作为合伙人的法人或者其他组织依法被吊销营业执照、责令关闭、撤销,或者被宣告破产;③法律规定或者合伙协议约定合伙人必须具有相关资格而丧失该资格;④合伙人在合伙中的全部财产份额被人民法院强制执行。

(2)有限合伙人丧失民事行为能力的处理。作为有限合伙人的自然人在有限合伙存续期间丧失民事行为能力的,其他合伙人不得因此要求其退伙。这是因为有限合伙人对有限合伙只进行投资,而不负责事务执行。作为有限合伙人的自然人在有限合伙存续期间丧失民事行为能力,并不影响有限合伙的正常生产经营活动,其他合伙人不能要求该丧失民事行为能力的合伙人退伙。

(3)有限合伙人继承人的权利。作为有限合伙人的自然人死亡、被依法宣告死亡或者作为有限合伙人的法人及其他组织终止时,其继承人或者权利承受人可以依法取得该有限合伙人在有限合伙中的资格。

(4)有限合伙人退伙后的责任承担。有限合伙人退伙后,对基于其退伙前的原因发生的有限合伙债务,以其退伙时从有限合伙中取回的财产承担责任。

第六节　民事行为

一、民事行为概述

(一)民事行为的概念与特征

1.民事行为的概念

民事行为,一般称为法律行为,是指民事主体为了设立、变更或者终止民事法律关系而实施的行为,正如《民法通则》第54条规定:"民事法律行为是公民或者法人设立、变更、终止民事权利和民事义务的合法行为。"由此可见,民事行为具有引起民事法律关系产生、变更或者消灭的作用,是法律事实中行为的组成部分。

2.民事行为的特征

(1)民事行为是私行为。

民事行为是由自然人、法人等私主体作出的行为,其相对于政府机关行使国家权力作出的国家行为、法院依审判权作出的裁判行为。国家行为、裁判行为也可以导致民事法律关系的变动,如征用、判决赔偿等。所以,私行为之"私"是与公行为之"公"相对应而言的,与所有制上的私有、公有毫不搭界。民事行为是由自然人、法人依意思作出的变动民事关系的行为,而不是利用公权力作出的行为。

(2)民事行为是合法行为。

所谓合法,就是说它所追求的效果"不违反法律或者社会公共利益"。民事行为中的当事人意思将成为现实的权利义务关系,若不对意思表示有所要求,那么违法的意思也将发生预期效果,这是法律所不允许的。故意思表示必须合法,这也是法律对当事人个人行为的干预,说明自由是有边界的,任何人不得以损害他人的权利或破坏公共秩序为代价。这也是法律行为与违法行为的区别。违法行为中的意思表示,如非法占有他人财产、不履行合同、侵犯他人人身权利,也能够引起法律效果,但那不是当事人意思表示的效果,而是法律直接规定的效果。例如,侵权人对他人的侵权所发生的赔偿,并不是侵权人的本意,而是由法律规定的。

(3)民事行为是表示行为。

民事行为的核心就是意思表示。所谓意思表示,是当事人将想要实现一定效果的内心意思对外表示。例如,打算购买电脑、想要乘飞机去外地办事,这是内心意思,而实际去买电脑、购飞机票,就是意思对外表示。生活中的买卖、租赁、加工承揽、运送等丰富多彩的交易行为,都含有意思表示。任何民事行为都必须具备意思表示这一要素。

民事行为以意思表示为要素的这个特征,使得民事行为与不追求民事法律效果的合法行为区别开来。例如,朋友之间相约一起去看电影、旅游、踢足球,那仅仅是娱乐,相互之间并不追求什么权利、义务,从而也就不是民事行为。同时,也与非表示行为区别开来。所谓非表示行为,是不以意思表示为要素的合法民事行为。当然,在该行为中,可能含有引起权利义务关系发生的意思表示,也可能不含有这样的意思表示,然而作为法律要件,却不要求具备意思表示。例如,文学创作,不管行为人有没有取得所有权或者著作权的意思,民法规范直接规定了权利的发生。简而言之,非表示行为不以意思表示为要素,只要有行为就足够了,而民事行为却不然,不具备意思表示,就不成其为民事行为。

(4)民事行为是由意思决定效果的行为。

民法的基本理念是意思自治,它主张人们在民事生活中自己做主,自己负责。民事行为的效果,规定于它的要素即意思表示当中。只要意思表示中所要实现的效果是合法的,法律就听任其依照内容发生法律效果,设定权利,负担义务,或使权利和义务变更、终止。例如,合同当事人的权利和义务产生于合同约定;委托代理权产生于授权行为中的意思;遗嘱继承权产生于遗嘱的内容,如此等等。

(二)民事行为的分类

民事行为,按不同标准可以对其进行不同的分类,相应的,它们各自的构成要件、具体内容也是不同的。

1. 单方行为、双方行为和多方行为

根据民事行为的成立是仅需要一方意思表示还是必须双方或多方意思表示,民事行为分为单方行为、双方行为、多方行为。

(1)单方行为。

单方行为,是指仅由一方行为人的意思表示就可以成立的民事行为。

其特点是:不需要他人同意即可发生法律效果。典型的单方行为有:授权行为、订立遗嘱、免除债务、抛弃财产、撤销行为、追认行为、选择行为、单方解除行为。

(2)双方行为。

双方行为,是指双方当事人相对的意思表示达成一致才能成立的民事行为。合同行为是典型的双方法律行为。

(3)多方行为。

多方行为又称协定行为,是指两个以上的当事人并行的意思表示达成一致才能成立的法律行为。最典型的是决议。但是,决议与一般的法律行为不同,决议中的意思表示不仅一致,而且用语也是一致的。另外,决议中的意思表示往往采取多数决,对于意思表示的效力,同意的要遵守,不同意的也要受该决议意思表示的拘束。

2. 要式行为和不要式行为

这一分类的标准是民事行为的成立是否必须采用特定形式。

(1)要式行为。

要式行为,是指必须采用某种特定的形式才能成立的民事行为。正如《民法通则》第56条规定的:"……法律规定用特定形式的,应当依照法律规定。"例如,根据《担保法》的规定,保证

合同、质押合同均应采用书面形式,而抵押合同则不仅要用书面形式,而且要向法定登记机关办理抵押登记。

(2)不要式行为。

不要式行为是指法律没有规定特定形式而允许当事人选择约定形式的民事行为。

3. 有偿行为和无偿行为

这一分类的标准是民事法律行为的一方当事人承担义务是否要求对方给付对价。

(1)有偿行为。

有偿行为是一方当事人承担某项民事义务而要求对方当事人给付对价(报酬)的法律行为,如买卖合同就是典型的有偿民事行为。

(2)无偿行为。

无偿行为则指一方当事人承担某项民事义务而不要求对方当事人给予对价的法律行为。它以赠与为代表。

4. 诺成行为和实践行为

这一分类的标准是民事行为的成立是否以交付实物为条件。

(1)诺成行为。

诺成行为,是指仅以双方当事人意思表示一致即告成立的民事法律行为。大多数民事行为都是诺成性的,如买卖、承揽、租赁等。

(2)实践行为。

实践行为,是指不仅要求双方当事人意思表示一致,而且要交付实物才能成立的行为,又称要物民事行为,如赠与、借贷等行为。其中,交付实物的行为是此类民事行为成立的条件。

5. 主行为和从行为

这种分类的根据是两个相互关联的法律行为的相互地位。

(1)主行为。

主行为,是指在两个相互关联的民事行为中,能够独立存在的民事行为。从法律行为是依附于主法律行为的存在而存在的民事行为。例如,甲向乙借款 1 万元,由丙做保证人。此例中,存在两个民事行为:一个是甲与乙之间的借贷合同行为,另一个是丙与乙之间的保证合同行为。保证合同行为的存在依附于借贷合同的存在(如果没有借贷合同,就不可能存在保证合同)。因此,借贷合同行为是主法律行为,保证合同行为是从法律行为。

(2)从行为。

从行为随主法律行为的成立而成立,随主法律行为的消灭而消灭。主法律行为的变更或者撤销,都会影响从法律行为的效力。

(三)民事行为的形式

在我国,民事立法确认民事行为可采用的形式包括明示形式和默示形式两大类。

1. 明示形式

所谓明示形式,就是行为人用积极的、直接的、明确的方式表达其内部意思于外部,具体包括用言语进行表达内心意思的口头形式;用文字表达内心意思的书面形式及其他形式。所谓其他形式,具体可表现为视听资料形式和须经特定主管机关履行特定手续的特殊书面形式,如公证、审核批准、登记等。

(1)口头形式。

口头形式,是指行为人通过言语表达其内心意思而成立的民事行为,如当事人之间当面交谈、电话联系等。口头形式是社会公众在社会生活中广泛适用于民事行为的形式。其优点是快捷、迅速,但是,因其缺乏客观记载,在发生纠纷时难于取证,所以,口头形式大多用于即时清结的小额交易行为,而金额较大的、非即时清结的民事行为,则不宜采用口头形式。

(2)书面形式。

书面形式是行为人以文字符号为表达内心意思而成立的民事行为。书面形式的优点是通过文字符号将行为人所实施的民事行为的内容客观地记载于一定的载体上,成为确定当事人权利和义务的依据,有利于防止民事活动中的异议和便于民事纠纷的处理。根据《合同法》第11条的规定,民事法律行为的书面形式包括合同书、信件和各种数据电文——电报、电传、传真、电子数据交换和电子邮件等可以有形地表现民事行为内容的形式。

(3)其他形式。

①视听资料,就是行为人通过录音、录像等所反映的声音和形象以及电子计算机所储存的资料表现民事行为内容的形式。

②公证,就是由公证机关对于民事行为的真实性和合法性予以审查并加以证明的方式。公证的作用仅仅是证明民事行为是真实的和合法的。当发生争议时,经过公证的民事行为具有最强的证据力,当事人不得以其他形式的证据否认公证的效力。应当强调的是,我国法律行为未经公证的,并不影响其法律效力。

③审核批准,就是指依法必须经有关主管机关审核批准才能成立的民事行为。

④登记,就是指依法必须向有关主管机关办理登记才能生效的形式。在我国,基于不动产的公信原则,与不动产(如房屋、土地、交通工具等)相关的民事行为一般都依法要办理登记。这是此类民事行为的必备形式。

2. 默示形式

默示形式,是指不依赖语言或文字等明示形式,而通过某种事实即可推知行为人的意思表示而成立的民事行为形式。行为人虽然并没有作出明示的意思表示,但根据法律的规定,可以认定行为人的某种客观事实状态就是表达同意进行民事活动的意思。

法律对民事行为的默示形式是有严格限定的。只有在法律明确规定的情况下才能认定行为人以默示的形式表示其意思。例如,《继承法》第25条规定:“继承开始后,继承人放弃继承的,应当在遗产处理前,作出放弃继承的表示。没有表示的,视为接受继承。受遗赠人应当在知道受遗赠后两个月内,作出接受或者放弃受遗赠的表示。到期没有表示的,视为放弃受遗赠。”

二、民事行为的成立与生效

(一)民事行为的成立要件

成立要件是按照法律规定成立法律行为所必备的事实要素。

民事行为的成立要件包括一般成立要件和特别成立要件。

(1)一般成立要件,是一切法律行为依法成立所不可少的共同要件,这一要件即行为人已作出意思表示。其含义是:行为人已确定;行为人的意思表示包含设立、变更、消灭民事法律关系的意图;行为人须以一定方式将自己的内心意图表示于外部,可以由他人客观地加以识别。

(2)特别成立要件,是指成立某一具体法律行为,除须具备一般要件外,尚须具备其他特别成立要件。例如,合同行为中,须具备当事人双方意思表示达成一致的特别成立要件;要物行为中,须以物的交付为成立要件;要式行为中,须以特定形式或特定程序为要件。

(二)民事行为的生效要件

民事行为的生效要件也就是民事行为应当具备的条件,根据《民法通则》第55条和第56条的规定,具体包括行为人合格、意思表示真实、内容合法和形式合法。前三者是民事行为的实质要件,第四个则是其形式要件。

1.主体合格

它指的是行为人应当具有相应的民事行为能力。民事行为能力是否相应,则要以民事法律对公民、法人的民事行为能力的具体规定为标准来衡量。它对于公民来讲,完全民事行为能力人从事各种民事行为均为合格;限制民事行为人则在法律允许其在独立进行民事活动的范围内,进行与其年龄、智力或者其精神健康状况相适应的民事活动就是合格的。而具体到法人,则必须具有独立的法人资格,并在法律批准的业务范围内从事民事活动,即为行为人合格。至于依法参与民事活动的其他组织,则必须是具有法律承认的资格和在其所属法人授权范围内从事民事活动,始为合格。

2.意思表示真实

意思表示真实就是说行为人表现于外部的表示与其内在的真实意志相一致。其要求有两点:一是内部意思与外部表示一致;二是出于行为人的自愿。只有行为人意思表示真实,才能保证其所实施的民事行为产生的民事法律后果符合行为人预期的目的,合乎其切身利益,有利于建立正常的社会经济秩序。如果行为人的外在表示与其内心真实意志不一致,则为意思表示不真实,不为法律所确认和保护。

3.内容合法

根据《民法通则》的规定,行为内容合法表现为不违反法律和社会公共利益、社会公德。具体到实际生活中,行为内容合法首先不得与法律、行政法规的强制性或禁止性规范相抵触。而行为人的意思表示与任意性规范不一致时则不属于违法,因为任意性规范允许当事人协商确定。其次,行为内容合法还包括行为人实施的民事行为不得违背社会公德,不得损害社会公共利益。因为社会公共利益和社会公德是对民事立法的重要补充。在法律没有明文规定时,这是衡量民事行为合法性的重要标准。

4.形式合法

民事行为的形式也就是行为人进行意思表示的形式。民事行为所采用形式的合法性因要式民事行为和不要式民事行为的区别而不同。根据《民法通则》第56条的规定,凡属要式的民事行为,必须采用法律规定的特定形式才为合法,而不要式民事行为,则当事人在法律允许的范围选择口头形式、书面形式或以其他形式作为民事行为的形式皆为合法。

(三)民事行为的特别生效要件

大部分的民事行为从具备一般生效要件时开始产生法律效力,但有些民事行为则需要有特殊的生效要件。下面所称的条件和期限实际上就是民事行为的特别生效要件。

1.附条件民事行为

(1)概念。

附条件的民事行为,是指效力的开始或终止取决于将来不确定事实的发生或不发生的法律行为。

(2)所附条件的特征。

这里所谓的"条件",就是决定民事法律行为效力产生和消灭的事实,它必须符合以下条件：

①条件必须是将来可能发生的事实。

②条件必须是不确定的事实。也就是说，条件在将来是否必然发生，当事人是不能肯定的。如果在法律行为成立时，当事人已经确定作为法律行为条件的事实必然发生，则该事实为法律行为的期限而不是条件。

③条件是由当事人约定的，而不是法定的。附条件的法律行为中的条件是当事人所附加的条件，也称为"附款"，是当事人意思表示的一部分。所以，作为条件的事实必须是当事人自己选定的，是意思表示一致的结果。

④条件必须合法。作为民事行为所附的条件，必须符合现行法律的规定，不得违背社会道德，否则称为不法条件。凡是民事行为附不法条件的，该行为无效。

⑤条件不得与行为的主要内容相矛盾。条件与行为相互矛盾，表明行为人的意思表示是不真实的，因此该民事行为应视为无效。

（3）所附条件的类型。

①附延缓条件的民事行为。

延缓条件又称停止条件，是指法律行为效力的开始以条件的成就为原因的情况。在附延缓条件的民事行为中，行为虽然已经成立，但暂时停止发生效力，只有在当事人约定的条件成就之后才生效。此时，权利人可以请求义务人履行义务。

②附解除条件的民事行为。

解除条件又称消灭条件，是指已经成立生效的法律行为自条件成就时丧失其效力的情况。附解除条件的民事行为，在条件未成就以前一直有效；在条件成就以后，效力归于消灭。

（4）法律规定。

条件的成就与不成就，是依靠事实自然发展的，不需要借助当事人的任何积极活动，促成或阻止条件的成就。

当事人恶意促使条件成就的，法律视为条件不成就。

恶意促使条件不成就的，法律视为条件已成就。

2. 附期限民事行为

（1）概念。附期限民事行为，是指以一定期限的到来作为效力开始或终止原因的法律行为。

（2）所附期限的特征。这里所谓的"期限"，就是指一定时间的经过，它必须符合以下要求：

①期限必须是民事行为实施时尚未到来的时日。

②期限必须是肯定能够到来且具有现实意义的未来时日。这也是期限和条件同样作为法律事实的不同之处，因为期限是肯定到来的，而条件的发生则不能肯定。

③期限必须是当事人约定的，而不是法定的。

（3）所附期限的类型。

①附延缓期限的民事行为。

延缓期限又称始期，附延缓期限的民事行为就是以延缓期限的到来决定行为效力开始的情况。

②附解除期限的民事行为。

解除期限又称终期，附解除期限的民事行为就是以解除期限的到来决定行为效力终止的情况。在期限到来之前，民事行为一直具有法律效力。

特别生效要件除附条件和附期限的民事行为外，还有一些民事行为对生效有特别的要求。

例如,遗嘱行为需要有自然人死亡这一法律事实的出现才能生效。

三、无效民事行为

(一)无效民事行为的概念与特征

根据《民法通则》第 58 条第 1 款的规定,无效民事行为是指因欠缺民事法律行为的有效条件而不产生法律效力的民事行为。民法理论又称其为"绝对无效的民事行为"。

无效民事行为具有以下特征:

(1)无效民事行为的本质是其违法性。

(2)无效民事行为是确定无效的。

(3)无效民事行为自始不发生法律效力。

(二)无效民事行为的情形

民事法律规定的民事行为有效条件是认定无效民事行为的法律依据,相应地构成四类无效民事行为。它包括因主体不合格而无效的民事行为、因意思表示不真实而无效的民事行为、因内容违法而无效的民事行为和因形式违法而无效的民事行为。具体来讲,根据《民法通则》第 58 条和《合同法》第 52 条的规定,无效民事行为表现为以下情形:

(1)无民事行为能力人实施的民事行为。

(2)限制民事行为能力人依法不能独立实施的民事行为。

(3)因欺诈而为的民事行为。因欺诈而为的民事行为,是指因一方当事人故意告知对方虚假情况,或者故意隐瞒真实情况,诱使对方当事人作出错误意思表示的情况下而为的民事行为。

认定该民事行为中的欺诈,应当具备以下条件:

①欺诈方有欺诈的故意。

②欺诈方实施了欺诈行为,包括故意告知对方虚假情况(作为)或者故意隐瞒真实情况(不作为)。

③被欺诈方对于欺诈行为是不知的。

④欺诈行为与被欺诈方实施的民事行为之间存在因果关系。

(4)因胁迫而为的民事行为。因胁迫而为的民事行为,是指由于一方当事人以给公民及其亲友的生命健康、荣誉、财产等造成损害,或者以给法人的荣誉、名誉、财产等造成损害为要挟,迫使对方作出违背真实意志的意思表示所为的民事行为。

认定该民事行为中的胁迫,应当具备以下条件:

①胁迫方有胁迫的故意。

②胁迫方实施了胁迫行为,即正在发生或者将来可能发生危害,并且足以使被胁迫方产生恐惧,害怕胁迫的发生。

③被胁迫方实施的民事行为与胁迫行为之间存在因果关系,就是说该被胁迫方因受胁迫而被迫作出违背真实意志的意思表示并实施相应的民事行为。

应当注意的是,《合同法》第 52 条和第 54 条第 2 款亦规定,一方以胁迫手段订立的合同,在损害国家利益时,必然是确定无效的合同,而在未损害国家利益的情况下,则可经被胁迫方请求,由人民法院或者仲裁机关予以变更或者撤销。

(5)因乘人之危使对方违背真实意思而为的民事行为。认定该民事行为中的乘人之危,应当具有以下条件:

①一方当事人处于危难境地,如本人或其亲属突患危重病症。

②另一方当事人以牟取不正当利益为目的,利用对方的危难情况,提出苛刻的条件,严重损害对方的利益。

③乘人之危一方主观上是故意的。

④危难一方所为的民事行为与乘人之危的行为之间存在因果关系。

应当注意的是,按照《民法通则》第 58 条第 1 款第 3 项的规定,因乘人之危使对方违背真实意思而为的民事行为是确定无效的民事行为。但是,根据《合同法》第 54 条第 2 款的规定,一方乘人之危使对方在违背真实意思的情况下订立的合同,也可以经受损害方的请求,由人民法院或者仲裁机构依法予以变更或者撤销。

(6)因恶意串通损害他人利益而为的民事行为。

认定该民事行为的条件包括:

①当事人之间有恶意串通的共同故意,故不同于欺诈、胁迫和乘人之危而为的民事行为。

②当事人恶意串通的内容是损害国家、集体或者第三人的利益。

③该民事行为的实施造成了损害国家、集体或者第三人利益的结果。

(7)因违反法律或者社会公共利益而为的民事行为。

(8)因以合法形式掩盖非法目的而为的民事行为。

(9)因违反国家指令性计划而无效的民事行为。

(三)民事行为被确认无效的法律后果

民事行为被确认无效之后,从行为开始就不发生当事人所预期的法律效力。但是,没有法律效力不等于没有法律后果。民事行为被确认无效后,当事人应当承担财产的返还义务、损失赔偿责任和其他的制裁。

1. 返还财产

《民法通则》第 61 条第 1 款规定:"民事行为被确认为无效或者被撤销后,当事人因该行为取得的财产,应当返还给受损失的一方……"返还财产分为单方返还和双方返还两种。单方返还,是指仅仅一方向对方返还从对方处获得的财产,一般适用于一方故意违法侵害对方利益的场合,如一方以欺诈、胁迫等手段或者乘人之危,使对方在违背真实意思的情况下所为的行为。双方返还,是指双方各自向对方返还从对方处取得的财产,使财产关系恢复原状,主要适用于当事人各方均无过错的场合,包括当事人无民事行为能力、重大误解、不合法定形式等情况。

2. 赔偿损失

民事行为被确认无效或者被撤销后,除了发生返还财产的法律后果外,如果没有过错的一方受到了损失,有过错的一方应当承担损害赔偿的民事责任。《民法通则》第 61 条第 1 款规定:"民事行为被确认为无效或者被撤销后……有过错的一方应当赔偿对方因此所受的损失,双方都有过错的,应当各自承担相应的责任。"这一规定表明我国法律在处理因民事行为无效或者被撤销所引起的损失赔偿问题时,所采取的是过失责任原则。

3. 追缴财产

《民法通则》第 61 条第 2 款规定,双方恶意串通,实施民事行为损害国家的、集体的或者第三人的利益的,应当追缴双方取得的财产,收归国家、集体所有或者返还第三人。此处所谓"双方取得的财产",应当包括双方已经取得的和约定取得的财产。追缴财产与返还财产和赔偿损失不同,这种制裁形式兼具惩罚和补偿双重性质。一方面,通过追缴财产,使不法行为人受到经济上的惩罚;另一方面,将追缴的财产转归国家、集体和第三人,使他们得到补偿。在追缴财产的情况下,双方当事人之间不存在返还财产的义务,但是除了被追缴财产以外的损失,应当由双方按过错程度予以分担。

4.其他制裁

在处理无效民事行为的案件,除了适用《民法通则》第61条的规定外,还可斟酌具体情况,适用《民法通则》第49条和第134条第3款的相关规定,采用训诫、责令具结悔过、收缴进行非法活动的财物和非法所得、罚款、拘留、对法定代表人给予行政处分、罚款等制裁方式。

四、可撤销的民事行为

(一)可撤销的民事行为的概念与特征

可撤销的民事行为,是指已经成立且生效,因为意思表示不真实或其他法定原因,行为人有撤销权的民事行为。有撤销权人如果行使撤销权,则经撤销其效力溯及民事行为成立时无效;如果撤销权人在法定期限内未行使撤销权,则该民事行为原来的效力不变,民事行为效力继续。

可撤销的民事行为具有以下特征:

(1)可撤销的民事行为在撤销之前已经发生法律效力,其效力可以对抗任何人。即使民事行为具有可撤销的因素,只要撤销权人未在规定的撤销期限内行使撤销权,民事行为就仍然有效。

(2)可撤销的民事行为的撤销,应当由撤销权人为之,其效力的变更或者撤销,以撤销行为为条件。可撤销的民事行为一经撤销,其自始无效,也即撤销行为具有溯及力。撤销权在性质上是一种形成权,撤销权的行使,为撤销权人单方的行为,无须相对人的同意。但是,法律规定,撤销权的行使应当采用向人民法院起诉或者向仲裁机构申请仲裁的方式为之。

(3)可撤销的民事行为的撤销权人对撤销权的行使与否拥有选择权,当事人可以撤销其行为,也可以通过承认的表示使撤销权消灭。如果撤销权人没有在规定的期限内行使撤销权,或者仅仅要求变更民事行为的部分内容,则该民事行为仍然发生效力。

(4)可撤销的民事行为,其撤销权的行使有限制。按照有关法律的规定,可撤销的民事行为,自行为成立时起超过一年当事人才请求变更或者撤销的,人民法院不予保护。如果撤销权人在知道撤销事由后明确表示或者以自己的行为放弃撤销权的,撤销权消灭。民事行为被撤销以后,发生与无效民事行为同样的法律后果。

(二)可撤销的民事行为的情形

可撤销的民事行为同样是由于欠缺民事行为的有效条件,而使其法律效力不确定,具体表现为以下情形:

1.因重大误解而为的民事行为

认定因重大误解而为的民事行为中的"重大误解",应具备以下条件:

(1)行为人因为自己的过失对于所为的行为存在错误认识。

(2)行为人的重大误解与所为民事行为之间存在因果关系。

(3)行为人因重大误解所实施的民事行为给当事人造成了较大损失。

2.因显失公平而为的民事行为

认定因显失公平而为民事行为中的显失公平,应当具备以下条件:

(1)一方当事人故意利用自己所处的政治、社会、经济等方面的优势或者利用对方没有经验。

(2)双方在所为民事行为中的权利和义务不平等,明显地违反公平、等价有偿原则。

(3)因欺诈、胁迫或者乘人之危而为的民事行为。

3. 一方以欺诈、胁迫手段订立的,未损害国家利益的合同

《民通意见》第 68 条规定,一方当事人故意告知对方虚假情况,或者故意隐瞒真实情况,诱使对方当事人作出错误意思表示的,可以认定为欺诈行为。第 69 条规定,以给公民及其亲友的生命健康、荣誉、名誉、财产等造成损失或者以给法人的荣誉、名誉、财产等造成损害为要挟,迫使对方作出违背真实的意思表示的,可以认定为胁迫行为。欺诈、胁迫行为并不损害国家利益时,构成可撤销民事行为;否则,为无效民事行为。

4. 乘人之危订立的合同

《民通意见》第 70 条规定,一方当事人乘对方处于危难之机,为牟取不正当利益,迫使对方作出不真实的意思表示,严重损害对方利益的,可以认定为乘人之危。根据《合同法》规定,乘人之危订立的合同,须是不损害国家利益时,才构成可撤销行为,否则为无效民事行为。

(三)撤销权的行使

撤销权,又称废罢诉权,是指债权人在债务人与他人实施处分其财产或权利的行为危害债权的实现时,得请求人民法院予以撤销的权利。

撤销权是合同保全中主动保护债权者的权益,所以由受害者行使。

撤销权的形成要件有一条:债务人的恶意。债务人的恶意,以行为时为准。行为时不知,而后为恶意的,诈害行为不成立。其不知是否出于过失,在所不问。诈害行为由债务人的代理人实施的,其恶意的有无,就代理人的主观状态加以判断。债务人虽有恶意,但事实上未发生有害于债权人的结果时,不成立撤销权。

既然债务人的主观恶意行为危害了债权人的行为,那么不能由债务人申请行使撤销权。

五、效力待定的民事行为

(一)效力待定民事行为的概念与特征

1. 效力待定民事行为的概念

效力待定民事行为,是指由于欠缺同意权人的事前同意,因此法律行为是否有效暂时不能确定,有待于该同意权人的追认,若该同意权人追认则法律行为确定生效,否则成为确定无效的表意行为。

2. 效力待定民事行为的特征

(1)法律行为已经成立,是否生效还不能确定。

(2)之所以是否生效不能确定,其原因是欠缺了同意权人的同意。

(3)若同意权人同意则该行为确定有效,否则溯及自始无效。

(二)效力待定民事行为的情形

(1)限制民事行为能力人实施的依法不能独立实施的双方行为(即合同行为)。该种行为如事后得到其法定代理人追认,则有效;反之,其法定代理人拒绝追认,则该行为无效。此类行为成立后,法定代理人表态前,行为的效力待定。

(2)无权代理行为。无权代理人以被代理人名义实施的民事行为,被代理人事后追认的,则对被代理人发生效力;反之,被代理人事后不追认的,该行为自始对被代理人不发生效力。该行为成立后,被代理人表态前,行为的效力待定。

(3)无权处分行为。无权处分行为,是指无处分权人与相对人所为的处分他人的物品或权利的行为。按照我国《合同法》第51条的规定,无处分权的人处分他人财产,经权利人追认或者无处分权的人订立合同后取得处分权的,该行为有效;如权利人不予追认,无处分权的人又未取得处分权,则该行为无效。无权处分行为成立后,权利人表态前,该行为的效力待定。

(4)债权同意欠缺的债务转移行为。债务人转让其债务,如受让人无力履行债务,则债权人的利益难以实现。因此,根据我国《合同法》第84条的规定,债务人转让债务,应经债权人同意。债务人未取得债权人同意而转让其债务的,转让行为在债权人表态前,该行为的效力待定。

第七节　代理

一、代理的概念与特征

(一)代理的概念

根据《民法通则》第63条的规定,代理是指代理人以被代理人(又称本人)的名义,在代理权限内与第三人(又称相对人)为法律行为,其法律后果直接由被代理人承受的民事法律制度。其中,代为他人实施民事法律行为的人,称为代理人;由他人以自己的名义代为民事法律行为,并承受法律后果的人,称为被代理人。例如,某甲接受某乙的委托,以某乙的名义与某丙签订合同,而在某乙和某丙之间形成债权债务关系。可见,代理活动涉及三方主体,其整体是代理法律关系,又包含着三部分内容。一是被代理人与代理人之间产生代理的基础法律关系,如委托合同;二是代理人与第三人所为的民事法律行为,称为代理行为;三是被代理人与第三人之间承受代理行为产生的法律后果,即基于代理行为而产生、变更或消灭的某种法律关系。

(二)代理的法律特征

从民法理论上讲,代理具有下列法律特征,使其区别于其他相近的民事法律制度。

1. 代理行为是能够引起民事法律后果的民事法律行为

就是说,通过代理人所为的代理行为,能够在被代理人与第三人之间产生、变更或消灭某种民事法律关系,如代订合同而建立了买卖关系、代为履行债务而消灭了债权债务关系,这表明代理行为具有法律上的意义,同样是以意思表示作为构成要素。因此,代理行为区别于事务性的委托承办行为,诸如代为整理资料、校阅稿件、计算统计等行为,不能在委托人与第三人之间产生民事法律关系,不属于民法上的代理行为。

2. 代理人一般应以被代理人的名义从事代理活动

《民法通则》第63条第2款规定:"代理人在代理权限内,以被代理人的名义实施民事法律行为……"在受托关系中,代理人是代替被代理人从事法律行为,以实施被代理人所追求的民事法律后果。显然,基于代理行为所产生的民事法律关系的主体应是被代理人,故代理人一般应用被代理人的名义从事代理行为。

但是,根据《合同法》第402条的规定,受托人以自己的名义,在委托人的授权范围内与第三人订立的合同也对委托人产生约束力。因此可见,我国立法既在原则上确认显名代理,也在法定条件下承认隐名代理。

3.代理人在代理权限范围内独立为意思表示

这一特征有两方面含义:(1)代理人有权独立为意思表示。(2)为了切实保障被代理人的利益,法律要求代理人必须在代理权限范围内独立为意思表示。所以,代理人在代理权限范围内作出的意思表示才符合被代理人的民事利益。正是在此种意义上,代理人在实施代理行为过程中超过代理权限范围所作出的意思表示就是不真实的,其代理行为也应依法无效或被撤销、被变更。

依据这一特征,要注意区别代理与一些相似情况:(1)代理人区别于法人的法定代表人。法定代表人与其所代表的法人是同一主体。代表人是法人的组成部分,如董事长是企业的组成部分,其所表示的意思就是法人的意思。而代理人与被代理人则是两个独立的民事主体。(2)代理人区别于居间人、传达人。居间人只是接受委托,为双方当事人建立民事法律关系提供条件,并不参与该法律关系,也不独立表达其意思;传达人则限于原封不动地传递委托人的意思表示,不提出自己的意思。

4.代理行为的法律后果直接归属于被代理人

既然代理行为的目的是实现被代理人追求的民事法律后果。所以,代理人的代理行为在法律上视为被代理人的行为,其效力直接及于被代理人,从而《民法通则》第63条第2款规定:"……被代理人对代理人的代理行为,承担民事责任。"可见,代理人是代理行为的实施者,而被代理人则是法律后果的承受者,这是民事代理制度得以适用的本质属性。

二、代理的类型

(一)委托代理、法定代理与指定代理

1.委托代理

这是根据被代理人的委托授权而产生的代理关系。相应的,被代理人又称为委托代理人,代理人又称为被委托人。委托代理一般建立在特定的基础法律关系之上,可以是劳动合同关系、合伙关系、工作职务关系,而多数是委托合同关系,即委托人和代理人约定,由代理人处理委托人事务的合同,正是在此种意义上称之为委托代理。同时,还必须经过被代理人向代理人授予代理权,委托代理关系才能确立。从而,被代理人的授权意志是委托代理关系最终建立的关键,故又称其为意定代理。例如,甲公民委托律师代理民事诉讼,不仅要与律师事务所订立委托合同,还必须向律师交付授权委托书,该委托代理才得以成立。可见,委托代理赖以存在的基础法律关系一般是委托合同,而代理权的产生根据则是授权行为。所以,应当注意区别委托合同与授权行为。

委托代理是公民、法人进行商品交换的重要手段之一。其适用范围最为广泛。

2.法定代理

它是根据法律的规定而直接产生的代理关系。出于调整社会关系的需要,法律规定某些社会关系必须适用特定的代理。当社会成员之间存在相应的社会关系时,便依法产生了相应的代理关系。法定代理主要是为保护无民事行为能力人和限制民事行为能力人的合法权益而设定的。例如,《婚姻法》规定父母为未成年子女的法定代理人;夫妻一方失去行为能力,另一方即为其法定代理人。而《民法通则》第16条和第14条则明文规定,"未成年人的父母是未成年人的监护人"、"无民事行为能力人、限制民事行为能力人的监护人是他的法定代理人"。当

无行为能力人、限制行为能力人处于一定社会组织(如精神病院、育幼机构等)的监护之下时,这些组织负有监护责任,亦为法定代理人。

3.指定代理

它是根据人民法院或者行政主管机关的指定而产生的代理关系。指定代理主要适用于在社会生活或民事诉讼过程中需要代理人代为法律行为,而没有代理人或无法确认代理人的特殊情况。在这种情况下,人民法院或行政主管机关依据法律的授权指定公民或法人充当代理人。例如,我国《民事诉讼法》第57条规定,无诉讼行为能力人由他的监护人作为法定代理人代为诉讼。法定代理人之间互相推诿代理责任的,由人民法院指定其中一人代为诉讼。

适用指定代理应注意几个问题:(1)只有法律授权的机关才有指定代理人的权力。(2)指定代理人时,应考虑所指定的人与被代理人之间有无利害关系,不宜指定有利害关系的人为代理人。(3)依法被指定为代理人的公民或法人无正当理由,不得拒绝。

(二)本代理与复代理

根据代理人选任和产生的不同,代理可分为本代理和复代理。本代理,是指由本人(被代理人)选任代理人或直接依据法律的规定产生的代理人所进行的代理。复代理,也称再代理,是指代理人将代理事务的一部分或全部转而委托他人所进行的代理。

代理是被代理人基于信赖而授权于代理人,一般来说,代理人不能随意未经被代理人同意再委托他人进行代理。但在特定条件下,为被代理人的利益,承认复代理。我国《民法通则》第68条规定:"委托代理人为被代理人的利益需要转托他人代理的,应当事先取得被代理人的同意。事先没有取得被代理人同意的,应当在事后及时告诉被代理人,如果被代理人不同意,由代理人对自己所转托的人的行为负民事责任,但在紧急情况下,为了保护被代理人的利益而转托他人代理的除外。"按照《民通意见》第80条的规定,紧急情况,是指"由于急病、通讯联络中断等特殊原因,委托代理人自己不能办理代理事项,又不能与被代理人及时取得联系,如不及时转托他人代理,会给被代理人的利益造成损失或者扩大损失的情况"。

复代理人是被代理人的代理人,而不是代理人的代理人,因此,复代理人只能为被代理人的利益为民事法律行为,其行为的法律后果直接归属于被代理人。在复代理中,复代理人并不取代原代理人,原代理人的地位不变,而只是由复代理人分担了代理人的部分职责,在选任复代理人后,代理人仍可继续行使代理权。由于复代理人是代理人选任的,复代理人的代理行为受代理人的监督,代理人对复代理人有解任权,可取消其代理权。

在法定代理和指定代理的情况下,代理人是否有权选任复代理人。一般认为,由于法定代理人、指定代理人的代理范围非常广泛,代理人难以完全代理,所以应该承认代理人有权选任复代理人。

三、代理权的行使

(一)代理权行使的原则

代理权的行使,是代理人在代理权限范围内,代被代理人实施民事法律行为,以维护和实现被代理人的合法权益。代理人行使代理权时应遵循如下原则:

1.为被代理人的利益认真履行代理职责

代理制度是为被代理人的利益设立的,是为了利用代理人的知识和技能为被代理人服务,代理人的活动是为了实现被代理人的利益。因此,代理人行使代理权应从被代理人的利益出发,而不是从自己的利益出发。应谨慎、勤勉、忠实地履行自己的代理职责。我国《民法通则》

第 66 条第 2 款规定:"代理人不履行职责而给被代理人造成损害的,应当承担民事责任。"

2. 亲自行使代理权

被代理人之所以委托特定的代理人代自己实施民事法律行为,是基于对该代理人知识、技能、品质等的信赖。因此,代理人必须亲自实施代理行为,才符合被代理人的本意。除非经被代理人同意或有不得已的事由发生,不得将代理事务转委托他人处理。

3. 报告义务

代理人应向被代理人如实报告在处理代理事务中发生的重要情况,使代理人随时了解代理事务的进展情况。在代理事务处理完毕后,代理人还应向被代理人报告代理事务完成的经过和结果。

4. 义务

代理人在执行代理事务中以及执行完毕后,应对被代理人尽保密义务。对于其知晓的个人秘密和商业秘密,不得向他人泄露,也不得自己非法使用。

(二)滥用代理权的禁止

1. 滥用代理权的概念

滥用代理权,是代理人为自己计算或为他人计算,损害被代理人利益而行使代理权。代理权制度的价值在于"为本人计算",而非为代理人计算,因此,滥用代理权行为,为法律所禁止。滥用代理权,与无权代理、越权代理不同:(1)滥用代理权,是有权代理,代理人的代理行为仍在代理权范围内。越权行为构成无权代理,不适用滥用代理权。(2)滥用代理权导致本人的损害,即滥用代理权的结果是本人受害,而代理人或第三人受益。如果本人受损害非滥用代理权所致,则也不能适用滥用代理权。无权代理的着重在代理权,而非代理效果,因为无权代理行为的效果,有可能是对本人有利的,也有可能是对本人不利的,但纵使对本人有利,本人也有权拒绝接受该效果。

2. 滥用代理权的类型

(1)双方代理。双方代理指代理人既代理本人又代理第三人为同一民事法律行为的代理。广义的双方代理包括自己代理,这里采用狭义双方代理的概念。双方代理之代理有双方,可以肯定是双方法律行为,也就是"一仆二主"。在双方代理的同一民事法律行为中,代理人既要为本人代理,又要为第三人代理。代理要为本人计算,双方代理之代理人为"二主",哪一主计算,就成了两难。结果很可能会损害其中之一方被代理人的利益,甚至双方都认为被损害了。我国《民法通则》和《合同法》都没有明确规定禁止双方代理,但通过对已有法律规定的推断,应认为双方代理是被法律禁止的。《民法通则》第 66 条第 3 款规定,代理人和第三人串通,损害被代理人的利益的,由代理人和第三人负连带责任。以是否损害本人利益为要件,禁止双方代理。如果双方代理之代理人与任何一方都没有串通,即"两家通吃",则可以适用利己代理之禁止,否定双方代理对本人的效力。

(2)自己代理。这是指代理本人与自己订立合同,也称"自己契约"。自己代理被禁止,其法理在于,代理本以为本人计算为宗旨,自己代理因相对人是代理人自己,就难以再为本人计算。但自己代理在交易习惯或当事人允诺时,也可以予以必要的弹性。例如,证券交易中,证券公司自己代理时,因证券价格是由交易所竞价系统确定的,合同意思由格式条款充任,所以可以有效。

(3)利己代理。这是代理人利用地位之便,实施利于自己却不利于被代理人的代理。利己代理也为法律所禁止,《民法通则》第 18 条第 1 款规定,除为被监护人的利益外,不得处理被监护人的财产。此即禁止法定代理人利己行为的规定。在委托代理中,上文引用的《民法通则》第66条第3款的规定,也包含了对利己代理的禁止。

四、代理权的消灭

代理权的消灭,即代理权的终止,是指代理人失去代理被代理人为法律行为的资格。我国《民法通则》第69条规定了委托代理终止的五种情况。

1.代理期间届满或者代理事务完成

代理合同或授权委托书中一般都有载明代理期限的条款,期限一旦届满,代理权即丧失,代理关系便告终止。如果代理合同或授权委托书中没有写明代理期限,则无论委托人还是代理人均有权提出终止代理关系的要求。但提出时间与终止时间之间应该有一个合理的期间,以便对方有所准备。另外,在很多情况下,委托代理是委托人因某一具体的、特定的事项而设立的,代理人一旦完成了这一事项,其任务也就完成,代理权即消灭,代理关系即告终止。

2.被代理人取消委托或者代理人辞去委托

委托代理是以信任为基础的,如果委托人在代理过程中基于某种原因对代理人丧失了信任,委托人可以通知代理人取消委托。例如,代理人不能勤勉尽责,泄露被代理人的商业秘密,不能完成委托人交给的特定任务,与第三人恶意串通损害委托人的利益,等等。取消委托是单方法律行为,无须征得代理人的同意即可发生效力。但如果代理合同中规定了代理期限,委托人要求提前解除合同,取消委托,则代理人可以提出抗辩,要求委托人赔偿相应的损失。当然如果抗辩理由不能成立,则赔偿要求也是不能实现的。

同样的,委托代理的成立既需要委托人对代理人的信任,也需要代理人对委托人的信任。如果在代理过程中,代理人失去了对委托人的信任,也可以通知委托人辞去委托,不再担任其代理人。例如,委托人无故少付或迟延支付报酬或佣金,不能应代理人的要求提供必需的资料或材料,不能及时按代理人与第三人签订的合同供应货物或支付货款,拒绝对代理人垫付的财物给予合理的补偿,等等。辞去委托也属于单方法律行为,不需征得委托人的同意。

3.代理人死亡

代理关系以信任为基础,信任关系本质上是一种人身关系,所以代理人的代理权也具有人身权的性质,它与代理人的人身是不可分离的,既不能继承,也不能转让。因此,作为代理人的自然人一旦死亡,代理权随即终止,代理关系也就相应地终止。需要特别指出的是,《民法通则》在规定委托代理终止的原因时,对法人的规定是相同的,即不论是委托人还是代理人,当其作为法人终止时,都将引起委托关系的终止,而对自然人的规定却是不同的,即只规定了当代理人死亡时,代理关系终止,而没有一概规定当委托人死亡时,代理关系终止。这是考虑到实践中的具体情况,如果规定委托人死亡即引起委托关系的终止,会导致一系列的不稳定因素,不利于维护交易秩序和民事关系的正常进行,也不利于保护代理人和第三人的合法权益。在实践中,委托人死亡往往不能成为代理关系终止的原因。《民通意见》第82条作了如下规定:"被代理人死亡后有下列情况之一的,委托代理人实施的代理行为有效:(1)代理人不知道被代理人死亡的;(2)被代理人的继承人均予承认的;(3)被代理人与代理人约定到代理事项完成时代理权终止的;(4)在被代理人死亡前已经进行、而在被代理人死亡后为了被代理人的继承人的利益继续完成的。"

4.代理人丧失民事行为能力

民事行为能力是民事主体以自己的名义进行民事活动,参加民事法律关系的资格。代理行为作为一种民事法律行为,同样要求行为人即代理人具有相应的民事行为能力。所以如果代理人丧失了民事行为能力,就丧失了以自己的名义进行民事法律行为的资格,当然不能从事代理活动,代理关系也就随之终止,代理权丧失。

5.作为被代理人或者代理人的法人终止

法人终止,同自然人死亡一样,法人的权利能力和行为能力随之消灭,自作为委托人或者代理人的资格也随之消灭。因此,当委托关系中的任何一方当事人为法人时,其法人资格的丧失就意味着代理关系的终止,代理权也随之消灭。

五、无权代理

(一)无权代理的概念与特征

无权代理,即欠缺代理权的人所进行的代理。无权代理与有权代理的区别仅仅在于无权代理人欠缺代理权,但其行为在形式上完全具备代理行为的其他条件。

无权代理有以下几个特征:第一,无权代理在为无权代理行为时是以"被代理人"的名义。无权代理尽管是没有代理权的行为,但它仍然是以他人的名义进行的行为,如果行为人没有以他人的名义,而是以自己的名义进行民事活动,其行为结果只能由自己承担,与代理毫无关系。第二,无权代理人没有代理权。这是无权代理最重要的特征。第三,根据法律规定,无权代理不是当然无效的行为,而是效力未定的行为。例如,被代理人事后追认,可以使无权代理转化为有权代理,被代理人因此承担相应的法律后果。《民法通则》第66条规定,"本人知道他人以本人名义实施民事行为而不作否认表示的,视为同意"。

(二)狭义无权代理

1.狭义无权代理的情形

(1)一般的无权代理的概念。

一般的无权代理,是指表见代理之外的无权代理。

表见代理(定义见下文)是一种特殊的无权代理,可以产生与有权代理同样的法律效果。而表见代理之外的无权代理为一般的无权代理,其产生的条件及法律后果与表见代理大不相同。理论上将一般的无权代理称为"狭义无权代理",将包括表见代理在内的一切无权代理称为"广义无权代理"。

(2)一般的无权代理的后果。

在一般的无权代理中,无权代理人以本人名义所为的民事行为原则上不能发生法律效力。因无权代理而为第三人造成的损失,由无权代理人承担赔偿责任。

但是,在某些情况下,无权代理人实施的代理行为有可能并不违背本人的意愿。因此,如果无权代理经本人承认,代理人缺乏代理权的状态即可得到弥补,无权代理即可变为有权代理,代理行为自始有效。由于无权代理行为实施以后,其有效或无效有待本人的承认,所以,在本人承认之前,无权代理行为处于效力未定状态。

2.狭义无权代理的法律后果

正因为一般的无权代理行为发生后并非确定地无效,故其一旦成立,就同时涉及本人、第三人及无权代理人三方的利益。因此,一般的无权代理发生时,对有关三方当事人分别产生不同的法律效果:

(1)对本人的效果。

无权代理发生后,法律赋予本人以承认权和拒绝权。

①承认权。承认权,是指在善意第三人未撤回意思表示之前,或第三人催告期尚未届满之前,本人对无权代理行为有追认的权利。代理行为一旦被追认,即自始有效。

②拒绝权。拒绝权,是指本人有权通知第三人,表示其对无权代理行为不予承认。无权代理行为一经本人拒绝,即确定地不发生效力。自此,本人不得再承认,第三人也无必要撤回其意思表示。

(2)对第三人的效果。

无权代理经本人承认即发生效力,否则就不能发生效力。但是,如果无权代理行为有效与否,完全取决于本人单方的意志,就会使善意第三人处于不利地位。因此,无权代理发生以后,法律赋予善意第三人以催告权和撤回权。

①催告权。催告权,是指第三人有权向本人发出催告通知,限其在一定期间内答复是否承认代理行为,如超过这一期限本人未予答复,即视为本人拒绝承认,本人即丧失承认权,无权代理行为确定地不发生效力,第三人即有权追究无权代理人的赔偿责任。

②撤回权。撤回权,是指善意第三人有权在本人承认之前撤回其与代理人所为的意思表示。善意第三人一旦撤回意思表示,本人就不得再行承认。

(3)对无权代理人的效果。

无权代理人与第三人所为民事行为,如不为本人承认或被第三人撤回,对由此而发生的后果,无权代理人应承担民事责任。

(三)表见代理

1.表见代理的概念

表见代理,是指由于本人的过失或基于本人与无权代理人之间的特殊关系,善意第三人确信无权代理人享有代理权而与之为民事行为,因而代理行为的法律效果直接归本人承受的一种特殊的无权代理。

表见代理的立法宗旨,在于维护代理制度的信用与稳定,确保交易安全和善意第三人的合法利益。因此,第三人有充分的理由相信无权代理人有代理权,是表见代理的成立条件。

如果第三人与无权代理人为代理行为时,基于疏忽大意而未对代理人身份及权限予以必要审查,以致误信其有代理权,则表见代理不能成立。

2.表见代理的构成要件

表见代理通常基于下列原因而发生:

(1)本人的过失行为。

本人的过失行为,是指本人应当预见自己的行为会使第三人误信无权代理人有代理权,但未能预见,或虽已预见,却未采取适当措施加以避免。本人的过失行为可以表现为"疏于通知"或"怠于通知"(例如,本人以通知或广告的方式告知特定或不特定的第三人将以某人为其代理人,虽事后并未向该人授权,或授予该人的代理权范围有所改变,但未将之以相应的方式通知第三人;又如,本人撤回代理权后,未及时收回代理证书并通知第三人等),也可以表现为"沉默",如本人明知他人以其名义进行无权代理,但不作或不及时向第三人作否认表示。

但是,无权代理人以自己的行为使第三人误信其有代理权而本人完全不知情的,不构成表见代理。例如,行为人盗用他人署名的空白委托授权书及印章,或伪造、篡改介绍信等进行的无权代理,虽然第三人为善意,但本人无过失,故不构成表见代理。

(2)本人与无权代理人之间存在特殊关系。

本人与无权代理人之间存在某种特定的关系,依社会生活习惯或者交易习惯,这种关系有可能被第三人误认为无权代理人有代理权。例如,合伙合同关系(未经合伙授权而擅自以合伙名义进行代理活动的合伙人,有可能被第三人误认为有代理权);行政职务关系(担负一定行政职务的人有可能被第三人误认为有权以所在组织的名义实施代理行为);夫妻关系(正常情况下,夫以妻的名义或妻以夫的名义实施无权代理行为,有可能被第三人所信任),等等。

3.表见代理的法律后果

表见代理发生后,依法产生以下法律效果:

(1)在外部关系上,当第三人主张代理行为的效力(即主张代理行为有效)时,表见代理发生与正常的代理同样的法律效果,即代理人的代理行为所设定的权利和义务由本人承受。代理人因过失对第三人造成损害的,第三人有权请求本人赔偿。

(2)在内部关系上,本人承受代理行为的效果后,如因此遭受损失,有权向表见代理人请求赔偿。

(3)对于表见代理,本人不得主张无效,但第三人可以主张无效。代理行为因第三人撤回意思表示而无效后,其处理适用一般的无权代理的有关规定。

第八节　诉讼时效和期限

一、时效的概念与类型

1.时效的概念

时效,是指法律规定的某种事实状态经过法定时间而产生一定法律后果的法律制度。显然,时效制度体现出时间在法律上的效力,它为许多法律部门所适用。

时效作为一种法律事实,是由三个要件构成的:一是法律事实状态的存在;二是该事实状态连续存在达法定时间的过程;三是依法产生相应的法律后果——权利的消灭或者取得,导致民事法律关系的变化。

2.时效的类型

时效可分为诉讼时效和取得时效。

(1)诉讼时效。

诉讼时效,是指因不行使权利的事实状态持续经过法定期间,即依法发生权利不受法律保护的时效。

(2)取得时效。

取得时效,是指占有他人财产,持续达到法定期限,即可依法取得该项财产权的时效。取得时效因其事实状态必须占有他人财产,又称占有时效。

二、诉讼时效

(一)诉讼时效的概念

诉讼时效,是指民事权利受到侵害的权利人在法定的时效期间内不行使权利,当时效期间届满时,即丧失了请求人民法院依诉讼程序强制义务人履行义务的权利的制度。在法律规定的诉讼时效期间内,权利人提出请求的,人民法院就强制义务人履行其所承担的义务。而在法定的诉讼时效期间届满之后,权利人行使请求权的,人民法院就不再予以保护。可见,诉讼时效是权利人行使请求权,获取人民法院保护其民事权利的法定时间界限。它包含两层意思,一是权利人在此时间内享有依诉讼程序请求人民法院予以保护的权利;二是这一权利在此时间内连续不行使即归于消灭。

(二)诉讼时效的适用范围

诉讼时效的适用范围,是指哪些权利应适用诉讼时效。通说认为诉讼时效仅适用于请求权,而不适用于支配权,也不适用于形成权。具体而言,又分以下几种情况:

(1)此处所称的请求权,首先是指债权请求权,包括基于合同之债的请求权、基于侵权行为的请求权、基于无因管理的请求权、基于不当得利的请求权以及防卫过当、避险过当的赔偿请求权。

(2)对于物上请求权,有学说认为应细分为不同情况:因物权受到侵害而产生的请求权,从法理上看,排除妨碍请求权、消除危险请求权、物权确认请求权,依其性质应不适用诉讼时效,而返还财产请求权、恢复原状请求权应受诉讼时效的约束;但是,已登记的物权所产生的物上请求权,不宜因时效而消灭。

(3)对于人身权请求权,基于身份关系所产生的请求权(如离婚请求权、解除收养关系请求权、扶养请求权等),不适用诉讼时效;人身权受到侵害所产生的停止侵害、消除影响请求权,只要侵权行为仍在持续,也不应受诉讼时效的限制,而损害赔偿请求权因属于债权请求权,所以应适用诉讼时效。

(4)对于侵害著作权、专利权、商标权等知识产权的侵权行为,如果侵权行为在起诉时仍在持续,在知识产权的权利保护期间内,停止侵害的请求权也不应受诉讼时效的限制,损害赔偿请求权适用诉讼时效,但起算有所不同。

(5)还有一个例外的情况是,根据《民通意见》第170条的规定,未授权给公民、法人经营、管理的国家财产受到侵害的,不受诉讼时效期间的限制。

(三)诉讼时效的效力

诉讼时效效力,是指诉讼时效完成,即诉讼时效期间届满而发生的法律后果。我国民商事立法及学说均认为,诉讼时效期间届满,权利人丧失向人民法院请求保护其民事权利的权利,即权利人的胜诉权消灭。关于时效的效力应注意以下几个方面:

(1)诉讼时效期间届满,权利人丧失胜诉权,但仍享有起诉权,权利人因此丧失请求人民法院以国家强制力强制义务人以实现自己的实体权利的权利,即实体意义上的诉权,但并不因此丧失依法向人民法院提起诉讼的权利,即程序意义上的诉权。因此诉讼时效期间届满,权利人向人民法院提起诉讼的,人民法院应当予以受理,经审查确认权利人的起诉已经超过诉讼时效期间的,才判决驳回其诉讼请求。

(2)诉讼时效期间届满,权利人丧失胜诉权,但不因此丧失实体请求权,法律规定的诉讼时效期间届满,人民法院对权利人的权利不再予以保护,但权利人实体权利仍然存在。根据《民法通则》的规定,诉讼时效期间届满后,义务人愿意履行的,权利人有权受领。义务人履行义务后,又以诉讼时效已经完成为理由而反悔,或主张权利人受领履行属于不当得利,人民法院不予支持,权利人也可以予以拒绝。

(3)主债权因诉讼时效期间届满而丧失请求人民法院予以保护的权利时,人民法院对于权利人因主债权而取得的各种从权利,也不予以保护。

(4)诉讼时效期间届满后,当事人双方就原债务履行达成新的协议或具体还款协议的,重新确认原债权债务关系的,应当认为原债权债务关系因得到重新确认而重新起算诉讼时效期间。例如,超过诉讼时效期间后,信用社向借款人发出催收到期贷款的通知,债务人在通知单上签字或盖章的,应当视为对原债务的重新确认,该债权债务关系应受到法律保护。

(四)诉讼时效与除斥期间的区别

除斥期间,是指法律规定某种民事实体权利存在的期间。权利人在此期间内不行使相应的民事权利,则在该法定期间届满时导致该民事权利的消灭。

诉讼时效与除斥期间的区别表现在诸多方面:

(1)两者的法律后果不同。虽然诉讼时效和除斥期间的法律后果都表现为某种权利的消灭,但是,诉讼时效所消灭的是权利人享有的胜诉权;除斥期间则消灭的是权利人享有的实体民事权利本身,如追认权、撤销权、解除权等。

(2)两者的期间不同。虽然诉讼时效和除斥期间都以一定事实状态存续一定时间为内容,但诉讼时效是可变期间,适用中止、中断或延长的规定;除斥期间则一般是不变期间,不因任何事由而中止、中断或者延长。

(3)两者的适用依据不同。诉讼时效规定的是权利受害人请求法律保护的期限,仅适用于权利受到侵害的权利人不行使请求权的情况;除斥期间规定的是权利人行使某项权利的期限,以权利人不行使该实体民事权利作为适用依据。

(4)两者的适用条件不同。诉讼时效是在当事人主张时,人民法院予以援用;除斥期间则是由人民法院依职权予以援用,不论当事人是否主张。

(5)两者的起算时间不同。诉讼时效的起算始自权利人能够行使请求权(请求权产生之时),依《民法通则》从权利人知道或者应当知道其权利被侵害时起算;除斥期间则是自相应的实体权利成立之时起算。

(五)诉讼时效的种类

诉讼时效通常分为普通诉讼时效和特殊诉讼时效。

1.普通诉讼时效

普通诉讼时效,又称一般诉讼时效,是指民法上统一规定的适用于法律没有另外特别规定的各种民事法律关系的诉讼时效。普通诉讼时效的特点有二:(1)它是由一般法规定的,而不是由特别法规定的。(2)它在适用上有一般意义。只要法律上没有另外的规定,就适用普通诉讼时效。

《民法通则》第135条规定:"向人民法院请求保护民事权利的诉讼时效期间为二年,法律另有规定的除外。"依此规定,除法律另有规定外,都应适用2年期间的诉讼时效。因此,普通诉讼时效的时效期间为2年。

2.特殊诉讼时效

特殊诉讼时效,又称特别诉讼时效,是指由民法或者单行法特别规定的仅适用于法律特殊规定的民事法律关系的诉讼时效。

特别诉讼时效包括《民法通则》中规定的特别时效和其他单行法中规定的特别时效。

(1)《民法通则》关于特别诉讼时效的规定。

依《民法通则》第136条的规定,下列的诉讼时效期间为1年:①身体受到伤害要求赔偿的;②出售质量不合格的商品未声明的;③延付或者拒付租金的;④寄存财物被丢失或者损毁的。

(2)其他法律中规定的特别诉讼时效。

除《民法通则》外,其他法律中规定的期间不为2年的诉讼时效,也为特别诉讼时效。例如,《合同法》第129条中规定,因国际货物买卖和技术进出口合同争议提起诉讼或者申请仲裁的期限为4年,自当事人知道或者应当知道其权利受到侵害之日起计算。

(六)诉讼时效的起算、中止、中断和延长

1.诉讼时效的起算

诉讼时效的起算,是指诉讼时效期间的开始计算。诉讼时效起算,即诉讼时效期间的开始。因此,诉讼时效从何时起计算,直接关系到权利的保护期间,对当事人双方都有重要意义。

《民法通则》第137条中规定:"诉讼时效期间从知道或者应当知道权利被侵害时起计算。但是,从权利被侵害之日起超过二十年的,人民法院不予保护……"因为诉讼时效期间是权利人请求人民法院保护其民事权利的法定期间,因此只能从权利人知道或者应当知道权利被侵害时起算。所谓知道,是指权利人明确权利被何人侵害的事实;所谓应当知道,是指根据客观事实推定权利人能知道权利被侵害和被何人侵害。但是,自权利被侵害之日起超过20年的,即使权利人不知道或不应当知道权利被侵害,人民法院也不再予以保护。

在不同的法律关系中,权利人知道或者应当知道权利被侵害的时间有所不同。诉讼时效期间的开始时间一般应依下列情形确定:(1)附条件的债,应自条件成就之日起算。(2)定有履行期限的债,应自约定的履行期限届满之日起算。(3)未定有履行期限的债,应自债权人给予的宽限期限届满之日起算。所谓宽限期限,是指债权人要求对方履行时给予对方的必要的准备时间。(4)以不作为为标的的请求权,应自义务人违反不作为义务之日起算。(5)违约损害赔偿请求权,应自违约行为发生之日起算。(6)要求返还被非法占有的财物的,应自权利人知道财物被非法占有和侵占之日起算。(7)侵害身体健康,伤害明显的,从受伤害之日起算;伤害当时未曾发现,后经确诊并能证明是由伤害引起的,从伤势确诊之日起算。

2.诉讼时效的中止

(1)诉讼时效中止的概念。

诉讼时效的中止,是指在诉讼时效期间的最后6个月内,因发生法定事由使权利人不能行使请求权的,暂停计算时效期间,待中止事由消除后,再继续计算诉讼时效期间。可见,诉讼时效的中止,只是在诉讼时效进行中因一定的法定事由的发生而停止计算时效期间,而在阻碍诉讼时效进行的法定事由消除后,诉讼时效将继续进行。

(2)诉讼时效中止的事由和时间。

诉讼时效中止的事由是由法律规定即法定的而不能是约定的。《民法通则》第139条规定:"在诉讼时效期间的最后六个月内,因不可抗力或者其他障碍不能行使请求权的,诉讼时效中止。从中止时效的原因消除之日起,诉讼时效期间继续计算。"依此规定,发生诉讼时效中止的事由包括:①不可抗力;②其他障碍。其他障碍,是指除不可抗力以外的阻碍权利人行使请求权的客观事实,主要有:权利人为无民事行为能力人或限制民事行为能力人而无法定代理人;继承开始后没有确定继承人或遗产管理人;当事人双方处于夫妻关系中;义务人逃避民事责任下落不明等。只有阻碍权利人行使请求权的客观事实发生在诉讼时效期间的最后6个月内,才发生诉讼时效的中止。如果中止的事由发生在诉讼时效期间的最后6个月前而于最后6个月时消除的,诉讼时效不中止;若该事由延续到最后6个月内,则自时效期间的最后6个月时起中止。

(3)诉讼时效中止的后果。

诉讼时效中止,只是发生诉讼时效期间的停止计算,原进行的诉讼时效仍然有效,中止事由消除后,诉讼时效继续进行。因此,诉讼时效中止,只是将中止的时间不计入诉讼时效期间,

中止前后进行的诉讼时效时间合并计算期间届满时,诉讼时效完成。

3.诉讼时效的中断

(1)诉讼时效中断的概念。

诉讼时效中断,是指在诉讼时效进行中,因发生法定事由致使已经经过的诉讼时效期间全归无效,待中断事由消除后,重新开始计算诉讼时效期间。

(2)诉讼时效中断的事由。

诉讼时效的中断事由是由法律直接规定的。《民法通则》第140条规定:"诉讼时效因提起诉讼、当事人一方提出要求或者同意履行义务而中断。从中断时起,诉讼时效期间重新计算。"依此规定,诉讼时效中断的事由有以下三种:

①提起诉讼。

提起诉讼,是指权利人依诉讼程序向人民法院起诉主张其权利。权利人提起诉讼,说明其已积极行使请求权保护其权利,因此诉讼时效不应再进行。权利人依其约定向仲裁机构申请仲裁的,与起诉有相同的效力。但是,当事人起诉或者提出仲裁申请因不符合条件而被驳回或者自己撤回起诉或仲裁申请的,则因权利人并未真正行使请求保护其权利的权利,诉讼时效不中断。

权利人向人民法院申请强制执行的,或者在对方起诉后提起反诉的,通知第三人参加诉讼的,也都发生如同起诉相同的中断诉讼时效的效果。

权利人不是向人民法院起诉或者申请仲裁而是向人民调解委员会或者有关单位提出保护其民事权利的请求的,也表明权利人积极主张权利而不是怠于行使权利,应与起诉有同等效果,自权利人提出请求时起诉讼时效中断。

②权利人提出要求。

权利人提出要求,是指权利人向义务人主张权利,要求义务人履行义务。权利人提出要求,说明其未放弃权利,改变了权利人不行使权利的事实状态,因此发生诉讼时效的中断。

权利人提出要求,可以自己提出,也可以通过代理人提出;可以直接向义务人提出,也可以向义务人的代理人或者财产代管人提出。

③义务人同意履行义务。

义务人同意履行义务,是指义务人承认权利人的权利,表示自己履行义务。义务人同意履行义务,当事人双方间的权利义务关系处于确定状态,已进行的诉讼时效也就无维持的必要,因此发生诉讼时效的中断。

(3)诉讼时效中断的法律后果。

发生诉讼时效中断时,已经经过的诉讼时效全归无效,重新开始计算诉讼时效期间。一般来说,因起诉或者申请仲裁而中断诉讼时效的,应自诉讼终结或者法院或仲裁机构作出裁决之日起重新开始计算时效期间;权利人申请强制执行的,应自执行程序完毕之日起重新开始计算时效期间;权利人向人民调解委员会或者有关单位提出权利保护请求,经调处达不成协议的,自调处失败之日起重新开始计算时效期间,调处达成协议,义务人未按协议所定期限履行义务的,诉讼时效期间自该期限届满之日起重新开始计算时效期间;因权利人提出要求或义务人同意履行义务而中断诉讼时效的,自要求或者同意的意思表示到达对方之日起重新开始计算诉讼时效期间。

(4)诉讼时效中断与中止的区别。

诉讼时效中断与中止,都是诉讼时效完成的障碍,都有使诉讼时效不能按期完成的作用,但二者有着以下重要的区别:

①发生的事由不同。

诉讼时效中断和中止的事由,尽管都是法律规定的法定事由,但其性质不同:诉讼时效中断的事由属于可由当事人主观意志决定的情况;而诉讼时效中止的事由属于不由当事人主观意志决定的客观情况。

②发生的时间不同。

诉讼时效中断可发生在诉讼时效开始后的任何时间内;而诉讼时效的中止只能发生在诉讼时效期间的最后 6 个月内。

③发生的后果不同。

诉讼时效中断是使已经过的时效期间全归无效,重新开始计算诉讼时效期间;而诉讼时效中止是使已经过的时效期间仍然有效,只是使时效期间暂停计算,于中止事由消除后继续计算时效期间。

4.诉讼时效的延长

诉讼时效的延长,是指在诉讼时效完成后,权利人向人民法院提出请求时,经人民法院查明权利人确有正当理由未能及时行使权利的,可延长时效期间,使诉讼时效不完成。所谓有正当理由,是指权利人由于客观的障碍在法定诉讼时效期间不能行使请求权的特殊情况。

诉讼时效延长是对诉讼时效中止的一种补充,其与诉讼时效中止有以下区别:(1)诉讼时效中止发生在诉讼时效进行中,而诉讼时效延长则发生于诉讼时效期间届满后;(2)诉讼时效中止的事由是由法律直接规定的,而诉讼时效延长的事由是由人民法院确定的。由于有无使诉讼时效延长的正当理由,是由人民法院根据具体情况决定的,因而为避免使诉讼时效制度流于形式,法院在对诉讼时效延长上应当严格掌握。

按照最高人民法院的解释,《民法通则》第 137 条规定的"二十年"期间,可以适用延长的规定,而不适用中止、中断的规定。

三、期间

(一)期间的概念

期间,是指民事法律关系产生、变更和终止的时间。

期间可以表现为某个不可分割的时刻,如某年、年月、某日,称为期日;也可表现为从一定时刻到另一时刻的时间过程,如自某年某月某日起,至某年某月某日止。

民法上的期间与一定的民事法律后果相联系,是民事法律关系产生、变更和终止的根据,故期间是一种法律事实。一般把期间列入事件的范畴。

在社会生活中,期间是民事流转正常进行的一个重要因素,依据期间,民事法律关系得以明确和稳定,并最终实现当事人的民事需求。期间也是权利人行使权利、义务人履行义务的根据。

期间广泛存在于各种民事活动中,根据其性质、产生根据、用途等不同,可作如下分类:

1.法定期间和意定期间

法定期间是法律规定的期间,又分为强制性期间和任意性期间。前者是不允许当事人协议变更的法定期间,后者则是允许当事人协议变更的法定期间。意定期间是由当事人协商确定的期间。

2.一般期间和特殊期间

一般期间是适用于各种民事法律关系的期间。特殊期间是有关特定民事法律关系的期间。

3.民事权利的行使期间和民事义务的履行期间

民事权利的行使期间是权利人行使其权利的期间。民事义务的履行期间是义务人实施履行义务行为的期间。

(二)期间的确定和计算

由于期间在民事活动中具有重要意义,所以,《民法通则》对期间的计算方法作了统一规定。

1. 计算单位

根据《民法通则》第 154 条第 1 款的规定,民法所称的期间按照公历年、月、日、小时计算。《民通意见》第 198 条规定,当事人约定的期间不是以月、年第一天起算的,一个月为 30 日;一年为 365 日。

2. 期间的起算

根据《民法通则》第 154 条第 2 款的规定,规定按照小时计算期间的,从规定时开始计算。规定按照日、月、年计算期间的,开始的当天不算入,从下一天开始计算。

3. 期间的终止

根据《民法通则》第 154 条第 3 款和第 4 款的规定,期间的最后一天是星期日或者其他法定休假日的,以休假日的次日为期间的最后一天。

期间的最后一天的截止时间为 24 点。有业务时间的,到停止业务活动的时间截止。

4. 期间计算用语的语意

根据《民法通则》第 155 条的规定,民法所称的“以上”、“以下”、“以内”、“届满”,包括本数;所称的“不满”、“以外”,不包括本数。

第二章　物权

第一节　物权概述

一、物权的概念与特征

物权,是指权利人直接支配物并排除他人干涉的权利。作为物权客体的物,原则上是有体物,但在法律有规定的情况下,权利也可以作为物权的客体,如《担保法》第34条规定的土地使用权抵押和第75条规定的权利质押,均以权利为物权的客体。物权的特征包括:物权是对世权,物权是绝对权,物权是支配权,物权是排他性的权利。

二、物权的客体

(一)物的概念与特征

1.物是物权的客体

民法上的物,指存在于人身之外,能够为人力所支配,并能用以满足人类某种需要的物体。

2.需要具备的法律特征

(1)物是有形有体的物质实体。无法从物理上感知的无体物,不是物权法、民法意义上的物,如知识。

(2)物存在于人身之外。人是民法法律关系的主体,但脱离人体的器官、尸体等可以作为物。

(3)物能够为人力所支配。

(4)物能用以满足人类的某种需要。

(二)物的分类

1. 动产与不动产

动产,是指能够移动而不损害其经济用途和经济价值的物。与不动产相对。不动产,是指依自然性质或法律规定不可移动的土地、土地定着物、与土地尚未脱离的土地生成物、因自然或者人力添附于土地并且不能分离的其他物。

2. 主物与从物

主物与从物,是指凡能独立存在,但需共同使用,并能从中可以看出主从关系的二物或数物,其中起主要作用的是主物,起从属作用的是从物,从物补助主物的效用。例如,拖拉机与拖犁便是主物与从物的关系。

3. 原物与孳息

原物,是指依自然属性或法律的规定,能够产生收益的物。如能结果实的果树、生幼畜的母畜等;基于法律规定产生收益的物,如能收租金的出租屋、生息的本金等。孳息是相对于原物而言的,孳息是原物派生的。应注意法定孳息的种类。

4. 可分物与不可分物

可分物,是指把物分割之后,不影响其经济用途或不降低其经济价值的物,如布匹、粮食、石油等。不可分物,是指经分割后便会影响其经济用途或降低其经济价值的物,如一件衣服、一只动物或一台机器等。

5. 特定物与种类物

特定物是具有独立特征或经由民事主体制定而特定化,不能被其他物代替的物,如徐悲鸿先生的画。特定物和种类物的区别是相对的,种类物经由民事主体制定,即可转化为特定物。

6. 流通物、限制流通物、禁止流通物

流通物亦称融通物,是指法律允许在民事主体之间自由转让的物。限制流通物,是指法律对于其转让给予一定的限制或者禁止私相转让的物。它与流通物是以物在流通过程中是否受限制或者受限制的程度来划分的。限制流通物有专属国家所有的财产、军用武器、弹药等。禁止流通物,是指那些在市场上不能转让的物,如国家专有的自然资源、军事装备、武器弹药等。

7. 有主物与无主物

有主物,是指有确定的所有人的物,如某人拥有的一台电脑。有主物的所有权人享有对物的使用、收益和处分的权利。无主物,是指没有所有人或者所有人不明的物,如抛弃物等。无主物中,所有人不明的物,是指无法明确所有人,而不是指讼争之物。

三、物权的类型

(一)我国物权法规定的物权种类

我国物权法中所规定的物权种类有三大类:所有权、用益物权和担保物权。所有权是构成物权的基础,所有权制度是物权法的灵魂。担保物权和用益物权是从所有权派生出来的。

所有权,是指权利人对自己的不动产和动产,依照法律的规定享有占有、使用、收益和处分的权利。处分权是所有权区别于其他权利的重要特征。所有权包括国家所有权、集体所有权、私人所有权,并派生出建筑物区分所有权。

用益物权,是指权利人对他人所有的不动产或者动产,依法享有占有、使用和收益的权利。所有权是自物权,用益物权就是他物权(限制物权)。物权法所规定的用益物权种类有土地承包经营权、建设用地使用权、宅基地使用权和地役权。

担保物权,是指担保物权人在债务人不履行到期债务或者发生当事人约定的实现担保物权的情形,依法享有就担保财产优先受偿的权利。设立担保物权的目的就是为了担保债权人的债权的实现。担保可分为物的担保和财产权利担保两种方式。担保物权分为抵押权、质权和留置权。

(二)民法学上物权的分类

1. 自物权与他物权

物权可以分为自物权与他物权。简单地说,自物权就是权利人对于自己所有的物所排他享有的占有、使用、收益、处分的权利。而他物权则是指,权利人对于不属于自己所有的物,而依据合同的约定或法律的规定所享有的占有、使用、收益的权利。他物权一般不包括处分的权利。因为只有享有所有权的人,才能合法行使处分权。他物权往往不能排他享有。常见的他物权有:地役权、地上权、典权等,此外,除了这些用益物权以外,所有的担保物权也是他物权。

2. 动产物权与不动产物权

动产物权,是指以动产为标的的物权。动产所有权、动产质权、留置权则是动产物权。动产物权是以物的状态为标准对物权所作的分类。不动产物权是指权利人基于不动产所享有的物权。包括所有权、地上权、地役权、永佃权、典权、抵押权6种。不动产物权以登记为其公示方法,不经登记不发生法律效力。

3. 主物权与从物权

主物权,是指不以他种权利的存在为前提而独立存在,不因他种权利的存在或消灭而影响其效力的物权,如所有权、地上权等。从物权,则是指必须依附于其他权利而存在的物权,如抵押权、质权、留置权,是为担保的债权而设定的。地役权在与需役地的所有权或使用权的关系上,也是从物权。

4. 所有权与限制物权

所有权是所有人依法对自己财产所享有的占有、使用、收益和处分的权利。它是一种财产权,所以又称财产所有权。所有权是物权中最重要也最完全的一种权利,具有绝对性、排他性、永续性三个特征,具体内容包括占有、使用、收益、处置四项权利。限制物权,是指为了一定的目的而可以支配物的权利。民法中所认可的限制物权有用益物权和担保物权两类。前者是利用土地本身的效用,即使用价值的权利,后者是指利用物的交换价值的权利。

四、我国物权法的基本原则

物权法的基本原则包括平等保护原则、物权法定原则和公示公信原则。

1. 平等保护原则

平等保护原则,是指公民在适用法律上一律平等,公民有获得平等保护,并可以通过控诉制度请求人民法院排除侵害,获得救济的权利。

物权法的平等保护原则是民法平等原则的具体化,它是指国家、集体、私人等物权的主体在法律地位上是平等的,其所享有的物权在受到侵害以后,应当受到《物权法》的平等保护。《物权法》第3条第3款明确规定,国家实行社会主义市场经济,保障一切市场主体的平等法律地位和发展权利。国家、集体、私人的物权和其他权利人的物权受法律保护,任何单位和个人不得侵犯。也就是说,尽管每个物权的主体在享有物权的范围上可能是不同的,但是,这并不意味着物权保护不具有平等性。即使是国有财产,一旦进入交易领域,也必须与其他财产一样在遵守相同的市场交易规则的前提下受平等保护。

2. 物权法定原则

物权法定原则,又称为物权法定主义,是指法律规定物权的种类和内容,不允许当事人以其意思设定与法律规定不同的物权或物权内容。在这一点上与债权不同,债权依合同自由原则,当事人在不违反法律和社会公共利益的范围内,可以创设任何种类的债权。我国物权法没有设定典权制度。

(1)物权的种类和内容只能由全国人民代表大会及其常务委员会制定的法律来规定,其他法律文件一律不得设定物权的种类和内容。

(2)民事主体的物权行为违背法律规定的无效。

3.公示公信原则

物权公示公信原则包含物权公示原则和物权公信原则。

物权公示，是指在物权变动时，必须将物权变动的事实通过一定的公示方法向社会公开，使第三人知道物权变动的情况，以避免第三人遭受损害并保护交易的安全。

物权公示原则，就是指物权的变动，即物权的产生、变更或者消灭，必须以特定的可以从外部察知的方式，即公示表现出来的物权法基本规则。

物权公信，是指物权变动经过公示以后所产生的公信力。

物权公信原则所着眼的，正是物权变动中公示形式所产生的这种公信力。它是指物权变动按照法定方法公示以后，不仅正常的物权变动产生公信后果，而且即使物的出让人事实上无权处分，善意受让人基于对公示的信任，仍能取得物权的原则。

五、物权的保护

1.请求确认物权

当物权归属不明或是否存在发生争议时，当事人向人民法院提起诉讼或者向专门国家机关提出请求，即为物权确认请求权。由于确认争执直接涉及本权（实体权）之是否存在及其归属问题，通常不能在当事人之间解决，只能由有权确认物权的国家机关解决。特别是不动产物权，由于建立有严格的登记管理制度，只能由人民法院和主管国家机关解决。我国《物权法》第33条规定，因物权的归属、内容发生争议的，利害关系人可以请求确认权利。

可见，物权确认请求权所针对的问题，是民事权利主体之某物享有物权发生争议，要么对是否在某物上享有物权发生争议，要么对物权的支配范围或者内容发生争议，即对权利人之间的权利界限发生争议。物权确认请求权所针对的权利，包括所有权和其他物权，因而物权确认请求权包括所有权确认请求权和他物权确认请求权。

物权之确认，是保护物权的一种独立方法。这是因为，一项财产的所有权或其他物权发生争执时，会使真正的物权人的权利处于不稳定状态，影响其正常行使物权。此时，通过国家有权机关在法律上重新明确争议物权之归属和范围，真正物权人方可正常行使物权。确认物权的请求权，一般是直接向人民法院提起，但是权利人也可以向有管辖权的行政部门提起。尽管如此，物权确认请求权也并非完全孤立，它常常是其他物权请求权行使的前提条件，或者是其他物权请求提起的前提条件。因此，在提起其他物权请求时，可能同时提起物权确认请求。

2.请求返还原物

当所有人的财产被他人非法占有时，财产所有人或合法占有人，可以依照法律的规定请求不法占有人返还原物，或者请求人民法院责令不法占有人返还原物。简言之，物权返还请求权，即指物权人对无权占有人所享有的要求其返还占有的请求权。由于占有是所有权、用益物权、质权、留置权等物权的基本权能和实现的必要前提条件，故物权返还请求权在各种物权请求权中处于核心地位。各国民事立法均确认了物权人的物权返还请求权，我国《物权法》第34条规定，无权占有不动产或者动产的，权利人可以请求返还原物。物权返还请求权的相对人是无权占有人，即没有法律根据占有他人之物的人，如占有遗失物之人、租赁期间已经届满但不归还租赁物的承租人等。

需要指出，物权返还请求权，是保护物之占有权能的方法，因此无论所有人或其他合法占有人，均可依《物权法》有关请求返还原物的规定请求不法占有人返还原物。当然，返还原物的必要前提是原物为特定物且必须存在。如原物为种类物，则无返还原物之必要；原物虽为特定物但已灭失，亦无返还之可能，只能行使损失赔偿请求权。在一般情况下，原物所生之孳息符合法律规定或者当事人约定时,则由现时占有人取得孳息。

3.请求排除妨害或消除危险

当他人的行为非法妨碍物权人行使物权时,物权人可以请求妨害人排除妨害,也可请求人民法院责令妨害人排除妨害。易言之,所谓排除妨害的请求权,是指物权人、占有人对他人虽没有剥夺其占有,但却妨害其权利的正常行使或者顺利占有的一次性的侵害行为,可以请求予以排除的请求权。我国《物权法》第35条规定,妨害物权或者可能妨害物权的,权利人可以请求排除妨害或者消除危险。由于妨害排除请求权行使的事实依据是他人行为构成了对物权人行使物权收益等权能的妨害,因此妨害排除请求权之行使主体,既可以是直接占有物的所有人,也可以是直接占有物的用益物权人。

应注意的是,排除妨害既包括请求除去已构成之妨害,也包括请求防止可能出现的妨害,因后者情形而产生的妨害排除请求权又称为危险消除请求权,即物权人对有可能损害自己占有物的设施的物权人或者占有人,要求其消除对自己物之危险的请求权。消除危险请求权的前提条件是对占有构成的危险,必须是现实存在的危险,即这种危险的缘由不消除时,肯定会发生妨害。

4.请求修理、重作、更换或者恢复原状

当物权的标的物因他人的侵权行为而损坏时,如果能够修复,物权人可以请求侵权行为人加以修理以恢复物之原状。我国《物权法》第36条规定,造成不动产或动产毁损的,权利人可以请求修理、重作、更换或者恢复原状。原状恢复请求权的行使,可以由物之所有人基于物之所有权提出(不管所有人是否直接占有其所有物),也可以由物之合法占有人(如质权人、保管人)与使用人(如承租人、承包经营人)提出。

根据《物权法》的立法精神,原状恢复请求权行使的条件一般包括:第一,必须有不动产或动产毁损之事实存在;第二,不动产或动产之毁损必须出于他人之违法行为,包括故意毁损不动产或动产的行为和因使用不当而致不动产或动产毁损的行为;第三,毁损的不动产或动产有修复之可能。当然,原状恢复请求权实现之后,如果被毁损的不动产或动产之价值比原来有所降低,则所有人还有权请求毁损人赔偿损失。

5.请求损害赔偿

当他人侵害物权的行为造成物权人之经济损失时,物权人可以请求人民侵害人赔偿损失,也可以请求人民法院责令侵害人赔偿损失。易言之,所谓损害赔偿请求权,是指在无法恢复物之原状情况下,由物权人、占有人向侵害人所提出的以货币支付的方式赔偿尚不能弥补损害的一种物权请求权。我国《物权法》第37条规定,侵害物权,造成权利人损害的,权利人可以请求损害赔偿,也可以请求承担其他民事责任。

损害赔偿,一般的理解是金钱赔偿,是债权法上的救济措施。但是,损害赔偿在物权保护中的应用,目的还是达到恢复物权的完满状态,是在物权人、占有人的物要以利益受到侵害而依据上述物权保护方式无法完全满足保护的目的时,以金钱补偿为手段,使其整体的利益能够得到公平的补偿。所以物权法中的损害赔偿,同样可以理解为物权保护的一种法律手段。损害赔偿在物权人、占有人利益保护中发挥着不可缺少的、而且在某种情况下的极为重要的补充作用。

需要指出,损害赔偿请求权,可以单独提出,也可以在行使其他物权请求权时同时提出。当侵害人的行为致物权标的物毁损灭失,物权人不能通过行使物权请求权而恢复原状时,物权人得单独提出损害赔偿请求权;当采用返还原物、排除妨害、恢复原状等保护方法仍不能完全挽回物权人之损失时,物权人在行使上述物权请求权时,也可以同时请求赔偿损失。

第二节 物权的变动

一、物权变动的概念

物权的变动,是物权的产生、变更和消灭的总称。

1. 物权的产生

物权的产生,即物权人取得了物权,它在特定的权利主体与不特定的义务主体之间形成了物权法律关系,并使特定的物与物权人相结合。物权的取得有原始取得与继受取得之分,前者是指不以他人的权利及意思为依据,而是依据法律直接取得物权;后者则是指以他人的权利及意思为依据取得物权。

继受取得又可分为创设与移转两种方式:创设的继受取得,即所有人在自己的所有物上为他人设定他物权,而由他人取得一定的他物权,如房屋所有人在其房屋上为他人设定抵押权,则他人基于房屋所有人设定抵押权的行为取得抵押权。移转的继受取得,即物权人将自己享有的物权以一定法律行为移转给他人,由他人取得该物权。

2. 物权的变更

物权的变更,是指物权的主体、内容或客体的变更。物权内容的变更,是指不影响物权整体内容的物权的范围、方式等方面的变化。物权客体的变更,则是指物权标的物所发生的变化。

3. 物权的消灭

从权利人方面观察,即物权的丧失,可以分为绝对的消灭与相对的消灭。绝对的消灭,是指物权本身不存在了,即物权的标的物不仅与其主体相分离。相对的消灭,则是指原主体权利的丧失和新主体权利的取得。

二、物权变动的原因

引起物权取得或丧失的法律事实,是物权取得或丧失的原因。

1. 基于民事行为引起的物权变动

能够引起物权取得的法律事实主要是民事法律行为,如因买卖、互易、赠与、遗赠等行为取得物权,通过物的所有人与其他人的设定行为为他人设定抵押权、地役权、质权等他物权。

2. 非基于民事行为引起的物权变动

除了民事法律行为以外,物权的取得还有其他的原因:(1)因取得时效取得物权;(2)因公用征收或没收取得物权;(3)因法律的规定取得物权(留置权);(4)因附合、混合、加工取得所有权;(5)因继承取得物权;(6)因拾得遗失物、发现埋藏物取得所有权;(7)因合法生产、建造取得物权;(8)因人民法院、仲裁委员会的法律文书取得物权;(9)孳息的所有权取得。

3. 物权的消灭

能够引起物权消灭的民事法律行为主要有:

(1)抛弃。这是以消灭物权为目的的单方民事行为。只要权利人一方作出抛弃的意思表示即生效力,故抛弃是一种单方民事行为。抛弃的意思表示不一定向特定人为之,只要权利人抛弃其占有,表示其抛弃的意思即生抛弃的效力。但他物权的抛弃,须向因抛弃而受利益的人为意思表示。不动产物权的抛弃,还需办理注销登记才发生效力。物权人抛弃物权会妨害他人权利时,则不得任意抛弃,如农村承包经营户应对农村集体经济组织负有义务,因此不得随意抛弃其土地承包经营权。

(2)合同。这是指当事人之间关于约定物权存续的期间,或约定物权消灭的意思表示一致的民事法律行为。在合同约定的期限届满或约定物权消灭的合同生效时,物权即归于消灭。

(3)撤销权的行使。法律或合同规定有撤销权的,因撤销权的行使会导致物权消灭。例如,土地承包经营权人长期连续弃耕抛荒的,发包人依法有权撤销其承包经营权。

能够引起物权消灭的民事法律行为以外的原因主要有:

(1)标的物灭失。物权的标的物如果在生产中被消耗、在生活中被消费,或者标的物因其他原因灭失,此时由于标的物不存在了,因而该物的物权也就不存在了。唯应注意的是,标的物虽然毁损,但是对于其残余物,原物的所有人仍然享有所有权。另外,由于担保物权的物上代位性,在担保标的物灭失或毁损时,担保物权续存于保险金、赔偿金等在经济上为该标的物的替代物之上。

(2)法定期间的届满。在法律对他物权的存续规定了期间时,该期间届满,则物权消灭。

(3)混同。这是指同一物的所有权与他物权归属于一人时,他物权因混同而消灭。例如,甲在其房屋上为乙设定抵押权,后来乙购买了该栋房屋取得其所有权,则所有权与抵押权同归于一人,抵押权消灭。另外,物权的混同还指所有权以外的他物权与以该他物权为标的物之权利归属于一人时,其权利因混同而消灭。例如,甲对乙的土地享有使用权,甲在其土地使用权上为丙设定了抵押权,后来丙因某种原因取得了甲的土地使用权,这时土地使用权与以该土地使用权为标的的抵押权归属于一人,抵押权消灭。物权因混同而消灭,是为原则。

三、物权变动的公示方法

按照现代各国物权法,物权公示的方法,因不动产物权或动产物权的不同而有所区别。不动产物权以登记和登记的变更作为权利享有与变动的公示方法,动产物权以占有作为权利的享有的公示方法,以占有的转移、交付作为权利变动公示方法。法律通过赋予登记和登记变更以及占有与交付以公信力,社会公众也就可以通过登记、登记变更、占有和交付等知悉物权的享有与变动的情况,从而达到公示物权的享有与变动的目的。

(一)动产交付

1. 动产交付的概念

动产交付是动产物权变动的一种公示方法。所谓动产交付,是指将标的物或所有权凭证的占有移转给受让人的法律事实。因为交付就是占有的转移,故有时也被称为占有的交付。

交付具有下列法律特征:第一,交付是当事人自愿的行为,或者说是当事人基于合意所履行的行为。否则,即使标的物的占有发生了转移,在法律上亦不构成交付。第二,交付是当事人依合同的约定所为的一种积极给付行为。只有依照合同约定的时间、地点等移转标的物的占有,一般才能构成法律上的交付。第三,交付使用是以标的物确定或特定为前提,或者至少说交付的本身意味着标的物已确定。因为所有权的客体只能是特定独立物,如果是非特定物,则不能认定其就是该合同项下的标的物,也就无所谓标的物的所有权从出让人移转到受让人。第四,交付是动产物权变动的公示方法。

2. 动产交付的法律规则

动产交付可以分为现实交付与观念交付两种。

(1)现实交付。

交付通常是指现实交付,即直接占有的转移,是指动产物权的让与人将其对于动产的直接管理力现实地移转于受让人。通常所谓的交付均指这种现实交付情形。

(2)观念交付。

民事交易日趋多元化,交付方式也突破了传统的现实交付,出现了所谓"观念交付"。根据民法学理论及我国《物权法》规定,观念交付主要包括以下几种:

①简易交付。所谓简易交付,是指受让人已经占有动产,如受让人已经通过寄托、租赁、借用等方式实际占有了动产,则于物权变动的合意成立时,视为交付。

②指示交付。所谓指示交付,是指动产由第三人占有时,出让人将其对于第三人的返还请求权让与受让人,以代替交付。

③占有改定。所谓占有改定,是指动产物权的让与人与受让人之间特别约定,标的物仍然由出让人占有,在物权让与合意成立时,视为交付,受让人取得间接占有。

④拟制交付。所谓拟制交付,是指出让人将标的物的权利凭证交给受让人,以替代物的现实交付。如果标的物仍由出让人或者第三人占有时,受让人则取得对于物的间接占有。

3. 动产交付的效力

我国《民法通则》第72条第2款规定,按照合同或者其他合法方式取得财产的,财产所有权从财产交付时起转移,法律另有规定或者当事人另有约定的除外。《物权法》第23条规定,动产物权的设立和转让,自交付时发生效力,但法律另有规定的除外。第24条规定,船舶、航空器和机动车等物权的设立、变更、转让和消灭,未经登记,不得对抗善意第三人。可见,我国目前采用的主要是"交付要件主义为主,交付公示主义为例外"的立法例,而对船舶、航空器和机动车等动产则采取登记对抗主义或登记公示主义立法例。

(二)不动产登记

1. 不动产登记的概念

不动产登记是对土地、房屋等建筑物之类的不动产变动进行的一种公示方法。具体来说,所谓不动产登记,是指不动产登记行政管理机关根据申请人的申请或依职权将不动产物权设立、变更、转让和消灭等情况依法记载于其专门设置的登记簿上的行为。《物权法》第9条规定,不动产物权的设立、变更、转让和消灭,经依法登记,发生效力;未经登记,不发生效力;但法律另有规定的除外。依法属于国家所有的自然资源,所有权可以不登记。

2. 不动产登记的法律规则

就不动产登记而言,根据《物权法》的规定,应注意以下几点法律规则:

(1)登记申请与办理规则。

《物权法》第10条第1款规定,不动产登记,由不动产所在地的登记机构办理。第11条规定当事人申请登记,应当根据不同登记事项提供权属证明和不动产界址、面积等必要材料。

(2)更正登记、异议登记和预告登记规则。

①更正登记。更正登记是登记机构根据权利人、利害关系人的申请依法进行的变更原登记事项的登记。

②异议登记。异议登记是登记机构在不动产登记簿记载的权利人不同意更正的情况下,根据利害关系人的申请所依法作出的登记。

③预告登记。预告登记是在当事人签订买卖房屋或者其他不动产的协议时,为保障将来实现物权,由登记机构根据其申请依法所作出的登记。

3. 不动产登记的效力

不动产登记的效力包括下列几个方面:第一,关于登记发生效力的时间问题。根据我国《物权法》第 14 条的规定,不动产物权的设立、变更、转让和消灭,依照法律规定应当登记的,自记载于不动产登记簿时发生效力。第二,关于不动产登记与合同效力的关系问题。《物权法》第 15 条规定,当事人之间订立有关设立、变更、转让和消灭不动产物权的合同,除法律另有规定或者合同另有约定外,自合同成立时生效;未办理物权登记的,不影响合同效力。第三,关于不动产登记簿和不动产权属证书的性质和效力问题。《物权法》第 16 条规定,不动产登记簿是物权归属和内容的根据。不动产登记簿由登记机构管理。第 17 条规定,不动产权属证书是权利人享有该不动产物权的证明。不动产权属证书记载的事项,应当与不动产登记簿一致;记载不一致的,除有证据证明不动产登记确有错误外,以不动产登记簿为准。

第三节　所有权

一、所有权概述

(一)所有权的概念与特征

所有权,是指所有人在法律规定的范围内,对自己的财产享有占有、使用、收益和处分的权利。应明确所有权是自物权、完全物权、无期限物权、具有弹力性回归力的物权。所有权的行使应符合不损害他人利益的原则,同时所有权人也负有容忍之义务。

所有权的特征:
(1)所有权具有自权性。
(2)所有权具有完全性。
(3)所有权具有归一性或整体性。
(4)所有权具有恒久性或永久性。
(5)所有权具有弹力性。

(二)所有权的内容

根据《物权法》第 39 条的规定,所有权具有占有、使用、收益和处分四种权能。

1. 占有

占有,是指所有人对物的实际控制的事实状态。占有权,即对所有物加以实际管领或控制的权利。

所有权的占有权既可以由所有人自己行使,也可以由他人行使。在民法理论和司法实践中通常把占有分成不同的种类,以区分不同的占有状态。

第一,所有人占有和非所有人占有。所有人占有,即所有人在行使所有权过程中亲自控制自己的财产。非所有人占有,则指所有人以外的其他人实际控制和管领所有物。

第二,合法占有和非法占有。这是对非所有人占有的进一步分类。合法占有,是指基于法律的规定或所有人的意志而享有的占有权利。非法占有,则指无合法依据亦未取得所有人同意的占有。

第三,善意占有和恶意占有。这是对非法占有的再分类。善意占有,是指非法占有人在占有时不知道或不应当知道其占有为非法。恶意占有,则指非法占有人在占有时已经知道或应当知道其占有为非法。

2.使用

使用权,是指依照物的属性及用途对物进行利用从而实现权利人利益的权利。所有人对物的使用是所有权存在的基本目的,人们通过对物的使用来满足生产和生活的基本需要。所有人在法律上享有当然的使用权,另外,使用权也可依法律的规定或当事人的意思移转给非所有人享有。

3.收益

收益,是指民事主体通过合法途径收取物所生的物质利益。收益权,即民事主体收取物所生利益的权利。在民法上,物所生利益主要指物的孳息。孳息包括天然孳息和法定孳息两类。天然孳息,是指因物的自然属性而生之物,如母牛所生牛犊;法定孳息,指依一定的法律关系而生之利益,如股票的股息。天然孳息在没有与原物分离之前,由原物所有人所有;法定孳息的取得则需依据一定的法律规定进行。

4.处分

处分权,是指所有人依法处置物的权利。处分包括事实上的处分和法律上的处分。事实上的处分,是指通过一定的事实行为对物进行处置,如消费、加工、改造、毁损等。法律上的处分,是指依照法律的规定改变物的权利状态,如转让、租借等。

处分权是所有权内容的核心,是拥有所有权的根本标志,是决定物之命运的一项权能。因此,在通常情况下,处分权均由所有人来行使,但在特殊情况下,处分权可以基于法律的规定和所有人的意志而与所有权分离,如国有企业依法处分国有财产。占有、使用、收益、处分一起构成了所有权的内容。但在实际生活中,占有、使用、收益、处分都能够且经常地与所有人发生分离,而所有人仍不丧失对于财产的所有权。

二、业主的建筑物区分所有权

(一)业主的建筑物区分所有权的概念与特征

业主建筑物区分所有权,是指根据使用功能将一栋建筑物在结构上区分为各个所有人独自使用的部分和由多个所有人共同使用的共同部分时,每一个所有人享有的对其专有部分的专有权、对共有部分的共有权以及各个所有人之间基于其共同关系而产生的成员权的结合。

业主建筑物区分所有权具有如下特征:(1)复合性。由建筑物区分所有权、共有权及成员权三要素构成,且区分所有人的身份也具有多重性,既是专有权人又是共同所有人还是管理建筑物的成员权人,此有别于单一的不动产所有权。(2)整体性。这是指区分所有权人的专有权、共有权及成员权三者共为一体不可分离。在转让、继承、抵押时应将三者一起转让、继承、抵押。(3)专有权的主导性。在构成建筑物区分所有权的三要素中,专有权具有主导性。(4)客体的多元性。建筑物区分所有权的客体包括专有部分与共有部分,而不是仅限于其中的一部分。

(二)业主的建筑物区分所有权的内容

根据《物权法》规定,业主的建筑物区分所有权,包括了三个方面的基本内容:

一是对专有部分的所有权,即业主对建筑物内属于自己所有的住宅、经营性用房等专有部分可以直接占有、使用,实现居住或者经营的目的;也可以依法出租、出借,获取收益和增进与他人感情;还可以用来抵押贷款或出售给他人。

二是对建筑区划内的共有部分享有共有权,每个业主在法律对所有权未作特殊规定的情形下,对专有部分以外的走廊、楼梯、过道、电梯、外墙面、水箱、水电气管线等共有部分,对小区内道路、绿地、公用设施、物业管理用房以及其他公共场所等共有部分享有占有、使用、收益、处分的权利;对建筑区划内,规划用于停放汽车的车位、车库有优先购买的权利。

三是对共有部分享有共同管理的权利,即有权对共用部位与公共设备设施的使用、收益、维护等事项通过参加和组织业主大会进行管理。

业主的建筑物区分所有权三个方面的内容是一个不可分离的整体。在这三个方面的权利中,专有部分的所有权占主导地位,是业主对共有部分享有共有权以及对共有部分享有共同管理权的基础。如果业主转让建筑物内的住宅、经营性用房,其对共有部分享有共有和共同管理的权利则也一并转让。

业主享有建筑物区分所有权的同时,也必须履行相应的义务。如行使专有部分所有权时,不得危及建筑物的安全,不得损害其他业主的合法权益,像装修房子时不能破坏建筑物的整体结构;在住宅里面不得存放易燃易爆等危险物品;对公共部分行使共有权时,要遵守法律的规定和业主委员会的约定;认缴建筑物共有部分的维护资金,等等。

三、相邻关系

(一)相邻关系的概念与特征

相邻关系的概念,即不动产相邻关系,是指相互毗邻或邻近的不动产所有人或使用人之间在行使所有权或使用权时,因相互间依法应当给予方便或接受限制而发生的权利义务关系。这种权利义务关系从权利角度讲,又称为相邻权。

相邻关系作为所有权的一种限制,具有如下特征:

1. 相邻关系的主体是相邻近的不动产所有人或使用人

如果不动产不相毗邻,则所有人或使用人之间不会发生权利行使的冲突问题,自然也就不会发生相邻关系。但不动产的毗邻或邻近,并不以不动产相连为必要,只要不动产所有人或使用人行使权利影响到另一方不动产所有人或使用人的利益,即可产生相邻关系。相邻的不动产既可以是土地,也可以是建筑物等地上定着物;相邻关系的主体既可以是不动产的所有人,也可以是不动产的使用人。

2. 相邻权的客体不同于一般物权的客体

关于相邻权的客体,理论上有不同的看法。第一种观点认为,相邻权的客体是不动产本身;第二种观点认为,相邻权的客体是行使不动产权利所体现的利益;第三种观点认为,相邻权的客体是相邻各方所实施的行为(作为或不作为)。我们认为,第二种观点是可取的。因为,相邻人之间对各自的不动产的所有权、占有使用权并无争议,双方只是在行使不动产权利时发生了利益冲突,相邻关系所要解决的就是这种利益冲突。相邻各方在行使权利时,既要实现自己的合法利益,又要为邻人提供方便,尊重他人的合法权益。因此,相邻关系的客体是行使不动产权利时所体现的利益,而相邻各方的行为是相邻权的内容而不是客体。

3. 相邻关系的内容十分复杂

相邻关系因种类不同而有不同的内容,主要包括两个方面:一是相邻一方在行使所有权或使用权时,有权要求相邻他方给予便利,而相邻他方应当提供必要的便利。所谓必要的便利,是指非从相邻方得到这种便利,就不能正常行使不动产的所有权或使用权。这种相邻关系是以相邻方的作为为内容的。二是相邻各方行使权利时,不得损害相邻他方的合法权益,这种相邻关系是以相邻方的不作为为内容的。

4.相邻关系的产生有法定性

相邻关系不是由当事人通过合同设定的,而是法律直接为调和相邻的不动产所有人或使用人之间的利益冲突而对所有权所作的限制,属于所有权制度的一项重要内容。

(二)各种相邻关系

1.因土地、山岭、森林、草原等自然资源的使用或所有而产生的相邻关系

相邻各方对其享有使用权或所有权的土地、山岭、森林、草原、荒地、滩涂、水面等自然资源,都必须合理利用,认真保护和管理,不得滥用其所有权或使用权,损害相邻他方的利益。最高人民法院《民通意见》第96条规定:"因土地、山岭、森林、草原、荒地、滩涂、水面等自然资源的所有权或使用权发生权属争议的,应当由有关行政部门处理。对行政处理不服的,当事人可以依据有关法律和行政法规的规定,向人民法院提起诉讼;因侵权纠纷起诉的,人民法院可以直接受理。"相邻土地的疆界线上的竹木、分界墙、分界沟、分界篱以及其他设施,如因所有权或使用权不明发生争执并无法查证的,应推定为相邻各方的共有财产,有关权利义务关系依据按份共有的原则确定。

2.因宅基地的使用而产生的相邻关系

相邻各方对于宅基地的地界发生争议时,四至明确的,应以四至为准。四至不清,或土地证上所载的面积与实际丈量的面积不符的,应当首先查明在四至上的院墙、墙桩、界石、树木等历史遗留下来的标记,以此作为确定宅基地的根据。无法查实的,应参照历史形成的使用情况,本着有利于生产和生活的原则,合理地确定界线。

相邻一方因生产和生活上的需要,必须临时或长期通过对方使用的土地的,对方应当允许;因此而给对方造成损失的,应当给予对方适当的补偿。在一方所有或者使用的建筑物范围内,有历史形成的必经通道的,所有权人或者使用权人不得堵塞。因堵塞通道而影响他人生产、生活的,他人有权要求排除妨碍或者恢复原状。但是,如果有条件另开通道,也可以另开通道。对于相邻双方共同使用的空地、道路、院墙以及其他宅基地上的附属物,相邻一方不得擅自独占或擅自处理。

3.因用水、排水产生的相邻关系

多方共临同一水源时,各方均可以自由使用水源,但不得因此影响邻地的用水。土地使用人不得滥钻井眼、挖掘地下水,使邻人的生活水源减少,甚至使近邻的井泉干涸。

对相邻各方都有权利用的自然流水,应当尊重自然形成的流向。任何土地使用人都不得为自身利益而改变水路、截阻水流;在水流有余时,低地段的相邻人不得擅自筑坝堵截,使水倒流,影响高地的排水;水源不足时,高地段的相邻人不得独自控制水源,断绝低地段的用水。放水一般应按照"由近至远、由高至低"的原则依次灌溉、使用。一方擅自堵截或独占自然流水影响他方正常生产、生活的,他方有权请求排除妨碍;造成他方损失的,应负赔偿责任。

相邻一方必须利用另一方的土地排水时,他方应当允许;但使用的一方应采取必要的保护措施,造成损失的,应由受益人合理补偿。相邻一方可以采取其他合理措施排水而未采取,以致毁损或者可能毁损他方财产的,他方有权要求加害人停止侵害、消除危险、恢复原状、赔偿损失。对于共同使用和受益的渡口、桥梁、堤坝等,相邻各方应共同承担养护、维修的义务。

建造房屋应尽量避免房檐滴水造成对邻人的损害,在发生相邻房屋滴水纠纷时,对有过错

的一方造成他方损害的,应当责令其排除妨碍、赔偿损失。

4.因修建施工、排险发生的相邻关系

相邻一方因修建施工、架设电线、埋设管道等,需要临时占用他人土地的,他人应当允许。但是施工应选择对他人损失最小的方案,并按照双方约定的范围、用途和期限使用,施工完毕后应及时清理现场,恢复原状。因此而给他人造成损失的,施工一方应当给予适当补偿。

相邻一方在自己的土地上挖水沟、水池、地窖、水井和地基等时,应注意对方房屋、地基以及其他建筑物的安全。一方的建筑物有倒塌的危险,严重威胁对方的人身、财产安全时,对方有权请求采取措施排除危险来源,消除危险。放置或使用易燃、易爆、剧毒物品,必须严格按有关法规办理,并应当与邻人的建筑物保持适当的距离,或采取必要的防范措施,使邻人免遭人身和财产损失。因此造成损害的,应赔偿邻人的损害。相邻一方种植的竹木根枝延伸,危及另一方建筑物的安全和正常使用的,应当分别情况,责令竹木种植人消除危险、恢复原状、赔偿损失。

5.因排污产生的相邻关系

相邻一方在修建厕所、粪池、污水池或堆放腐朽物、有毒物、恶臭物、垃圾等的时候,应当与邻人生活居住的建筑物保持一定的距离,或采取相应的防范措施,防止空气污染。相邻各方不得制造噪音、喧嚣、震动等妨碍邻人的生产和生活。如果播放的音响和震动已损害邻人的,应及时处理,消除损害。对一些轻微的、正常的音响和震动,相邻方则应给予谅解。对噪音、污染严重的单位,应按环境保护法和有关规定,采取措施加以治理。

企业和事业单位排放废水、废渣、废气须遵守国家规定的排放标准,如果因排放"三废"影响邻人的生产、生活,损害邻人健康的,邻人有权请求环境保护机关和有关部门依法处理,受到损害的,有权要求赔偿。

6.因通风、采光而产生的相邻关系

相邻各方修建房屋和其他建筑物,必须与邻居保持适当距离,不得妨碍邻居的通风和采光。相邻一方违反有关规定修建建筑物,影响他人通风采光的,受害人有权要求停止侵害、恢复原状或赔偿损失。

四、所有权取得的特别方式

(一)善意取得

1.善意取得的概念

善意取得,是指无权处分他人动产的占有人,在不法将动产转让给第三人以后,如果受让人在取得该动产时出于善意,即可依法取得对该动产的所有权的法律制度。受让人在取得动产所有权以后,原所有人不得要求受让人返还财产,而只能请求转让人(占有人)赔偿损失。根据我国的司法实践,赃物、拾得遗失物、发现埋藏物等都不能适用善意取得制度。另外,受让人无偿取得某项财产的,则不论其取得财产时是善意还是恶意,亦不能适用善意取得制度。

2.善意取得的构成条件

从我国学理和司法实践来看,善意取得应具备以下条件:

第一,让与人必须是基于所有权人的意思占有动产。因此,赃物、所有人不明的埋藏物、隐藏物、遗失物、漂流物等不适用善意取得。第三人如果是从出卖同类物品的公共市场上买得的,则即使是赃物、遗失物,仍然适用善意取得制度。

第二,财产必须是依法可以流通的财产。法律禁止或限制流转的物,如爆炸物、枪支弹药、麻醉品、毒品等,不适用善意取得制度。国家专有的财产以及法律禁止或限制流转的国有财产,也不适用善意取得制度。国有企事业单位占有的,依法可以由这些单位处分的国有财产,与集体和公民个人所有的财产一样,适用于善意取得制度。

第三,必须是动产。善意取得只适用于动产。不动产所有权的移转采用登记制度,不适用于善意取得制度。

第四,受让人必须通过交换取得财产。受让人取得财产必须是通过买卖、互易、债务清偿、出资等具有交换性质的行为实现。如果通过继承、遗赠、赠与等行为取得财产,不适用善意取得。

第五,受让人取得财产时出于善意。受让人善意,是指受让人相信财产的让与人为财产的所有人。受让人在让与后是否为善意,并不影响其取得所有权。

另外,需要指出的是,货币和无记名证券是一种特殊动产,持有者就是货币和无名证券上所记载的权利的主体,因此在适用善意取得制度时,不考虑受让人主观上是否属于善意,也不考虑让与人获得占有时基于所有权人的意志。记名证券则不适用善意取得制度。

3. 善意取得的法律效果

在善意取得的情况下,原权利人和受让人之间将发生一种物权的变动,即因为受让人出于善意即时取得标的物的所有权,而原权利人的所有权将因此消灭。善意取得制度在保护善意的受让人的同时,也保护原所有人的利益。由于让与人处分他人的财产是非法的,因而其转让财产获得的非法所得,应作为不当得利返还给原所有人。如果返还不当得利仍不足以补偿原所有人的损失,则原所有人有权基于侵权行为,请求让与人赔偿损失以弥补不足部分。《物权法》第106条第2款规定:"受让人依照前款规定取得不动产或者动产的所有权的,原所有权人有权向无处分权人请求赔偿损失。"

但是,《物权法》第108条规定:"善意受让人取得动产后,该动产上的原有权利消灭,但善意受让人在受让时知道或者应当知道该权利的除外。"通过善意取得制度从无权处分人处取得动产所有权,因其权利的取得并不是基于让与行为,而是基于法律的直接规定,因而善意取得属于原始取得,因此,对善意取得动产所有权而言,原权利上的限制原则上应归于消灭。受让人对动产享有完全的所有权。但是,在善意受让人受让时知道或者应当知道该转让物已经设立了他项权利的情形下,该他项权利仍具有法律效力。因为,善意受让人知道该转让物上设有他项权利,表明其认可接受之物的权利限制,对所得之物的利益风险也有所预见。鉴于此,依据诚信原则,善意受让人负有协助该物的他项权利人实现权利的义务。

(二)拾得遗失物

遗失物,是所有权人遗忘于某处,不为任何人占有的物。遗失物只能是动产,不动产不存在遗失的问题。遗失物也不是无主财产,只不过所有权人丧失了对于物的占有,是不为任何人占有的物。

至于所有权人丧失对于物的占有的情况,则有种种不同。一般是所有权人自己因某种原因遗失;还有其他的情况,如直接占有人(承租人)将物(租赁物)丢失,对于间接占有人(出租人)即所有权人来讲,是为遗失物。再如,无行为能力的所有权人将物抛弃,因他欠缺意思能力,就不成立所有权的抛弃,而只是丧失占有,是为遗失物。另外,所有权人为了安全的目的或其他考虑,将物品埋藏于土地之中或放置于一定的隐秘场所,这时所有权人并没有丧失对于物的占有,因此并不是遗失物,如果因年长日久,所有权人忘其所在,则为埋藏物或隐藏物。

《民法通则》对漂流物、失散的饲养动物与遗失物在同一条中作出规定,这是视遗失物、漂流物及失散的饲养动物有同一法律地位。所谓漂流物,是指所有人不明,漂流于江、河、湖、海、溪、沟上的物品。而饲养的动物,多是指人们饲养的家禽、家畜,如鸡、鸭、牛、马、羊,等等。这类动物如果走失,所有权人丧失对于物的占有,就是遗失物。至于驯养的野生动物逃逸,所有权人还在继续有效地进行追索的,如驯养的鹰飞走,所有权人正在用其他驯鹰追捕,其他人就不得随意侵犯。但是,如果驯养的野生动物回复其自然状态,如驯养的鹿逃回大森林,就不再构成遗失物。

拾得遗失物应当返还失主。拾得人应当及时通知失主领取或者送交公安等有关部门,有关部门收到遗失物知道失主的应当及时通知其领取;不知道失主的,应当及时发布招领公告,遗失物自发布公告之日起 6 个月内无人认领的,为国家所有。应予特别注意的是,受让人在招领公告发布 6 个月后无人认领的情况下从国家指定的寄售商店或者拍卖取得的遗失物,其取得方式为合同取得,不为原始取得,因为此情况下该遗失物属于国家所有。同时,即使未超过两年失主也不得从受让人处请求返还该遗失物。

(三)发现埋藏物或隐藏物

1. 发现埋藏物、隐藏物的概念

所谓发现埋藏物、隐藏物,是指认识埋藏物或隐藏物的所在而予以占有的事实。发现埋藏物、隐藏物的性质与先占、拾得遗失物并无不同,也是一种事实行为。因此,发现人不要求必须有完全行为能力,只要具有意思能力即可。同时,发现人不以具有所有的意思为必要。

2. 发现埋藏物、隐藏物的构成要件

按照我国民法的规定,发现埋藏物、隐藏物应具备下列条件:

(1)须为埋藏物、隐藏物。

所谓埋藏物、隐藏物,是指埋藏或隐藏于土地和他物中,其所有权归谁所属不能判明的动产。通说认为,埋藏物、隐藏物具备三个特点:一是埋藏物、隐藏物应为动产,如金银财宝、珍奇古玩等;古代房屋或者城市因地震、火山、泥石流等事变被埋没于地下,已成为土地的一部分,不构成埋藏物、隐藏物;二是埋藏物、隐藏物应为被埋藏或被隐藏的物,即包藏于他物(包藏物)之中,难以从外部目睹的状态;三是埋藏物、隐藏物的所有人不明,意指埋藏物、隐藏物不知属于何人,但并非无主物。

(2)须发现。

所谓"发现",即认识到埋藏物、隐藏物的所在。

另一个问题是,发现在客观上是否以占有为必要?发现埋藏物、隐藏物制度强调的应该是"发现"本身,而不在于是否有后续占有事实,这与拾得遗失物之"拾得"不同,"拾得"是"拾"(发现)和"得"(占有)之构成,两者缺一不可,而发现埋藏物、隐藏物之"发现"则仅仅发现埋藏物、隐藏物之所在即可。

3. 发现埋藏物、隐藏物的法律效果

根据我国《民法通则》第79条规定,所有人不明的埋藏物、隐藏物,归国家所有。接收单位应当对上缴的单位或者个人,给予表扬或者物质奖励。《物权法》第114条规定,拾得漂流物、发现埋藏物或者隐藏物的,参照拾得遗失物的有关规定。文物保护法等法律另有规定的,依照其规定。可见,我国采纳的是国家取得所有权主义。

(四)添附

1. 添附的概念

添附,是指不同所有人的物结合在一起而形成不可分离的物或具有新物性质的物,如果要

恢复原状在事实上不可能或者在经济上不合理,在此情况下,确认该新财产的归属问题。

2. 添附的方式

添附主要有混合、附合、加工三种方式。

混合,是指不同所有人的不同财产互相掺和,难以分开并形成新财产。

附合,是指不同所有人的财产紧密结合在一起而形成的新的财产,虽未达到混合程度但非经拆毁不能达到原来的状态。

加工,是指一方使用他人财产加工改造为具有更高价值的新的财产。

3. 添附的法律后果

由于添附而形成新物的,两个物有价值大小之分的,新物之所有权归价值大的一方,由取得所有权的一方对另一方提供补偿;若不能分出价值大小的归两人共有,一般是按份共有。

五、共有

(一)共有的概念与特征

1. 共有的概念

共有,是指两个以上的自然人或者法人对一项财产共同享有所有权。共有关系可以依照法律规定发生,也可以根据合同约定发生。依照《民法通则》中的规定,共有分为按份共有和共同共有。

2. 共有的特征

(1)共有的主体不是单一的,而是两个或两个以上的公民、法人或公民和法人,如某一所房屋属于甲、乙两人所有。在这一点上共有与其他财产所有权形态不同,它的主体是多数人,而不是单一主体。

(2)共有的客体也是特定的独立物。共有物在共有关系存续期间,不能分割为各个部分由各个共有人分别享有所有权,而是由各个共有人享有其所有权,各个共有人的权利及于共有物的全部。

(3)共有人对共有物或者按照各自的份额或者平等地享有权利。但是,共有人对于自己权利的行使,并不是完全独立的,在许多情况下要体现全体共有人的意志,要受其他共有人的利益的制约。

(二)按份共有

1. 按份共有的概念与特征

按分共有又称为分别共有,是指两个或两个以上共有人按照各自的份额分别对其共有财产享有权利和承担义务的一种共有关系。根据我国《民法通则》第78条第2款中的规定,"按份共有人按照各自的份额,对共有财产分享权利,分担义务"。

按份共有的法律特征:

第一,各个共有人对共有物按份额享有不同的权利。各个共有人的份额又称为应有份额。其数额一般由共有人事先约定,或按出资比例决定。在按份共有关系产生时,法律要求共有人应明确其应有的份额,如果各个共有人应有部分不明确,则应推定为均等。

第二,各共有人对共有财产享有权利和承担义务是根据其不同的份额确定的。换言之,各个共有人对共有物持有多大份额,就要对其共有物享有多大的权利和承担多大的义务。份额不同,各个共有人对共同财产的权利和义务各不相同的。

第三,尽管在按份共有的情况下,各个共有人要依据其份额享受权利并承担义务,但按份共有并不是分别所有,各个共有人的权利不是局限于共有财产的某一具体部分上,或就某一具体部分单独享有所有权,而是及于财产的全部。

2. 按份共有的内部、外部关系

(1)共同共有的内部关系。

①共有人没有对共有财产划分份额,但解散共同关系时,可以划分份额。

②共有人对共有物的管理费用可以约定,但是这种约定不能对抗第三人。

(2)共同共有的外部关系。

对共有物的处分,应当得到全体共有人的同意。例如《担保法解释》第54条第2款规定:"共同共有人以其共有财产设定抵押,未经其他共有人的同意,抵押无效。但是,其他共有人知道或者应当知道而未提出异议的视为同意,抵押有效。"

共同共有人因共有财产对外发生财产责任的,共有人为连带责任。例如,张某、李某共有的一匹马踢伤他人,张某、李某对受害者应当承担连带责任。

3. 共有物的分割

按份共有因共有物的灭失、共有物归一人所有、共有人间的协议等原因而消灭。在按份共有消灭的大多数情况下,都要进行共有物的分割。

共有人约定不得分割共有的不动产或者动产,以维持共有关系的,应当按照约定,但共有人有重大理由需要分割的,可以请求分割;没有约定或者约定不明确的,按份共有人可以随时请求分割。因分割对其他共有人造成损害的,应当给予赔偿。

共有人可以协商确定分割方式。达不成协议,共有的不动产或者动产可以分割并且不会因分割减损价值的,应当对实物予以分割;难以分割或者因分割会减损价值的,应当对折价或者拍卖、变卖取得的价款予以分割。共有物的分割可以有以下几种方式:

(1)实物分割。

如果共有物为可分物,分割后无损财产的价值,这时可以按各共有人的份额对实物进行分割,使各共有人分得其应有部分。

(2)变价分割。

共有物如为不可分物,即不能进行实物分割。如果实物分割会减损财产的价值,如一幅古画、一头牛,或者虽然共有物为可分物,但共有人都不愿取得共有物,可以把共有物予以出卖,各共有人依各自的份额取得共有物的价款。

(3)作价补偿。

如果共有人中有一人或者数人愿取得共有物,可以把共有物作价,除其应得部分外,按份额补偿其他共有人,从而取得全部共有物的所有权。

共有人分割所得的不动产或者动产有瑕疵的,其他共有人应当分担损失。

(三)共同共有

1. 共同共有的概念与特征

共同共有,是指两个或两个以上的人基于共同关系,共同享有一物的所有权。其法律特征有:

第一,共同共有根据共同关系产生,必须以共同关系的存在为前提。这种共同关系,或是由法律直接规定的,如夫妻关系、家庭关系,或是由合同约定的,如合伙合同。没有共同关系这个前提共同共有就不会产生,而丧失这个前提,共同共有就会解体。

第二,共同共有没有共有份额。共同共有是不确定份额的共有。只要共同共有关系存在,共有人就不能划分自己对财产的份额。只有在共同共有关系消灭对共有财产进行分割时,才能确定各个共有人应得的份额。所以,在共同共有中,各个共有人的份额是一种潜在的份额。

第三,共同共有的共有人平等地享有权利和承担义务。各个共有人对于共有物,平等地享有占有、使用、收益、处分权,并平等地承担义务。但是,在合伙关系中,依法律的规定或当事人的特别约定,合伙人可以按一定的份额享有表决权。

对于共有财产,部分共有人主张按份共有,部分共有人主张共同共有,如果不能证明财产是按份共有的,应当认定为共同共有。

2. 共同共有的内部、外部关系

共同共有的效力表现在共有关系中,就形成了共同共有人之间的内部关系和外部关系。

(1)共同共有的内部关系。

①各共同共有人的权利及于共同共有物的全部。一般情况下,共同共有财产的处分应经全体共有人的同意,否则处分无效。《民通意见》第89条规定:"共同共有人对共有财产享有共同的权利,承担共同的义务。在共同共有关系存续期间,部分共有人擅自处分共有财产的,一般认定无效……"

②共同共有人不得随意变更法律关于共同共有关系成立的规定。共同共有人如何行使权利和承担义务,依据产生该共同共有关系法律的直接规定。

③共同共有关系由共同关系而产生,因此在共同共有关系存续期间,各共同共有人不得请求分割或让与共有物。

④在共同共有关系中,当共同共有物遭受他人非法侵害时,各共有人均有权行使物权请求权。

(2)共同共有的外部关系。

①共同共有人对所欠债务承担连带清偿责任。

②因对共同共有物的管理不善造成他人损害时,全体共有人应承担赔偿责任。

③部分共同共有人擅自处分共有财产,而第三人为有偿、善意取得该财产时,应维护第三人的利益;至于因此给其他共有人造成的损失,由擅自处分共有财产的人赔偿。《民通意见》第89条对此作了相应的规定。

3. 共同共有的类型

在我国实际生活中,常见的共同共有主要有以下几种类型:

(1)夫妻共有财产。

《中华人民共和国婚姻法》(以下简称《婚姻法》)第17条规定:"夫妻在婚姻关系存续期间所得的下列财产,归夫妻共同所有……夫妻对共同所有的财产,有平等的处理权。"这是夫妻共同共有财产的法律依据。夫妻共同共有的财产,包括在婚姻关系存续期间各自的合法收入(如工资、奖金、稿酬)和共同劳动收入,以及各自因继承或者接受赠与取得的财产,等等。

依照《婚姻法》第19条的规定,夫妻双方经过协商,可以约定以其他方式确定夫妻间的财产归属,如约定在婚姻关系存续期间夫妻所得的财产归各自所有,或者约定某项或者某几项取得的财产归取得一方所有,其他财产仍归夫妻双方共有。只要夫妻双方的这种约定不违反法律的禁止性规定,就应当依这种约定来确定夫妻间的财产归属。特别是在现代社会条件下,妇女广泛地参加工作和其他社会活动而取得收入,在财产上将会有更大的独立性。这样,夫妻以约定的方式确定夫妻间财产的归属将会更加普遍。

夫妻的婚前财产是夫妻各自所有的财产,不属于夫妻共有财产。但是,婚前财产在婚后经过长期共同使用,财产已经在质和量上发生很大的变化,就应当根据具体情况,将财产的全部或者部分视为夫妻共同财产。另外,对于婚前财产在婚后如果用共有财产进行重大修缮,通过修缮新增加的价值部分,应认定为夫妻共有财产。例如,夫妻居住的房屋是男方的婚前财产,在婚后又以共有财产作了重大修缮的,房屋价值的增加部分,应属于夫妻共有财产。

夫妻双方对于夫妻共有财产,有平等地占有、使用、收益、处分的权利。尤其是对共有财产的处分,应当经过协商,取得一致意见后进行。夫妻一方在处分共有财产时,另一方明知其行为而不作否认表示的,视为同意,事后不得以自己未亲自参加处分为由而否认处分的法律后果。例如,出卖夫妻共有的房屋,一般应由夫妻双方在合同上签字或盖章,但民间习惯上往往是由夫妻中一人出面签订合同。另一方虽未签订合同,但知道买卖的事实并未表示异议,应当认为其默示同意。夫妻双方对共有财产的平等处分权,并不是说双方共有的任何一件物品都必须双方共同处分才有效,而是说对于那些价值较大或重要的物品必须经夫妻双方协商一致后处分才有效。

(2)家庭共有财产。

在我国,家庭关系不仅限于夫妻关系,还存在父母子女、祖父母、外祖父母、孙子女、外孙子女、兄弟姐妹等之间的关系。家庭共有财产就是家庭成员在家庭共同生活关系存续期间共同创造、共同所得的财产。家庭共有财产是以维持家庭成员共同生活或者生产为目的的财产,它的来源主要是家庭成员在共同生活期间的共同劳动收入,家庭成员交给家庭的财产以及家庭成员共同积累、购置、受赠的财产。

家庭共有财产属于家庭成员共同所有。但是,对于哪些家庭成员是财产的共有人,有两种不同的观点:一种观点认为,凡是共同生活的近亲属或其他成员,不论其是否对家庭共有财产的形成作出过贡献,都应当视为家庭共有财产的共有人。另一种观点认为,只有对家庭财产的形成有过贡献的家庭成员,才是家庭共有财产的共有人。按照这种观点,未成年子女不能享有家庭共有财产的共有权。至于子女成年以后,自己独立生活,并"分"得父母的部分财产,这是父母赠与的财产,而不是对家庭共有财产的分割。从我国固有民族习惯和现实家庭的社会职能来看,家庭共有财产一般是维持家庭共同生活所必需的,所以认为所有的家庭成员都是家庭共有财产的共有人,有利于稳定家庭关系,促进家庭的和睦团结。

每个家庭成员对于家庭共有财产都享有平等的权利。对于家庭共有财产的占有、使用、收益、处分,应当由全体家庭成员协商一致进行,但法律另有规定的除外。例如,家庭成员中的未成年人,尚无行为能力,其父母或者家庭中的其他近亲属是其监护人,因而未成年人虽然也是家庭共有财产的共有人,但其共有权的行使要由他的父母或者其他监护人代理。

(3)共同继承的财产。

这是指在继承开始以后,遗产分割以前,两个以上的继承人对此享有继承权的遗产。在分割遗产时,共同继承人应当按照法律规定的原则确定各自的份额或者按遗嘱确定各自的份额。

(4)合伙财产。

合伙财产的共有状态是按份共有还是共同共有?对此有不同的观点:一种观点认为共同共有主要是夫妻共有财产和家庭共有财产;而另一种观点则认为除此之外还包括合伙财产。这主要是因为对于共同共有的特征的不同的认识。

上述第一种观点主要是就夫妻共有财产和家庭共有财产提出共同共有的一些基本特征,如"在共同共有财产中,财产不分份额"、"各共有人平等地享有权利和承担义务",并依此将合伙财产排除于共同共有财产之外。实际上,这样的理解是不准确的。第一,按份共有与共同共有的根本区别在于是否基于共同关系而产生。按份共有是数人分享一个所有权,而共同共有则是数人结合为一个共同关系,共享一个所有权。第二,按份共有人按应有部分对共有物的全部享有使用、收益权。而共同共有物的所有权属于共有人全体,不是按应有部分享有所有权,因而对于共有物全部,共同共有人并没有应有部分存在。第三,按份共有人有权处分其应有份额并请求分割共有物。而共同共有人则无份额可以处分,在其共同关系存续期间也不可请求分割共有物。

就以上按份共有与共同共有的区别来看,合伙财产权是基于合伙关系而产生的,合伙人对合伙财产的份额是对抽象的合伙总资产而言的,是一种潜在的应有部分。在合伙关系存续期间,合伙人亦不能处分其份额、不能请求分割合伙财产。因此,合伙财产的性质应当为共同共有。这样,有利于维护合伙关系和合伙的主体地位,并可以充分保护债权人的利益。

第四节　用益物权

一、用益物权的概念与特征

(一)用益物权的概念

用益物权,是指对他人所有的物,在一定范围内进行占有、使用、收益、处分的他物权。我国主要有土地承包经营权、建设用地使用权、宅基地使用权、地役权。

(二)用益物权的特征

与所有权和担保物权相比,用益物权有以下特征:

1. 用益物权是他物权

与所有权的自物权性不同,用益物权的权利人是基于法律或合同的规定对他人所有的物在一定范围内行使所有权的部分权能。因此,用益物权是由所有权派生的权利,以他人对物享有所有权为前提。

2. 用益物权是限制物权

与所有权的完全性不同,用益物权仅限于对物某一方面或几方面的支配权,权利人只具有所有权的部分权能,或仅在一定范围内具有全部权能。用益物权的限制性,是指在权利内容上用益物权与所有权相比受到法律和合同的限制,但用益物权一旦产生,就成为独立的权利,权利人依法行使用益物权可以排除任何人的非法干涉,包括来自物的所有人的对用益物权的侵害。

3. 用益物权是有期物权

与所有权的永久性不同,用益物权只在一定的期间内存在,期限届满则归于消灭。用益物权是为了发挥物的效用把所有权的部分权能分离出去而产生的。由于用益物权的存在使所有权处于不完全的状态,而所有权具有的弹力性特征决定了用益物权必定在一定期限消灭,所有权将重新恢复圆满。

4. 用益物权以使用、收益为主要内容

用益物权的设立,目的在于获取物的使用价值,实现对物的使用和收益。而担保物权的设立是为了获取物的交换价值,实现担保债权的目的。物的占有是实现用益物权的前提,因为只有占有,才能实现对物的使用和收益。用益物权作为一种限制物权,除法律有特别规定或合同有特别约定外,不享有处分权。即使法律和合同在特定情形下赋予权利人以处分权,也是有限的、一定范围内的处分权。

5. 用益物权的客体是不动产

用益物权的客体限于不动产,其原因在于:第一,用益物权具有复杂的权利义务关系,故宜将标的物限定在采用登记公示方法的不动产上;第二,动产可方便地买得,即使有利用他人动产的必要时,亦可通过借贷或租赁实现,没有必要在动产上设定用益物权。

在社会主义市场经济条件下,我国的用益物权制度无论在体系上还是在内容上都有新的发展,如伴随着土地公有制的建立,以土地私有制为基础的永佃权等已不复存在。一些既体现社会主义公有制特征又充分发挥财产效用的新的用益物权形式,如国有土地使用权、宅地上权、农地使用权等应运而生。

二、土地承包经营权

(一)土地承包经营权的概念与特征

土地承包经营权是反映我国经济体制改革中农村承包经营关系的新型物权。《民法通则》规定了公民、集体的承包经营权受法律保护。

承包经营权就是承包人(个人或单位)因从事种植业、林业、畜牧业、渔业生产或其他生产经营项目而承包使用、收益集体所有或国家所有的土地或森林、山岭、草原、荒地、滩涂、水面的权利。其特征在于:

第一,承包经营权是存在于集体所有或国家所有的土地或森林、山岭、草原、荒地、滩涂、水面的权利。这就是说,承包经营权的标的,是集体所有或国家所有的土地或森林、山岭、草原、荒地、滩涂、水面,而不是其他财产。有的集体组织,按承包人承包土地的数量,作价或不作价地分给承包人部分耕畜、农具或其他生产资料,这是附属于承包经营权的权利。

农民集体所有的土地由本集体经济组织的成员承包经营的,由发包人与承包人订立承包合同,约定双方的权利和义务。而农民集体所有的土地由本集体经济组织以外的单位或个人承包经营的,根据《中华人民共和国土地管理法》(以下简称《土地管理法》)第15条第2款的规定,必须经村民会议2/3以上成员或者2/3以上村民代表的同意,并报乡(镇)人民政府批准。

第二,承包经营权是承包使用、收益集体所有或国家所有的土地或森林、山岭、草原、荒地、滩涂、水面的权利。承包人对于承包土地等生产资料有权独立进行占有、使用、收益,进行生产经营活动,并排除包括集体组织在内的任何组织或个人的非法干涉。这里应当指出的是,承包人并不取得承包土地或其他生产资料的全部收益的所有权,而是要依约定数额(承包合同)将一部分收益交付与发包人,其余的收益归承包人所有。所谓"承包",其意义主要在此。由于土地这一生产资料的特殊法律地位,承包人对此并无处分权。

第三,承包经营权是为种植业、林业、畜牧业、渔业生产或其他生产经营项目而承包使用收益集体所有或国家所有的土地等生产资料的权利。这里的种植,不仅是指种植粮食、棉花油料等作物,也包括树木、茶叶、蔬菜等。另外,在承包的土地或森林、山岭、草原、荒地、滩涂、水面经营林业、牧业、渔业等,都属承包经营权的范围。

第四,承包经营权是有一定期限的权利。根据《土地管理法》第14条的规定,农民集体所有的土地由本集体经济组织的成员承包经营,从事种植业、林业、畜牧业、渔业生产。土地承包经营期限为30年……在土地承包经营期限内,对个别承包经营者之间承包的土地进行适当调整的,必须经村民会议2/3以上成员或者2/3以上村民代表的同意,并报乡(镇)人民政府和县级人民政府农业行政主管部门批准。

《土地管理法》第15条规定,单位、个人承包经营国有土地,或者集体经济组织以外的单位、个人承包经营集体所有的土地,从事种植业、林业、畜牧业、渔业生产,土地承包经营的期限由承包合同约定。该期限虽然由当事人在承包合同中加以约定,但应当根据从事承包经营事业的具体情况,确定承包经营的期限。例如,开发性的承包经营(如开荒造林)由于生产周期较长,需要多年的投资,期限可以长些。这既有利于土地的开发利用,也可以避免承包期限过长不利于对土地所有权的保护。

从以上承包经营权具备的这些特征可以看出,承包经营权虽然产生于承包合同,但不限于承包人与集体组织间的财产关系,而是一种与债权具有不同性质的物权,并且也是传统民法的物权种类所不能包括的新型物权。

(二)土地承包经营权的主要内容

(1)土地承包经营权自土地承包经营合同生效时设立。

(2)土地承包经营权的期限:耕地的承包期为30年;草地的承包期为30年至50年;林地的承包期为30年至70年;特殊林木的林地承包期,经国务院林业行政主管部门批准可以延长。承包期届满,由土地承包经营权人按照国家有关规定继续承包。

(3)土地承包经营权人依照农村土地承包法的规定,有权将土地承包经营权采取转包、互换、转让等方式流转。流转的期限不得超过承包期的剩余期限。未经依法批准,不得将承包地用于非农建设。

(4)土地承包经营权人将土地承包经营权互换、转让,当事人要求登记的,应当向县级以上地方人民政府申请土地承包经营权变更登记;未经登记,不得对抗善意第三人。

(三)土地承包经营权的取得

土地承包经营权的取得,有基于民事行为的,也有非基于民事行为的,以下予以分别说明:

1. 基于民事行为取得承包经营权

基于民事行为取得承包经营权包括创设取得和移转取得两种情况:

(1)土地承包经营权的创设取得,主要是指承包人与发包人通过订立承包经营合同而取得承包经营权,分为家庭承包与以招标、拍卖、公开协商等方式进行的承包。通过这两种方式承包的,都应当签订承包合同,承包合同自成立之日起生效,承包于合同生效时取得土地承土地承包经营权。县级以上地方人民政府应当向土地承包经营权人发放土地承包经营权证、林权证、草原使用权证,并登记造册,确认土地承包经营权。

(2)土地承包经营权的移转取得,是指在土地承包经营权的流转过程中,受让人通过转包、互换、转让等方式,依法从承包人手中取得土地承包经营权。我国《物权法》第128条规定,土地承包经营权人依照农村土地承包法的规定,有权将土地承包经营权采取转包、互换、转让等方式流转。流转的期限不得超过承包期的剩余期限。未经依法批准,不得将承包地用于非农建设。土地承包经营权人将土地承包经营权互换、转让,当事人要求登记的,应当向县级以上地方人民政府申请土地承包经营权变更登记;未经登记,不得对抗善意第三人。

通过招标、拍卖、公开协商等方式承包荒地等农村土地,依照农村土地承包法等法律和国务院的有关规定,其土地承包经营权可以转让、入股、抵押或者以其他方式流转。

2. 非基于民事行为而取得承包经营权

在这里主要是继承问题。《继承法》第3条规定的遗产范围中没有规定承包经营权,因此在我国民法学界对于承包经营权能否继承有不同的看法。农村土地承包法认可承包人应得的承包收益的继承,而有限地认可土地承包经营权的继承:(1)以家庭承包方式取得的林地承包经营权,承包人死亡的,其继承人可以在承包期内继续承包;(2)以招标、拍卖、公开协商等方式设立的承包经营权,承包人死亡的,其继承人可以在承包期内继续承包。

(四)土地承包经营权的消灭

(1)土地承包经营权期限届满。

(2)发包人依法提前终止土地承包经营合同。一是根据有关政策和法律的规定,发包人有权调整承包计划。因乡、村公共设施和公益事业建设需要或者依村镇规划需要改变土地用途的,发包人有权提前收回集体土地,但发包人应该给予相应补偿或以相当的土地承包经营权置换。二是因承包人的严重违约,发包人有权提前收回土地。

(3)国家对承包经营土地的征收或征用。

三、建设用地使用权

(一)建设用地使用权的概念与特征

建设用地使用权是因建筑物或其他工作物而使用国家所有的土地的权利。在我国现行的法律概念体系中,没有"使用地上权"这一概念。建设用地使用权具有以下的特征:

第一,建设用地使用权是存在于国家所有的土地之上的物权。建设用地使用权的标的仅以土地为限;而且由于我国城市土地属于国家所有,农村和城郊土地,除法律规定属于国家所有以外,属于集体所有,所以,建设用地使用权只能存在于国家或集体所有的土地上。

第二,建设用地使用权是以保存建筑物或其他工作物为目的的权利。这里的建筑物或其他工作物,是指在土地上下建筑的房屋及其他设施,如桥梁、沟渠、铜像、纪念碑、地窖,建设用地使用权即以保存此等建筑物或工作物为目的。

第三,建设用地使用权是使用国家所有的土地的权利。建设用地使用权虽以保存建筑物或其他工作物为目的,但其主要内容在于使用国家所有的土地。因此,上述建筑物或其他工作物的有无与建设用地使用权的存续无关。也就是说,有了地上的建筑物或其他工作物后,固然可以设定建设用地使用权;没有地上建筑物或其他工作物的存在,也无妨于建设用地使用权的设立;即使地上建筑物或其他工作物灭失,建设用地使用权也不消灭,建设用地使用权人仍有依原来的使用目的而使用土地的权利。

由于人类文明的进步、科学与建筑技术的发展,土地的利用已不再限于地面,而是向空中和地下扩展,由平面而趋向立体化。在这种情况下,理论上有主张采纳空间权制度,以促进并规范对空间的有效利用。所谓空间权或称空间利用权,是指对地上或者地下空间依法进行利用,并排除他人干涉的权利。但是,在建设用地使用权制度中,建设用地使用权人对于土地的利用,并不以地面为限,而包括土地上下之空间。因而,土地所有人亦可依据建设用地使用权制度,就地面上下空间的一定范围为他人设定建设用地使用权。建设用地使用权人也可以在自己的建设用地使用权之上设定次建设用地使用权。所以,建设用地使用权制度应当能够满足土地的立体化与多层次利用的需要。我国《物权法》第136条规定,建设用地使用权可以在土地的地表、地上或者地下分别设立。新设立的建设用地使用权,不得损害已设立的用益物权。

(二)建设用地使用权的取得与期限

1. 建设用地使用权的取得

如果从建设用地使用权人的角度来考察,建设用地使用权的产生就是建设用地使用权的取得。建设用地使用权作为一种不动产物权,不动产物权的一般取得原因(如继承),自然也适用于建设用地使用权。根据承载建设用地使用权的土地法律属性,可将建设用地使用权的取得分为两大类:在国家所有的土地上设立的建设用地使用权和在集体所有的土地上设立的建设用地使用权。

(1)在国家所有的土地上设立的建设用地使用权,它的产生方式包括:

①划拨方式。土地划拨,是土地使用人只需按照一定程序提出申请,经主管机关批准即可取得土地使用权,而不必向土地所有人支付租金及其他费用。我国《物权法》规定,严格限制以划拨方式设立建设用地使用权。采取划拨方式的,应当遵守法律、行政法规关于土地用途的规定。《中华人民共和国城镇国有土地使用权出让和转让暂行条例》(以下简称《国有土地使用权出让和转让暂行条例》)第43条第1款规定:"划拨土地使用权是指土地使用者通过各种方式依法无偿取得的土地使用权。"根据土地管理法的有关规定,可以通过划拨方式取得的建设用地包括:国家机关用地和军事用地;城市基础设施用地和公益事业用地;国家重点扶持的能源、交通、水利等基础设施用地;法律、行政法规规定的其他用地。上述以划拨方式取得建设用地,须经县级以上地方人民政府依法批准。

②出让方式。建设用地使用权出让是国家以土地所有人身份将建设用地使用权在一定期限内让与土地使用者,并由土地使用者向国家支付建设用地使用权出让金的行为。土地使用者通过这种出让建设用地使用权的行为即取得建设用地使用权。建设用地使用权出让有三种形式:协议、招标和拍卖。协议是由市、县人民政府土地管理部门(代表国家作为出让方),与土地使用人按照平等、自愿、有偿的原则协商一致后,签订建设用地使用权出让合同。招标和拍卖,应当先由市、县土地管理部门发出招标、拍卖公告,通过招标、拍卖程序,签订建设用地使用权出让合同。根据我国物权法的规定,工业、商业、旅游、娱乐和商品住宅等经营性用地以及同一土地有两个以上意向用地者的,应当采取拍卖、招标等公开竞价的方式出让。采取拍卖、招标、协议等出让方式设立建设用地使用权的,当事人应当采取书面形式订立建设用地使用权出让合同。设立建设用地使用权,应当向登记机构申请建设用地使用权登记。登记机构应当向建设用地使用权人发放建设用地使用权证书。

采取招标、拍卖、协议等出让方式设立建设用地使用权的,当事人应当采取书面形式订立建设用地使用权出让合同。建设用地使用权出让合同一般包括下列条款:当事人的名称和住所;土地界址、面积等;建筑物、构筑物及其附属设施占用的空间;土地用途;使用期限;出让金等费用及其支付方式;解决争议的方法。

③流转方式。建设用地使用权流转,是指土地使用人将建设用地使用权再转移的行为,如转让、互换、出资、赠与等。建设用地使用权转让、互换、出资或者赠与的,应当向登记机构申请变更登记。基于土地使用权流转的法律事实,新建设用地使用权人即取得原建设用地使用权人的建设用地使用权。

(2)在集体所有的土地上设立的建设用地使用权,根据我国《物权法》第151条的规定,集体所有的土地作为建设用地的,应当依照土地管理法等法律规定办理。

①乡(镇)村公益用地使用权。农村集体经济组织或者由农村集体经济组织依法设立的公益组织,在经过依法审批后,对用于本集体经济组织内部公益事业的非农业用地所享有的建设用地使用权。根据《土地管理法》和《土地管理法实施条例》的规定,乡(镇)村公共设施、公益事业建设,需要使用土地的,经乡(镇)人民政府审核,向县级以上地方人民政府土地行政主管部门提出申请,按照省、自治区、直辖市规定的批准权限,由县级以上地方人民政府批准。

②乡(镇)村企业建设用地。农村集体经济组织使用乡(镇)土地利用总体规划确定的建设用地兴办企业,或者与其他单位、个人以土地使用权入股、联营等形式共同举办企业的,应当持有关批准文件,向县级以上地方人民政府土地行政主管部门提出申请,按省、自治区、直辖市规定的批准权限,由县级以上地方人民政府批准。如果其中涉及占用农用地的,应当依照土地管

理法的有关规定办理审批手续。

2.建设用地使用权的期限

我国法律、法规中对于土地使用权的期限,是分别不同种类的土地使用权进行规定的。通过土地划拨及乡(镇)村建设用地程序取得的土地使用权,是无期限的。通过这种程序取得土地使用权的土地使用权人,除法律规定的使土地使用权消灭的原因外,可以无期限地使用土地。

通过建设用地使用权出让取得建设用地使用权的,根据《国有土地使用权出让和转让暂行条例》第12条的规定,按照土地的不同用途,土地使用权出让的最高年限为:

①居住用地70年;

②工业用地50年;

③教育、科技、文化、卫生、体育用地50年;

④商业、旅游、娱乐用地40年;

⑤综合或者其他用地50年。

每一块土地的实际使用年限,在最高年限内,由出让方和受让方双方商定。根据我国《物权法》第144条的规定,建设用地使用权转让、互换、出资、赠与或者抵押的,当事人应当采取书面形式订立相应的合同。使用期限由当事人约定,但不得超过建设用地使用权的剩余期限。

(三)建设用地使用权的消灭

建设用地使用权消灭的情况主要包括:建设用地使用权期间届满、建设用地使用权提前收回以及因自然灾害等原因造成建设用地使用权灭失等情形。建设用地使用权消灭后,出让人应当及时办理注销登记。

根据1995年12月28日颁布的《国家土地管理局土地登记规则》第54条、第55条、第56条的规定,县级以上人民政府依法收回国有土地使用权的,土地管理部门在收回土地使用权的同时,办理国有土地使用权注销登记,注销土地证书。国有土地使用权出让或者租赁期满,未申请续期或者续期申请未获批准的,原土地使用者应当在期满之日前15日内,持原土地证书申请国有土地使用权注销登记。因自然灾害等造成土地权利灭失的,原土地使用者或者土地所有者应当持原土地证书及有关证明材料,申请土地使用权或者土地所有权注销登记。

考虑到出让人全面掌握建设用地使用权消灭的情形,所以,本条规定注销登记由出让人及时办理。建设用地使用权注销后,登记机构应当收回建设用地使用权证书。

四、宅基地使用权

(一)宅基地使用权的概念与特征

宅基地使用权,是指农村集体经济组织成员依法在集体所有的土地上建筑住宅及其附属设施,供居住使用的权利。《物权法》第152条规定:"宅基地使用权人依法对集体所有的土地享有占有和使用的权利,有权依法利用该土地建造住宅及其附属设施。"

宅基地使用权具有如下特征:

(1)宅基地使用权的主体只能是农村集体经济组织的成员。城镇居民不得购置宅基地,除非其依法将户口迁入该集体经济组织。

(2)宅基地使用权的用途仅限于村民建造个人住宅。个人住宅包括住房以及与村民居住生活有关的附属设施,如厨房、院墙等。

(3)宅基地使用权实行严格的"一户一宅"制。根据《土地管理法》第62条的规定,农村村民一户只能拥有一处宅基地,其宅基地的面积不得超过省、自治区、直辖市规定的标准。农村村民建住宅,应符合乡(镇)土地利用总体规划,并尽量使用原有的宅基地和村内空闲地。农村村民住宅用地,经乡(镇)人民政府审核,由县级人民政府批准;其中,涉及占用农用地的,依照本法第44条的规定办理审批手续。农村村民出卖、出租住房后,再申请宅基地的,不予批准。

(4)福利性。宅基地的初始取得是无偿的。

(二)宅基地使用权的内容

宅基地使用权的内容范围比较广泛,主要包括以下几方面:

(1)占有权。宅基地使用权人经依法申请批准取得宅基地使用权后,便享有对宅基地的独占权,任何组织或个人不得非法侵占、擅自使用或剥夺其宅基地的使用。对于宅基地上旧有的建筑设施及其他林木,所有人或管理人应在合理期限内作出处理,不得影响宅基地使用权人的使用。

(2)使用权。宅基地使用权没有明确的时间限制。不论宅基地使用的年限长短及其建设情况如何,宅基地使用权非依法定原因不能被剥夺。对于宅基地上的建房,与宅基地使用权同时受法律的长期保障,宅基地使用权人可以自由行使权利。

(3)在宅基地空闲处修建其他建筑物、设施的权利。宅基地使用权人在主要住宅建筑外,可自行在宅基地范围内建筑其他生产或生活需要的建筑和设施。

(4)宅基地使用权人有在宅基地内种植林木、花草、蔬菜的权利。该种植的林木、花草、蔬菜归使用权人所有。

(5)依法附随房屋出让宅基地使用权的权利。国家保护私有房屋合法买卖、继承、赠与等权利。因房屋和宅基地连为一体,不可分离,所以,宅基地使用权必须连同房屋一并转移。房屋所有权的变动,必须报请县级人民政府房屋管理部门进行变更登记。

五、地役权

(一)地役权的概念与特征

地役权,是指为自己土地的便利而使用他人土地的权利。在地役权关系中,为自己土地的便利而使用他人土地的一方称为地役权人,又称需役地人,将自己的土地供他人使用的一方称为供役地人;需要提供便利的土地称为需役地,供地役权人使用的土地称为供役地。

地役权具有如下法律特征:

1.地役权是存在于他人土地上的物权

由地役权的含义可知,地役权的标的物以土地为限,即地役权存在于土地之上。按各国立法例,该土地应为他人土地。所以,地役权实际上是在他人土地上或他人使用的土地上所存在的一种负担。

2.地役权是为需役地的便利而设定的物权

设定地役权的目的并不在于使用他人的土地,而在于为自己土地的使用提供便利,以增加自己土地的效用,提高利用价值。所谓的"便利",系指方便利益,其内容只要不违反法律或公序良俗,可以由当事人自行约定。便利的内容,既可以是有财产价值的利益,如通行地役权的通行利益,也可以是非财产的利益,如眺望地役权的美观舒适利益;既可以是为需役地提供现实利用土地的利益,也可以是为需役地提供将来利用土地的利益;既可以是为需役地的直接便利,也可以是为需役地的间接利益。地役权的便利内容主要有:(1)以供役地供使用,如通行、汲水地役权等;(2)以供役地供收益,如引水地役权等;(3)排除相邻关系任意性规定的适用;(4)禁止或限制供役地为某种使用,如禁止在供役地建筑高楼等。

3.地役权是具有从属性的物权

地役权本质上是一种独立的物权,不是需役地使用权内容的扩张。但是,地役权系为需役地的便利而存在于供役地上的,所以,地役权不得与需役地使用权或供役地使用权分离而单独存在。这就是地役权的从属性。地役权的从属性包括以下两个方面的内容:

一方面,地役权不得与需役地分离而为让与。需役地使用人不得自己保留需役地使用权而仅将地役权让与他人,不得自己保留地役权而将需役地使用权让与他人,也不得将需役地使用权和地役权分别让与不同的人。简言之,地役权只能随需役地使用权的转移而转移。

另一方面,地役权不得与需役地分离而为其他权利的标的。地役权是一种财产权利,但与其他财产权不同的是,地役权不能单独作为其他权利的标的,如不能单独以地役权抵押、出租等。地役权只能随同需役地而成为其他权利的标的,即需役地使用人在需役地上为他人设定某种权利时,地役权亦应为该权利的标的。

4.地役权是具有不可分性的物权

如前所述,地役权是为需役地的便利而存在于供役地之上的。为实现这种便利的目的,地役权只能为需役地的全部而存在,也只能存在于供役地的全部之上。所以,无论是地役权的发生或消灭,还是地役权的享有,均及于需役地与供役地的全部,不得分割为数部分或仅为一部分而存在,否则,即无法实现地役权的目的。地役权的不可分性的内容主要包括以下三项:

一是地役权发生上的不可分性。在地役权设定时,需役地或供役地为共有时,地役权具有不可分性。需役地为共有时,各共有人不得仅就自己的应有部分取得地役权。同理,供役地为共有时,各共有人也不能仅就自己的应有部分为他人设定地役权。

二是地役权消灭上的不可分性。在地役权设定后,需役地为共有时,各共有人不能按其应有的部分,使已经存在的地役权一部分消灭。在供役地为共有时,各共有人也不能仅就其应有部分消灭地役权。

三是地役权享有或负担上的不可分性。地役权设定后,需役地为共有的,地役权由需役地共有人共同享有,非由需役地各共有人分别享有;供役地为共有时,地役权由供役地共有人共同负担,非由供役地各共有人分别负担。因此,需役地经分割的,其地役权为各部分的利益仍为存续;供役地经分割的,地役权就各部分仍为存续。但是,如果地役权的行使,依其性质只涉及需役地或供役地的一部分的,则地役权仅就该部分存续。

(二)地役权的取得

地役权的取得,有基于民事行为的,也有基于民事行为以外的原因的,以下予以分别说明:

(1)基于民事行为而取得地役权的,大都是根据设定地役权的合同,即双方通过书面合同的方式设定地役权。设立地役权,当事人应当采取书面形式订立地役权合同。地役权自地役权合同生效时设立。当事人要求登记的,可以向登记机构申请地役权登记;未经登记,不得对抗善意第三人。另外,也有用遗嘱等单独行为而设定地役权的。

地役权的期限由当事人约定,但不得超过土地承包经营权、建设用地使用权等用益物权的剩余期限。

土地所有权人享有地役权或者负担地役权的,设立土地承包经营权、宅基地使用权时,该土地承包经营权人、宅基地使用权人继续享有或者负担已设立的地役权。土地上已设立土地承包经营权、建设用地使用权、宅基地使用权等权利的,未经用益物权人同意,土地所有权人不得设立地役权。

(2)地役权也可以基于让与而取得。但是由于地役权的从属性,地役权的让与应与需役地的让与共同为之,并亦应有书面合同。

（3）基于民事行为以外的原因取得地役权的，主要是继承。需役地权利人死亡时，需役地的权利既然由继承人继承，则其地役权亦当然由其继承人继承；但该通过继承取得的地役权，非经登记，不得处分。

（三）地役权的内容

地役权的主要内容包括地役权人、供役地人的权利和义务。

1. 地役权人的权利和义务

（1）地役权人的权利。

①供役地的使用权。地役权存在的目的，在于以供役地供需役地的便利之用。所以，地役权人当然享有使用供役地的权利。这是地役权人的最基本权利。地役权人对供役地使用的方法、范围及程度等，应依当事人的约定而定，不得超过或变更当事人约定的范围。如果当事人没有约定使用方法及范围，则地役权人得于在对供役地损害最小的范围内为一切必要的使用。

②地役权的让与权。地役权人可以将地役权随需役地同时让与他人，或随同需役地为其他权利的标的。

③为必要的附随行为与设置的权利。地役权人为达到地役权的目的或实现权利内容，在权利行使的必需范围内，可以为一定的必要行为或为必要的设置，以便更好地实现地役权。但是，地役权人行使这一权利时，应选择对供役地损害最小的处所及方法为之。

（2）地役权人的义务。

①维护设置的义务。地役权人对于其在权利行使的必要范围内所为的设置，负有维护的义务，以防止供役地因此而受到损害。

②支付费用的义务。如果当事人约定地役权为有偿的，则地役权人负有向供役地人支付约定费用的义务。

③回复原状的义务。在地役权消灭后，如果地役权人占有供役地，则应返还土地并回复原状。地役权人在供役地上有设置时，如该设置仅供需役地便利之用，则地役权人应取回该设置，并应负回复原状的义务；如果该设置为双方共同使用并继续有利于供役地人的，则可以由供役地人取得工作物的所有权，而向地役权人支付价金。

2. 供役地人的权利和义务

（1）供役地人的权利。

①设置使用权。对于地役权人于供役地上所为的设置，供役地人在不影响地役权行使的范围内，有权使用之。此项义务的规定主要系出于经济上的考虑，以节省供役地人再行设置的费用。

②费用请求权。在有偿的地役权中，供役地人享有请求支付费用的权利。

③供役地使用场所及方法的变更请求权。当事人在设定地役权时，规定有权利行使场所及方法的，如变更该场所及方法对地役权人并无不利，而对于供役地人有利益，则供役地人对于地役权人有请求变更地役权的行使场所及方法的权利。

（2）供役地人的义务。

①容忍及不作为义务。地役权是存在于供役地使用权之上的一种负担。对于该种负担，供役地人有容忍及不作为的义务。

②维护设置费用的分担义务。供役地人有权使用地役权人所为的设置。但为公平起见，供役地人应按其受益程度，分担维护设置的费用。

第五节　担保物权

一、担保物权概述

(一)担保物权的概念与特征

担保物权,是指在借贷、买卖等民事活动中,债务人或者第三人将担保物权自己所有的财产作为履行债务的担保。债务人未履行债务时,债权人依照法律规定的程序就该财产优先受偿的权利。担保物权包括抵押权、质权和留置权。

担保物权的特征在于:

第一,担保物权以确保债务的履行为目的。担保物权的设立,是为了保证主债权债务的履行,使得债权人对于担保财产享有优先受偿权,所以它是对主债权效力的加强和补充。

我国《物权法》第172条规定,设立担保物权,应当依照本法和其他法律的规定订立担保合同。担保合同是主债权债务合同的从合同。主债权债务合同无效,担保合同无效,但法律另有规定的除外。担保合同被确认无效后,债务人、担保人、债权人有过错的,应当根据其过错各自承担相应的民事责任。

担保物权的担保范围包括主债权及其利息、违约金、损害赔偿金、保管担保财产和实现担保物权的费用。当事人另有约定的,按照约定。

第二,担保物权是在债务人或第三人的特定财产上设定的权利。担保物权的标的物必须是特定物(抵押物可以为不动产、动产,质权、留置权则为动产),否则就无从由其价值中优先受清偿。这里的"特定",应解释为在担保物权的实行之时是特定的。所以,于将来实行之时为特定的标的物上设定担保物权仍然有效,如以流动仓库中的货物为质权标的物。

第三人提供担保,未经其书面同意,债权人允许债务人转移全部或者部分债务的,担保人不再承担相应的担保责任。

第三,担保物权以支配担保物的价值为内容,属于物权的一种,与一般物权具有同一性质。所不同的是,一般物权以对标的物实体的占有、使用、收益、处分为目的;而担保物权则以标的物的价值确保债权的清偿为目的,以就标的物取得一定的价值为内容。

担保期间,担保财产毁损、灭失或者被征收等,担保物权人可以就获得的保险金、赔偿金或者补偿金等优先受偿。被担保债权的履行期未届满的,也可以提存该保险金、赔偿金或者补偿金等。

第四,担保物权具有从属性和不可分性。所谓从属性,是指担保物权以主债的成立为前提,随主债的转移而转移,并随主债的消灭而消灭。例如,抵押权人就债权的处分必须及于抵押权,抵押权人不得将抵押权让与他人而自己保留债权;也不得将债权让与他人而自己保留抵押权;更不得将债权与抵押权分别让与两人。

所谓担保物权的不可分性,是指担保物权所担保的债权的债权人得就担保物的全部行使其权利。这体现在:债权一部分消灭,如清偿、让与,债权人仍就未清偿债权部分对担保物全部行使权利;担保物一部分灭失,残存部分仍担保债权全部;分期履行的债权,已届履行期的部分未履行时,债权人就全部担保物有优先受偿权。担保物权设定后,担保物价格上涨,债务人就无权要求减少担保物;反之,担保物价格下跌,债务人也无提供补充担保的义务。

被担保的债权既有物的担保又有人的担保,债务人不履行到期债务或者发生当事人约定的实现担保物权的情形的,债权人应当按照约定实现债权;没有约定或者约定不明确,债务人自己提供物的担保的,债权人应当先就该物的担保实现债权;第三人提供物的担保的,债权人可以就物的担保实现债权,也可以要求保证人承担保证责任。提供担保的第三人承担担保责任后,有权向债务人追偿。

当事人约定的或者登记部门要求登记的担保期间,对担保物权的存续不具有法律约束力。

(二)担保物权的担保范围

担保物权的担保范围包括:

1. 主债权

主债权,是指债权人与债务人之间因债的法律关系所发生的原本债权,如金钱债权、交付货物的债权或者提供劳务的债权。主债权是相对于利息和其他附随债权而言,不包括利息以及其他因主债权而产生的附随债权。

2. 利息

利息,是指实现担保物权时主债权所应产生的一切收益。一般来说,金钱债权都有利息,因此其当然也在担保范围内。利息可以按照法律规定确定,也可以由当事人自己约定,但当事人不能违反法律规定约定过高的利息,否则超过部分的利息无效。

3. 违约金

违约金,是指按照当事人的约定,一方当事人违约的,应向另一方支付的金钱。在担保行为中,只有因债务人的违约行为导致不能履行债务时,违约金才可以纳入担保物权的担保范围。此外,当事人约定了违约金,一方违约时,应当按照该约定支付违约金。如果约定的违约金低于造成的损失时,当事人可以请求人民法院或者仲裁机构予以增加;约定的违约金过分高于造成的损失的,当事人可以请求人民法院或者仲裁机构予以适当减少。所以在计算担保范围时,违约金应当以人民法院或者仲裁机构最终确定的数额为准。

4. 损害赔偿金

损害赔偿金,是指一方当事人因违反合同或者因其他行为给债权人造成的财产、人身损失而给付的赔偿额。损害赔偿金的范围可以由法律直接规定,或由双方约定,在法律没有特别规定或者当事人另有约定的情况下,应按照完全赔偿原则确定具体赔偿数额。赔偿全部损失,既包括赔偿现实损失,也包括赔偿可得利益损失,直接损失指财产上的现实减少,可得利益损失又称可得利益,指失去的可以预期取得的利益。可得利益范围的确定需要坚持客观的原则,根据《合同法》第113条第1款的规定,当事人一方不履行合同义务或者履行合同义务不符合约定,给对方造成损失的,损失赔偿额应当相当于因违约所造成的损失,包括合同履行后可以获得的利益,但不得超过违反合同一方订立合同时预见到或者应当预见到的因违反合同可能造成的损失。在确定担保范围中"损害赔偿金"的数额时,也应当遵守这个原则。违约金与损害赔偿金都具有代替给付的性质。如果不将它们纳入担保物权的担保范围,就有可能纵容债务人不履行债务,对债权人的保护是不够的。

5. 保管担保财产的费用

保管担保财产的费用,是指债权人在占有担保财产期间因履行善良保管义务而支付的各种费用。根据《物权法》第215条、第234条的规定,在担保期间,质权人和留置权人有妥善保管担保财产的义务。但这并不意味着保管的费用由质权人或者留置权负担,相反,债务人或者第三人将担保财产交由债权人占有的目的是向债权人担保自己履行债务,保管费用应当由债务人或者提供担保的第三人承担,否则不利于担保活动的进行,也不利于确保债权的实现。需要特别指出的是,只有在质押和留置中,"保管担保财产的费用"才被纳入担保物权的担保范围;在抵押中,抵押财产由抵押人自己保管,所以保管抵押财产的费用已由抵押人自己承担,自然也就不应纳入担保范围。

6. 实现担保物权的费用

实现担保物权的费用指担保物权人在实现担保物权过程中所花费的各种实际费用,如对担保财产的评估费用、拍卖或者变卖担保财产的费用、向人民法院申请强制变卖或者拍卖的费用等。之所以将实现担保物权的费用纳入法定担保债权的范围,主要基于以下考虑:实现担保物权的费用是由于债务人不及时履行债务导致的,这些费用理应由债务人承担,否则不利于保护担保物权人的利益。当然,担保物权人应本着诚实信用的原则实现担保物权,所花的费用也应当合理,对不合理的费用不应当纳入担保的范围。

(三)担保物权消灭的情形

《物权法》第177条规定了担保物权消灭的四种情形:一是主债权消灭;二是担保物权实现;三是债权人放弃担保物权;四是法律规定担保物权消灭的其他情形。

根据该规定,担保物权的消灭的情形有:

(1)担保物权随主债权消灭而消灭。担保物权是从属于主债权的权利,主债权消灭,担保物权也随之消灭。主债权消灭,是指主债权全部消灭,根据担保物权的不可分性,主债权的部分消灭,担保物权依然存在,担保财产仍然担保剩余的债权,直到债务人履行全部债务时为止。

(2)担保物权实现导致担保物权的消灭。担保物权实现,是指债务人到期不履行债务时,债权人与担保人约定折价实现自己的债权或者拍卖、变卖担保财产所得的价款优先受偿。担保物权是为担保债权而设定的,担保物权实现就意味着担保物权人权利的实现,担保物权自然就归于消灭。

(3)债权人放弃担保物权导致担保物权消灭。放弃,是指债权人明示放弃。明示放弃主要包括两种情形:一是债权人用书面的形式明确表示放弃担保物权。例如,债权人向担保人发出放弃担保物权的函件。二是债权人的行为放弃。例如,因债权人自己的行为导致担保财产毁损、灭失的,视为债权人放弃了担保物权。

(4)法律规定的其他导致担保物权消灭的情形。主要是指物权法的其他条款或者其他法律规定的担保物权消灭的特殊情形或者专属于其一类担保物权消灭原因。例如,《物权法》第240条规定,留置权人对留置财产丧失占有或者留置权人接受债务人另行提供担保的,留置权消灭。

二、抵押权

(一)抵押权的概念与特征

抵押权,是指债务人或者第三人不转移财产的占有,将该财产作为债权的担保,债务人未履行债务时,债权人依照法律规定的程序就该财产享有优先受偿的权利。债务人或者第三人为抵押人,债权人为抵押权人,提供担保的财产为抵押财产。例如,某人向银行申请贷款,并以自己的住房作抵押,这时银行即为抵押权人。

抵押权具有以下几个特征:

(1)从属性。抵押权因担保债权而设定,是从属于主权利即债权的从权利,抵押权为债权将来受偿而存在。抵押权的发生、移转和消灭,从属于被担保的债权。抵押权的成立,以债权已存在为前提,如果债权不存在,抵押权也不成立。另外,抵押权需从属于担保债权,抵押权不得与债权分离而单独让与,抵押权也不得与债权分离以为其他债权提供担保。《担保法》第50

条规定:"抵押权不得与债权分离而单独转让或者作为其他债权的担保。"抵押权还因被担保的债权消灭而消灭。《担保法》第52条规定:"抵押权与其担保的债权同时存在,债权消灭的,抵押权也消灭。"

(2)不可分性。担保债权未受全部清偿前,抵押权人可以就抵押物的全部行使其抵押权。所担保债权即使被分割、部分清偿或部分消灭,抵押权仍担保各部分债权或尚存的债权。最高人民法院《关于适用〈中华人民共和国担保法〉若干问题的解释》(以下简称《担保法若干问题解释》)第71条和第72条分别规定,"主债权未受全部清偿的,抵押权人可以就抵押物的全部行使其抵押权。抵押物被分割或者部分转让的,抵押权人可以就分割或者转让后的抵押物行使抵押权。""主债权被分割或者部分转让的,各债权人可以就其享有的债权份额行使抵押权。主债务被分割或者部分转让的,抵押人仍以其抵押物担保数个债务人履行债务。但是,第三人提供抵押的,债权人许可债务人转让债务未经抵押人书面同意的,抵押人对未经其同意转让的债务,不再承担担保责任。"

(3)物上代位性。由于抵押权具有直接支配抵押物交换价值的效力,抵押权人对因抵押物的损害或灭失而取得的赔偿、其他对待给付或保险给付享有优先受偿的权利。《担保法若干问题解释》第80条规定:"在抵押物灭失、毁损或者被征用的情况下,抵押权人可以就该抵押物的保险金、赔偿金或者补偿金优先受偿。抵押物灭失、毁损或者被征用的情况下,抵押权所担保的债权未届清偿期的,抵押权人可以请求人民法院对保险金、赔偿金或补偿金等采取保全措施。"

(二)抵押权的设立

1.抵押权的标的

抵押权的标的,习惯上称为抵押物。它是指债务人或第三人提供担保的财产。下列财产可以作为抵押物:

(1)抵押人所有的房屋和其他地上定着物。以依法获准尚未建造的或者正在建造中的房屋或者其他建筑物抵押的,当事人办理了抵押物登记,该抵押应为有效。以法定程序确定为违法、违章的建筑物抵押的,抵押无效。另外,以尚未办理权属证书的财产抵押的,在第一审法庭辩论终结前能够提供权利证书或者补办登记手续的,可以认定抵押有效。但在此种情况下当事人未办理抵押物登记的,不得对抗第三人。

(2)机器、交通运输工具和其他财产。

(3)建设用地使用权。

(4)正在建造的建筑物、船舶、航空器。

(5)以招标、拍卖、公开协商等方式取得的荒地等土地承包经营权。

(6)法律、行政法规未禁止抵押的其他财产。例如,当事人以农作物进行抵押。此时需注意的是,当事人以农作物和与其尚未分离的土地使用权同时抵押的,土地使用权部分的抵押无效。

对于上述财产,抵押人既可以将其中的一项财产单独抵押,也可以将几项财产一并抵押。在将几项财产一并抵押时,抵押财产的范围应当以登记的财产为准。抵押财产的价值在抵押权实现时予以确定。

2.抵押合同

抵押合同是抵押权人(通常是债权人)与抵押人(既可以是债务人,也可以是第三人)签订的担保性质的合同。抵押人以一定的财物(既可以是不动产,也可以是动产)向抵押权人设定抵押担保,当债务人不能履行债务时,抵押权人可以依法以处分抵押物所得价款优先受偿。

申办抵押合同时,公证处对审查抵押人主体资格和抵押物上要求较严。根据规定,抵押物是公民个人财产的,如设定抵押的财产有共有人时,应先得到所有共有人的同意并由所有共有人出具同意抵押的书面证明;外商投资企业、个人合伙成立的私营企业等设有董事会的企业,按公司章程规定,担保须有董事会决议的,应提交董事会决议;国有控股公司、国有企业以其生产、经营关键的国有财产设定抵押的,应事先得到国有资产管理机构的批准,申办公证时,还须提交批准文件。

3. 抵押登记

(1)抵押登记的概念。

抵押登记,就是法定登记机关对抵押物已抵押的情况进行登记公示,以取得具有公信力的法定外部表现形式的方法,分为抵押登记和注销抵押登记。它不仅适用于不动产、不动产用益物权和法律上视为不动产而加以管制的民用航空器、船舶、机动车辆的抵押,而且也适用于一般动产的抵押。《国有土地使用权出让和转让暂行条例》第 35 条和第 38 条分别规定:"土地使用权和地上建筑物、其他附着物抵押,应当依照规定办理抵押登记。""抵押权因债务清偿或者其他原因而消灭的,应当依照规定办理注销抵押登记。"《海商法》第 13 条第 1 款规定:"设定船舶抵押权,由抵押权人和抵押人共同向船舶登记机关办理抵押登记;未登记的,不得对抗第三人。"《担保法》第 43 条第 1 款规定:"当事人以其他财产抵押的,可以自愿办理抵押登记……"

(2)抵押登记的法律效力。

对抵押登记的法律效力,我国法律兼采生效要件主义与对抗要件主义。生效要件主义即非经登记,当事人订立的抵押合同不能生效。《担保法》第 41 条规定,当事人以第 42 条规定的财产抵押的,包括土地使用权、城市房地产、乡镇和村企业的厂房等建筑物、林木、航空器和车辆船舶、企业的设备和其他动产,应当办理抵押物登记,抵押合同自登记之日起生效。反过来讲,如未就作为抵押物的以上财产进行登记,抵押合同便不能生效。根据法律规定,抵押权具有追及的效力,也就是抵押权所具有的使抵押权人得跟踪抵押财产而行使抵押权的效力。关于抵押的追及效力,《担保法》第 49 条规定:"抵押期间,抵押人转让已办理登记的抵押物的,应当通知抵押权人并告知受让人转让物已经抵押的情况;抵押人未通知抵押权人或者未告知受让人的,转让行为无效。转让抵押物的价款明显低于其价值的,抵押权人可以要求抵押人提供相应的担保;抵押人不提供的,不得转让抵押物。抵押人转让抵押物所得的价款,应当向抵押权人提前清偿所担保的债权或者向与抵押权人约定的第三人提存。超过债权数额的部分,归抵押人所有,不足部分由债务人清偿。"但本条只适用于经登记的抵押权,对按《担保法》第 43 条的规定未经登记的抵押权,不得对抗第三人,不具有追及效力,当抵押人擅自转让抵押物时,抵押权人只能请求抵押人另行提供相应的担保,不能追及至抵押物的受让人行使抵押权。

由此可知,只要抵押合同一经登记,就具有了对抗善意第三人的法律效力,防止了受让抵押财产的第三人以不知财产上存在抵押权而做的抗辩,有利于抵押权的顺利实现。

(3)抵押登记的办理。

《担保法》第 44 条规定,办理抵押登记的当事人应持以下材料的原件或复印件到登记机关进行登记:一是主合同和抵押合同,主合同就是引起被担保的债权发生的合同,如借款合同;二是抵押物的所有权证书或者使用权证书。《担保法》第 42 条规定:"办理抵押物登记的部门如下:(一)以无地上定着物的土地使用权抵押的,为核发土地使用权证书的土地管理部门;(二)以城市房地产或者乡(镇)、村企业的厂房等建筑物抵押的,为县级以上地方人民政府规定的部门;(三)以林木抵押的,为县级以上林木主管部门;(四)以航空器、船舶、车辆抵押的,为运输工具的登记部门;(五)以企业的设备和其他动产抵押的,为财产所在地的工商行政管理部门。"

(三)抵押权当事人的权利和义务

1. 抵押人的权利和义务

抵押人在其财产设定抵押后,仍享有对抵押物的使用、收益和处分权。行使上述权利要受到已设定的抵押权的影响:

(1)抵押人在一般情况下仍然收取抵押物的孳息,但债务履行期限届满,债务人不履行债务致使抵押物被人民法院扣押的,自扣押之日起,抵押权人有权收取由抵押物分离的自然孳息以及抵押人就抵押物可以收取的法定孳息。

(2)抵押人的处分权。

①抵押期间,抵押人经抵押权人同意转让抵押财产的,应当将转让所得的价款向抵押权人提前清偿债务或者提存。转让的价款超过债权数额的部分归抵押人所有,不足部分由债务人清偿。

②抵押期间,抵押人未经抵押权人同意,不得转让抵押财产,但受让人代为清偿债务消灭抵押权的除外。

(3)抵押人的出租权。

①订立抵押合同前抵押财产已出租的,原租赁关系不受该抵押权的影响。

②抵押权设立后抵押财产才出租的,该租赁关系不得对抗已登记的抵押权。

2. 抵押权人的权利和义务

抵押权人的权利和义务主要有:

(1)债权人之中,有抵押权的债权人应享有优先受偿的权利,但法律、法规另有规定的除外。抵押权人应当在主债权诉讼时效期间行使抵押权;未行使的,人民法院不予保护。

(2)抵押权人可以让与其抵押权或者为他人提供担保,但抵押权不得与债权分离而单独转让或者作为其他债权的担保。

(3)同一财产向两个以上债权人抵押,变卖抵押物所得的价款按照下列顺序清偿:①抵押权已登记的,按照登记的先后顺序清偿;顺序相同的,按照债权比例清偿。②抵押权已登记的先于未登记的受偿;抵押权未登记的,按照债权比例清偿。

(4)抵押权人的保全。抵押人的行为足以使抵押财产价值减少的,抵押权人有权要求抵押人停止其行为。抵押财产价值减少的,抵押权人有权要求恢复抵押财产的价值,或者提供与减少的价值相应的担保。抵押人不恢复抵押财产的价值也不提供担保的,抵押权人有权要求债务人提前清偿债务。

(5)抵押权人放弃抵押权的效果。抵押权人可以放弃抵押权或者抵押权的顺位。债务人以自己的财产设定抵押,抵押权人放弃该抵押权、抵押权顺位或者变更抵押权的,其他担保人在抵押权人丧失优先受偿权益的范围内免除担保责任,但其他担保人承诺仍然提供担保的除外。

(四)抵押权的实现

1. 抵押权实现的条件

抵押权的实现,又称抵押权的实行,是指债权已届清偿期而未受清偿时,抵押权人可以就抵押物优先受偿的办法。这是抵押权的中心效力。抵押权的实现须具备一定的条件。我国《担保法》第53条第1款规定,债务履行期届满抵押权人未受清偿的,可以与抵押人协议以抵押物折价或者以拍卖、变卖该抵押物所得的价款受偿;协议不成的,抵押权人可以向人民法院提起诉讼。由此可见,在

我国抵押权的实现必须具备以下条件:

(1)存在有效的抵押权。抵押权的实现首先应以抵押权存在为前提。其次,抵押权必须合法有效。抵押权是对物的价值的支配权,如果不能合法存在,则不享有支配权,也就谈不上优先受偿了。

(2)债务履行期届满而未受清偿。这是在正常情况下实现抵押权所必须具备的条件。但是,在以下两种情况下,即使债务未届清偿期,抵押权亦得以实行。第一种情况,债务未届履行期,但债务人宣告破产的,此时,债务人依法丧失了期限利益,未届期的债权视为已届清偿期,抵押权人得以提前行使抵押权。第二种情况,即《担保法若干问题解释》第70条规定的抵押人的行为足以使抵押物价值减少的,抵押权人请求抵押人恢复原状或提供担保遭到拒绝时,抵押权人可请求提前行使抵押权。

2. 抵押权实现的方式

我国《担保法》第53条、《物权法》第195条规定抵押权实现的方法有三种:折价、拍卖、变卖。

(1)折价。

所谓折价,是指债务履行期届满后,抵债权人与抵押人协商订立债权人取得抵押物所有权的协议以实现抵押权的方法,性质上属于代物清偿,即以转移抵押物所有权的形式代替债务的清偿。受担保债权在协议抵偿的金额范围内消灭,抵押权人对抵押人的抵押权也因此而消灭。但折价协议只能在债务履行期届满时达成。若抵押权人在订立抵押合同时或债务履行期届满前,与抵押人约定债务人不履行到期债务时抵押财产归债权人所有,此种约定无效。这就是所谓的"流质条款",为大多数国家所禁止。我国《担保法》、《物权法》亦将此种约定规定为无效。以折价方式实现抵押权,对抵押物价额的确定应当参照市场价格,且以无害于其他抵押权人的利益为要件,否则不得以协议折价方式实现抵押权。协议损害其他债权人利益的,其他债权人可以在知道或者应当知道撤销事由之日起一年内请求人民法院撤销该协议。

人民法院可否对抵押财产强行折价或者在对抵押财产评估后折价,裁判以抵押财产抵偿债权人的债权?对抵押财产进行折价抵偿抵押权人的债权的方法,属于抵押权人与抵押人协商实行抵押权的方法,在这个过程中,除非抵押权人与抵押人同意以抵押财产折价,否则只能对抵押财产进行变卖或拍卖,以价款清偿债权。因此,在诉讼程序中,人民法院不能强行对抵押财产折价,并裁判抵押财产归抵押权人以抵消抵押权人的债权。

(2)拍卖 。

拍卖,是指以公开竞价的形式,将特定物品或者财产权利转让给最高应价者的买卖方式。

以抵押物拍卖所得优先受偿,是抵押权实现的目的和内容,因此,以抵押物拍卖所得价金受偿,是拍卖对抵押权人发生的主要效力。在实践中,抵押物拍卖价金会多于或少于抵押所担保的债权额,依我国《担保法》、《物权法》的规定,当拍卖所得价金不足以清偿抵押担保的债权时,抵押权人未受清偿的债权部分,得以普通债权人的身份继续向债务人求偿。以拍卖抵押物行使抵押权,债权人的抵押权以及后次序的抵押权,在抵押物卖得价金不足求偿的范围内,皆归于消灭。当拍卖价金超过债权数额时,多余部分归抵押人所有。

(3)变卖。

变卖,是指以拍卖以外的方式将抵押物出卖的形式。变卖不具有拍卖所具有的上述优点,但却简便易行,省时省力,目前变卖仍然是我国担保债权实现的重要方式之一。在我国,以变卖的方式实现抵押权的方法有两种:一是抵押权人与抵押人协议变卖。二是在人民法院强制实现抵押权时,如果无法以拍卖的方式对抵押物变价,则由法院主持对抵押物进行变卖。以当事人协议变卖方式实现抵押权的,对抵押物价额的确定亦应参照市场价格,也不得损害其他债权人的利益。协议损害其他债权人利益的,其他债权人亦可行使撤销权。

3. 抵押权实现的顺位

抵押权的顺位又称抵押权的顺序、次序或者位序,是指在同一抵押物上设定数个抵押权时,各个抵押权就抵押财产变价的价值优先受偿的先后顺序。抵押权的顺位理论可以解决实践中重复抵押问题。抵押物的财产价值有可能小于所担保的数个债权的总和。这样在现实中就会出现"重复抵押"的现象。我国法律曾经明文规定禁止重复抵押,《民通意见》第115条规定:"……在抵押期间,非经债权人同意,抵押人……就抵押物价值已设置抵押部分再作抵押的,其行为无效。"《担保法》第35条规定:"抵押人所担保的债权不得超出其抵押物的价值。财产抵押后,该财产的价值大于所担保债权的余额部分,可以再次抵押,但不能超出其余额部分。"

根据《物权法》第199条的规定:"同一财产向两个以上债权人抵押的,拍卖、变卖抵押财产所得的价款依照下列规定清偿:(一)抵押权已登记的,按照登记的先后顺序清偿;顺序相同的,按照债权比例清偿;(二)抵押权已登记的先于未登记的受偿;(三)抵押权未登记的,按照债权比例清偿。"由于对抵押权的成立我国兼采了登记要件主义和登记对抗主义,所以要从两个方面来理解上述法条。

首先,对于不动产抵押,登记方才生效,抵押权顺位确定的原则为:(1)"先登记原则",即以登记的先后为标准,登记在先的抵押权优于登记在后的抵押权。(2)"同时同序原则",即同时登记的顺序相同,按照各自所占债权的比例受偿。我国在立法和实践中均采纳登记的时间以日为单位,同一天登记的两个以上抵押权处于同一顺序的原则。

其次,对于实行登记对抗主义的动产抵押,都已经登记的抵押权按照先登记原则;有的登记有的未登记的,已经登记的抵押权优先于未登记的抵押权;均未登记的按照债权的比例清偿。

三、质权

(一)质权的概念

质权,是指债权人为了担保债权的实现就债务人或第三人移交占有动产或权利,于债务人不履行债务时所享有的优先受偿的权利。

(二)动产质权

1. 动产质权的概念

动产质权,是指债务人或者第三人将其动产交由债权人占有,当债务人不履行债务时,债权人就该动产依法享有优先受偿的权利,如以字画出质设定的质权。其中,债务人或者第三人为出质人,债权人为质权人,交付的动产为质押财产。

2. 动产质权的设立

(1)设立书面合同。

(2)交付标的物:

①交付是质权的成立要件。

不交付标的物的质权不成立,但是出质人应当承担过错责任。债务人或者第三人未按质押合同约定的时间移交质物,因此给质权人造成损失的,出质人应当根据其过错承担赔偿责任。

②交付包括现实交付、指示交付和简易交付,但不包括占有改定。

出质人代质权人占有质物的,质押合同不生效;质权人将质物返还于出质人后,以其质权对抗第三人的,人民法院不予支持。

③交付的标的物与合同约定不一致的,以交付的为准。

3. 动产质权当事人的权利和义务

第一,动产质权出质人的权利与义务。

(1)出质人的权利:

①质物的收益权。

②质物的处分权。

③对质权人的抗辩权。

④除去权利侵害及返还质物的请求权。

⑤物上保证人的代位权。

(2)出质人的义务:

①损害赔偿义务。出质人对因质物隐蔽瑕疵所生的损害,负有赔偿义务;于质物的非隐蔽瑕疵致质权人损害时,也应赔偿,但这种损害赔偿债权,应属普通债权,不属于质权担保的范围。

②偿还必要的费用义务。出质人对质权人保管质物支出的必要费用负偿还义务。对于质权人取得出质人同意而为有益行为支出的费用,亦应偿还。

第二,动产质权质权人的权利与义务。

(1)质权人的权利:

①占有并留置质物的权利。

②质物的孳息收取权。质权人有权收取质物的孳息,包括天然孳息与法定孳息。但若质押合同中另有约定的,依约定。质权人收取质物所生孳息,并非取得孳息的所有权,孳息所有权仍属出质人所有,其性质仍属质权的范围,为动产质权效力所及的标的物之一。质物的孳息,应首先充抵收取孳息的费用,其次充抵原债权利息,最后充抵原债权。

③偿还费用请求权。质权人对因保管质物所支付的必要费用,享有偿还请求权。对出质人同意而为有益行为支出的费用,在质押期届满后于现存的增加价值范围内享有偿还请求权。

④质权保全权。质押担保以质物的交换价值确保债权的受偿,当质物有损坏或价值明显减少的可能足以危害质权人利益时,质权人可以要求出质人提供相应担保。出质人不提供的,质权人可以拍卖或变卖质物,并与出质人协议将拍卖或变卖所得价款用于提前清偿所担保的债权或者向与出质人约定的第三人提存。

⑤转质权。转质权,是指质权人为担保自己或他人的债务,将质物交与债权人设定新的质权。因转质而取得质权的权利人,称为转质权人。我国民法没有关于转质权的规定。

⑥质权的处分权。动产质权属财产权,质权人可以处分质权,包括质权的抛弃、质权的让与或供他债权担保。质权人可以任意抛弃其质权,但不得损害第三人的权利。质权亦可随同主债权一并转让或供他债权担保。

⑦优先受偿权。

(2)质权人的义务:

①保管质物的义务。质权人占有质物,应以善良管理人的注意保管质物。因保管质物不善致使质物灭失或毁损的,质权人应当承担责任。

②赔偿因转质致出质人所受的损失。在责任转质中,质权人对因转质而使质物受不可抗力损失的,应负赔偿责任。

③返还质物。债务人于清偿期限届满时履行了债务或者出质人提前清偿所担保的债权,

质权人应当返还质物。不能返还时,出质人可请求损害赔偿。

(三)权利质权

1. 权利质权的概念

为了担保债权清偿,就债务人或第三人所享有的权利设定的质权。权利质权是一种准质权。权利质权的标的是权利。

权利质权的特点:(1)必须是财产权。(2)必须是可以让与的财产权;若该权利不能让与,不仅不能就该权利的变卖价金受偿,也不能由质权人取得权利。(3)必须是不违背质权性质的财产权。质权是动产质权,不动产原则上不能设定质权。

2. 权利质权的标的

根据《物权法》第223条的规定,债务人或者第三人有权处分的下列权利可以出质:

(1)汇票、支票、本票。出票人签发的,委托付款人在见票时或者在指定日期无条件支付确定的金额给收款人或者持票人的票据称为汇票。汇票有银行汇票和商业汇票两种。出票人签发的,承诺自己在见票时无条件支付确定的金额给收款人或者持票人的票据称为本票,如银行本票。出票人签发的,委托办理支票存款业务的银行等金融机构在见票时无条件支付确定的金额给收款人或者持票人的票据称为支票。

(2)债券、存款单。由政府、金融机构或者企业为了筹措资金而依照法定程序向社会发行的,约定在一定期限内还本付息的有价证券称为债券,包括政府债券、金融债券和企业债券;存款人在银行或者储蓄机构存了一定数额的款项后,由银行或者储蓄机构开具的到期还本付息的债权凭证称为存款单。

(3)仓单、提单。仓单,是指仓库保管人应存货人的请求而填发的有价证券。仓单是提取仓储物的凭证。存货人或仓单持有人在仓单上背书并经保管人签字或盖章的,可以转让提取仓储物的权利。提单,是指用以证明海上货物运输合同和货物已经由承运人接收或者装船,以及承运人保证据以交付货物的单证。提单中的记名提单不得转让,指示提单经背书或者空白背书可以转让,不记名提单无须背书即可转让。

(4)可以转让的基金份额、股权。基金份额,是指向投资者公开发行的,表示持有份额对基金财产享有收益分配权、清算后剩余财产取得权和其他相关权利,并承担相应义务的凭证。股权,是指股东因向公司直接投资而享有的权利,有限责任公司股东持有的出资证明书是证明投资人已经依法履行缴付出资义务而成为股东的法律文件,股份有限公司股东持有的股票是证明股份有限公司股东所持股份的凭证。如果股东这两种凭证可以转让就可以出质。

(5)可以转让的注册商标专用权、专利权、著作权等知识产权中的财产权。注册商标专用权,是指注册商标所有人依法对注册商标享有的独占使用权,注册商标所有人享有注册商标转让权和注册商标许可证均为财产权,可以作为权利质权标的;专利权是指国家专利主管机关授予专利申请人或其继受人在一定期限内实施其发明创造的专有权,它包括发明专利权、实用新型专利权及外观设计专利权。专利权人享有专利转让权和专利实施许可权,这两者财产权都可以出质;著作权,是指文学、艺术和科学作品的创作者对其创作完成的作品所享有的权利。著作权中财产权,是指著作权人对作品的使用权和获得报酬权,可以出质。但是著作权中的人身权不能出质。

(6)应收账款。应收账款是一种债权,是指权利人因提供一定的货物或者设施而获得的要求义务人付款的权利。

(7)法律、行政法规规定可以出质的其他财产权利。除了前六项规定的权利可以出质外,全国人民代表大会及其常务委员会制定的法律、国务院制定的行政法规规定可以出质的其他财产权利也可以按照物权法的规定出质。

四、留置权

(一)留置权的概念与特征

留置权,是指债权人按照合同约定占有债务人的动产,在债务人不履行基于该动产而发生的债务时有留置该财产并就该财产优先受偿的权利。

留置权的特征:

(1)留置权是法定担保物权。因此,它优先于抵押权、质权等意定担保物权而实现。

(2)留置权是动产担保物权,它以债权人占有动产为要件。

(3)留置权是发生二次效力的担保物权。留置权人留置标的物后不得直接处分标的物,必须先定期催告,只有债务人逾期仍不履行债务时始得处分标的物优先受偿。

(二)留置权的取得

1. 留置权取得的积极要件

留置权取得的积极要件,是留置权的取得所应具有的事实。这主要有以下几项:

(1)债权人占有债务人的动产。留置权的目的,在于担保债的履行,因此享有留置权的应当是债权人。至于债权的发生原因,依《担保法》第 84 条第 1 款的规定,因保管合同、运输合同、加工承揽合同发生的债权,债务人不履行债务的,债权人有留置权。

留置权的取得,债权人须合法占有债务人的财产,其占有方式是直接占有还是间接占有均可。但单纯的持有,如雇用人操持家务,则其在工作中使用家中的器具,是持有而不是占有,故不能成立留置权。债务人代债权人占有留置物的,留置权不成立。

债权人合法占有债务人交付的动产时,不知道债务人无处分该动产的权利,债权人仍可以依法享有留置权。

(2)权已届清偿期。债权人虽占有债务人的动产;但在债权尚未届清偿期时,因此时尚不发生债务人不履行债务的问题,不发生留置权。只有在债权已届清偿期,债务人仍不履行债务时,债权人才可以留置债务人的动产。

债权人的债权未届清偿期,其交付占有标的物的义务已届清偿期的,不能行使留置权。但是,债权人能够证明债务人无支付能力的除外。

(3)权的发生与该动产有牵连关系。债权人所占有的债务人的动产必须与其债权的发生有牵连关系,才有留置权可言。

就我国的司法、立法实践看,留置权中的牵连关系则为债权与留置物占有取得之间的关联,即债权与标的物的占有的取得是基于同一合同关系。在债权的发生与标的物的占有取得是因同一合同关系而发生并且债务人不履行债务时,债权人有留置权。例如,保管人因保管物的瑕疵而受损害的赔偿请求权,对该物有留置权。再如,承揽人对承揽费的请求权,对承揽标的物有留置权。

2. 留置权取得的消极要件

我国《物权法》第 231 条规定,债权人留置的动产,应当与债权同属一法律关系,但企业之间留置的除外。由于留置权所担保的债权与留置物有牵连关系,故而与留置权有牵连关系的债权,都在留置权所担保的范围之内,包括原债权、利息(包括迟延利息)、实行留置权的费用及因留置物的瑕疵给留置权人造成的损害赔偿请求权。而留置物的范围,除了留置物本身外,还包括其从物、孳息和代位物。

留置权取得的消极条件包括:

(1)动产的占有不是因侵权行为取得。留置权的取得,以对债务人的动产的占有为前提,但其占有必须是合法占有。如果是因侵权行为占有他人的动产,不发生留置权。例如,窃贼即使对盗赃支出了必要费用,也不享有留置权。

(2)动产的留置不违反公共利益或善良风俗。对动产的留置如果违反公共利益或善良风俗,如留置他人的居民身份证、留置他人待用的殡丧物,都是违法的,债权人都不能为之。

(3)动产的留置不得与债权人的义务相抵触。债权人留置债务人的动产如果与其所承担的义务相抵触时,亦不得为之。例如,承运人有将货物运送到指定地点的义务,在运送途中,不得以未付运费而留置货物。

(三)留置权人的权利和义务

1.留置权人的权利

(1)占有留置物。债权人对留置物的占有分两个阶段:第一阶段是根据留置权产生的基础法律关系(如保管、运输关系)而享有的占有权;第二阶段是在债务人未履行其债务前,拒绝其返还请求,继续占有留置物的权利。这种占有权可以对抗债务人,也可以对抗第三人包括留置物的所有人。占有留置物既是留置权人的权利,也是留置权存续的要件之一。

(2)收取留置物的孳息。留置权人为留置物的占有人,在占有留置物期间,有权收取留置物的孳息用来清偿债务人的债务。《物权法》第235条规定:"留置权人有权收取留置财产的孳息。前款规定的孳息应当先充抵收取孳息的费用。"孳息包括天然孳息和法定孳息。例如,甲由于外出打工,将一头母牛委托邻居乙保管3个月,约定保管费用共300元,3个月满后领牛时付款。3个月后,甲没有回乡,托他人帮忙去乙家取牛,但保管费却分文未付,说明等甲年底回乡时再一次性付清。此时乙享有留置权,正巧母牛生了一头小牛,这头小牛就是母牛的孳息,乙有权收取小牛,并将小牛充抵为小牛接生所需的费用。

(3)保管费用的偿还请求权。留置物本属债务人所有,且发生留置的原因是债务人不履行债务,因而留置权人保管留置物的必要费用,应由债务人承担。

(4)就留置物价值优先受偿的权利。当债务人拒不履行债务超过一定期限,留置权人有权将留置物折价、拍卖或变卖,并从中优先受偿。

2.留置权人的义务

(1)留置权人应妥善保管留置物。《物权法》第234条规定:"留置权人负有妥善保管留置财产的义务;因保管不善致使留置财产毁损、灭失的,应当承担赔偿责任。"留置权人不得使用、利用留置物。留置权人对留置物只有占有权。留置期间,留置权人不得擅自使用和利用留置物,也不能将留置物设置抵押、质押,更不能非法出让留置物;未经债务人同意,擅自使用、出租、处分留置物,因此给出质人造成损失的,由留置权人承担赔偿责任。在上述的案例中,如果乙未征得甲的同意,擅自强拉着甲的母牛去耕田,结果导致母牛流产,由此所导致的损失,乙应负责赔偿。

(2)按时返还留置物。留置权一旦消灭,留置物的使命完成,债权人应及时将留置物返还给债务人。

第六节　占有

一、占有的概念

1. 占有的概念

占有，是指占有人对不动产或者动产的实际控制。占有人可以是依法有权占有不动产或者动产，如根据租赁合同在租期内占有对方交付的租赁物。占有人也可能是无权占有他人的不动产或者动产，如借他人的物品，过期不还。占有人不知道自己是无权占有的，为善意占有；明知自己属于无权占有的，为恶意占有。

2. 占有的分类

（1）有权占有与无权占有。

有权占有，是指基于本权即基于法律上的原因而为的占有。无权占有，又称无权源占有，是指非基于本权或说是欠缺法律上原因的占有。

此分类的意义在于：①有权占有人可拒绝他人为本权的行使，而无权占有人遇有本权人请求返还占有物时，有返还义务。②因侵权行为占有他人之物，不产生留置权的效果。

（2）善意占有与恶意占有。

善意占有，是指占有人不知无占有的权源而误信有正当权源且无怀疑地占有。恶意占有，是指占有人明知无占有的权源，或对是否有权源虽怀疑而仍为占有。此分类的意义在于：①动产的善意取得须以善意受让为要件；②恢复义务因善意占有与恶意占有而有所不同。

占有的不动产或者动产毁损、灭失，该不动产或者动产的权利人请求赔偿的，占有人应当将因毁损、灭失取得的保障金、赔偿金或者补偿金等返还给权利人；权利人的损害未得到足够弥补的，恶意占有人还应当赔偿损失。

（3）公然占有与隐秘占有。

公然占有，是指依物的性质而为一般的占有，即占有状态无避免他人发现的意思，如佩戴珠宝出入社交场所。隐秘占有，是指恐他人知晓而藏匿，不公示于众的占有，如小偷将赃物藏匿。此划分的意义在于取得时效的要件为公然占有。

（4）和平占有与强暴占有。

和平占有，是指以合法手段而为的占有，如通过赠与而取得占有。强暴占有，指以法律禁止的手段而为的占有，如抢夺他人财物。此分类的意义在于取得时效的要件为和平占有。

（5）自主占有与他主占有。

自主占有，是指以所有的意思为占有，如买受人对标的物的占有。他主占有，是指不以所有的意思为占有，如借用人对借用物的占有。此分类的法律意义在于：取得时效、先占及占有物毁损灭失时占有人的赔偿责任范围等，均对自主占有和他主占有有不同的具体要求。

（6）直接占有与间接占有。

直接占有，是指占有人事实上占有其物，即直接对物有事实上的管领力，如质权人、保管人对质物、保管物的占有。间接占有，是指基于一定法律关系而对事实上占有其物之人有返还请求权的占有，如出质人、寄托人对质物、保管物的占有。此分类的法律意义在于：①间接占有不能独立存在，而直接占有可以独立存在；②对占有的保护，有时仅限于直接占有人；③使动产的交付得依占有改定而进行，便于物的交易。

二、占有的保护

占有人对于他方侵占或者妨害自己占有的行为,可以行使法律赋予的占有保护请求权,如返还原物、排除妨害或者消除危险。占有保护的理由在于,已经成立的事实状态,不应受私力而为的扰乱,而只能通过合法的方式排除,这是一般公共利益的要求。例如,甲借用乙的自行车,到期不还构成无权占有,乙即使作为自行车的物主也不可采取暴力抢夺的方式令甲归还原物;而对于其他第三方的侵夺占有或者妨害占有的行为等,甲当然可以依据本条的规定行使占有的保护。因此可以看出,占有人无论是有权占有还是无权占有,其占有受他人侵害,即可行使法律赋予的占有保护请求权;而侵害人只要实施了本条所禁止的侵害行为,即应承担相应的责任,法律不问其是否具有过失,也不问其对被占有的不动产或者动产是否享有权利。

1. 占有保护请求权的种类

占有保护请求权以排除对占有的侵害为目的,因而属于一种物权的请求权。根据占有受侵害的不同情形,分别发生占有物返还请求权、占有妨害排除请求权和占有危险消除请求权。

(1)占有物返还请求权。

占有物返还请求权发生于占有物被侵夺的情形。此种侵夺占有而构成的侵占,是指非基于占有人的意思,采取违法的行为使其丧失对物的控制与支配。需要注意的是,非因他人的侵夺而丧失占有的,如因受欺诈或者胁迫而交付的,不享有占有物返还请求权。此种情形下,原占有人要回复占有,必须依法律行为的规定,主张撤销已经成立的法律关系等去解决。此外,还需说明一点,即本条所规定占有物返还请求权的要件之一为侵占人的行为必须是造成占有人丧失占有的直接原因,否则不发生依据本条规定而产生的占有物返还请求权。例如,遗失物之拾得人,虽然拾得人未将遗失物交送有关机关而据为己有,但此种侵占非本条所规定的情形。拾得人将遗失物据为己有的行为,并非失主丧失占有的直接原因(失主最初丧失对物的占有,可能是由于疏忽大意遗忘物品等),因此失主对于拾得人不得依占有物返还请求权为据提起诉讼,而应依其所有权人的地位提请行使返还原物请求权。

(2)占有妨害排除请求权。

占有被他人妨害时,占有人得请求妨害人除去妨害。妨害除去请求权的相对人,为妨害占有的人。数人相继为妨害的,以现为妨害的人为请求权的相对人;继续妨害的,占有人可请求相对人停止妨害;一次妨害的,占有人可请求相对人除去妨害。排除妨害的费用应由妨害人负担。占有人自行除去妨害的,其费用可依无因管理的规定向相对人请求偿还。

(3)占有危险消除请求权。

危险消除请求权中的危险,应为具体的事实的危险;对于一般抽象的危险,法律不加以保护。具体的事实的危险,指其所用的方法,使外界感知对占有的妨害。例如,违反建筑规则建设高危建筑、接近邻地开掘地窖等,而产生对邻地的危险。需要说明的两点是:首先,危险消除请求权中的危险,必须持续存在;请求权行使之时危险已经消失的,不得请求防止。其次,必须有客观的产生危险的事实;被请求人有无故意或者过失,法律在所不问。

占有虽非一种权利,但也属法律所保护的一种财产利益,不受他人非法的任意侵害。侵害占有的,应负侵权的损害赔偿责任。侵害占有可能发生的损害主要有:(1)使用收益的损害,即占有人不能使用收益占有物而生的损害;(2)支出费用的损害,即占有人对占有物支出费用,本可向物的权利人请求偿还,却因该物被侵夺而毁损灭失不能求偿;(3)责任损害,即占有人因占有物被第三人侵夺而发生毁损灭失后,从而产生对物的权利人的损害赔偿责任。

2. 占有人返还原物请求权的行使期间。

《物权法》第245条第2款规定,占有人返还原物请求权,自侵占发生之日起一年内未行使的,该请求权消灭。这里需要说明两个问题。

首先,占有保护请求权中的妨害排除请求权和危险消除请求权,原则上同妨害或者危险的持续状态紧密相连。如果妨害已经消失或者危险已经不存在,自然没有排除妨害或者消除危险请求权提请的必要;如果此种妨害或者危险造成了实际的损害,占有人当然可以提起损害赔偿请求权,而此项损害赔偿请求权应当受两年普通诉讼时效的限制;如果妨害或者危险持续发生,那么此项排除妨害或者消除危险的请求权自然没有受时效限制的道理。

其次,占有人返还原物请求权可因一定期间内不行使而消灭。从占有保护制度的设立目的和实际功能上讲,此项期间设为除斥期间更妥。其理由在于消灭时效可因事实而中断或者中止,而且它以受侵害人知道或者应当知道受侵害之时开始起算,如果按照消灭时效来规定,此项期间可能远比一年要长,那么将使权利处于长期不稳定的状态。并且通常情况下,占有物返还请求权因除斥期间经过而未行使的,占有人如果对物享有其他实体权利(如所有权),自然可以依照其实体权利提出返还请求,因此也没有必要规定更长的期间进行保护。

第三章　债权

第一节　债的概述

一、债的概念与特征

(一)债的概念

债,是指特定当事人之间的一种民事法律关系。《民法通则》第 84 条第 1 款规定:"债是按照合同的约定或者依照法律的规定,在当事人之间产生的特定的权利和义务关系。"可见,我国民事立法是把债作为特定当事人之间的一种民事法律关系予以规范的。进一步说,民法上的债,泛指某种特定的权利和义务关系。在这种民事法律关系中,一方享有请求他方为一定行为或不为一定行为的权利,而他方则负有满足该项请求的义务。例如,在买卖关系中,买受人有请求出卖人依约交付出卖物归其所有的权利,而出卖人则相应地负有将出卖物交付买受人归其所有的义务。在债的法律关系中,享有权利的一方称债权人,负有义务的一方称债务人。生活中的各种合同关系、致人损害而引起的赔偿关系等,都是特定当事人之间的一种民事法律关系,因而都是债的关系。

民法上的债不同于民间所称的债。后者仅指债务,且一般专指金钱债务。现代民法中债的概念既指债务,也包括债权,是债权和债务的结合。

(二)债的特征

传统民法中的债包括四项基本制度,即合同、侵权损害、不当得利和无因管理。尽管这四项制度的具体内容和构成要件、社会功能、指导原则等各不相同,但都产生相同的法律效果,即一方当事人有权向另一方当事人请求其为特定行为,形成债的法律关系。

概括起来,债的特征可表述为如下几个方面:

1. 债是一种财产法律关系

民事法律关系可分为人身关系与财产关系两大类,债的关系属于财产关系,债权属于财产权。财产关系,是指能以而且应当以货币加以衡量和评价的社会关系。换言之,债是具有直接的经济利益内容的法律关系,债的主体是为了这种经济上的利益才参与到债的关系中来的。所以,民法的等价有偿原则在债的关系中表现得最为充分,而债的制度也就成为调整经济关系的基本法律制度。同时,债反映的财产关系是动态的财产关系,即财产流转关系,也就是财产由一个主体移转给另一个主体的关系。这也是债与物权的主要区别,物权反映的是静态的财产关系,即财产的归属、利用关系。

2. 债是特定的当事人之间的法律关系

债的当事人即债的主体包括债权人和债务人,前者享有权利,后者承担义务,主体双方都是特定的。债权人的权利原则上只对债务人发生效力,而债务人也仅对债权人负担义务。例如,甲与乙签订一项家具买卖合同,甲为出卖人,乙为买受人。就交付家具而言,甲为债务人,乙为债权人;就支付家具价款而言,甲为债权人,乙为债务人。乙只能请求甲交付家具,甲只能请求乙支付价款。换言之,在债的关系中,债权人和债务人都是特定的,所以民法理论上将债称为相对的法律关系,将债权称为对人权和相对权,这也是债权与物权的不同之处。

3. 债是以特定行为(给付)为客体的法律关系

债的客体,是指债权和债务共同指向的对象,也称为债的标的。因为债的本质是债权人得请求债务人为特定行为,所以债的客体就是债权人得请求债务人实施的行为,行为就是债权债务的载体。作为债的客体的行为在民法理论上称为"给付",它是债法上特有的抽象概念,包括诸如支付金钱、交付货物、提供劳务、完成工作、转移权利等各种由债务人所实施的特定行为。

二、债的分类

1. 意定之债与法定之债

根据债的设定及其内容是否允许当事人以自由意思决定,债可以分为意定之债与法定之债。意定之债,是指债的发生及其内容由当事人依其自由意思决定的债。合同之债和单方允诺之债均为意定之债。法定之债,是指债的发生及其内容均由法律予以规定的债。侵权行为之债、无因管理之债和不当得利之债均属法定之债。

区分意定之债与法定之债的意义在于,前者贯彻意思自治原则,在债的客体、内容及债务不履行的责任等方面均可由当事人约定;而后者,债的发生及效力均由法律规定。

2. 特定物之债与种类物之债

根据债的标的物的不同属性,债可划分为特定物之债和种类物之债。以特定物为标的的债称为特定物之债,以种类物为标的的债称为种类物之债。在前者,债发生时,其标的物即已特定化;在后者,债成立时其标的物尚未特定化,甚至尚不存在,当事人仅就其种类、数量、质量、规格或型号等达成协议。

区分特定物之债与种类物之债的意义在于:其一,特定物之债,除非债务履行前标的物已灭失,债务人不得以其他标的物代为履行,而种类物之债则无此问题;其二,在法律规定或当事人约定的情况下,特定物之债标的物的所有权可自债成立时发生转移,标的物意外灭失的风险随之转移,而种类物之债标的物的所有权及其意外灭失风险则自交付时起转移。

3. 简单之债与选择之债

根据债的标的有无选择性,债可分为简单之债和选择之债。简单之债,是指债的履行标的只有一种,债务人只能按照该种标的履行,债权人也只能请求债务人按该种标的履行的债。选择之债,是指债的履行标的有数种,债务人可从中选择其一履行或债权人可选择其一请求债务人履行的债。二者的主要区别在于,简单之债的标的无可选择,而选择之债则可在数个标的中选择履行。

4. 按份之债与连带之债

对于多数人之债,根据多数一方当事人之间权利义务关系的不同状态,可分为按份之债和连带之债。

按份之债,是指债的多数人一方当事人各自按照确定的份额享有权利或者承担义务的债。其中,债权人为两人以上,各自按照确定的份额分享权利的,称为按份债权;债务人为两人以上,各自按照确定的份额分担义务的,称为按份债务。在按份债权中,各个债权人只能就自己享有的债权份额请求债务人给付和接受给付,无权请求和接受债务人的全部给付;在按份债务中,各债务人只对自己分担的债务额负责清偿,无须向债权人清偿全部债务。

连带之债,是指债的多数人一方当事人之间有连带关系的债。所谓连带关系,是指对于当事人中一人发生效力的事项对于其他当事人同样发生效力。连带之债有连带债权和连带债务之分。在连带之债中,享有连带权利的每个债权人都有权要求债务人履行义务,负有连带义务的每个债务人都负有清偿全部债务的义务。履行了债务的连带债务人,有权要求其他连带债务人偿付其应当承担的份额。

区分按份之债和连带之债的主要意义在于二者的效力不同。在按份之债中,任一债权人接受了其应受份额义务的履行或任一债务人履行了其应负担份额的义务后,与其他债权人或债务人均不再发生任何权利义务关系。在连带之债中,连带债权人的任何一人接受了全部债务的履行,或者连带债务人的任何一人清偿全部债务时,虽然原债归于消灭,但在连带债权人或连带债务人内部会产生新的按份之债。

5. 单一之债与多数人之债

根据债的主体双方是单一的还是多数的,债可分为单一之债和多数人之债。单一之债,是指债的主体双方即债权人和债务人均为一人的债;多数人之债,是指债权人和债务人至少有一方为两人或两人以上的债。

区分单一之债和多数人之债,有助于准确地确定债的当事人之间的权利义务关系。在单一之债中,当事人之间的权利义务关系较为简单明了。多数人之债则既涉及债权人与债务人之间的权利义务关系,又涉及多数债权人之间或多数债务人之间的权利义务关系,其法律关系较为复杂。

6. 主债与从债

在存在从属关系的两个债中,根据其不同地位,可分为主债和从债。主债,是指能够独立存在,不以其他债的存在为前提的债。从债,是指不能独立存在,必须以主债的存在为存在前提的债。主债和从债是相互对应的,没有主债即不发生从债,没有从债也无所谓主债。主债与从债之分常见于设有担保的债中,被担保的债(如买卖合同、借贷合同之债)为主债,为担保该债而设之债(如保证合同、抵押合同之债)为从债。

三、债的发生原因

(一)合同

合同是平等主体的自然人、法人、其他组织之间设立、变更、终止民事权利义务关系的协议。

合同依法成立并生效后即在当事人之间依据合同的约定产生债权债务关系,因此合同是债的发生根据。基于合同所产生的债,称为合同之债。合同是债的最主要发生原因,在债法中占有举足轻重的地位。

(二)侵权行为

侵权行为,是指不法侵害他人的合法权益的行为。依法律规定,侵权行为发生后,加害人负有赔偿受害人损失的义务,受害人享有请求加害人赔偿损失的权利。这种特定主体之间的权利义务关系,即侵权行为之债。侵权行为之债是除合同之债之外的另一类较为常见的债,它由非法行为引起,依法律规定而产生,以损害赔偿为主要内容。

(三)无因管理

1. 无因管理的概念与性质

无因管理,是指没有法定的或约定的义务,为避免他人利益受损失为他人管理事务提供服务的行为。无因管理一经成立,在管理人和本人之间即发生债权债务关系,管理人有权请求本人偿还其因管理而支出的必要费用,本人有义务偿还,此即无因管理之债。

无因管理之债与合同之债一样,都是因合法行为而发生的,二者的根本区别在于合同之债为意定之债,无因管理之债为法定之债。

作为债的发生根据的法律事实,无因管理属于合法的事实行为。其性质有三:

(1)无因管理与人的意志有关,不属于事件,而属于行为。

(2)因为无因管理的管理人并不是以发生一定民事法律后果为目的而实施管理行为,并不以行为人的意思表示为要素。因此,无因管理不属于意思行为或表意行为,而属于事实行为。

(3)无因管理是一种合法行为。事实行为有合法的,也有不合法的,无因管理属于合法的事实行为。

2. 无因管理的构成条件

无因管理的构成条件有三个:

第一,管理他人事务。

所谓管理他人事务即为他人进行管理或服务,这是构成无因管理的首要条件。管理事务是一种积极的作为,包括保存、利用、管领、改良、帮助、服务等形式,凡能避免他人利益受损或为他人谋利益的行为,均属于管理他人事务。这里的"事务"一词,范围较广,但下列几项事务除外:①不作为;②违法行为或违背社会公德的行为;③依照法律规定必须经本人授权才能实施的行为;④不能发生民事法律后果的纯道德或宗教上的一般生活事务。

同时,管理人所管理的事务,必须是他人的事务,如为他人修缮房屋,进行买卖等,而不能是管理自己的事务。至于是否为他人的事务,应从客观角度分析,而不能仅依主观臆断。

第二,须具有为他人利益管理的意思。

当事人管理他人事务,主观上应有为他人利益而进行管理的意思,我国《民法通则》规定,即"为避免他人利益受损失"。这里的避免利益受损失,既有现实利益的损失,也有期待利益的损失。因此,管理人在管理他人事务时,无论是为防止其现实利益的损失还是将来利益的损失,均是具有为他人利益管理的意思。例如,某甲为某商人乙保存货物A,六月份货物价格暴涨,即呈涨势,而此时乙正住院,甲将A货物卖掉,将价款交给乙。实际上,某甲的行为即为乙的利益而为其进行管理的情形。

第三,没有法定或约定的义务。

没有法定或约定的义务,是无因管理的必要条件。否则,即使是管理他人事务的行为,亦非无因管理。例如,父母对子女的监护行为,警察的救助行为等。管理人有无法律上的原因,应以其管理事务时的客观事实来确定。管理人原先有法律或约定的义务而后来消灭的,则自义务消灭时起的管理行为属无因管理。

3. 无因管理之债的内容

无因管理成立后,即在管理人与本人之间发生债权债务关系,这就是无因管理之债。无因管理之债发生于管理人开始管理时。管理人自开始管理他人事务即管理承担时起,就发生以对本人妥善管理为主义务的一系列义务,管理人在管理过程中及管理结束后,对本人也负有一定义务,如为计算报告义务、交付管理所得义务。作为管理人承担义务的对价,管理人也享有权利,如向本人要求支付费用、补偿损失、清偿因管理而发生的债务等。

第一,管理人的义务。

(1)适当管理的义务。这是管理人的主要义务。管理人自管理承担时起,就应依本人明示或可推知的意思,以利于本人的方法为管理。本人就事务管理的意思曾作出明确表示的,管理人应依据本人的明示进行管理,该明示不必向管理人作出,也无须以何种特定方式作出,只要管理人知悉,就应依其意思处理事务。本人明示的意思违反社会公共利益或善良风俗的(如对应纳税款不予交纳)管理人出于维护公共目的,而违反本人意思为管理,仍为适当管理。本人对自己事务处理所表示的意思与本人真正利益冲突,管理人于管理开始后如有继续管理的必要时,依真正利益为管理,为适当管理。依本人可推知的意思进行管理,并非完全依本人的主观意思,而应依社会一般观念判定,凡对事务的管理方法在通常情况下符合事务所有人利益,则可认定不违反本人的意思。所谓以利于本人的方法,也应依具体情况确定,而不是以管理人或本人主观意思为标准。对于以上义务的履行,管理人应以善良管理人的注意义务为之。管理人是否尽到善良管理人应尽的注意义务,应结合管理人的管理能力或水平、管理事务性质、社会通常管理常识综合判断,如果管理人因未尽善良管理人的注意义务而违反了适当管理义务,造成了本人的损害,管理人应承担债务不履行的损害赔偿责任。但是,如果管理人所管理事务处于紧迫状态,不迅速处理就会使本人遭受损失时,管理人除有恶意或重大过失外,对不适当管理,不应承担责任,如救助遭遇车祸的人,非因恶意或重大过失致其随身物品遗失,对此管理人不负赔偿责任。

(2)管理开始时通知本人的义务。管理人在管理开始时,应将开始管理的事实通知他人。管理人的这一通知义务以能通知为限,如果管理人无法通知(如不知本人为何人或不知本人地址),则不负通知义务。本人已知悉管理人的管理时,管理人也免负该义务。

(3)继续管理的义务。管理人于本人、本人的继承人或法定代理人得以进行管理前,应继续管理,这就是继续管理义务。《民法通则》并未明确规定管理人的继续管理义务,但通说认为,管理人一般不负继续管理的义务,但于管理开始后如其停止管理较之不开始管理对本人更为不利,管理人有继续管理的义务;本人或其继承人、代理人可以进行管理的,或继续管理对本人不利时,管理人即可停止管理。

(4)报告及计算的义务。管理人在开始管理后应及时地将管理的有关情况报告给本人,管理事务结束后,应明确地向本人报告管理事务的始末。管理人因管理事务所收取的金钱、物品及其孳息应交付本人,以自己名义取得的权利应移转给本人。

第二,管理人的权利。

管理人的权利,因管理人的开始管理即管理的承担是否利于本人并不违反本人明知或可推知的意思而有所不同。管理的承担利于本人,并且不违反本人明示或可推知的意思时,管理人的权利为:

(1)请求偿还必要费用的权利。管理人为管理本人事务而支出的必要费用,本人应当予以偿还,并应同时偿还自支出时起的利息。必要费用是依支出时的客观情况来判定的,支出时为必要,纵因其后情况发生变化,费用的支出变为不必要,该支出的费用仍属必要,本人的偿还范围不应缩小。

(2)请求清偿必要债务的权利。管理人为管理事务,而以自己名义向第三人负担的必要债务,管理人有权要求本人清偿。在此种场合,本人并不直接向第三人负担债务,第三人的债务人仍是管理人,本人向第三人清偿的,适用代为清偿或债务承担的规定。如果管理人以本人名义向第三人负债,则发生无权代理。此时如果本人承认无权代理行为,管理人与第三人所为行为的效果直接归属于本人,由本人对第三人清偿,免除管理人的债务,如果本人不承认无权代理行为,则管理人也可以请求本人清偿其因向第三人清偿支出的金钱。

(3)损害赔偿的请求权。管理人因管理事务受有损害的,得向本人请求损害赔偿。该项损害赔偿请求权以损害与管理事务之间有相当因果关系为成立要件,如管理人因救火而受伤支出的医药费,得请求本人赔偿。管理人对损害发生有过失的,可以适当减轻本人的赔偿责任。

管理人享有的以上请求权,不以本人因管理人的管理行为所受的利益范围为限,管理人管理事务的结果即使对本人无任何利益,本人仍对管理人负有以上义务。

管理的承担不利于本人、违反本人明示或可推知的意思时,只有当本人向管理人主张无因管理的利益时,管理人才享有上列权利,且以本人所受利益范围为限。

我国民法对管理人权利义务的规定较为简单,《民法通则》仅在第93条规定,管理人有权要求受益人偿付由此而支付的必要费用。依最高人民法院司法解释,必要费用包括在管理或者服务活动中直接支出的费用,以及在该活动中受到的实际损失。这一解释实际上是将管理人的权利范围扩大到包含以上三项请求权。

第三,赔偿责任。

管理人未履行或不适当履行义务,对本人造成损害的,应向本人承担债务不履行的责任。该责任的承担以管理人主观上有过错(故意或过失)为要件,但为免除本人生命、身体或财产上的急迫危险时,对本人造成的损害,管理人仅于具有恶意或重大过失时,始负赔偿责任。

管理人在管理过程中因故意或过失侵害本人其他合法权益的,应对本人负损害赔偿责任,这种损害赔偿责任在性质上是侵权责任。管理人的侵权行为发生在管理行为过程中,与管理行为相关联,侵害对象是无因管理利益以外的本人的其他合法权益。

管理人的管理承担不利于本人、违反本人明示或可推知的意思,通常也构成侵权行为。本人可以对管理人依据无因管理主张管理利益返还,也可以对管理人主张侵权损害赔偿责任。

(四)不当得利

1. 不当得利的概念及构成条件

不当得利,是指没有合法根据而获得利益并使他人利益遭受损失的事实。依法律规定,取得不当利益的一方应将所获利益返还于受损失的一方,双方因此形成债权债务关系,即不当得利之债。

不当得利的构成条件:

(1)取得财产上的利益,即指因一定的事实使总财产有所增加或避免减少。不当得利须以一方当事人取得财产利益为首要条件,若一方财产受损害而相对人并没有获得利益,则不构成不当得利。所谓取得财产利益,在形态上,包括财产的积极增加,如取得所有权、用益物权或知识产权等,也包括财产的消极增加,即财产应减少而未减少,如债务未经清偿而消灭等。取得财产利益,可以是行为,包括受益人的行为、受害人的行为,甚至第三人的行为,也可以是自然事实。

(2)致他人受损失,即因一定的事实发生,使利益所有人的财产总额减少,恰与利益取得人的财产状况相反。若受益人取得利益并未使他人受损,"利己而不损人"时,当然也不构成不当得利。在受损失的形态上,与取得的利益相对应,包括既存的财产的减少,或可增加的财产未增加两种形态。

(3)取得之利益与所受损失间有因果关系,即受损失是取得利益所致,两者之间有因果关系,取得利益是因,受损失是果。因果关系有多种学说,通说认为,适用于不当得利之因果关系,是一般社会观念认可的牵连关系,而非取得利益与受损失之间有必然因果关系。在所取得的利益与所受的损失不一致时,利益小于损失的,以利益为准;利益大于损失的,以损失为准,但超出损失的利益，在扣缴劳务及管理费后，由法院收缴。

(4)没有法律上的根据，即取得利益无法律上的根据，若有法律上的根据，即使相对人受损失，也不构成不当得利。无法律上的根据，包括自始无根据及取得利益是有根据的，但之后该根据被消灭两种形态。没有法律上的根据之"法律"，不仅指民法、商法等私法，也包括公法。

2.不当得利的基本类型

不当得利以受益人是否知情为标准可分为善意不当得利和恶意不当得利。

受益人取得利益时不知其受益无合法根据是善意不当得利，反之，则为恶意不当得利。

不当得利依据不同标准可以作不同划分，最基本的划分是依据不当得利是否基于给付行为而发生，将其分为给付不当得利与非给付不当得利。

3.不当得利之债的内容

不当得利之债的基本内容是受损人取得的不当得利返还请求权。如果受益人的利益超过了受损者的损失，受益人只在损失的限度内，负返还义务；如果受益人的利益较受损者损失小，受益人也只于受益的限度内负返还义务，但受益人主观上为恶意的，受损者得请求损害赔偿。受益人的返还范围因其善意或者恶意而有所不同。

4.不当得利之债的处理

受益人在得知自己的受益没有合法根据或得知合法根据已经丧失后，有义务将已得的不当利益返还受害人。

返还不当得利的方法有二：

(1)原物返还，即当原物尚存时，应返还原物。

(2)作价返还，即如果原物已不存在，则可作价偿还。

返还不当得利，除返还原来所取得的利益外，由此利益所产生的孳息也应一并返还，不当得利，是指没有合法根据使他人受到损失，而自己获得利益的行为引起的一种事实状态，因不当得利而产生的当事人之间的权利义务关系，就是不当得利之债，其中取得不当利益的人叫受益人，是不当得利之债的债务人，负有返还不当得利的债务。财产受损失的叫受害人，是不当得利之债的债权人，享有请求受益人返还不当利益的债权。不当得利是引起债权债务关系发生的一种法律事实，因其引起此债完全是基于法律的规定，而不是基于当事人的意思表示，所以不当得利作为债的发生根据之一只能是事件而不是民事法律行为。

利益获得方返还不当得利的范围受受益人是善意还是恶意的影响，可分为以下三种情况：

(1)受益人为善意，即在取得利益时不知道没有合法根据其返还利益的范围以利益存在的部分为限，如果利益已经不存在，则不负返还义务。所谓现存部分，不应该只限于原物或原物的固有形态，如形态已改变，其财产价值仍存在或可代偿，仍属于尚存部分。

(2)受益人为恶意，即在取得利益时明知道没有合法根据，其返还利益的范围应是受益人取得利益时的数额，即使该利益在返还时已经减少甚至不复存在也不能免除其返还义务。

(3)受益方在取得利益时为善意、嗣后为恶意的，其返还范围应以恶意开始时存在的利益为准。

四、债的保全

(一)债的保全的概念

债的保全，又叫责任财产的保全、债的一般担保，是指法律为防止因债务人的财产不当减少给债权人的债权带来危害，允许债权人代债务人之位向第三人行使债务人的权利，或者请求法院撤销债务人与第三人的民事行为的法律制度。

其中,债权人代债务人之位,以自己的名义向第三人行使债务人权利的法律制度,叫做债权人的代位权制度。债权人请求法院撤销债务人与第三人的民事行为的制度,称为债权人的撤销权。因此,债的保全包括债权人的代位权和债权人的撤销权。

(二)债权人的代位权

1.债权人的代位权的概念

债权人的代位权,是指当债务人怠于行使其对第三人享有的权利而害及债权人的债权时,债权人为保全自己的债权,可以自己的名义代为行使债务人对第三人的权利之权。

2.债权人的代位权的成立条件

债权人的代位权虽为债权人固有的权利,但也须具备一定的条件才能成立。债权人代位权的成立条件有以下几项:

第一,债权人与债务人之间须有合法的债权债务关系存在。

合法的债权债务关系的存在,是代位权存在的基础。如果债权债务关系并不成立,或被撤销、被宣告无效、被解除等,债权也不存在,债权人自然不应该享有代位权。

第二,债务人享有对于第三人的权利。

债务人对于第三人的权利,为债权人的代位权的标的。由于代位权的行使必须以债务人对第三人享有一定的权利为前提,如果债务人不享有一定的权利,债权人也就不能代位行使。这里涉及债权人代位权的客体问题,也就是说,哪些权利可以由债权人代位行使。一般来说,可以由债权人代位行使的权利应具有如下特点:

(1)必须是债务人实际享有的权利。具体包括:①到期债权。例如,合同债权、不当得利返还请求权、基于无因管理而产生的偿还请求权等。②物权及物上请求权,以财产利益为目的的形成权,损害赔偿请求权,抵销权,让与权,清偿受领权等。③主要为财产上的利益而承认的权利。例如,对重大误解等民事行为的变更或撤销权。④诉讼上的权利。例如,代位提起诉讼,申请强制执行等。对于债务人已经丧失的权利或者债务人尚未实际享有的权利(如期待权),不宜作为代位权的客体。

(2)必须是非专属于债务人本身的权利。根据《合同法》第73条第1款规定,因债务人怠于行使其到期债权,对债权人造成损害的,债权人可以向人民法院请求以自己的名义代位行使债务人的债权,但该债权专属于债务人自身的除外。是指基于抚养关系、扶养关系、赡养关系、继承关系产生的给付请求权和劳动报酬、退休金、养老金、抚恤金、安置费、人寿保险、人身伤害赔偿请求权等具有人身关系的权利。这些权利只能由债务人亲自行使,而不能由债权人代位行使。

(3)债务人的权利主要是金钱债权,还包括其他权利。例如,所有物返还请求权、债务人对他人享有的担保物权、优先权等(《合同法》第73条)。应当指出的是,物权,特别是所有权因其本身属于债务人的财产,债权人可直接请求法院予以强制执行,而不必行使代位权。

(4)债务人的权利必须是可以依法请求的权利。如果该种权利本身应被确认为无效或被撤销,或权利本身根本不存在,债权人自然不能行使代位权。对于债务人已经处分的权利,不适用代位权。当然,如果债务人在处分其权利时有不当行为,且构成对债权人债权的重大损害,则债权人可以行使撤销权,要求撤销此种处分行为。

第三,债务人怠于行使其权利。

所谓"怠于行使权利",是指应行使并且能行使而不行使其权利。所谓"应行使",是指若不于其时行使,则权利将有消灭或丧失的可能。例如,在时效期间内不行使债务履行请求权;在破产债权申报期内,不申报破产债权等。所谓"能行使",是指不存在行使权利的任何障碍,债务人在客观上有能力行使其权利。所谓"不行使",即消极地不作为。至于债务人不行使权利是否有过错,有无其他原因,是否经债权人催告,均在所不问。

第四,债务人已陷于迟延。

所谓债务人已陷于迟延,是指债务人于履行债务的期限届满而未履行债务。债务人已陷于迟延,而怠于行使其权利,且又无资力清偿其债务,则债权人的债权已经面临不能实现的现实危险,此时,债权人应行使代位权。若债务人的债务履行期未届至,或者到履行期但履行期限未届满,则债务人是否能履行债务尚不确定,债权人的债权是否有不受清偿的可能尚不清楚,那么债权人自不能代位行使债务人的权利。若在此种情况下,允许债权人行使代位权,则对于债务人的干预实属过分。

第五,有保全债权的必要。

债权人的债权具有不能实现的危险,才能行使代位权。

3. 债权人的代位权的行使

(1)代位权的行使主体是债权人。

债务人的各债权人在符合法律规定的条件下,均可以行使代位权。当然,如果一个债权人已就某项债权行使了代位权,其他债权人则不得就该项权利再行使代位权。否则,将遭到债务人的义务人即次债务人的拒绝。

(2)债权人应以自己的名义向次债务人行使代位权。

债权人在行使代位权的过程中,应以自己的名义而不能以债务人的名义行使代位权。这一点将它与代理区分开来了。债权人只能向次债务人行使代位权,也就是说,债权人作为原告,应以次债务人为被告,而将债务人作为第三人。因为代位诉讼并非解决债权人与债务人之间的纠纷,而主要解决的是债权人的代位权问题,代位权主要涉及的是与次债务人之间的关系。

(3)债权人行使代位权,必须尽到善良管理人的注意。

如果未尽到该注意义务,而该债务人造成损失,则应负损害赔偿责任。

(4)债权人行使代位权所获得的利益均归属于债务人。

由于债权人行使代位权,只是代债务人行使权利,而不能处分债务人的权利。如果允许债权人可以随意处分债务人的权利,不仅将极大地损害债务人乃至次债务人的权利,而且会造成对交易秩序的破坏。因此,债权人代替债务人行使权利所获得的一切利益均归属于债务人。在行使代位权的过程中,债权人也不得请求次债务人直接向自己履行义务,而只能请求次债务人向债务人履行义务。因为次债务人与债权人之间并没有债的关系,他也不对债权人负给付义务,债权人也无受领清偿的权利和义务。因此,债权人在行使代位权以后,次债务人应向债务人清偿的财产,首先应缴付债务人,作为债务人的责任财产;然后才能用于清偿债权人的债权。这里涉及一个值得探讨的问题,即债权人行使代位权以后,是否可以就通过行使代位权所得到的给付而优先受偿,甚至在次债务人自愿向债权人作出给付的情况下优先受偿?我们认为,代位权行使的目的旨在保持债务人的财产,而债务人的财产则是对所有的债权人的债权的担保。各个债权人不管是否行使代位权,都依据债权平等原则,有权就债务人的财产平等受偿。如果允许行使代位权的债权人优先受偿,将使债权在性质上转化为物权。这样,既不符合债权的性质,也会损害其他未行使代位权的债权人的利益。

(5)债权人代位权行使的范围,应以保全债权人债权的必要为限度,即以债权人的债权为限。

若债务人享有数项权利时,债权人就某一项权利行使代位权已可满足清偿其债权的需要,则不得再对债务人的其他权利行使代位权。

(6)债权人行使代位权的形式。

对债权人行使代位权的形式,国外采用了两种方式,即裁判方式和直接行使的方式。我国一些学者主张允许债权人采取直接行使的方式。

我们认为,从我国的实际情况出发,不宜采取债权人直接行使的方式。理由是,一方面,只有通过裁判方式,才能保证某个债权人行使代位权所获得的利益能够在各个债权人之间平均分配;另一方面,只有通过法院裁判的方式,才能防止债权人滥用代位权且随意处分债务人的权利或将债务人的权利用以充抵自己的债权,同时也能够有效地防止债权人与其他未行使代位权的债权人、债务人与次债务人之间因代位权的行使而产生的各种不必要的纠纷。

4. 债权人的代位权行使的效力

第一,对债务人的效力。

债权人的代位权的行使,会对债务人产生两方面的效力:

(1)代位权行使的直接效果应归属于债务人。

虽有观点认为,行使代位权所取得的财产直接由债权人优先受偿,但这违反债权平等原则,损害共同债权人的合法权益。所以,债权人的代位权行使的效果应直接归属于债务人。

(2)债务人的处分权应受到限制。

当债务人的某项权利被债权人代位行使,则债务人对该项权利是否可作出处分,学者有不同的观点。一种观点认为,代位权的行使并非强制执行,代位权行使后,债务人的处分权不因此而受到限制;另一种观点认为,代位权行使后,债务人的处分权应该受到限制。如果不受限制,债务人仍可抛弃、让与权利,则代位权制度等于虚设。我们认为,一旦法院通过裁判允许债权人行使代位权,则债务人不能就其被债权人代位行使的权利作出处分,也不得妨碍债权人代位权的行使。否则,代位权根本不能得到行使,债权更得不到保障。

第二,对次债务人的效力。

(1)债权人行使代位权,一般不影响次债务人的权利和利益。债务人对第三人的权利,无论是自己行使,还是由债权人代位行使,对于第三人的法律地位及其利益均无影响。因为无论债权人是否行使代位权,第三人总改变不了债务人的地位;即使债权人不行使代位权,他也要履行其应尽的义务。

(2)抗辩权的行使。在债权人行使代位权时,第三人对债务人所享有的一切抗辩权(如同时履行抗辩权、诉讼时效届满的抗辩权等),均可以用来对抗债权人。需要指出的是,在债权人行使代位权时,次债务人不能以债权人与其无债的关系为由,拒绝履行自己的义务,而必须应债权人的请求及时向债务人履行。否则,它既构成对债权人的代位权的妨害,同时因其到期不履行债务,也构成对债务人的违约,应承担违约责任。

第三,对债权人的效力。

代位权的行使,对债权人本身也会产生一定的效力。具体表现在:

(1)必要费用返还请求权。根据《合同法》第73条第2款之规定,债权人行使代位权的必要费用,由债务人负担。最高人民法院《关于适用〈中华人民共和国合同法〉若干问题的解释(一)》第19条规定,"在代位权诉讼中,债权人胜诉的,诉讼费由次债务人负担,从实现的债权中优先支付"。据此,债权人行使代位权的必要费用可以向债务人和次债务人请求返还。其中,诉讼费由次债务人予以返还,其他费用(包括律师费、差旅费)由债务人予以返还。

(2)代债务人受领权。如果次债务人向债务人履行债务,债务人拒绝受领,则债权人有权代债务人受领。但是,在受领以后,应当将财产返还给债务人,不能独占该财产并用该财产充抵自己的债权。债权人向次债务人提起的代位权诉讼,经人民法院审理后认定代位权成立的,由次债务人向债权人履行清偿义务。债权人与债务人、债务人与次债务人之间的相应的债权债务关系归于消灭。

(三)债权人的撤销权

1. 债权人的撤销权的概念

债权人的撤销权,又称废罢诉权或撤销诉权,是指债权人对于债务人所为的危害债权的行为可请求人民法院予以撤销的权利。

在债务人放弃其到期债权或者无偿转让财产或者以明显不合理的低价转让财产,对债权人造成损害,并且受让人知道该情形的,债权人可以请求人民法院撤销债务人的行为。由于撤销权的行使必须依一定的诉讼程序进行,所以又称为废罢诉权或撤销诉权。

2. 债权人的撤销权的成立要件

债权人的撤销权的成立要件,因债务人的行为是否有偿而有所不同。

(1)有偿行为场合的构成要件。

在有偿行为的场合,必须同时具备客观要件和主观要件,债权人才能行使撤销权。

第一,客观要件——债务人实施了有害于债权的行为。

从客观要件上说,必须是债务人实施了一定的有害于债权人债权的行为,才能使债权人行使撤销权。具体说来,客观要件应包括:

其一,债务人实施了一定的处分财产的行为。这里的"处分"限于法律上的处分。根据我国《合同法》第74条的规定,债务人的处分行为包括三种:①放弃到期债权。所谓"放弃",是指单方面免除了其债务人的债务。②无偿转让财产,即将财产赠与第三人,③以明显不合理的低价转让财产。在这种情况下,债务人的处分财产的行为减少了债务人的责任财产,严重地损害了债权人的债权,因此,债权人可以行使撤销权。

其二,债务人的处分财产的行为已经发生法律效力。债权人之所以要行使撤销权,是因为债务人处分财产的行为已经生效,财产将要或已经发生了转移。如果债务人的行为并没有成立和生效,或者属于法律上当然无效的行为(如债务人与第三人恶意串通隐匿财产),或该行为已经被宣告无效等,都不必由债权人行使撤销权。对债务人与第三人实施的无效行为,债权人可基于无效制度请求法院宣告该行为无效。如果债务人与第三人以损害债权人为目的,恶意串通,且客观上此种行为侵害了债权人的债权,则债权人有权对该第三人提起侵害债权之诉。

其三,债务人处分财产的行为已损害债权。根据《合同法》第74条,无论是债务人放弃到期债权或者无偿转让财产,还是债务人以明显不合理的低价转让财产,都必须是对债权人造成损害。所谓"对债权人造成损害",是指由于债务人实施的处分财产的行为,已经或将要极大地减少债务人的责任财产,致使债权人的债权难以实现或根本不能实现。

第二,主观要件——债务人或次债务人的主观恶意。

从主观要件上说,债权人行使撤销权须债务人实施处分行为或债务人与第三人实施民事行为时,具有主观恶意。对有偿的处分行为的撤销,必须以债务人及其第三人在交易行为时都具有加害于债权人的恶意为要件。仅仅一方为恶意,另一方为善意,不能发生撤销的后果。

问题的关键是如何认定债务人与第三人的恶意。

其一,关于债务人的恶意。

对债务人的恶意的认定,存在观念主义和意思主义两种主张。观念主义认为,债务人的恶意是指债务人对其处分财产的行为可能造成履行无资力,从而有害于债权的后果具有一定的认识。意思主义认为,债务人的恶意是指债务人对其处分财产的行为不仅要有一定的认识,而且主观上要有诈害他人的意思。

我们认为,观念主义更为可取。只要债务人知道处分财产的行为将导致其无资力清偿债务,从而有害于债权人的债权,却仍然实施此种行为,已足以表明债务人具有恶意,不必要求债务人具有诈害他人的意思。一般来说,认定债务人的恶意应以其实施行为之时为准。如果在实施一定行为时并无恶意,而在以后才有恶意,该行为也不应予以撤销。

其二,关于第三人的恶意。

第三人,是指与债务人发生交易行为的相对人或从该相对人处取得权利和利益的人。在法国法中,把从该相对人处取得权利和利益的人称为转得人,在德国法中称为权利转受人。我国学者一般将其称为转得人。

第三人的恶意,通常是指第三人在取得一定财产或获取一定财产利益时,已经知道债务人所实施的处分财产的行为有害于债权人的债权,也就是说已经认识到了该行为对债权的损害的性质。我国《合同法》第74条第1款规定,"债务人以明显不合理的低价转让财产,对债权人造成损害,并且受让人知道该情形的,债权人也可以请求人民法院撤销债务人的行为"。

在转得人具有恶意时,如何对转得人行使撤销权?我们认为,对转得人是很难直接行使撤销权的。一般情况下,如果转得人具有恶意,则债权人在撤销了债务人与相对人的民事行为以后,可以请求恶意转得人返还财产。若转得人基于善意而取得财产,转得人以善意取得制度而取得财产,债权人不得请求转得人返还财产而只能请求相对人赔偿损失。

(2)无偿行为场合的构成要件。

在无偿行为场合,只须具备客观要件,债权人即可行使撤销权。如果债务人无偿处分其财产,或者虽为有偿,但明显低于市场价出售财产,那么根据许多国家的法律规定,则不必有主观要件存在就可予以撤销。因为撤销无偿行为仅仅只是受益人失去无偿所得的利益,并未损害其他的利益,因而法律应首先保护受到危害的债权人利益。

3.债权人的撤销权的行使

(1)撤销权要以诉讼的形式来行使。

撤销权须由享有撤销权的债权人以自己的名义向人民法院提起诉讼。债权人以自己的名义向人民法院提起诉讼,请求人民法院撤销债务人不当处分财产的行为。如果债权是连带债权,则所有的债权人可以共同行使撤销权,也可以由连带债权人中的一人提起诉讼。如果数个债权因同一债务人的行为受到损害,则各个债权人有权提起诉讼,请求撤销债务人的行为,但其请求的范围仅限于各自债权的保全范围。之所以要求以诉讼的形式行使,是因为撤销权对第三人利害关系重大,应由人民法院审查撤销权的主体是否合格以及撤销权是否成立,以避免债权人的撤销权滥用,达到债权人的撤销权制度的立法目的。

撤销之诉的被告究竟是债务人,还是与债务人发生交易行为的相对人以及转得人。我们认为,应视具体情况确定。第一,如果债务人实施的是单方行为(如单方免除债务等),则应以债务人为被告。第二,债务人与相对人通过合同行为移转了财产,则在原则上应以债务人和相对人为共同的被告。第三,如果债务人与相对人实施的处分财产行为只是达成协议,而尚未实际交付,应以债务人为被告,撤销其不当处分财产的行为。如果财产已经实际交付,相对人和转得人已经实际占有财产,则应将相对人和转得人列为共同的被告。

(2)债权人的撤销权应在一定的期限内行使。

关于该期限的性质,有的国家规定为诉讼时效,有的国家则规定为除斥期间。我们认为,债权人行使撤销权的期限应为除斥期间,超出该期限则消灭撤销权。该期限也不能像诉讼时效那样发生中止、中断和延长。我国《合同法》第75条规定:"撤销权自债权人知道或者应当知道撤销事由之日起一年内行使。自债务人的行为发生之日起五年内没有行使撤销权的,该撤销权消灭"。

（3）撤销权行使的范围。

撤销权行使的范围，即撤销的效力是及于债务人处分行为的全部财产，还是仅以保全债权的范围为限。我们认为，撤销的范围应仅及于债权保全的范围，对债务人不当处分财产的行为超出债权保全的必要的部分，不应发生撤销的效力。否则，势必不正当地干涉债务人正当行为的自由。例如，债务人分别从事多项处分其财产的行为，如果撤销其中一种即足以保全债权，就不应当对其他的处分财产行为特别是交易行为予以撤销。我国《合同法》第74条第2款规定，"撤销权的行使范围以债权人的债权为限"。

（4）债权人撤销权的费用承担问题。

我国《合同法》第74条第2款规定，"债权人行使撤销权的必要费用，由债务人负担。"具体来说，债权人提起撤销权诉讼所支付的律师代理费、差旅费等必要费用，应由债务人承担。第三人有过错的，也应适当分担。由债务人承担或由债务人与第三人分担的律师费、差旅费等必要费用超过国家规定标准的部分，人民法院不予支持。

4.债权人的撤销权行使的效力

债权人行使撤销权，其效力依判决的确立而产生，并对债权人、债务人、相对人或受益人均产生效力。同时，一经撤销，即从行为发生时起失去效力，因此，撤销可以发生溯及既往的效果。具体来说，撤销权的效力表现在以下几个方面：

（1）对债务人的效力。

债务人处分财产的行为一旦被撤销，则自始无效。如果债务人已与第三人签订买卖合同但尚未交付财产，则该合同因债务人的不当处分财产的行为被撤销而自始无效；如果已经交付财产，则应根据有偿或无偿及第三人是善意还是恶意的因素综合考虑，进而决定是否应撤销并返还财产。如果债务人处分行为被撤销，则债务人免除他人债务的行为，视为没有承担；为他人设定担保的行为，视为没有设定；让与财产的行为视为没有让与。

（2）对相对人和受益人的效力。

在债务人不当处分财产的行为被撤销后，如果财产已经为相对人和受益人占有或受益的，则他们应向撤销权人返还其财产和受益。如果原物不能返还，则应折价赔偿。有一种观点认为，撤销权的效力应仅及于债务人与债权人之间的关系，不能对相对人和受益人发生效力。我们认为，这一观点不妥。如不能对相对人和受益人生效，则在撤销以后不能请求相对人和受益人返还财产，这样不利于保护债权人的利益。当然，如果相对人和受益人在取得财产时出于善意，且支付了一定的代价，那么就不应撤销债务人与相对人之间的民事行为，因而也不发生返还问题。

（3）对债权人的效力。

在撤销债务人的行为以后，某一债权人取回的财产或利益，应作为一般债权人的共同担保，一般债权人对这些财产应平等受偿。

五、债的担保

（一）债的担保的概念与特征

1.债的担保的概念
债的担保，是指为促使债务人履行债务，保障债权人的债权得以实现的法律措施。

2.债的担保的特征。

（1）从属性。债的担保，在主债权人与担保人之间形成了担保债权。担保债权为从属于主债权的从权利。从债权以主债权的存在为前提条件，随主债的产生而产生，随主债的消灭而消灭,一般也随主债的变更而变更。当主债权得以实现时,担保债权自然消灭。

(2)补充性。担保合同一旦生效,就在主债关系基础上补充了某种权利义务,从而增强了债权人实现债权的可能性。这种可能性,在主债务人不依法履行义务时就表现出来。

(3)保障债权实现性。这是设定担保债权的意义所在。即使主债务人不能履行债务,被担保的债权一般也能实现。

(4)平等自愿性。债的担保的设立,是当事人平等协商的结果。

(二)保证

1. 保证的概念与特征

保证,是指保证人和债权人约定,当债务人不履行债务时,保证人按照约定履行债务或者承担责任的行为。

保证具有以下五个特征:

(1)保证具有从属性。

保证与所担保的债形成主从关系,保证之债是一种从债,保证合同是主合同的从合同,保证债务是主债务的从债务。保证的从属性主要表现在以下几个方面:

①保证的存在从属于主债。保证合同以主合同的有效存在为存在前提,保证债务以主债务的存在为存在前提。在一般情况下,保证合同的订立是以主合同的存在为基础和前提的,但在某些情况下,也可以先订立保证合同,而后订立主合同,但不论在何种情况下,只有主债务有效存在,保证债务才能有效存在。

②保证的范围与强度从属于主债。保证人与债权人可以协商保证人担保的债权范围,但双方约定保证债务的范围与强度不得大于或强于主债务。当事人约定的保证债务的范围与强度大于或强于主债务的,就减至主债务的限度。

③保证债权随主债权的转移而转移。债权人的保证债权从属于主债权,在保证期间债权人将主债权转让给第三人时,债权人对保证人的保证债权原则上也随同转移,保证人仍在原担保的范围内承担保证责任。但若当事人在保证合同中约定仅对特定的债权人承担保证责任或者债权人不得转让债权的,则主债权转让时保证债权不转移,保证人的保证责任消灭。

④保证债务随主债务人债务的存在而于保证期限内存在。保证是保证人对特定的债务人履行债务的信用所作出的担保,因而原则上仅随被保证的特定债务的存在而存在,主债务人转移主债务给第三人时,保证人的保证债务也随原主债务人债务的消灭而消灭。但保证人明确表示对主债务的转移承担保证责任时,保证人的保证债务不消灭,在此情况下,实际上保证人对受债务转移的新的债务人的债务履行提供担保。

⑤保证债务随主债务的消灭而消灭。主债因清偿等原因而消灭时,保证人债务的保证债务当然也随之消灭。

(2)保证具有相对独立性。

保证债务虽为主债务的从债务,依主债务的存在而存在,随主债务的消灭而消灭,但是保证合同是独立于主合同的单独合同,保证债务是独立于主债务的单独债务。

正因为保证具有相对独立性,保证债务并不是主债务的一部分,所以保证债务虽不能大于或强于主债务,但却可以与主债务不同。例如,保证人可就一部分债务成立保证;主债务不附条件的,保证债务可以附条件。主债务人与债权人之间诉讼的判决,其效力并不能当然地及于保证人,主债务人遭受败诉的判决时,保证人可于另一诉讼中以自己的证据证明主债务的不存在、无效、已消灭或者其他事由。基于保证合同而发生的抗辩权,主债务人不能享有,保证人可以独立地单独行使。债权人免除保证人的保证债务的,主债务人的债务并不能也随之消灭而仍然存在。保证合同无效的,主合同的效力不受影响。

(3)保证具有无偿性。

保证合同是无偿合同。在保证关系中,债权人享有保证债权,并不以偿付一定的代价为条件,保证人承担保证债务也不以从债权人取得一定代价为前提。当然,保证人愿意承担保证责任总是有一定原因的,有的可能因主债务人付给一定的报酬,但主债务人与保证人之间的关系并不能决定保证的性质。有的保证合同中债权人也可能允诺给主债务人或保证人一定的利益,但这并不是保证合同成立的必要条件,因此并不能影响保证的无偿性。

(4)保证具有单务性。

保证合同是单务合同,在保证之债中只有保证人一方负担义务即负有保证债务,而债权人一方原则上仅享有权利,而不负担义务。即使当事人约定债权人也负一定义务,如债权人应定期报告债务履行情况,债权人的义务与保证人的保证债务也不具有对待给付性质。所以,保证之债中,双方的权利义务并不具有对等性,并不发生义务的履行顺序问题。

(5)保证具有补充性。

保证债务不仅是对主债务的加强,而且是对主债务的一种补充。因为只有"当债务人不履行债务时",保证人才"按照约定履行债务或者承担责任",所以保证债务具有补充性。债权人要求保证人承担保证责任时,不仅要证明保证债务的存在,而且须证明主债务人未履行债务的事实。

2. 保证合同

保证合同,是指保证人和债权人达成的明确相互权利义务,当债务人不履行债务时,由保证人承担代为履行或连带责任的协议。保证合同主要包括以下几种情况:一是保证人与债权人订约作为保证合同成立的典型形式;二是保证人与债权人、主债务人共同订立合同;三是保证人单独出具保证书。

保证合同的当事人称为保证人和被保证人。根据担保法的规定,保证合同应当包括以下内容:

(1)被保证的主债权种类、数额。主债务的种类,是指债权人和债务人订立的主合同是何种类型的债务,是给付金钱债务、交付货物债务还是付出劳务的债务。主合同的数额是指主合同的标的额。

(2)债务人履行债务的期限。债务人履行债务的期限和保证人有着直接的关系。因此,债务人在合同规定的履行期限内不能履行债务时,保证人就要开始承担保证责任。

(3)保证的方式。担保法规定,保证方式分为一般保证和连带责任保证,连带责任保证要比一般保证的责任大,因此,保证的方式是保证人如何承担保证责任的重要问题,在订立保证合同时,应当对保证的方式作出明确规定。

(4)保证担保的范围。保证担保的范围,是指保证人对哪些债务承担保证责任。保证人可以在保证合同中约定保证的范围,明确是对主债务、主债务的利息、损害赔偿金、违约金以及实现债权的费用等内容的全部还是部分承担保证责任。

3. 保证方式

(1)一般保证。当事人在保证合同中约定,债务人不能履行债务时,由保证人承担保证责任的,为一般保证。一般保证的保证人在主合同纠纷未经审判或者仲裁,并就债务人财产依法强制执行仍不能履行债务前,对债权人可以拒绝承担保证责任。有下列情形之一的,保证人不得行使前款规定的权利:①债务人住所变更,致使债权人要求其履行债务发生重大困难;②人民法院受理债务人破产案件,中止执行程序的;③保证人以书面形式放弃前款规定的权利的。

(2)连带责任保证。当事人在保证合同中约定保证人与债务人对债务承担连带责任的,为连带责任保证。连带责任保证的债务人在主合同规定的债务履行期届满没有履行债务的,债权人可以要求债务人履行债务,也可以要求保证人在其保证范围内承担保证责任。

4. 保证担保的范围

保证担保的范围,亦即保证债务的范围,或称保证责任的范围。对此,《担保法》第 21 条规定,保证担保的范围包括主债权及利息、违约金、损害赔偿金和实现债权的费用。保证合同另有约定的,按照约定。当事人对保证担保的范围没有约定或者约定不明确的,保证人应当对全部债务承担责任。据此,保证担保的范围,首先依保证合同当事人的约定。如可以单就本金债权为保证,不保证利息;也可以仅就债权的一部分设定保证;还可以只保证缔结保证合同时已存在的债权,而不及后扩张的部分。基于保证的附从性,约定的保证担保的范围不得超出主债务的数额,否则,超出部分无效。

在当事人未约定保证担保的范围时,依《担保法》第 21 条的规定加以确定。包括主债权及利息、违约金、损害赔偿金和实现债权的费用。

5. 债权人与保证人的关系

(1)债权人的权利。债权人对保证人享有请求承担保证责任(履行保证债务)的权利。该权利的行使以主债务不履行为前提,以保证责任已届承担期为必要。在一般保证中,保证人有权主张先诉抗辩权,拒绝承担保证责任。在连带责任保证中,保证责任已届承担期,债权人请求保证人实际承担保证责任时,保证人无先诉抗辩权,但有主债务已适当履行或相应责任已经承担的抗辩权。

债权人请求保证人承担保证责任的期间,有约定时依约定;无约定时应自主债务履行期届至或届满之日始,至 6 个月届满时止。但在保证人有权行使先诉抗辩权的情况下,保证人不负迟延责任。

(2)保证人的权利。保证合同是单务、无偿合同,保证人对债权人不享有请求给付的权利,所享有的只是抗辩权或其他防御性的权利。具体包括:

第一,主张债务人权利的权利。保证具有附从性;因而主债务人对于债权人所有的抗辩或其他类似的权利,保证人均可主张。

一是主债务人的抗辩权。《担保法》第 20 条第 1 款规定,一般保证和连带责任保证的保证人享有债务人的抗辩权。该抗辩权主要有三类:其一,权利未发生的抗辩权。主合同未成立,保证人对此也不知情,于此场合,保证人可对债权人主张主债权未成立的抗辩。其二,权利已消灭的抗辩权。例如,主债权因履行而消灭保证人可对债权人主张权利已消灭,拒绝债权人的履行请求。其三,拒绝履行的抗辩权。例如,时效完成的抗辩权、同时履行抗辩权、不安抗辩权、先诉抗辩权等。即使债务人放弃上述抗辩权,保证人也有权主张,因为保证人主张主债务人的抗辩权并非代为主张,而是基于保证人的地位而独立行使。

二是主债务人的其他类似权利。这里的其他类似权利有撤销权和抵消权。在撤销权方面,如主债务人对主合同有撤销权时,保证人对债权人可以拒绝履行。

第二,基于保证人的地位特有的抗辩权。基于保证人的地位而特有的抗辩权,即先诉抗辩权,一般保证的保证人享有此项权利。

先诉抗辩权又称检索抗辩权,是指保证人在债权人未就主债务人的财产依法强制执行而无效果时,对于债权人可拒绝清偿的权利。《担保法》第 17 条第 2 款规定,一般保证的保证人在主合同纠纷未经审判或者仲裁,并就债务人财产依法强制执行仍不能履行债务前,对债权人可以拒绝承担保证责任。

先诉抗辩权既可以通过诉讼行使,也可以在诉讼外行使,但在下列情况下不得行使:其一,债权人住所变更,致使债权人要求其履行债务发生重大困难。根据最高人民法院《关于适用

《中华人民共和国担保法》若干问题的解释》（以下简称《担保法解释》）第25条，此处所谓重大困难情形，包括债务人下落不明、移居境外，且无财产可供执行。住所变更的时间，必须是在保证合同成立之后，而不能是成立之前或当时。其二，人民法院受理债务人破产案件，中止执行程序。债权人于此期间不能从主债务人处获得清偿，甚至将来也是如此，只有保证人实际承担保证责任才能实现债权，于是法律不允许保证人行使先诉抗辩权。其三，保证人以书面形式放弃先诉抗辩权。

第三，基于一般债务人的地位享有的权利。在保证关系中，保证人是债务人，因而一般债务人应有的权利，保证人也应享有。例如，保证债务已经单独消灭时，保证人有权主张；保证债务未届清偿期，保证人有权抗辩；保证合同不成立、无效或被撤销致使保证债务不存在时，保证人有权主张不负保证责任；保证债务罹于诉讼时效时，保证人亦可拒绝履行。

6. 保证人与主债务人之间的关系

保证人与主债务人的关系，主要表现为保证人的求偿权。

保证人的求偿权，又称保证人的追偿权，是指保证人承担保证责任后，可以向主债务人请求偿还的权利。《担保法》第31条对此作了规定。

保证人求偿权的产生必须具备以下要件：第一，保证人已经对债权人承担了保证责任。第二，主债务人对债权人因保证而免责；如果主债务人的免责不是由保证人承担保证责任的行为引起的，保证人不得主张求偿权。第三，保证人没有赠与的意思。

保证人的求偿权为一新成立的权利，应适用《民法通则》第135条规定的2年诉讼时效，时效期间从保证人承担保证责任完毕时起算。

《担保法》第32条规定，人民法院受理债务人破产案件后，债权人未申报债权的，保证人可以参加破产财产分配，预先行使追偿权。该条规定了两种情况：其一，主债务人破产时，已经履行保证债务的保证人可以其求偿权作为破产债权，参加破产程序；其二，主债务人破产时，保证人并未实际履行保证债务，也可以将求偿权作为破产债权，参加破产程序。根据《担保法解释》第46条规定，人民法院受理债务人破产案件后，债权人未申报债权的，各连带共同保证的保证人应当作为一个主体申报债权，预先行使追偿权。

7. 保证责任的免除

保证责任的免除，是指对已经存在的保证责任基于法律的规定或当事人的约定加以除去、保证人不承担保证责任的现象。根据担保法及其司法解释，保证责任的免除事由主要有：

(1)主合同当事人双方恶意串通，骗取保证人提供保证的，保证人不承担保证责任。

(2)主合同债权人采取欺诈、胁迫等手段，使保证人在违背真实意思的情况下提供保证的，保证人不承担保证责任。主合同债务人采取欺诈、胁迫等手段，使保证人在违背真实意思的情况下提供保证，债权人知道或者应当知道欺诈、胁迫事实的，保证人也不承担保证责任。

(3)保证期间，债权人依法将主债权转让给第三人，而保证人与债权人事先约定仅对特定的债权人承担保证责任或者禁止债权转让的，保证人不再承担保证责任。

(4)保证期间，债权人许可债务人转让债务，但未经保证人的同意的，保证人对未经其同意转让部分的债务不再承担保证责任。

(5)债权人与债务人协议变更主合同，但未经保证人同意，如果加重债务人债务的，保证人对加重的部分不承担保证责任。

(6)在一般保证的情况下，保证期间届满，债权人未对债务人提起诉讼或者申请仲裁的，保证人免除保证责任。在连带责任保证的情况下，保证期间届满，债权人未要求保证人承担保证责任的，保证人免除保证责任。

(7)一般保证的保证人在主债权履行期间届满后，向债权人提供了债务人可供执行财产的真实情况,债权人放弃或者怠于行使权利致使该财产不能被执行的,保证人可以请求人民法院在该可供执行财产的实际价值范围内免除其保证责任。

(8)在同一债权既有保证又有物的担保的情况下,债权人放弃物的担保时,保证人在债权人放弃权利的范围内免除保证责任。债权人在主合同履行期届满后怠于行使担保物权,致使担保物的价值减少或者毁损、灭失的,视为债权人放弃部分或全部物的担保,保证人在债权人放弃权利的范围内减轻或者免除保证责任。

(9)主合同双方当事人协议以新贷偿还旧贷,除保证人知道或者应当知道的外,保证人不承担民事责任。

此外,《担保法》第28条第1款规定,同一债权既有保证又有物的担保的,保证人对物的担保以外的债权承担保证责任。对此,最高人民法院《担保法解释》第38条第1、2款规定,同一债权既有保证又有第三人提供物的担保的,债权人可以请求保证人或者物的担保人承担担保责任。当事人对保证担保的范围或者物的担保的范围没有约定或者约定不明的,承担了担保责任的担保人可以向债务人追偿,也可以要求其他担保人清偿其应承担的份额。同一债权既有保证又有物的担保的,物的担保合同被确认无效或者被撤销,或者担保物因不可抗力的原因灭失而没有代位物的,保证人仍应按照合同的约定或者法律的规定承担保证责任。

(三)定金

1. 定金的概念

定金是在合同订立或在履行之前以支付一定数额的金钱作为担保的担保方式。给付定金的一方称为定金给付方,接受定金的一方称为定金接受方。

2. 定金的成立

(1)定金合同。定金合同是依当事人双方的合意而发生,约定定金的协议。

(2)定金合同的当事人。定金合同的当事人是主合同中的债权人与债务人。非为主合同的当事人不能成为定金合同的当事人。因此,定金实际上是主债权债务的当事人双方以其金钱提供的担保,而不能是由第三提供的。但若当事人约定定金担保,由第三人代应交付定金的一方交付定金的,可成立定金担保。

(3)定金合同的形式。定金合同一般应为书面合同。《担保法》第90条规定:"定金应当以书面形式约定。"其实,定金合同并不以书面行为必要,虽然定金合同应当用书面形式,但当事人未以书面形式订立定金合同的,定金合同仍然有效。当事人双方仅有口头约定而未交付定金时,自不能认定双方口头定金约定的效力。但是,若当事人口头约定,又实际交付了定金,则定金合同仍应当视为有效。

定金合同可以是独立于主合同之外的另一合同,也可以是在主合同中附加的条款,还可以是当事人以函电等方式约定的。但不论其是当事人以何种方式订立的,定金合同均是主合同之外的从合同。

(4)定金合同的内容。一般说来,定金合同中应当包括以下三项主要内容:

①定金的交付期限。定金的交付期限可以是主合同履行期限前的任一时间,但不能迟于主合同的履行期限。

②定金的数额。定金的数额由当事人自由约定。但《担保法》第91条规定:"定金的数额由当事人约定,但不得超过主合同标的额的百分之二十。"当事人约定的定金数额超过主合同标的额20%的,其超过部分为无效。

③适用定金罚则。当事人在合同中应当明确约定定金罚则的适用。如当事人在合同中未写明定金罚则的,也必须注明一方当事人所预交的款项为定金。如未写明"定金"字样的,不适

用定金罚则。《担保法解释》第118条也规定:"当事人交付留置金、担保金、保证金、订约金、押金或者订金等,但没有约定定金性质的,当事人主张定金权利的,人民法院不予支持。"

3. 定金的交付

依《担保法》第90条的规定,定金合同从实际交付之日起生效。定金合同为实践性合同(即要物合同),仅有双方的意思表示一致,合同并不能生效,只有在应交付定金的一方将定金交付给对方时,合同才能生效。因此,定金的交付只能是定金担保成立的要件,没有定金的实际交付不能成立定金担保,在当事人一方不履行债务时,也就不能适用定金罚则。

4. 定金的效力

(1)定金具有证明合同成立的作用。给付和接受定金,可视为该合同成立的依据。

(2)定金具有预先给付的资助作用。由于定金是在合同签订后未履行前先行给付的,因此接受定金的一方就可以及时将这笔款用于生产经营从而有利于合同履行。

(3)担保效力。这是定金的根本效力。因为给付定金的一方不履行合同时,就会丧失该定金;接受定金的一方不履行合同时,应向对方双倍返还定金。正是定金的这种惩罚性加强了合同的约束力,因而也能促进合同的全面履行。

六、债的移转

(一)债的移转的概念

债的移转,是指在债的内容与客体保持不变的情形下,债的主体发生变更。债的主体变更实际上就是债的内容转移给他人承受,即由债的原第三人而成为债的新的债权人、债务人。债的移转和债的变更虽然都是债的要素的改变,但前者改变的是债的主体,后者改变的是债的内容。

根据变更的主体的不同,债的移转分为债权人的变更(债权让与)和债务人的变更(债务承担)。如果第三人同时承受债权债务,则构成债的概括承受。

债的移转原因有:

(1)法律行为,一般情况下债的移转须有让与人与受让与人之间的合意才能发生,如合同行为;债的移转也可以因单方法律行为发生,如遗赠。

(2)法律的直接规定,因法律直接规定而发生的债的移转,称为债的法定移转,在法定移转时,一般只能是概括移转,也即债权债务为财产的一部分移转于他人承受。例如,在法定继承中,被继承人的全部债权债务均由法定继承人承受,因企业法人的分立或合并而发生的债的移转等。

(3)法院的裁决,基于法院的裁决而发生债的移转也称为裁判上的移转。

(二)债权让与

1. 债权让与的概念

债权让与即合同权利转让,是指合同的债权人通过协议将其债权全部或者部分转移给第三人的行为。债权的转让是合同的主体变更的一种形式,它是在不改变合同内容的情况下,合同债权人的变更。其中的债权人称为转让人,第三人称为受让人。

2. 债权让与合同的有效条件

根据债权让与的基本理论和我国合同法关于合同权利转让的有关规定,债权让与一般应具备以下有效条件:

（1）须存在有效的债权。有效债权的存在,是债权让与的根本前提。以不存在或者无效的"债权"让与他人,或者以已经消灭的债权让与他人,都将因标的不存在或者标的不能而导致债权让与无效,让与人对受让人因此而产生的损失,应负赔偿责任。

（2）被让与的债权须具有可让与性。由于债权转让本质上是一种交易行为,从鼓励交易、增加社会财富的角度出发,应当允许绝大多数债权能够被转让,只要不违反法律的强行性规定和社会公共道德。依据《合同法》第79条的规定,以下三类债权不得转让:

第一,根据债权性质不得转让的债权。包括:①基于个人信任关系而发生的债权。例如,雇佣、委托、租赁等合同所生债权。②专为特定债权人利益而存在的债权。例如,向特定人讲授外语的合同债权。③不作为债权。例如,竞业禁止约定。④属于从权利的债权。例如,保证债权不得单独让与。但从权利可与主权利分离而单独存在的,可以转让。例如,已经产生的利息债权可以与本金债权相分离而单独让与。

第二,按照当事人的约定不得转让的债权。当事人在合同中可以特别约定禁止相对方转让债权,该约定同其他条款一样,作为合同的内容具有法律效力,因而此种债权不具有可让与性。

第三,依照法律规定不得转让的债权。合同法没有明确规定何种债权禁止让与,所以,依照法律规定不得转让的债权是指合同法以外的其他法律中关于债权禁止让与的规定,如《担保法》第61条规定,最高额抵押的主合同债权不得转让。

（3）让与人与受让人须就债权的转让达成协议,并且不得违反法律的有关规定。当事人关于债权转让的意思表示,应在自愿的基础上达成一致。因一方当事人欺诈、胁迫等行为致使对方当事人陷于意思表示不真实而为债权让与或受让行为时,债权让与合同的效力将会受到影响。债权让与合同为可撤销合同的,撤销权人可以行使撤销权。转让合同被撤销后,受让人已经受领的利益,应该向让与人返还。转让合同如果存在合同法规定的合同无效的原因时,该转让合同当然不发生法律效力。由于债权让与为处分行为,这就要求:首先,让与人与受让人一般均应具有完全民事行为能力。限制行为能力人经其法定代理人允许或追认,也可以订立转让合同。纯获利益的受让,则无须其法定代理人的同意。其次,让与人应有让与的权限。对让与的债权没有处分权之人所进行的债权转让,不发生转让的法律效果。

当事人就债权转让达成合意,不得违反法律的有关规定。这里包含两层含义:一是指转让合同的内容不得违法,即当事人订立债权转让合同,不得恶意串通损害国家、集体或者第三人利益,不得以合法形式掩盖非法目的,不得损害社会公共利益,不得违反法律、行政法规的强制性规定;二是指转让合同的形式应合法。转让合同原则上为不要式合同,无须采取特别的方式。但法律对债权让与有特别规定或者当事人有特别约定的,应依法律的规定或者当事人的约定。《合同法》第87条规定,债权人转让权利或者债务人转移义务,法律、行政法规规定应当办理批准、登记手续的,依照其规定。

（4）债权的让与须通知债务人。《合同法》第80条第1款规定,债权人转让权利的,应当通知债务人。未经通知,该转让对债务人不发生效力。关于通知的形式,合同法并未限制,因此,口头形式和书面形式都应当允许,但原则上书面合同的债权让与通知应采取书面形式;法律法规有特别规定的,应当遵照其规定。

3. 债权让与的效力

债权让与有效成立以后,即在让与人、受让人和债务人之间发生一定的法律效果。其中,债权让与在让与人和受让人之间的效力,被称为债权让与的内部效力;而债权让与对债务人的效力,则被称为债权让与的外部效力。

（1）债权让与的内部效力。

①法律地位的取代。债权让与生效后,在债权全部让与时,该债权即由原债权人(让与人)移转于受让人,让与人丧失债权,受让人成为合同关系的新债权人。但在债权部分让与时,让与人和受让人共同享有债权。

②从权利随之移转。债权人让与权利的,受让人取得与债权有关的从权利,但该从权利专属于债权人自身的除外。随同债权移转而一并移转的从权利包括:担保物权、保证债权、定金债权、优先权(如职工工资的优先受偿权等)、形成权(如选择权、催告权等)、利息债权、违约金债权和损害赔偿请求权。从权利随之移转是一般原则,但专属于让与人自身的从权利并不随之移转。

③让与人应将债权证明文件全部交付给受让人,并告知受让人行使债权所必要的相关情况。对此,我国合同法虽然未作规定,但根据诚实信用原则,该义务构成让与人的从给付义务,其中有关的债权证明文件包括债务人出具的借据、票据、合同书、来往电报书信等。应告知受让人主张债权的必要情况,一般指债务的履行期、履行地、履行方式、债务人的住所、债权担保的方式以及债务人可能会主张的抗辩等。此外,让与人占有的债权担保物,也应全部移交受让人占有。

④让与人对其让与的债权应负瑕疵担保责任。债权让与给一人之后,又就同一债权重复让与给其他人,由此引起债权让与合同的效力和债权的归属问题。对此,通说认为应按照以下规则处理:有偿让与的受让人应当优先于无偿让与的受让人取得权利;全部让与中的受让人优先于部分让与中的受让人取得权利;已通知债务人的债权让与优先于未通知的债权让与。

(2)债权让与的外部效力。

①债权让与对债务人的效力以债权让与通知为准,该通知不得迟于债务履行期。在债务人收到债权让与通知之前,其对让与人(原债权人)所为的民事法律行为有效,即债务人仍以让与人为债权人而为履行的,同样可以免除其债务,受让人不得以债权已经让与为由,要求债务人继续履行,而只能要求让与人返还所受领的债务人的履行。但债务人在收到债权让与的通知后,即应当将受让人作为债权人而履行债务。其对让与人的履行不能构成债的清偿,债不能免除,仍须向受让人履行,而让与人如果仍然受领债务人的给付,则属非债清偿,债务人可以要求返还。

②表见让与的效力。当债权人将债权让与第三人的事项通知债务人后,即使让与并未发生或者该让与无效,债务人基于对让与通知的信赖而向该第三人所为的履行仍然有效,此即表见让与。

③债务人接到债权转让通知时,债务人对让与人的抗辩,可以向受让人主张。债务人对受让人享有的抗辩权包括:合同不成立以及无效的抗辩权;履行期尚未届至的抗辩权;合同已经消灭的抗辩权;合同原债权人将合同上的权利单独让与第三人,而自己保留合同债务时,债务人基于让与人不履行相应债务而产生的同时履行抗辩权、不安抗辩权等;被让与债权已过诉讼时效的抗辩权等。对于以上抗辩事由,不论是发生在让与前还是让与后,也不论是发生在让与通知前还是让与通知之后,债务人均可主张。

④债务人接到债权让与通知时,债务人对让与人享有债权的,债务人仍然可以依法向受让人主张抵销。

(三)债务承担

1.债务承担的概念

债务承担,是指在不改变债的内容的前提下,债务人通过与第三人订立转让债务的协议,将债务全部或部分移转给第三人的法律事实。

债务承担,以承担后原债务人是否免责为标准,可以分为免责的债务承担和并存的债务承担。

2.免责与债务承担

免责与债务承担,是指债务人经债权人同意,将其债务部分或全部移转给第三人负担。《合同法》第84条规定,债务人将合同的义务全部或者部分转移给第三人的,应当经债权人同意。

免责的债务承担的效力表现在,不再对所移转的债务承担责任(免责);第三人则成为新的债务人,对所承受的债务负责。与主债务有关的从债务,除专属于原债务人自身的以外,也随主债务移转给新债务人承担。同时,原债务人对债权人享有的抗辩权,新债务人亦可以之对抗债权人。

3.并存的债务承担

并存的债务承担,是指债务人不脱离债的关系,第三人加入债的关系,与债务人共同承担债务。严格地说,这并非债的主体变更,而是增加债务人的人数,由于第三人的加入,债务人增加,成为多数债务人之债。第三人加入后,与债务人之间成立连带关系,对同一债务负连带责任。债权人可以请求债务人履行义务,也可以径直向第三人请求履行义务。

在并存的债务承担中,由于原债务人没有脱离债的关系,对债权人的利益不会发生影响,因而原则上无须债权人的同意,只要债务人或第三人通知债权人即可发生效力。

(四)债的概括移转

1.债的概括移转的概念

债的概括承受也就是债的概括移转,是指债的一方主体将其债权债务一并移转于第三人。

债的概括承受,可为全部债权债务移转,也可为部分债权债务的移转。在后者,可因对方当事人的同意而确定原当事人和承受人的份额;如无明确约定,在原当事人和承受人之间发生连带关系。

债的概括承受,可以是基于当事人之间的合同而产生的,称为意定概括承受;也可以是基于法律的直接规定而产生的,称为法定概括承受。《合同法》第88、90条对上述两种情形分别作了规定,即合同承受和企业合并。

2.债的概括移转的类型

债的概括移转,主要有以下两种情形:

(1)合同承受。合同承受,是指合同当事人一方与第三人订立合同,将其合同权利义务全部或者部分地移转给该第三人,经对方当事人同意后,由该第三人承受合同地位,全部或部分地享受合同权利,承担合同义务。合同承受既转让合同权利,又转让合同义务,因而被移转的合同只能是双务合同。单务合同只能发生特定承受,即债权让与或债务承担,不能产生概括承受。

(2)企业合并。企业合并,是指两个以上的企业合并为一个企业。企业合并后,原企业的债权债务的移转,属于法定移转,因而无须征得相对人的同意,依通知或公告而发生效力。通知的方式可以是单独通知,也可以是公告通知。公告通知的,应当保证在一般情形下能为相对人所知悉。通知到达相对人或公告期满时,原债权债务即移转于合并的新企业,该企业成为债的关系的当事人,享有债权并承担债务。并且,债权的权利、抗辩和债务的从义务、抗辩权一并移转。

3.债的概括移转的效力

(1)合同承受的效力。

合同承受的效力首先在于承受人取得原合同当事人享有的一切权利和负担的一切义务,

原合同当事人完全脱离合同关系。嗣后合同的履行或者不履行以及合同的变更或解除,概与原合同当事人无关。其次,因合同承受为无因行为,承受人得对抗原合同当事人的事由,不得用以对抗对方当事人。最后,最高人民法院《关于适用〈中华人民共和国合同法〉若干问题的解释(一)》第 29 条规定:"合同当事人一方经对方同意将其在合同中的权利义务一并转让给受让人,对方与受让人因履行合同发生纠纷诉至人民法院,对方就该合同权利义务提出抗辩的,可以将出让方列为第三人。"

根据《合同法》第 88 条的规定,当事人一方经对方同意,可以将自己在合同中的权利和义务一并转让给第三人。也就是说,这是因为合同承受不仅包括合同权利的移转,还包括合同义务的移转。所以,合同一方通过合同承受对合同权利和义务进行概括移转时,必须取得对方的同意。在取得对方当事人同意后,合同承受生效,从而使承受人完全取代出让人的法律地位,成为合同关系的当事人,出让人脱离合同关系。其后,如果承受人不履行合同义务,也不能再诉原当事人承担责任。另外,由于合同承受是一种无因行为,因而承受人得对抗出让人的事由,不得用以对抗对方当事人。债权让与,是指不改变合同内容的合同转让,债权人通过与第三人订立合同将债权的全部或部分转移给第三人。债权全部让与第三人,第三人取代原债权人成为原合同关系的新的债权人,原合同债权人因合同转让而丧失合同债权人权利,债权部分让与第三人,第三人成为合同债权人加入到原合同关系之中,成为新的债权人,合同中的债权关系由一人变数人或由数人变更多人。新加入合同的债权人与原债权人共同分享债权,并共享连带债权。

债权让与必须具备以下条件:

①债权是在合同中明确的、确实有效的债权。

②债权让与不改变原合同的内容。

③债权的让与人与债权的受让人应达成协议。

④债权应具有可让性。

⑤债权让与,转让人应尽通知义务,未尽通知义务,债权让与对债务人不发生效力。

债权保全制度是法律为防止因债务人责任财产的不当减少危及债权实现而设置的保全债务人责任财产的法律制度。其包括债权人代位权制度和债权人撤销权制度。

(2)企业合并的效力。

企业的合并分为新设合并和吸收合并。新设合并,是指原来的企业丧失法律人格而合并成另一个具有法律人格的新企业;吸收合并,是指原来的企业并入一个企业,被并入的企业丧失法律人格。当事人订立合同后一方发生合并的,不论新设合并还是吸收合并,该当事人的权利义务都由合并后的企业概括继受,即由合并后的法人或者其他组织行使合同权利,履行合同义务。企业的分立,是指一个企业分为两个或两个以上的企业。分立有派生分立和新设分立两种形式。派生分立,是指一个企业在其继续存在的情况下,分出一部分财产,成立一个新的企业;新设分立,是指企业本身不再存在而以其财产分割设立为两个或者两个以上的企业。当事人订立合同后发生分立的,除债权人和债务人另有约定的以外,由分立的法人或者其他组织对合同的权利和义务享有连带债权,承担连带债务。

企业合并、分立后,原企业的债权债务的移转,属于法定移转,因而无须征得相对人的同意,而依通知或公告发生效力。通知的方式,可以是单独通知,也可以是公告通知。公告通知的,应当保证在一般情形下能为相对人所知悉。通知到达相对人或公告期满时,原债权债务即移转至合并、分立的新企业,该企业成为债的关系的当事人,享有债权并承担债务。

七、债的消灭

(一)债的消灭的概念

债的终止,即债的消灭,是指民事主体之间债权债务关系因一定的法律事实而不再存在的情况。

(二)债的消灭原因

1.清偿

清偿,亦即履行,是指债务人按照法律的规定或者合同的约定向债权人履行义务。债务人向债权人为特定行为,从债务人方面来说,为给付;从债权人方面来说,为履行;从债的消灭上说,为清偿。债务人清偿了债务,债权人的权利实现,债的目的达到,债当然也就消灭。因此,清偿为债的消灭的最正常、最常见的原因。

2.抵销

抵销,是指当事人双方相互负有相同种类的给付,将两项债务相互冲抵,使其相互在对等额内消灭。抵销债务,也就是抵销债权。为抵销的债权即主张抵销的债务人的债权,称为动方债权或主动债权、能动债权;被抵销的债权即债权人的债权,称为受方债权或被动债权、反对债权。抵销可分为法定抵销与合意抵销。法定抵销,是指具备法律所规定的条件时,依当事人一方的意思表示所为的抵销。其依当事人一方的意思表示,使双方的债权按同等数额消灭的权利,称为抵销权。通常所说的抵销即是指法定抵销。合意抵销又称为契约上抵销,是指依当事人双方的合意所为的抵销。合意抵销是由当事人自由约定的,其效力也决定于当事人的约定。根据《合同法》第100条的规定,当事人互负债务,标的物种类、品质不相同的,经双方协商一致,也可以抵销。这里规定的就是合意抵销。

3.提存

提存,是指债务人在债务履行期届满时,将无法给付的标的物交提存机关,以消灭债务的行为。债务人履行债务需要债权人协助,如债权人不协助债务人的履行,对债务人的履行拒不接受,或者债务人无法向债权人履行,债务人就不能清偿债务。在此情形下,债务人将因债权人不受领而继续承担着清偿责任,这对于债务人是不公平的。因此,为使债务人不因债权人的原因而受迟延履行之累,法律设提存制度。通过提存,债务人得将其无法给付给债权人的标的物交给提存机关保存,以代替向债权人的给付,从而免除自己的清偿责任。债务人提存后,债务人的债务即消灭,因而提存亦为债的消灭原因。

提存的条件:

(1)提存必须有可以提存的合法理由。《合同法》规定的提存理由包括:债权人无正当理由拒绝受领;债权人下落不明;债权人死亡未确定继承人或债权人丧失民事行为能力未确定监护人的;法律规定的其他行为。

(2)提存须经法定程序。

(3)提存的主体和客体适当。

4.免除

免除,是指债权人抛弃债权,而使债务人的债务消灭的单方的民事法律行为。因免除成立后,债务人自不再负担被免除的债务,债权人的债权也就不再存在,债即消灭,因此免除债务也为债的消灭原因。免除债务实质上是对债权的抛弃,所以就法律禁止抛弃的债权而免除债务的,其免除为无效,不发生债消灭的效果。例如,男女一方婚前向另一方有借贷,婚后可以因免除而使得债终止。

5.混同

混同,是指债权与债务同归于一个民事主体,而使债的关系消灭的法律事实。法律上的混同,有广义与狭义之分。广义的混同,包括权利与权利的混同;义务与义务的混同;权利与义务的混同。这里所说的混同仅为狭义上的混同,即权利与义务的混同。混同以债权与债务归于一人而成立,与人的意志无关,因而属于事件。发生混同的原因可分为两种:一是概括承受,即债的关系的一方当事人概括承受他人权利与义务。例如,因债务人继承被继承人对其享有的债权或者债权人继承被继承人对其负担的债务,债权人与债务人合为一人。概括承受是发生混同的最主要原因。二是特定承受,是指因债权让与或债务承担而承受权利义务。例如,债务人自债权人受让债权,债权人承担债务人的债务,此时也发生混同。

第二节　合同

一、合同概述

(一)合同的概念与特征

合同是当事人或当事双方之间设立、变更、终止民事关系的协议。依法成立的合同,受法律保护。广义合同指所有法律部门中确定权利、义务关系的协议。狭义合同指一切民事合同。还有最狭义合同仅指民事合同中的债权合同。

合同具有如下法律特征:

(1)合同是两个以上法律地位平等的当事人意思表示一致的协议。

(2)合同以产生、变更或终止债权债务关系为目的。

(3)合同是一种民事法律行为。

(二)合同的分类

1.单务合同与双务合同

单务合同,是指合同当事人仅有一方承担义务,另一方只享有权利的合同关系。

双务合同,是指合同的双方当事人互负对待给付义务的合同关系。

2.有名合同与无名合同

有名合同,又称典型合同,是指法律上已经确定了一定的名称及规则的合同。

无名合同,又称非典型合同,是指法律上并未确定一定的名称及规则的合同。

3.诺成合同与实践合同

诺成合同又称不要物合同,是实践合同的对称。它是仅以当事人意思表示一致为成立要件的合同。诺成合同自当事人双方意思表示一致时即可成立,不以一方交付标的物为合同的成立要件,当事人交付标的物属于履行合同,而与合同的成立无关。

实践合同又称要物合同,是指除当事人意思表示一致外,还须交付标的物方能成立的合同。诺成合同与实践合同的区分之意义在于确定合同是否成立以及标的物风险转移的时间。

4.要式合同与不要式合同

要式合同,是指法律规定或当事人约定必须采取特殊形式订立的合同。

不要式合同,是指依法无须采取特定形式订立的合同。

5.主合同与从合同

主合同,是指不依赖其他合同而能独立存在的合同。

从合同,是指以其他合同的存在为存在前提的合同,又称为附属合同。

二、合同的订立

(一)合同订立的一般程序

订立合同要在当事人双方根据法律规定就合同的内容进行协商,双方达成一致意见后,合同即告成立。

签订合同一般要经过要约和承诺两个步骤。

1.要约

要约是一方当事人向另一方当事人提出订立合同的条件,希望对方能完全接受此条件的意思表示。发出要约的一方称为要约人,受领要约的一方称为受要约人。

2.承诺

承诺是受要约人同意要约的意思表示,即受要约人同意接受要约的全部条件而与要约人成立合同。承诺应当以通知的方式作出,但根据交易习惯或者要约表明可以通过行为作出承诺的除外。承诺的法律效力在于,承诺一经作出,并送达要约人,合同即告成立,要约人不得加以拒绝。

(二)合同成立的时间与地点

1. 合同成立的时间

(1)一般规定。《合同法》第25条规定,承诺生效时合同成立。据此,合同于承诺生效时成立。至于承诺于何时生效,则有前文所述两种立法主张,兹不赘述。

(2)合同书形式的合同成立时间。《合同法》第32条规定,当事人采用合同书形式订立合同的,自双方当事人签字或者盖章时合同成立。当事人采用合同书形式订立合同,但并未签字或者盖章,意味着当事人的意思表示未能最后达成一致,因而一般不能认为合同成立。双方当事人签字或者盖章不在同一时间的,最后签字或者盖章时合同成立。

(3)确认书形式的合同成立时间。《合同法》第33条规定,当事人采用信件、数据电文等形式订立合同的,可以在合同成立之前要求签订确认书。签订确认书时合同成立。在此情况下,确认书具有最终承诺的意义。

(4)合同的实际成立。《合同法》第36条规定,法律、行政法规规定或者当事人约定采用书面形式订立合同,当事人未采用书面形式但一方已经履行主要义务,对方接受的,该合同成立。此时,可从实际履行合同义务的行为中推定当事人已经形成了合意和合同关系,当事人一方不得以未采取书面形式或未签字盖章为由,否认合同关系的实际存在。

2. 合同成立的地点

(1)一般规定。《合同法》第34条规定,承诺生效的地点为合同成立的地点。采用数据电文形式订立合同的,收件人的主营业地为合同成立的地点;没有主营业地的,其经常居住地为合同成立的地点。当事人另有约定的,按照其约定。

（2）书面合同的成立地点。《合同法》第35条规定,当事人采用合同书形式订立合同的,双方当事人签字或者盖章的地点为合同成立的地点。

三、合同的内容和形式

(一)合同的内容

1.提示性条款

提示性条款是合同最主要的条款内容,法律为了示范完备的合同条款,对当事人予以提示说明。例如,《合同法》第12条规定了通常合同应该约定的内容。这部分条款,除当事人、标的、数量外,对其他内容法律都规定了补正条款,即当事人没有约定或约定不明时的确定方法。由于提示性条款的法定补足方式,使不确定性法律风险概率明显降低。

2.格式条款

格式条款是当事人为了重复使用而预先拟定,并在订立合同时未与对方协商的条款。采用格式条款的缔约者、提供方对于其中的免除责任和限制责任的条款要尽到两个义务:即提示义务和说明义务。

3.免责条款

免责条款常被合同一方当事人写入合同或格式合同之中,作为明确或隐含的意思要约,以获得另一方当事人的承诺,使其发生法律效力。就其本意来讲是指合同中双方当事人在订立合同或格式合同提供者提供格式合同时,为免除或限制一方或者双方当事人的责任而设立的条款。因此,免责条款以意思表示为要约,以限制或免除当事人的未来责任为目的,属于民事法律行为。

(二)合同的形式

合同的形式,是指当事人合意的外在表现形式,是合同内容的载体。合同的形式有广义和狭义之分,狭义的合同形式指合同订立的方式;广义的合同形式也可以是法律行为的形式。《合同法》第10条规定:"当事人订立合同,有书面形式、口头形式和其他形式。法律、行政法规规定采用书面形式的,应该采用书面形式。当事人约定采用书面形式的,应当采用书面形式。"

1.口头形式

口头形式,是指双方当事人用对话方式表达相互之间达成的协议。当事人在使用口头形式时,应注意只能是及时履行的经济合同,才能使用口头形式,否则不宜采用这种形式。

2.书面形式

书面形式,是指合同书、信件和数据电文(包括电报、电传、传真、电子数据交换和电子邮件)等可以有形地表现所载内容的形式。包括合同书、信件、数据电文(包括电报、电传、传真、电子数据交换和电子邮件)三类。

当事人约定采用书面形式的,应当采用书面形式。

四、合同的履行

合同的履行,是指合同的双方当事人正确、适当、全面地完成合同中规定的各项义务的行为。

(一)合同履行的规则

对于依法生效的合同而言,在其履行期限届满以后,债务人应当根据合同的具体内容和合同履行的基本原则实施履行行为。债务人在履行的过程中,应当遵守一些合同履行的基本规则。

1.履行主体

合同履行主体不仅包括债务人,也包括债权人。因为合同全面适当地履行的实现,不仅主要依赖于债务人履行债务的行为,同时还要依赖于债权人受领履行的行为。因此,合同履行的主体,是指债务人和债权人。除法律规定、当事人约定、性质上必须由债务人本人履行的债务以外,履行也可以由债务人的代理人进行,但是代理只有在履行行为是法律行为时方可适用。同样,在上述情况下,债权人的代理人也可以代为受领。此外,必须注意的是,在某些情况下,合同也可以由第三人代替履行,只要不违反法律的规定或者当事人的约定,或者符合合同的性质,第三人也是正确的履行主体。不过,由第三人代替履行时,该第三人并不取得合同当事人的地位,第三人仅仅只是居于债务人的履行辅助人的地位。

2.履行标的

合同的标的是合同债务人必须实施的特定行为,是合同的核心内容,是合同当事人订立合同的目的所在。合同的标的不同,合同的类型也就不同。如果当事人不按照合同的标的履行合同,合同利益就无法实现。因此,必须严格按照合同的标的履行合同就成为合同履行的一项基本规则。合同标的的质量和数量是衡量合同标的的基本指标,因此,按照合同标的履行合同,在标的质量和数量上必须严格按照合同的约定履行。如果合同对标的质量没有约定或者约定不明确的,当事人可以补充协议,协议不成的,可按照合同的条款和交易习惯来确定。如果仍然无法确定的,可按照国家标准、行业标准履行;没有国家标准、行业标准的,可按照通常标准或者符合合同目的的特定标准履行。在标的数量上,全面履行原则的基本要求便是全部履行,而不应当部分履行,但是在不损害债权人利益的前提下,也允许部分履行。

3.履行期限

履行期限,是指债务人履行合同义务和债权人接受履行行为的时间。作为合同的主要条款,合同的履行期限一般应当在合同中予以约定,当事人应当在该履行期限内履行债务。如果当事人不在该履行期限内履行,则可能构成迟延履行而应当承担违约责任。履行期限不明确的,根据《合同法》第 61 条的规定,双方当事人可以另行协议补充,如果协议补充不成的,应当根据合同的有关条款和交易习惯来确定。如果还无法确定的,债务人可以随时履行,债权人也可以随时要求履行,但应当给对方必要的准备时间。这也是合同履行原则中诚实信用原则的体现。不按履行期限履行,有两种情形:迟延履行和提前履行。在履行期限届满后履行合同为迟延履行,当事人应当承担迟延履行责任,此为违约责任的一种形态;在履行期限届满之前所为之履行为提前履行,提前履行不一定构成不适当履行。

4.履行地点

履行地点是债务人履行债务、债权人受领给付的地点,履行地点直接关系到履行的费用和时间。在国际经济交往中,履行地点往往是纠纷发生以后用来确定适用的法律的根据。如果合同中明确约定了履行地点的,债务人就应当在该地点向债权人履行债务,债权人应当在该履行地点接受债务人的履行行为。如果合同约定不明确的,依据《合同法》的规定,双方当事人可以协议补充,如果不能达成补充协议,则按照合同有关条款或者交易习惯确定。如果履行地点仍然无法确定的,则根据标的的不同情况确定不同的履行地点。如果合同约定给付货币的,在接受货币一方所在地履行;如果交付不动产的,在不动产所在地履行;其他标的,在履行义务一方所在地履行。

5. 履行方式

履行方式是合同双方当事人约定以何种形式来履行义务。合同的履行方式主要包括运输方式、交货方式、结算方式等。履行方式由法律或者合同约定或者合同性质来确定,不同性质、不同内容的合同有不同的履行方式。根据合同履行的基本要求,在履行方式上,履行义务人必须首先按照合同约定的方式进行履行。如果约定不明确的,当事人可以协议补充;协议不成的,可以根据合同的有关条款和交易习惯来确定;如果仍然无法确定的,则按照有利于实现合同目的的方式履行。

6. 履行费用

履行费用,是指债务人履行合同所支出的费用。如果合同中约定了履行费用,则当事人应当按照合同的约定负担费用。如果合同中没有约定履行费用或者约定不明确的,则按照合同的有关条款或者交易习惯确定;如果仍然无法确定的,则由履行义务一方负担。因债权人变更住所或者其他行为而导致履行费用增加时,增加的费用由债权人承担。

(二)双务合同履行中的抗辩权

双务合同履行中的抗辩权,是指符合法定条件时,当事人一方对抗对方当事人的履行请求权,暂时拒绝履行其债务的权利。它包括同时履行抗辩权、先履行抗辩权和后履行抗辩权。双务合同履行中的抗辩权是合同效力的表现。由于行使抗辩权只是在一定期限内中止履行合同,并不终止合同的履行效力,抗辩权事由消除后,债务人仍应履行其合同义务,因此,双务合同履行中的抗辩权在性质上为一时的抗辩权或者延缓的抗辩权。双务合同履行中的抗辩权存在的基础在于双务合同的牵连性。所谓双务合同的牵连性,是指在双务合同中,一方的权利和另一方的义务之间是相互依存、互为因果的关系。

双务合同履行中的抗辩权,对抗辩权人是一种保护手段,免除自己履行后得不到他方履行的风险;使对方当事人产生及时履行、提供担保等压力,所以它们是债权保障的法律制度,就其防患于未然这一点来讲,作用较违约责任还积极,比债的担保亦不逊色。行使同时履行抗辩权、先履行抗辩权和后履行抗辩权,是双务合同当事人行使自己合法权利的行为,具有法律依据,应受法律保护,而非违约行为,因而不得令权利人承担违约责任。

1. 同时履行抗辩权的概念、成立要件、行使以及效力

(1)同时履行抗辩权的概念。

同时履行抗辩权,是指当事人互负债务,没有先后履行顺序的,应当同时履行,一方在对方履行前有权拒绝其履行要求。一方在对方履行债务不符合约定时,有权拒绝其相应的履行要求。

(2)同时履行抗辩权的成立要件。

同时履行抗辩权的法律要件有以下四个方面:①须双方因同一合同互负对价债务;②须行使抗辩权的当事人没有先给付义务;③须双方债务已届清偿期;④须对方当事人未为给付或提出给付。

(3)同时履行抗辩权的行使。

①必须因双务合同而互负债务。由于同时履行抗辩权产生的基础在于合同双方权利义务在本质上的牵连性,而只有双务合同才具有这种性质,所以必须是双务合同才能适用同时履行抗辩权。

②必须因同一双务合同互负到期债务,且没有先后履行顺序。也就是说,双方当事人所负的债务具有对价的牵连关系,是基于同一个合同产生的,并且均已届履行期。

③对方未履行债务或者履行债务不符合约定。如果履行仅有细微的瑕疵的,根据诚实信用原则,当事人不能主张同时履行抗辩权。

④对方的履行必须是可能的,否则只能解除合同。

(4)同时履行抗辩权的效力。

同时履行抗辩制度主要适用于双务合同,如买卖、互易、租赁、承揽、有偿委托、保险、雇佣、劳动等合同。

上述基于对价关系的双方债务,尚应包括原给付义务的延长或者变形,尤其是债务不履行的赔偿损失或让与请求权。例如,甲用 A 物与乙的 B 物互易,因甲的过失致 A 物灭失时,甲应负债务不履行的赔偿损失责任。在此场合,乙对甲的赔偿损失请求权与甲对乙给付 B 物的请求权,可发生同时履行抗辩权。

同时履行抗辩权在为第三人利益合同中有适用余地。例如,甲、乙约定,甲向乙购买钢材,价款 500 万元,丙对乙有直接请求交付该钢材之权,若甲届期不支付货款,则乙可以拒绝丙的交付钢材的请求。

在债权让与的情况下,可成立同时履行抗辩权。例如,甲将 A 车出卖给乙,价款 75 万元,而乙将其对甲请求交付 A 车并转移所有权的债权让与丙。在丙向甲请求履行时,甲可以乙未给付价款为由拒绝自己的履行。

在债务承担的情况下,同时履行抗辩权可以适用。例如,甲将 A 画卖给乙,价款 30 万元,由丙承担乙的债务,当甲向丙请求支付价款时,丙可以甲未对乙交 A 画为由拒绝自己的履行。在可分之债中,各债务对各债权各自独立,从而其发生原因即使为一个合同,除非其一方的对待给付为不可分,也应各自就自己的部分独立为同时履行抗辩。

同时履行抗辩权也可以适用于连带之债。例如,甲、乙向丙购买 1000 斤乌龙茶,价款 10 万元,约定甲、乙和丙、丁均应负连带责任。当甲向丙请求交付 1000 斤乌龙茶时,丙可主张甲应支付全部价款的同时履行抗辩权。

当事人因合同不成立、无效、被撤销或解除而产生的相互义务,若基于对价关系,可主张同时履行抗辩权。

2.先履行抗辩权的概念、成立要件、行使以及效力

(1)先履行抗辩权的概念。

《合同法》第 67 条规定:“当事人互负债务,有先后履行顺序,先履行一方未履行的,后履行一方有权拒绝其履行要求。先履行一方履行债务不符合约定的,后履行一方有权拒绝其相应的履行要求。”先履行抗辩权,是指在双务合同中应当先履行的一方当事人未履行或者不适当履行,到履行期限的对方当事人享有不履行、部分履行的权利。

(2)先履行抗辩权的成立要件。

先履行抗辩权的发生,需具备以下条件:

①需基于同一双务合同。双方当事人因同一合同互负债务,在履行上存在关联性,形成对价关系。单务合同无对价关系,不发生先履行抗辩权。如果当事人互负的债务不是基于同一双务合同,亦不发生后履行抗辩权。

②该合同需由一方当事人先为履行。在双务合同中,双方当事人的履行,多是有先后的。这种履行顺序的确立,或依法律规定,或按当事人约定,或按交易习惯。很多法律对双务合同的履行顺序均有规定。当事人在双务合同中也可以约定履行顺序,谁先履行,谁后履行。在法律没有规定、合同没有约定的情况下,双务合同的履行顺序可依交易习惯确立。例如,在饭馆

用餐,先吃饭后交钱;在旅店住宿,先住宿后结账;乘飞机、火车,先购票,后乘坐。倘若依照法律规定、合同约定、交易习惯仍不能确定谁先履行合同,此时可采用担保等方法确立谁为先履行。例如,在一项买卖合同中,谁也不愿先履行,卖方不愿先交货,怕买方收货不交钱。在这种情况下,当事人可以约定由银行协助双方履行,买方先将货款打入银行,由银行监管此款,卖方即行发货,买方验收后,银行将款项拨付卖方。合同按此顺序履行。

③应当先履行的当事人不履行合同或者不适当履行合同。具备上述条件,发生先履行抗辩权,即没有先履行义务但已到履行期的对方当事人享有不履行或者部分履行的权利。应当先履行合同的当事人不能行使先履行抗辩权。

（3）先履行抗辩权的行使。

①应当先履行的当事人不履行义务,已到履行期限的,应当后履行的对方当事人享有不履行合同的权利。例如,出租方不交付租赁物,承租方有权不支付租金。

②应当先履行的当事人不适当履行合同造成根本违约,对方当事人享有不履行的权利。例如,供货方交付假冒商品,购买方有权不付货款。

③应当先履行的当事人不适当履行构成部分履行,对方当事人有权就未履行部分拒绝给付,只对其相应给付。例如,10000吨大米的买卖合同,卖方只交付了8000吨大米,尚欠2000吨,买方应当支付8000吨大米的价金,有权不支付2000吨大米的价金。

（4）先履行抗辩权的效力。

先履行抗辩权属延期的抗辩权,只是暂时阻止对方当事人请求权的行使,非永久的抗辩权。对方当事人完全履行了合同义务,先履行抗辩权消灭,当事人应当履行自己的义务。当事人行使先履行抗辩权致使合同迟延履行的,迟延履行责任应由对方当事人承担。

3. 不安抗辩权的概念、成立要件、行使以及效力

（1）不安抗辩权的概念。

不安抗辩权,是指先给付义务人在有证据证明后给付义务人的经营状况严重恶化,或者转移财产、抽逃资产,以逃避债务或者谎称有履行能力的欺诈行为,以及其他丧失或者可能丧失履行债务能力的情况时,可中止自己的履行;后给付义务人接收到中止履行的通知后,在合理的期限内未恢复履行能力或者未提出适当担保的,先给付义务人可以解除合同。

（2）不安抗辩权的成立要件。

①双方当事人因同一双务合同而互负债务。不安抗辩权为双务合同的效力表现,其成立须双方当事人因同一双务合同而互负债务,并且该两项债务存在对价关系。

②后给付义务人的履行能力明显降低,有不能为对待给付的现实危险。不安抗辩权制度保护先给付义务人是有条件的,只有在后给付义务人有不能为对待给付的现实危险、危害及先给付义务人的债权实现时,才能行使不安抗辩权。

所谓后给付义务人的履行能力明显降低,有不能为对待给付的现实危险包括:其经营状况严重恶化;转移财产、抽逃资金,以逃避债务;谎称有履行能力的欺诈行为;其他丧失或者可能丧失履行能力的情况。

履行能力明显降低,有不能为对待给付的现实危险,须发生在合同成立以后。如果在订立合同时即已经存在,先给付义务人若明知此情而仍然缔约,法律则无必要对其进行特别保护;若不知此情,则可以通过合同无效等制度解决。

③有先后的履行顺序,享有不安抗辩权之人为先履行义务的当事人。

④先履行义务人必须有充足的证据证明相对人无能力履行债务。

⑤先履行一方的债务已经届满清偿期。

⑥后履行义务未提供担保。

⑦《合同法》第 68 条之规定。

（3）不安抗辩权的行使。

为了兼顾后给付义务人的利益，也便于其能及时提供适当担保，先给付义务人行使不安抗辩权的，应及时通知后给付义务人，该通知的内容包括中止履行的意思表示和指出后给付义务人提供适当担保的合理期限。行使不安抗辩权的先给付义务人并负有证明后给付义务人的履行能力明显降低、有不能为对待给付的现实危险的义务。

先给付义务人及时通知后给付义务人，可使后给付义务人尽量减少损害，及时地恢复履行能力或提供适当的担保以消除不安抗辩权，使先给付义务人履行其义务。

规定先给付义务人负上述举证义务，可防止其滥用不安抗辩权，借口后给付义务人丧失或可能丧失履行能力而随意拒绝履行自己的债务。如果先给付义务人没有确切证据而中止履行，则应当承担违约责任。

（4）不安抗辩权的效力。

不安抗辩权的效力划分为两个层次：

第一层次效力。①先履行方可中止履行合同，但应通知对方，并给对方一合理期限，使其恢复履行能力或提供适当的担保。中止履行既是行使权利的行为，又是合法的行为，当先履行方于履行期满不履行债务或迟延履行，并不构成违约。中止履行，乃暂停履行或延期履行之含义，因此它不同于解除合同，其目的不在于使既有合同关系消灭，而是维持合同关系。如果先履行方解除合同，则其行为构成违约，后履行方可要求其承担债务责任。先履行方中止履行，应当通知后履行方，通知方式以口头或书面形式均可。②在合理期限内，后履行方未提供担保且未恢复履行能力而要求对方履行的，先履行方可以拒绝。③在合理期限内，后履行方提供担保或恢复履行，先履行方应当继续履行合同。后履行方提供担保或恢复履行能力后，先履行方不获对方给付的危险消失，因此应当恢复履行合同。

第二层次效力。如果合理期限届满，后履行方未提供适当担保且未恢复履行能力，则发生第二次效力，即先履行方可以解除合同并要求损害赔偿。我国《合同法》明确赋予先履行方以解约权，这是对大陆法系各国不安抗辩权制度的重大发展，从而使得该制度能够为先履行方提供更加充分的法律保护。

五、合同的变更与解除

（一）合同变更与解除概念

1. 合同变更的概念

合同的变更有广义、狭义之分。广义的合同变更指合同主体和内容的变更，前者指合同债权或债务的转让，即由新的债权人或债务人替代原债权人或债务人，而合同内容并无变化；后者指合同当事人权利义务的变化。狭义的合同变更指合同内容的变更。从我国《合同法》第五章的有关规定来看，合同的变更仅指合同内容的变更，合同主体的变更称为合同的转让。

合同变更是合同关系的局部变化（如标的数量的增减、价款的变化、履行时间、地点、方式的变化），而不是合同性质的变化（如买卖变为赠与，合同关系失去了同一性，此为合同的更新或更改）。合同标的变更是否属于合同变更，关键在于变更协议是否以原合同的主要权利义务为基础。

2. 合同解除的概念

合同解除，是指对已经发生法律效力，但尚未履行或者尚未完全履行的合同，因当事人一方的意思表示或者双方的协议而使债权债务关系提前归于消灭的行为。

合同解除可分为约定解除和法定解除两类。

约定解除是当事人通过行使约定的解除权或者双方协商决定而进行的合同解除。当事人协商一致可以解除合同,即合同的协商解除。当事人也可以约定一方解除合同的条件,解除合同条件成就时,解除权人可以解除合同,即合同约定解除权的解除。

法定解除是解除条件直接由法律规定的合同解除。当法律规定的解除条件具备时,当事人可以解除合同。它与合同约定解除权的解除都是在具备一定解除条件时,由一方行使解除权;区别则在于解除条件的来源不同。

(二)合同解除的分类

1. 单方解除和协议解除

单方解除,是指解除权人行使解除权将合同解除的行为。它不必经过对方当事人的同意,只要解除权人将解除合同的意思表示直接通知对方,或经过人民法院或仲裁机构向对方主张,即可发生合同解除的效果。

协议解除,是指当事人双方通过协商同意将合同解除的行为(《合同法》第 93 条第 1 款)。它不以解除权的存在为必要,解除行为也不是解除权的行使。我国法律把协议解除作为合同解除的一种类型加以规定,理论解释也不认为协议解除与合同解除全异其性质,而是认为仍具有与一般解除相同的属性,但也有其特点,如解除的条件为双方当事人协商同意,并不因此损害国家利益和社会公共利益,解除行为是当事人的合意行为等。

2. 法定解除与约定解除

合同解除的条件由法律直接加以规定者,其解除为法定解除。在法定解除中,有的以适用于所有合同的条件为解除条件,有的则仅以适用于特定合同的条件为解除条件。前者为一般法定解除,后者为特别法定解除。我国法律普遍承认法定解除,不但有关于一般法定解除的规定,而且有关于特别法定解除的规定。

约定解除,是指当事人以合同形式,约定为一方或双方保留解除权的解除。其中,保留解除权的合意,称为解约条款。解除权可以保留给当事人一方,也可以保留给当事人双方。保留解除权,可以在当事人订立合同时约定,也可以在以后另订立保留解除权的合同。

合同法承认了约定解除(《合同法》第 93 条第 2 款),值得肯定。因为约定解除是根据当事人的意思表示产生的,其本身具有较大的灵活性,在复杂的事物面前,它可以更确切地适应当事人的需要。当事人采取约定解除的目的虽然有所不同,但主要是考虑到当主客观上的各种障碍出现时,可以从合同的拘束下解脱出来,给废除合同留有余地,以维护自己的合法权益。作为一个市场主体,为了适应复杂多变的市场情况,当事人有必要把合同条款规定得更细致、更灵活、更有策略性,其中应包括保留解除权的条款,使自己处于主动而有利的地位。

(三)合同解除的条件

有下列情形之一的,当事人可以解除合同:

(1)因不可抗力致使不能实现合同目的。

(2)在履行期限届满之前,当事人一方明确表示或者以自己的行为表明不履行主要债务。

(3)当事人一方迟延履行主要债务,经催告后在合理的期限内仍未履行。

(4)当事人一方迟延履行债务或者有其他违法行为,致使不能实现合同目的。

(5)法律规定的其他情形。

(四)合同解除的程序与法律后果

1. 单方解除的程序

单方解除,即享有合同解除权的一方当事人通过行使解除权而解除合同。解除权属形成权,无须对方当事人同意,只需解除权人的单方意思表示,即可发生解除合同的法律效果。但解除权的行使并非毫无限制,合同法对其行使期限和行使方式均有明确规定。

关于解除权的行使期限,《合同法》第 95 条规定:(1)法律规定或当事人约定解除权行使期限,期限届满当事人不行使,该权利消灭;(2)法律没有规定或当事人未约定解除权行使期限,经对方催告后在合理期限内不行使的,该权利消灭。

关于解除权的行使,《合同法》第 96 条规定:(1)一方行使解除权解除合同的,应当通知对方。合同自通知到达对方时解除。对方有异议的,可以请求人民法院或仲裁机构确认解除合同的效力。(2)法律、行政法规规定解除合同应该办理批准、登记等手续的,应遵循其规定。

2. 协议解除程序

协议解除程序,是指当事人双方经过协商同意,将合同解除的程序。其特点是:合同的解除取决于当事人双方意思表示一致,而不是基于当事人一方的意思表示,也不需要有解除权,完全是以一个新的合同解除原合同。它适用于协议解除类型,并且在单方解除中,只要解除权人愿意采取这种程序,法律也应允许并加以提倡。

由于协议解除程序是采取合同的方式,所以要使合同解除有效成立,也必须有要约和承诺。这里的要约,是解除合同的要约,其内容是要消灭既存的合同关系,甚至包括已经履行的部分是否返还,责任如何分担等问题。它必须是向既存合同的对方当事人发出,并且要在既存合同消灭之前提出。这里的承诺,是解除合同的承诺,是完全同意上述要约的意思的表示。协议解除是否必须经过法院或仲裁机构的裁判,我国法律未作这样的要求,允许当事人选择:或者经过法院或仲裁机构的裁判,或者直接由双方当事人达成解除原合同的协议。

在合同解除须经有关部门批准时,有关部门批准解除的日期即为合同解除的日期。在合同解除无须有关部门批准时,双方当事人协商一致之时就是合同解除生效之时,或者由双方当事人商定解除生效的日期。

3. 行使解除权的程序

行使解除权的程序必须以当事人享有解除权为前提。所谓解除权,是指合同当事人可以将合同解除的权利。它的行使,发生合同解除的法律效果,因而它是一种形成权。解除权按其性质来讲,不需要对方当事人的同意,只需解除权人单方的意思表示,就可以把合同解除。解除权人主张解除合同,应当通知对方。合同自通知到达对方时解除。对方有异议的,可以请求人民法院或者仲裁机构确认合同的效力。法律、行政法规规定解除合同应当办理批准、登记等手续的,依照其规定(《合同法》第 96 条第 2 款)。

行使解除权的程序适用于不可抗力致使合同不能履行、当事人一方违约和约定解除等场合。在不可抗力致使合同不能履行的场合,解除权由双方当事人享有,任何一方都可行使。在当事人一方违约的情况下,解除权归守约方享有,不然会被违约方利用解除制度来谋取不正当利益。在约定解除的情况下,解除权归合同指定的当事人享有,既可以是一方当事人享有,也可以是双方当事人享有。

解除权对权利人而言是一种利益,这种利益是否被解除权人舍弃或推迟取得,只要无损于国家利益、社会公共利益,无损于对方当事人的合法权益,就应允许。所以,行使解除权具有自主性,主要表现为解除权人可以在合同解除与请求继续履行之间选择,解除权可以在特定期间的任何时刻行使,可以采取和对方当事人协商的方式等。

解除权的行使也有限制。法律规定或者当事人约定解除权行使期限的,期限届满当事人不行使的,该权利消灭。法律没有规定或者当事人没有约定解除权的行使期限,经对方催告后在合理期限内不行使的,该权利消灭。

解除权行使采取双方协商的方式,在我国应予提倡,其原因有:第一,合同解除不会使双方当事人在物质利益上共同增加,而是此消彼增。单就这点来说,双方不易就合同解除及由此而生的返还财产、分担责任等达成协议,这也是法律应赋予有关当事人以解除权的重要原因。但是,当事人的特殊物质利益毕竟是以根本利益一致为前提而存在的,双方没有不可调和的利害冲突。如果合同解除是为了维护国家利益,实现社会主义生产目的,那么双方宜互谅互让地将合同解除。第二,协商的过程,是当事人双方明了事情原委和责任如何分配的过程。在此过程中,彼此了解到各自的困难,能够互谅互让,既解决法律后果问题,又解决思想认识问题,便于解决纠纷,减少诉讼。第三,倡导协商方式符合民事诉讼法的调解原则,使实体法与程序法的规定更加统一。

双方协商的方式并不是解除权的丧失,恰恰相反,正是由于解除权的存在并发挥作用,才使协商一致解除合同的可能性大大增加。在很大程度上,无解除权的当事人之所以同意解除权人的意见,是因为即使不同意,解除权人也会依自己的意思表示将合同解除,并按法律规定或合同约定发生一定的法律效果。

4. 法院裁决的程序

这里所说的法院裁决的程序,不是指在协议解除的程序和行使解除权的程序中当事人诉请法院来解除合同,而是指在适用情势变更原则解除合同时,由法院裁决合同解除的程序。由于适用情势变更原则解除合同,当事人无解除行为,只是由法院根据案件的具体情况和情势变更原则的法律要件加以裁决。因此,对这种类型的合同解除只能适用法院裁决的程序。

5. 合同解除的法律后果

我国《合同法》第97条规定:"合同解除后,尚未履行的,终止履行;已经履行的,根据履行情况和合同性质,当事人可以要求恢复原状、采取其他补救措施,并有权要求赔偿损失。"本条规定了合同解除的效力。合同解除的效力就是合同解除所产生的法律后果。我国《合同法》从实际出发,借鉴国外经验,遵循经济活动高效的原则,对合同解除的效力作了比较灵活的规定,是采取具体问题具体分析的态度来解决合同解除是否具有溯及力。所谓根据履行情况,是指根据履行部分对债权的影响。如果债权人的利益不是必须通过恢复原状才能得到保护,则不一定采用恢复原状。当然,如果债务人已经履行的部分,对债权人根本无意义,则可以请求恢复原状。

所谓根据合同性质,是指根据合同标的的属性。标的的属性是不可能或者不容易恢复原状的,就不需要恢复原状。这类情况较多地发生在:

(1)以行为为标的的合同。例如,劳务合同,对于已经履行的劳务,也很难用同样的劳动者和同质量的劳务返还。

(2)以使用标的为内容的连续供应合同。例如,水、电、气的供应合同,显然对以往的供应不可能恢复原状;租赁合同一方在使用标的后,也不能就已经使用的部分作出返还。

(3)涉及第三人利益的合同。合同的标的物所有权已经转让给他人,如果返还会损害第三人的利益;解除委托合同,如果允许已经办理的委托事务恢复原状,将使委托人与第三人发生的法律关系失效,使第三人的利益受损。所谓恢复原状,是指当事人应将标的物恢复到订立合同前的状态。恢复原状是合同解除具有溯及力所表现的效力,是双方当事人基于合同发生的债务全部免除的必然结果。恢复原状只发生于合同部分或者全部履行的情况。如果合同没有开始履行，就谈不上恢复原状的问题，因为合同订立以后的状态和合同订立以前的状态基本一致。恢复原状还要"根据履行情况和合同性质"，这是指从合同的实际情况和标的物的性质来看是否能够恢复到订立合同前的状态。

恢复原状的效果因合同标的物的性质不同而有下列不同：(1)在原交付的标的物存在时，自然要返还原物；除返还原物外，还应当补偿因返还原物所支付的费用，如果返还的是能产生孳息的物，孳息应当随主物一起返还。(2)在原物不存在时，如原物是种类物，可以同一种类的物返还。在有些情况下是不能恢复原状的，如原物是特定物而灭失，提供劳务或者使用物品作为合同的给付，在这样的情况下如果合同解除有溯及力，只能采取赔偿损失或者其他补救措施，而不能恢复原状。

我国法律承认合同解除与损害赔偿并存。《民法通则》第115条规定："合同的变更或者解除，不影响当事人要求赔偿损失的权利。"我国《合同法》第97条规定，合同解除后，当事人有权要求赔偿损失。之所以这样规定，是因为：(1)合同解除不溯及既往的，如果只是使未履行的合同不再履行，不得请求赔偿损失，那么一方当事人因另一方当事人不履行合同或者不适当履行合同受到的损害就无法补救。(2)合同解除溯及既往的，如果只是恢复原状，则非违约方因相信合同能够履行而做准备所支出的人力、物力，以及为恢复原状而支出的费用就得不到补偿。(3)在协议解除合同的情况下，一方当事人因解除合同少受了损失，如果受益的一方不赔偿对方当事人因解除合同受到的损害，则不符合公平原则。(4)在因第三人的过错致使债务人不能履行而解除合同的情况下，债权人不能直接向第三人主张权利，只能由债务人向第三人要求赔偿，如果债务人取得了第三人的赔偿而又不承担解除合同的赔偿责任，等于取得了双重利益，而债权人却要自己承担责任，这是不公平的，会使债权人的利益得不到保障。因此，不能因合同解除而免除债务人应负的赔偿责任。

第三节 各种合同

一、买卖合同

(一)买卖合同的概念与特征

1. 买卖合同的概念

买卖合同是当事人双方约定，一方交付标的物并转移标的物所有权于另一方，另一方受领标的物并支付价款的合同。其中，交付标的物并转移其所有权的一方当事人称为出卖人，在合同实践中习惯上称之为甲方，受领标的物并支付价款的一方当事人称为买受人，在合同实践中习惯上称之为乙方。买卖的双方当事人可以是自然人，也可以是法人或其他组织。

买卖是商品交换最普遍的形式，而买卖合同是对买卖行为的规范、合同的平等自愿性与市场经济中买卖行为的平等自愿互利的原则相吻合。因此，买卖合同是规范买卖行为最有效、最普遍的方式，也是市场经济的法律基础。

2. 买卖合同的特征

(1)买卖合同是有偿合同。

出卖人交付标的物并转移其所有权于买受人，是以获取买受人支付的相应价款为目的；买受人支付价款，是以获取出卖人交付标的物并转移其所有权为目的，两者互为对价、具有明显的有偿性。这是买卖合同的基本特征，也是买卖合同区别于赠与合同的显著标志。

(2)买卖合同是双务合同。

买卖合同双方当事人的权利和义务互相对应互为条件,一方当事人的权利,恰是另一方当事人的义务,一方当事人的义务恰是另一方当事人的权利。出卖人的权利是获取对应的价款,而这恰恰是买受人的义务;出卖人交付标的物并转移其所有权是其义务,这恰恰是买受人的权利,故买卖合同具有明显的双务性。

(3)买卖合同是诺成、不要式合同。

买卖合同的成立不以交付标的物为要件,只要双方当事人本着自愿的原则达成协议,合同即宣告成立,对双方当事人就产生法律效力。因此,买卖合同属诺成合同。同时,买卖合同的成立也没有规定必须符合一定的形式,如书面形式,只要双方意见表示一致,合同就宣告成立。因此,买卖合同属不要式合同,不以履行一定的形式为必要。也就是说,买卖合同可以是口头形式、书面形式或其他合法形式。书面形式,是指合同书、信件和数据电文(包括电报、电传、传真、电子数据交换和电子邮件)等可以有形地表现所载内容的形式。

(二)出卖人与买受人的主要义务

出卖人的主要义务有:(1)交付标的物;(2)转移标的物所有权;(3)对其所转让的财产负权利瑕疵及物的瑕疵的担保责任。

买受人的主要义务有:(1)支付价款;(2)接受标的物并对其进行检验。

(三)标的物所有权转移的规则

1.动产所有权的转移

(1)一般情况下,动产所有权自交付时发生转移。

《民法通则》第 72 条第 2 款规定,按照合同或者其他合法方式取得财产的,财产所有权从财产交付时起转移,法律另有规定或者当事人另有约定的除外。《合同法》第 133 条规定,标的物的所有权自标的物交付时起转移,但法律另有规定或者当事人另有约定的除外。《物权法》第 23 条规定,动产物权的设立和转让,自交付时发生效力,但法律另有规定的除外。

(2)特殊动产的所有权转移。

船舶、航空器以及机动车辆等特殊类型的动产,由于其价值较高,在买卖时常常需要办理权属变动登记手续,如《海商法》第 9 条第 1 款规定,船舶所有权的取得、转让和消灭,应当向船舶登记机关登记。

虽然相关法律规定这类特殊动产的转让需登记,但登记并不是权利变动的公示方式,此类动产的所有权也自交付时起转移,但未依法办理登记手续的,所有权的转移不具有对抗第三人的效力。《物权法》第 24 条对此作了明确规定:"船舶、航空器和机动车等物权的设立、变更、转让和消灭,未经登记,不得对抗善意第三人。"

(3)特殊情形下的动产所有权转移。

买卖合同成立前,买受人已经依法占有该动产标的物的,其所有权自买卖合同成立时发生转移。买卖合同成立后,双方约定由出卖人继续占有该动产的,标的物所有权自买卖合同成立时转移。

2.不动产所有权的转移

不动产物权变动以登记为公示方法,其所有权自办理完所有权的转移登记手续时才发生转移,因此,出卖人不但要实际交付该不动产,而且要协助买受人办理所有权转移登记手续。如果未办理不动产所有权转移登记手续,则不动产所有权不发生变动。《物权法》第 9 条规定,不动产物权的设立、变更、转让和消灭,经依法登记,发生效力;未经登记,不发生效力,但法律另有规定的除外。

3.所有权保留

根据合同自由的原则,合同当事人可以约定标的物所有权转移的时间,《合同法》对这一原则在第 133 条作了规定。所有权保留是当事人约定所有权转移时间的情形之一。《合同法》第 134 条规定:"当事人可以在买卖合同中约定买受人未履行支付价款或者其他义务的,标的物的所有权属于出卖人。"需要提醒的是,这一条款的规定只是一种提示性规定,具体权利设定要由双方当事人协商确定。所有权保留条款是有利于出卖人的条款,它的主要功能是防范出卖人不能取得标的物价款的风险,一旦发生买受人不履行清偿价款义务的情形,出卖人可以行使取回权收回标的物,它实际上是一种新型的担保制度。

(四)标的物风险负担的规则

买卖合同中标的物风险,是指买卖合同的标的物由于不可归责于买卖合同双方当事人的事由毁损、灭失所造成的损失,风险负担是指该损失应由谁来承担。

《合同法》对标的物的风险负担规则进行了规定。

(1)标的物毁损、灭失的风险,在标的物交付之前由出卖人承担,交付之后由买受人承担,但法律另有规定或者当事人另有约定的除外。

(2)因买受人的原因致使标的物不能按照约定的期限交付的,买受人应当自违反约定之日起承担标的物毁损、灭失的风险。

(3)出卖人出卖交由承运人运输的在途标的物,除当事人另有约定的以外,毁损、灭失的风险自合同成立时起由买受人承担。

(4)当事人没有约定交付地点或者约定不明确,依照《合同法》第 145 条规定,标的物需要运输的,出卖人将标的物交付给第一承运人后,标的物毁损、灭失的风险由买受人承担。

(5)出卖人按照约定或者依照《合同法》第 146 条规定将标的物置于交付地点,买受人违反约定没有收取的,标的物毁损、灭失的风险自违反约定之日起由买受人承担。

(6)出卖人按照约定未交付有关标的物的单证和资料的,不影响标的物毁损、灭失风险的转移。

二、赠与合同

(一)赠与合同的概念与特征

1.赠与合同的概念

赠与合同属于转移财产权利的合同,是赠与人将自己的财产无偿给予受赠人,受赠人表示接受赠与的合同。在赠与合同中,无偿出让财产权的一方当事人为赠与人(在合同实践中习惯上称之为甲方),无偿受领财产权的一方当事人为受赠人(在合同实践中习惯上称之为乙方)。

2.赠与合同的特征

(1)赠与合同是单务合同。赠与合同仅赠与人负有无偿转移赠与物给受赠人的义务,而受赠人则无须为无偿取得赠与物支付对价。

(2)赠与合同是无偿合同。赠与合同的赠与人将财产无偿赠与受赠人,受赠人无偿取得该财产,而不需要支付价款或者为其他的对价给付,而且《合同法》还规定,赠与人故意不告知赠与物瑕疵或者保证无瑕疵,造成受赠人损失的,应当承担赔偿责任。

(3)赠与合同为实践合同。《合同法》并没有明确赠与合同是诺成合同还是实践合同,但根据合同法的规定,一般的赠与合同赠与人在赠与财产的权利转移之前可以撤销赠与,这表明在赠与财产的权利转移之前,合同对赠与人和受赠人双方都没有约束力,赠与财产交付之后,赠与人的这种任意撤销权也就消失,赠与合同才具有法律效力,明显具有实践性质。

(二)赠与人的主要义务

赠与人的主要义务是给付赠与标的物的义务,就是按照赠与合同规定的期限、地点和方式将标的物的所有权转移给受赠人,即向受赠人交付赠与物,受赠人也有权要求赠与人交付赠与物。当然,赠与物产权需要进行登记的,要办理相应的登记手续。

赠与人的主要责任是不履行给付义务的责任,赠与人不履行给付赠与标的物的义务,属于违约行为,应当承担债务不履行的责任,赠与人应当继续履行,即向受赠人交付赠与标的物。当可归责于赠与人的原因发生时,即赠与人故意或者重大过失致使赠与财产的毁损、灭失,造成受赠人损失的,赠与人应当承担损害赔偿责任。

(三)赠与合同的撤销

撤销赠与合同分为任意撤销和法定撤销两种。

1. 赠与合同的任意撤销

赠与合同的任意撤销,是指在赠与财产的权利转移之前,得由赠与人依其意思任意撤销赠与合同。但在具有救灾、扶贫等社会公益、道德义务性质的赠与合同和经过公证的赠与合同中,赠与人不得任意撤销赠与合同。

2. 赠与合同的法定撤销

赠与合同中,赠与财产的权利转移之后,赠与人即丧失了任意撤销赠与合同的权利,但在以下条件具备时,赠与人仍可享有撤销赠与合同的法定权利:

(1)受赠人严重侵害赠与人或者赠与人的近亲属的。

(2)受赠人对赠与人有扶养义务而不履行的。

(3)受赠人不履行赠与合同约定的义务的。

赠与人的撤销权,自知道或者应当知道撤销原因之日起1年内行使。该期间为除斥期间。超过这一期间,赠与人不得再行使撤销权。

因受赠人的违法行为致使赠与人死亡或者丧失民事行为能力的,其继承人或其法定代理人可以撤销赠与。赠与人的继承人或者法定代理人的撤销权,自知道或者应当知道撤销原因之日起六个月内行使。这一期间同样也是除斥期间。

(四)赠与合同的解除

赠与合同的法定解除。赠与人的经济状况显著恶化,严重影响其生产经营或者家庭生活的,可以解除赠与合同,不再履行赠与义务。该合同解除不发生溯及既往的效力,赠与人就原已履行的赠与,无权要求受赠人返还。

赠与合同的法定解除与赠与合同的法定撤销有所不同,区别在于:

(1)赠与合同的法定撤销有溯及效力,即使赠与人已移转赠与标的物的权利,也可请求受赠人返还;赠与合同的法定解除则不具有溯及效力。

(2)赠与合同的法定撤销,目的主要是对受赠人的忘恩行为或不履行义务行为的一种惩罚;而赠与合同的法定解除,目的在于照顾确实已处于困窘中的赠与人,平衡双方利益。

三、租赁合同

(一)租赁合同的概念与特征

租赁合同,是指出租人将租赁物交付给承租人使用、收益,承租人支付租金的合同。在当事人中,提供物的使用或收益权的一方为出租人;对租赁物有使用或收益权的一方为承租人。租赁物须为法律允许流通的动产和不动产。

租赁合同有以下特征:

1. 租赁合同是转移租赁物使用收益权的合同

在租赁合同中,承租人的目的是取得租赁物的使用收益权,出租人也只转让租赁物的使用收益权,而不转让其所有权。在租赁合同终止时承租人要返还租赁物。这是租赁合同区别于买卖合同等的根本特征。

2. 租赁合同是双务、有偿合同

租赁合同是双务、有偿合同,即交付租金和转移租赁物的使用收益之间存在对价关系,交付租金是获取租赁物使用收益权的对价,而获取租金是出租人出租财产的目的。

3. 租赁合同是诺成合同

租赁合同的成立和生效不以租赁物的交付为要件,当事人只要依法达成协议即具有法律拘束力。

(二)出租人与承租人的主要义务

出租人负有以下义务:

(1)出租人应当按照约定将租赁物交付承租人使用。出租人交付的租赁物必须符合约定的适用状态,并在租赁期间保持租赁物符合约定的用途。如果租赁物有瑕疵而妨碍使用,出租人有义务在修理完善之后交付使用,或另换同类租赁物交付使用。如果租赁物附有从物,如机器的配件、检修工具等,则从物也一并交付承租人。如果租赁物的技术性较强,出租人还应交付有关装配图纸、使用说明书和操作规程等技术指导资料。

(2)出租人应当履行租赁物的维修义务。如果当事人没有约定,那么出租人应当履行租赁物的维修义务。所谓维修,是指租赁物不合约定的使用收益状态时,对租赁物进行修理,以使其达到约定的正常使用收益状态。出租人履行租赁物的维修义务必须符合租赁物是在出租期间发生的故障、不是因承租人的过错所引起的等条件。当租赁物出现故障时,承租人应及时通知出租人在合理期限内维修。出租人应尽维修义务的,承租人可以自行维修,维修费用由出租人负担。因维修租赁物影响承租人使用的,应当相应减少租金或者延长租期。

承租人负有以下义务:

(1)承租人有合理使用、善意保管租赁物的义务。《合同法》第217条规定,承租人有按照约定的方法使用租赁物的义务。对租赁物的使用方法没有约定或者约定不明确,双方可以协议补充;不能达成补充协议的,应当按照租赁物的性质使用。如果承租人按照约定的方法或者租赁物的性质使用租赁物,致使租赁物受到损失的,不承担损害赔偿责任。如果承租人未按照约定的方法或者租赁物的性质使用租赁物,致使租赁物受到损失的,出租人可以解除合同并请求赔偿损失。租赁物在正常使用中出现故障,应当及时通知出租人,并妥善保管好租赁物。承租人应尽妥善保管义务,造成租赁物毁损、灭失的,应当承担损害赔偿责任。

　　另外,承租人原则上不得损毁、改变租赁物的现状。承租人未经出租人同意对租赁物进行改善或者增设他物的,出租人可以要求承租人恢复原状或者赔偿损失。但是,经出租人同意,可以对租赁物进行改善或者增设他物。租赁合同解除后,承租人可以请求出租人就现存的增加价值部分偿还支出的费用。

　　(2)承租人不经出租人的同意,不得私自将出租物转租他人。同时,《合同法》第224条规定,承租人经出租人同意,可以将租赁物转租给第三人。承租人转租的,承租人与出租人之间的租赁合同继续有效,第三人对租赁物造成损失的,承租人应当赔偿损失。承租人未经出租人同意转租的,出租人可以解除合同。

　　(3)承租人有交付租金的义务。承租人应当按照约定的期限支付租金。对支付期限没有约定或者约定不明确,双方可以协议补充;不能达成补充协议的,应当在租赁期限届满时支付,但租赁期限1年以上的,应当在每届满1年时支付,剩余期限不满1年的,应当在租赁期限届满时支付。承租人无正当理由未支付或者迟延支付租金的,出租人可以要求承租人在合理期限内支付。承租人逾期不支付的,出租人可以解除合同。但是,《合同法》第231条规定,因不可归责于承租人的事由,致使租赁物部分或者全部毁损、灭失的,承租人可以请求减少租金或者不支付租金;因租赁物部分或者全部毁损、灭失,致使不能实现合同目的的,承租人可以解除合同。另外,《合同法》第228条还规定,如果第三人对租赁物主张权利,影响承租人对租赁物使用、收益的,承租人可以请求减少租金或者不支付租金。当然,第三人主张权利时,承租人应当及时通知出租人。

　　(4)承租人在租赁关系终止时向出租人归还租赁物的义务。租赁期间届满或一方违约而致租赁合同解除时,承租人应当返还租赁物,并且返还的租赁物应当符合按照约定或者租赁物的性质使用后的状态。但是,根据《合同法》第236条规定,租赁期间届满,承租人继续使用租赁物,出租人没有提出异议的,原租赁合同继续有效,但租赁期限为不定期。

　　除法律另有规定,返还的租赁物应当符合原状。如果承租人对租赁物正常使用并尽妥善保管义务的,出租人不得要求承租人对租赁物合理的老旧和磨损进行赔偿。如果承租人未经出租人同意,对租赁物进行了改装或改建,那么承租人应予恢复原状。

(三)租赁合同的解除

　　根据合同法的规定,合同的解除条件有约定和法律规定两种,解除的方式有双方协商解除和一方申请解除。合同法对承租人解除合同的条件有了一些规定,如规定不定期租赁时当事人可以随时解除合同;因租赁物部分或者全部毁损灭失,致使不能实现合同目的的,承租人可以解除合同。因此,我们认为,当房屋无法使用或者难以使用时,承租人可以在租赁期内提前解除合同,对承租人解除合同条件应严格掌握。

四、承揽合同

(一)承揽合同的概念与特征

　　承揽合同是承揽人按照定作人的要求完成工作,交付工作成果,定作人给付报酬的合同。
　　承揽合同具有以下特征:
　　第一,承揽合同属于完成工作的合同。承揽合同以完成一定工作并提供工作成果为目的,定作人所关注的并非是承揽人的工作过程,而是最终实现的工作成果。承揽人只有提供符合定作人要求的工作成果,才能取得定作人给付的报酬。也就是说,定作人给付的报酬并非是对承揽人提供劳务的对价,而是对承揽人完成特定工作成果的对价。

第二,承揽合同的标的是特定的工作成果。承揽合同的标的具有特定性。一方面,它既不是一般的财产,也不是单纯的劳务,而是特定的工作成果;另一方面,它又是定作人要求承揽人完成并交付的工作成果,而这一工作成果能否实现在订立合同时还尚不确定。

第三,承揽人独立完成工作并承担风险。承揽合同具有人身信任性质。承揽人一般应当以自己的条件亲自、独立地完成工作,并承担完成工作的风险,对工作成果负全部责任。定作人不得干预、妨碍承揽人的工作。

第四,承揽合同是双务有偿合同。在承揽合同中,承揽人完成工作成果,由定作方向其支付报酬,双方互相享有权利承担义务,体现了双务、有偿的特点。

第五,承揽合同是诺成合同、不要式合同。承揽合同一般为不要式合同,当事人可以选择合同的具体形式。

(二)承揽人与定作人的主要义务

在承揽合同中,承揽人的义务一般主要有以下几个方面:(1)按约定完成工作成果并交付;(2)亲自完成工作;(3)妥善保管、合理使用定作人提供的原材料或物品;(4)接受定作方检验;(5)在因不可抗力等原因不能完成工作或由于定作人要求不合理无法完成工作时,及时通知定作人;(6)对工作成果的瑕疵担保义务;(7)保密义务。

在承揽合同中,定作人的义务主要包括:(1)及时接受工作成果;(2)按合同规定支付报酬;(3)配合与协助承揽人完成工作。

(三)承揽合同的解除

当事人可以约定承揽合同的期限,期限届至时合同当然终止。当事人双方也可以协议解除合同,合同因当事人达成协议而解除。这是合同中意思自治原则的当然体现。不过合同的终止不得以损害他人利益为目的。当事人行使合同解除权的终止,实际上有两种不同情况:

(1)定作人随时解除合同权的行使标准。

《合同法》第268条规定:"定作人可以随时解除承揽合同,造成承揽人损失的,应当赔偿损失。"这种合同解除与一般的合同解除是不同的。在一般的合同解除权行使时,要求对方严重违约。合同目的落空等情况的发生,从而非违约方可以无代价地解除合同,并可以请求对方负违约责任等。而在这种以赔偿损害为代价的合同解除场合则不要求对方违约,也不要求对方承担责任,而是解除权人自己承担责任。

(2)承揽合同因当事人一方严重违约而解除的裁判标准。

这种情况主要有以下几种:承揽人未依约定按时完成合同工作义务而使其工作于定作人已无意义时;承揽人未经定作人同意将承揽合同的主要工作转由第三人完成的;定作人在检验监督中发现承揽人工作中存在问题,经向承揽人提出,而承揽人拒不更改的;定作人提供的材料或图纸、技术要求存在问题,并不依承揽人通知及时修改、更换的;定作人未尽到协助义务,经承揽人通知仍不履行的,等等。以上各种情况出现时,当事人均可因对方的违约行为行使合同解除权,有损害存在的还可同时请求损害赔偿。

五、保管合同

(一)保管合同的概念与特征

保管合同是保管人保管寄存人交存的保管物,并返还该物的合同。

保管合同具有以下几个特征:

第一,保管合同属于提供劳务的合同。保管合同以物的保管为目的,保管人为寄存人提供的是保管服务。保管合同的履行,仅转移保管物的占有,而对保管物的所有权、使用权不产生影响。

第二,保管合同是实践合同。就保管合同而言,仅有当事人双方意思表示一致,合同还不能成立,还必须有寄存人将保管物交付给保管人的事实。《合同法》第 367 条规定:"保管合同自保管物交付时成立,但当事人另有约定的除外。"

第三,保管合同既可以是单务、无偿、不要式合同,也可以是双务、有偿、要式合同。

(二)保管人与寄存人的主要义务

1.保管人的义务

(1)给付保管凭证的义务。

寄存人向保管人交付保管物的,保管人应当给付保管凭证,但另有交易习惯的除外。保管凭证是寄存人向保管人交付保管物的凭证,同时对已成立的合同有举证作用。

(2)妥善保管保管物的义务。

保管人应当妥善保管保管物。除紧急情况或者为了维护寄存人利益的之外,保管人不得擅自改变保管场所或者方法。该项义务是保管人最主要的义务。

(3)不得转保管的义务。

保管人应当亲自保管保管物,不得将保管物转交第三人保管,但当事人另有约定的除外。该项义务是由保管行为的专属性所决定的。

(4)不得使用的义务。

保管人一方面不得自己使用保管物,另一方面也不得许可第三人使用保管物,但当事人另有约定的除外。

(5)及时通知的义务。

第三人对保管物主张权利,提起诉讼或者对保管物申请扣押的,保管人应当及时将这一情况通知寄存人。

(6)返还保管物的义务。

保管期间届满或者寄存人提前领取保管物的,保管人应当将原物及其孳息归还寄存人。即便是第三人对保管物主张权利的,除依法对保管物采取保全或者执行的以外,保管人仍应当履行向寄存人返还保管物的义务。

2.寄存人的义务

(1)告知有关情况的义务。

寄存人交付的保管物有瑕疵或者按照保管物的性质需要采取特殊保管措施的,寄存人应当将有关情况告知保管人。寄存人寄存货币、有价证券或者其他贵重物品的,应当向保管人声明,由保管人验收或者封存。

(2)支付保管费的义务。

对于有偿的保管合同,寄存人应当按照约定的期限向保管人支付保管费。如果没有确定保管费的支付期限,寄存人应当在领取保管物的同时支付。

(3)支付仓储费的义务。

存货人应当按照约定的时间、地点和方式等,向保管人支付仓储费。这是存货人最基本的义务。

六、运输合同

(一)运输合同的概念与特征

1. 运输合同的概念

运输合同是承运人将旅客或货物运到约定地点,旅客、托运人或收货人支付票款或运费的合同。其特征有:(1)运输合同是有偿的、双务合同;(2)运输合同的客体是指承运人将一定的货物或旅客运到约定的地点的行为;(3)运输合同大多是格式条款合同。

2. 运输合同的特征

运输合同具有以下几个特征:

第一,运输合同属于提供劳务的合同,合同标的为运输劳务。运输合同的核心内容是承运人为旅客或者托运人提供的运输劳务。运输劳务本身虽然不会产生具体、有形的"劳动成果",但却可以使旅客和托运人获得服务并从中受益。

第二,运输合同是双务、有偿合同。在运输合同中,承运人运输旅客或者货物,旅客、托运人或者收货人支付票款或者运费,当事人双方的权利义务具有对待给付关系。

第三,运输合同一般为诺成合同。客运合同是诺成合同,因为该合同自承运人向旅客交付客票时即成立。货运合同一般为诺成合同,但也有一些是实践合同。

第四,运输合同多为格式合同。一般地,运输合同的条件是由承运人预先明确的,作为运输合同具体表现形式的客票、货运单或者提单也都是统一印制的,符合格式合同的特点。

(二)客运合同的概念、特征以及客运合同当事人的主要义务

1. 客运合同的概念

客运合同又称为旅客运输合同,是指承运人与旅客签订的由承运人将旅客及其行李运输到目的地而由旅客支付票款的合同。

根据运送工具的不同,客运合同可分为铁路客运合同,公路客运合同,水路客运合同,航空客运合同等,客运合同一般采用票证形式,如车票、船票、机票等。

2. 客运合同的特征

客运合同自承运人向旅客交付客票时成立,属即时清结的合同形式。但当事人另有约定或者另有交易习惯的除外。客运合同是一种较特殊的合同,它的运输标的是人而不是物,所以,客运合同具有其特殊性:

(1)旅客即合同一方当事人,又是运输对象。

(2)客运合同通常采用票证形式。

(3)客运合同包括对旅客行李的运送。

客运合同为运输合同的一种,其具有如下法律特征:

(1)客运合同的标的为运输旅客的行为。客运合同是旅客与承运人关于运输旅客的协议,客运合同的目的是承运人按时将旅客安全送达目的地,因此,客运合同的标的即为运输旅客的行为。

(2)客运合同为实践性合同。客运合同自承运人向旅客交付客票时成立,但当事人另有约定或者另有交易习惯的除外。

3. 客运合同当事人的主要义务

(1)旅客的义务。

①旅客有持有效客票乘运的义务。

客票为表示承运人有运送其持有人义务的书面凭证,是收到旅客承运费用的收据。客票并非旅客运输合同的书面形式,但它却是证明旅客运输合同的唯一凭证,也是旅客乘运的唯一凭证。因此,无论采用哪一种运输方式,旅客均须凭有效客票才能承运,除特别情形外,不能无票承运。旅客无票乘运、超程乘运、越级乘运或者持失效客票乘运的,应当补交票款,承运人可以按照规定加收票款。旅客不交付票款的,承运人可以拒绝运输。

②旅客有限量携带行李的义务。

旅客在运输中应当按照约定的限量携带行李。超过限量携带行李的,应当办理托运手续。

③旅客有不随身携带或者在行李中夹带违禁物品的义务。

旅客不得随身携带或者在行李中夹带易燃、易爆、有毒、有腐蚀性、有放射性以及有可能危及运输工具上人身和财产安全的危险物品或者其他违禁物品。旅客违反规定的,承运人可以将违禁物品卸下、销毁或者送交有关部门。旅客坚持携带或者夹带违禁物品的,承运人应当拒绝运输。另外,旅客随身携带或在行李中夹带违禁品的,还应承担相应行政责任,情节严重的,还须承担刑事责任。

(2)承运人的义务。

①承运人的告知义务。

承运人应当向旅客及时告知有关不能正常运输的重要事由和安全运输应当注意的事项。所谓有关不能正常运输的重要事项,是指因承运人的原因或天气等原因使运输时间迟延,或运输合同所约定的车次、航班取消等影响旅客按约定时间到达目的地的事项。所谓安全运输应当注意的事项,是指在运输中为保障旅客的人身、财产安全,需要提醒旅客注意的事项。

②承运人有按照客票载明的时间和班次运输旅客的义务。

客票是证明旅客运输合同有效成立的书面凭证,客票上所载明的时间、班次是经承运人和旅客双方当事人意思表示一致,从而成为合同内容的重要组成部分,对此,双方均应按约定履行。承运人只有按客票载明的时间、班次运输,才属于全面、适当地履行了合同。对于承运人未按客票载明的时间和班次进行运输的,旅客有权要求安排改乘其他班次、变更运输路线以到达目的地或者退票。

③承运人在运输过程中的救助义务。

承运人在运输过程中,应当尽力救助患有急病、分娩、遇险的旅客。如果承运人对患有急病、分娩、遇险的旅客不予救助,因其不作为即可被要求承担民事责任。

④承运人的安全运送任务。

运输合同生效后,承运人负有将旅客安全送达目的地的义务,即在运输中承运人应保证旅客的人身安全。对旅客在运输过程中的伤亡,承运人应承担损害赔偿责任,但伤亡是旅客自身健康原因造成的或者承运人证明伤亡是旅客故意、重大过失造成的除外。这种免责事由的规定,说明承运人应对旅客的人身伤亡承担无过错责任。承运人对旅客伤亡的赔偿责任及其免责事由的适用,不仅限于正常购票乘车的旅客,也适用于按照规定免票、持优待票或者经承运人许可搭乘的无票旅客。

除上述旅客外,对于无票乘车又未经承运人许可的人员的伤亡,因没有合法有效的合同关系存在,承运人不承担违约的赔偿责任。承运人负有安全运输旅客自带物品的义务。在运输过程中旅客自带物品毁损、灭失,承运人有过错的,应当承担损害赔偿责任。

(三)货运合同的概念与特征以及货运合同当事人的主要义务

1. 货运合同的概念

货运合同,是指托运人将需要运送的货物交给承运人,由承运人按托运人的要求将货物运送到指定地点交付给托运人或者收货人,并由托运人或收货人支付运费的合同。

货运合同按运输工具划分,可分为铁路运输合同、公路运输合同、水路运输合同和航空运输合同等;按货物性质划分,可分为普通货物运输合同、特殊货物运输合同、危险货物运输合同等。

2. 货运合同的特征

货运合同为运输合同的一种,除具有运输合同的一般特征外,还具有如下重要特征:

(1)货运合同往往涉及第三人。

货运合同由托运人与承运人双方订立,托运人与承运人为合同的当事人,但托运人既可以为自己的利益托运货物,也可以为第三人的利益托运货物。托运人既可自己为收货人,也可以是第三人为收货人。在第三人为收货人的情况下,收货人虽不是订立合同的当事人,但却是合同的利害关系人。在此情况下的货运合同即属于为第三人利益订立的合同。

(2)货运合同以将货物交付给收货人为履行完毕。

货运合同与客运合同一样,均是以承运人的运输行为为标的。但是,客运合同中承运人将旅客运输到目的地义务即履行完毕;而货运合同中,承运人将货物运输到目的地,其义务并不能完结,只有将货物交付给收货人后,其义务才告履行完毕。

(3)货运合同为诺成性合同。

货运合同一般以托运人提出运输货物的请求为要约,承运人同意运输为承诺,合同即告成立。因此,货运合同为诺成性合同。

3. 货运合同当事人的主要义务。

(1)托运人的义务。

①如实申报的义务。

托运人在将货物交付运输时,有对法律规定或当事人约定的事项进行如实申报的义务。因托运人申报不实或者遗漏重要情况,造成承运人损失的,托运人应当承担损害赔偿责任。

②托运人有按规定向承运人提交审批、检验等文件的义务。

在货物运输中,根据运输货物的种类、性质及国家的计划安排等,有的货物的运输需要得到有关部门的批准,有的货物运输需要先经过有关机关的检验方可进行运输。托运人对需要办理审批、检验手续的货物运输,应将办完有关手续的文件提交承运人。

③托运人的包装义务。

合同中对包装方式有约定的,托运人有按照约定方式包装货物的义务。合同中对包装方式没有约定或者约定不明确时,可以协议补充,不能达成补充协议的,按照合同有关条款或者交易习惯确定。仍不能确定的,应当按照通用的方式包装,没有通用方式的,应当采取足以保护标的物的包装方式。

所谓按照通用的方式包装,主要是指按照某种运输工具运输某种货物的惯常方式包装。所谓足以保护货物的包装方式,主要是指足以保证货物在运输过程中不致发生损坏、散失、渗漏等情形的包装方式。托运人违反约定的包装方式的,或者不按通用的方式或足以保护运输货物的包装方式而交付运输的,承运人有权拒绝运输。

④托运人托运危险物品时的义务。

托运人托运易燃、易爆、有毒、有腐蚀性、有放射性等危险物品的,应当按照国家有关危险物品运输的规定对危险物品妥善包装,作出危险物标志和标签,并将有关危险物品的名称、性质和防范措施的书面材料提交承运人。托运人违反规定的,承运人可以拒绝运输,也可以采取相应措施以避免损失的发生,由此产生的费用由托运人承担。

⑤支付运费、保管费以及其他运输费用的义务。

在承运人全部、正确履行运输义务的情况下,托运人或者收货人有按照规定支付运费、保管费以及其他运输费用的义务。这是托运人应负担的主合同义务。托运人或者收货人不支付运费、保管费以及其他运输费用的,承运人对相应的运输货物享有留置权,但当事人另有约定的除外。货物在运输过程中因不可抗力灭失,未收取运费的,承运人不得要求支付运费;已收取运费的,托运人可以要求返还。

(2)承运人的义务。

①安全运输义务。

承运人应依照合同约定,将托运人交付的货物安全运输至约定地点。运输过程中,货物毁损、灭失的,承运人应承担损害赔偿责任。货物的毁损、灭失的赔偿额,当事人有约定的,按照其约定;没有约定或者约定不明确,当事人可以协议补充,不能达成补充协议的,按照合同有关条款或者交易习惯确定。仍不能确定的,按照交付或者应当交付时货物到达地的市场价格计算。法律、行政法规对赔偿额的计算方法和赔偿限额另有规定的,依照其规定。如果承运人证明货物的毁损、灭失是因不可抗力、货物本身的自然性质或者合理损耗以及托运人、收货人的过错造成的,不承担损害赔偿责任。

②承运人的通知义务。

货物运输到达后,承运人负有及时通知收货人的义务。当然,承运人只有在知道或应当知道收货人的通信地址或联系方法的情况下,方负有上述通知义务,如果因为托运人或收货人的原因,如托运人在运单上填写的收货人名称、地址不准确,或者收货人更换了填写地址或联系方式而未告知承运人的,承运人免除上述通知义务。

(3)收货人的义务。

①及时提货的义务。

收货人虽然没有直接参与货物运输合同的签订,但受承运人、托运方双方签订的货物运输合同约束,收货人应当及时提货,收货人逾期提货的,应当向承包人支付保管费等费用。收货人不及时提货的,承运人有提存货物的权利。根据《合同法》第316条的规定,在货物运输合同履行中,承运人提存货物的法定事由有两项:

一是收货人不明。这主要包括无人主张自己是收货人,通过现有证据,主要是货物运输合同也无法确认谁是收货人;以及虽有人主张自己是收货人,但根据现有证据,包括货物运输合同及主张人提供的证据,无法认定其即收货人等情形。

二是收货人无正当理由拒绝受领货物,主要是指虽有明确的收货人,但其没有正当理由而拒绝受领货物。承运人提存运输的货物后,运输合同关系即告消灭,该货物毁损、灭失的风险由收货人承担。提存期间,货物的孳息归收货人所有,提存所生费用也均由收货人承担。

②支付托运人未付或者少付的运费以及其他费用。

在一般情况下,运费由托运人在发站向承运人支付,但如果合同约定由收货人在到站支付或者托运人未支付的,收货人应支付。在运输中发生的其他费用,应由收货人支付的,收货人也必须支付。

③收货人有在一定期限内检验货物的义务。

货物运交收货人后,收货人负有对货物及时进行验收的义务。收货人应当按照约定的期限检验货物。对检验货物的期限没有约定或者约定不明确,当事人可以协议补充,不能达成补充协议的,按照合同有关条款或者交易习惯确定。仍不能确定的,应当在合理期限内检验货物。收货人在约定的期限或者合理期限内对货物的数量、毁损等未提出异议的,视为承运人已经按照运输单证的记载交付的初步证据。

七、委托合同

(一)委托合同的概念与特征

1.委托合同的概念

委托合同又称委任合同,是指当事人双方约定一方委托他人处理事务,他人同意为其处理事务的协议。在委托合同关系中,委托他人为自己处理事务的人称委托人,接受委托的人称受托人。

2.委托合同的特征

(1)委托合同的标的是委托人和受托人订立委托合同的目的,在于通过受托人办理委托事务来实现委托人追求的结果,因此,该合同的客体是受托人处理委托事务的行为。

(2)委托合同是诺成、非要式、双务合同。委托人与受托人在订立委托合同时不仅要有委托人的委托意思表示,而且还要有受托人接受委托的承诺,即承诺与否决定委托合同是否成立。委托合同自承诺之时起生效,无须以履行合同的行为或者物的交付作为委托合同成立的条件。

委托合同成立不一定要履行一定的形式,口头、书面等方式都可以。

委托合同经要约承诺后合同成立,无论合同是否有偿,委托人与受托人都要承担相应的义务。对委托人来说,委托人有向受托人预付处理委托事务费用的义务,当委托合同为有偿合同时还有支付受托人报酬等义务。对受托人来说,受托人有向委托人报告委托事务、亲自处理委托事务、转交委托事务所取得的财产等义务。

(3)委托合同可以是有偿的,也可以是无偿的。委托合同是建立在双方当事人彼此信任的基础上的。委托合同是否有偿,应以当事人双方根据委托事务的性质与难易程度协商决定,法律不作强制规定。

(二)委托人与受托人的主要义务

1.委托人的义务

第一,无论委托合同是否有偿,委托人都有义务提供和补偿委托事务必要的费用。应支付多少费用以及支付的时间、方式等,应依据委托事务的性质及处理的具体情况而定。

第二,委托人应向受托人支付约定的报酬。

第三,委托人对于受托人在授权范围内处理事务所产生的债务应当清偿。

第四,受托人在处理事务过程中,因不可归责于自己的事由而造成损失的,有权要求委托人赔偿损失。

第五,两个以上的受托人需对完成同一事务的委托负连带责任,反之亦然。两个以上的委托人对受托人完成委托事务的行为后果负连带责任,但在约定中已事先商定是按份责任的除外。

2.受托人的义务

第一,受托人对委托事务原则上应亲自办理。受托人原则上应根据委托人的指示办理委托事务,但为了委托人的利益或遇到某些特殊的情况,受托人有权不按照或不完全按照委托人的指示办事。受托人办理委托事务应尽职尽责。

第二,受托人应将委托事务的开展情况向委托人报告。当委托事务终了,受托人应将办理委托事务的始末经过、各种账目、收支计算向委托人报告。

第三,受托人应将因办理委托事务取得的各种利益及时转给委托人。

第四,受托人以自己的名义为委托人办理事务而取得的权利,应将权利转移给委托人。

(三)委托合同的解除

《合同法》第四百一十条 委托人或者受托人可以随时解除委托合同。因解除合同给对方造成损失的,除不可归责于该当事人的事由以外,应当赔偿损失。

八、居间合同

(一)居间合同的概念与特征

1. 居间合同的概念

居间合同,是指居间人向委托人报告订立合同的机会或者提供订立合同的媒介服务,委托人支付报酬的合同。在民法理论上,居间合同又称为中介合同或者中介服务合同。向他方报告订立合同的机会或者提供订立合同的媒介服务的一方为居间人,接受他方所提供的订约机会并支付报酬的一方为委托人。

2. 居间合同的特征

居间合同具有以下特征:

(1)居间合同是由居间人向委托人提供居间服务的合同。居间人向委托人报告订立合同的机会或者提供订立合同的媒介服务,委托人是否与第三人订立合同,与居间人无关,居间人不是委托人与第三人之间的合同的当事人。

(2)居间人对委托人与第三人之间的合同没有介入权。居间人只负责向委托人报告订立合同的机会或者为委托人与第三人订约居中斡旋,传达双方意思,起牵线搭桥的作用,对合同没有实质的介入权。

(3)居间合同是双务、有偿、诺成合同。

(二)委托人与居间人的主要义务

居间合同中居间人的权利实际上就是委托人的义务。居间人的权利有以下两个方面。

1. 委托人的主要义务

(1)支付居间报酬的义务。居间人促成合同成立的,委托人应当按照约定支付报酬。未订立合同的,委托人可以拒绝支付报酬。因居间人提供订立合同的媒介服务而促成合同成立的,由该合同的当事人平均负担居间人的报酬。

(2)偿付费用的义务。居间人未促成合同成立的,不得要求支付报酬,但可以要求委托人支付从事居间活动支出的费用。

2. 居间人的主要义务

(1)居间人的报酬请求权。

报酬请求权是居间人的主要权利。双方当事人约定居间人的报酬,居间人的报酬标准,国家有限制规定的,当事人约定的报酬额不能超过国家规定的最高标准。居间合同报酬的给付义务有两种情况:一是报告居间,因居间人仅为委托人报告订约机会,并不与委托人的相对人发生关系,所以报告居间仅由委托人承担给付义务。二是媒介居间,因为交易双方当事人都因为居间人的媒介而得益,所以,除另有约定外,由双方当事人平均负担居间人的报酬。居间人行使报酬请求权采取报酬后付,即以合同因其报告或媒介成立而为限。合同未成立的,不得请求报酬;合同虽成立但无效时,居间人也不能请求报酬。

当居间人违反诚实信用原则由相对人收受利益,或违反其对于委托人的义务而为有利于相对人的行为的,不得向委托人行使报酬请求权。

(2)居间人的费用偿还请求权。

居间人所需费用,通常包括在报酬内,居间活动的费用一般由居间人负担,非经特别约定,居间人不得请求偿还费用。但当事人在居间合同中约定由委托人承担费用的,居间人对其已付的费用有偿还请求权。

居间人违反其对于委托人的义务而作出有利于委托人的相对人的行为,或者违反诚实信用原则的方法而由相对人收受利益时,即使事前约定有费用偿还请求权,也无权行使。

居间人的义务有以下三个方面:①报告订约机会或者提供订立合同媒介的义务。居间人应当就有关订立合同的事项向委托人如实报告。②忠实义务。居间人应当如实报告订立合同的有关事项和其他有关信息。居间人故意隐瞒与订立合同有关的重要事实或者提供虚假情况,损害委托人利益的,不得要求支付报酬并应当承担损害赔偿责任。③负担居间费用的义务。居间人促成合同成立的,居间活动的费用,由居间人负担。

第四章　人身权

第一节　人身权概述

一、人身权的概念与特征

人身权，是人格权和身份权的合称，又称人身非财产权，是指民事主体依法享有的，与其自身不可分离亦不可转让的没有直接财产内容的法定民事权利。人身权是民事主体享有的最基本的民事权利，自然人可能因为某种法定原因丧失某种财产权利或者政治权利，但不可能丧失基本的人身权利。例如，某人可能因为犯罪被剥夺政治权利，或者因故意杀害被继承人而丧失继承权，但其作为自然人依法享有的人身权仍依法受到保护。人身权是民事主体从事民事法律行为，设定、取得、变更或者放弃其他民事权利的基础，特别是民事主体取得财产权的前提。例如，自然人家庭成员之间的身份权是取得继承权的前提；法人没有名称权，其经营活动就难以正常、有序地开。

人身权的特征如下：

第一，非财产性，即人身权以民事主体的人格利益和特定的身份为客体，而人格利益和身份本身并不具有直接的财产内容，它所体现的是人们的道德情感、社会评价等。

第二，不可转让性，即人身权与民事主体不可分离决定了人身权的不可转让性。

第三，不可放弃性，即个人作为存在于社会的个体，个人利益必然隐含和体现了社会利益，对人身权的放弃就是对社会利益的侵犯，故人身权具有不可放弃性。

第四，法定性，即人身权的取得基于法律的直接规定。

第五，绝对性和支配性，即人身权是权利主体支配人格利益或者身份的对抗其他一切人的民事权利。

二、人身权的分类

1. 人格权

人格权是作为民事主体必备的、以人格利益为内容，并为法律所承认和保护的民事权利。

人格权不等于人格尊严，人格尊严只是人格权的一部分。

一般人格权，是指以民事主体全部人格利益为标的的总括性权利，主要包括人格尊严权、自由权和平等权。

人格尊严权，是指公民对自身价值的认识和他人、社会对其做人资格的评价依法所享有的不可侵犯的权利。人格尊严权不是名誉权。名誉权，是指民事主体享有对其个人表现获得社会客观评价及获得评价不受侵害的权利。两者的客体范围不同。

人格权具体包括：生命权、身体权、健康权、人身自由权、隐私权、名誉权、荣誉权、名称权、姓名权、肖像权等。

2.身份权

身份权,是指民事指主体基于某种特定的身份而依法享有的一种民事权利。具体来讲,是民事主体因一定的资格、地位或从事某种活动的结果而发生的、为维护民事主体的特定身份所必须的人身权。

身份权在不同的历史时期有不同的含义,在当今社会,正确理解身份权应注意如下问题:(1)不能将身份权仅限定在亲属法领域,因为人已不仅仅是家庭中的成员,更重要的是社会成员。(2)不能将身份权的主体仅限于自然人,法人或其他组织基于特定的地位、角色也会有身份利益,从而应享有身份权。(3)身份权中不应该包括继承权。近代以来的民法,都取消了身份继承制度,而财产继承权不属于身份权,而是基于身份关系而产生的财产权。(4)身份权的权利客体不是特定身份关系中的对方当事人,而是基于这种关系产生的受法律保护的身份利益。

第二节　人格权

一、人格权的概念与特征

(一)人格权的概念

人格权,是指公民和法人享有的,概括人格独立、人格自由、人格尊严全部内容的一般人格利益,并由此产生和规定具体人格权的基本权利。

人格权是社会个体生存和发展的基础,是整个法律体系中的一种基础性权利。现代世界各国宪法均将人格权的保护放在重要位置,民法中也有特别人格权或一般人格权的规定。

(二)人格权的特征

一般人格权与具体人格权相比较,具有以下法律特征:

1. 主体普遍性

一般人格权的主体,是普遍主体。一般人格权的主体既包括公民,也包括法人,所有主体一律享有,且公民和公民之间、法人和法人之间一律平等。

2. 权利客体具有高度概括性

一般人格权的客体是一般人格利益,这种一般人格利益具有高度的概括性。从具体内容上分,一般人格利益包括人格独立、人格自由和人格尊严,但这些人格利益不是具体的人格利益,而是高度概括的人格利益。这种概括性,包括两个方面的意义:一是一般人格利益本身的概括性,人格独立、人格自由和人格尊严都不能化成具体的人格利益,也不能成为具体人格权的客体。二是一般人格利益是对所有一般人格权客体的概括,任何一种具体人格权的客体,都可以概括在一般人格利益之中。因此,一般人格权才成为具体人格权的渊源,由此产生并规定具体人格权。

3. 权利内容极具广泛性

一般人格权的内容包括具体人格权的内容,但是,对于具体人格权所不能包括的人格利益,也都包括在一般人格权之中。它不仅是具体人格权的集合,而且为补充和完善具体人格权立法不足提供切实可靠的法律依据,人们可以依据一般人格权,对自己的人格利益遭受损害,但又不能成为具体人格权所涵盖的行为,依据一般人格权的法律规定,寻求法律上的救济。

4．人格权是人的基本权利

一般人格权相对于具体人格权而言,是基本权利。一般人格权虽然对具体人格权有概括的作用,但它也是一个独立的民事权利,是人身权中的基本权利。一方面,它决定和派生着各种具体的人格权;另一方面,它更为抽象和具有概括性,成为人身权中最具抽象意义和典型性的基本人格权。

二、生命权

(一)生命权的概念与特征

1．生命权的概念

生命权是人身不受伤害和杀害的权利或得到保护以免遭伤害和杀害的权利,取得维持生命和最低限度的健康保护的物质必须的权利。生命权是人权最基本的权利。

生命权的主体、客体均为人自身,具有高度同一性。生命是人格载体。为维持主体的法律地位,法律不允许把生命直接作为实现任何进一步目的之途径,即使生命权主体本身对客体并无全面的支配效力。生命权不能被抛弃,也不可被转让。

2．生命权的特征

生命权的主体、客体均为人自身,具有高度同一性。生命是人格载体。生命权不能被抛弃,也不可被转让。依人格平等原则可知生命价值也应无高低贵贱之分。生命权是与生俱来的权利,生命权的内容也无法作全面完整的列举。因此,基于生命权的特殊性,生命权的价值有积极价值、消极价值之分。前者是主体积极行使生命权直接体现出的价值,后者是生命权被侵害后通过救济措施,主要是损害赔偿,从消极层面间接体现出的价值。

生命权的积极价值具备优先性。在宪法确立的价值秩序中,相较于其他法益(尤其是财产性的利益),人的生命或人性尊严有明显较高的位阶。人格权优先于财产权是维持现代民法体制的关键性基础,其中"生命权又为法律保护的最高法益"。为了社会公共利益也不能牺牲个体的生命权,生命权因此成为不可被克减的权利。当意思自治与生命法益冲突时,意思自治也需退居劣位。

生命权的消极价值具有不可评估性。自然意义的生命是纯粹生物学意义的生命,生物体所具有的活动能力。社会意义的生命是情感、社会评价的生物载体,是人的生存尊严和意义之所在,是连接全部社会关系的物质中介。两种意义上的生命均具有极端复杂性、不可认知性,其中蕴涵的价值皆具有不可评估性。法律规范中的生命主要指社会意义的生命。依此进行规范设计更加重视生命权在社会秩序中的地位,因此自然人当然享有的自杀权会被社会秩序观所否定。在侵害生命权的损害赔偿中,只能是第三人作为请求主体,法律只能重视生命所联系的社会关系的重整。然而,法律又不能全部按照社会意义规范生命权,否则容易丧失最起码的人道主义关怀。例如,完全失去知觉的植物人、毫无治愈希望的病人,只要在医学上仍然活着,医院或病人家属不能据此而中止医治。

(二)生命权的内容

生命权包括如下四项权利:

(1)关于人的出生的权利。

(2)关于人的死亡的权利。

（3）免于饥饿的权利。

（4）反对种族灭绝和集体屠杀的权利。

三、健康权

（一）健康权的概念与特征

健康权,是指自然人以其机体生理机能正常运作和功能完善发挥,并以其维持人体生命活动的利益为内容的人格权。

健康权的法律特征是:

第一,健康权以人体的生理机能正常运作和功能的正常发挥为具体内容,但不是以人体的整体构造为客体。

健康权和身体权的客体即健康和身体的区分,在于身体系肉体之构造,健康则系生理之机能,二者的区分是明显的。

当然,健康一般是通过身体构造的完整性而实现的,但是健康的损害不是完整性的破坏,而是生理机能发挥的完善性的破坏,因此,当人体的肉体构造遭到损害,进而损害健康时,损害的是生理机能的正常运作和功能的完善发挥,因而应认定为健康的损害,而不是身体权的损害。

第二,健康权以维持人体的正常生命活动为根本利益,但不是以人的生命安全和生命价值为客体。

健康权所体现的根本利益,在于维护人体机能的完善性,进而维持人体的正常生命活动。尽管生命和健康紧密相连,但它们却不是一个概念。

首先,生命和健康同样存在于身体这一物质形态之中,相伴相存,但健康是维持人体正常生命活动的基础,当健康受到损害时,无论是发生器质性的改变,还是功能性的改变,都可以经过医治而使其康复或好转,保持人体的生命活动。当生命权受到损害的时候,生命的丧失却具有不可逆转性,无法得到恢复。健康损害的可康复性和生命损害的不可逆转性,是健康权和生命权的重要区别。

其次,健康权是以维持人体的正常生命活动为根本利益的,但它不是以生命为客体,不是保护生命安全和生命价值的利益。

最后,侵害生命权的判断标准是结果,造成死亡的就是侵害生命权,没有造成死亡的,就不是侵害生命权,而是侵害健康权（或者身体权）。尽管有些行为实施的目的就是侵害健康权,但是最终造成了死亡的结果,那就应当认定为侵害生命权的行为。

第三,健康权保护的是自然人身体机能的正常发挥,使其运作、运动自主,但不是保护身体、意志不受外界约束。

健康权与人身自由权都是保护人的自主运动和自主思维的权利,但是健康权保护的人的自主运动和自主思维,是指人体自身的功能,这种功能决定人能够按照自己的意志去行动,去思维。人身自由权所保护的人的自主运动和自主思维,是指人的行为、意志不受外来的非法拘束。这两种权利的区别,从侵害行为的角度考察,侵害健康权,行为作用于人的内在因素,使其不能自主运动、自主思维,原因在于人体机能完善性的破坏和功能发挥的受限制,完全在于人体的内因。侵害人身自由权的行为,并不破坏人体机能和功能,而是对人的行动、意志设置外来障碍,使人因外界的束缚或影响而不能自主行动、自主思维,非法限制自由完全是外因所致。

（二）健康权的内容

健康权包括三项最基本的内容:一是健康维护权,二是劳动能力,三是健康支配权。

1. 健康维护权

健康维护权是健康权的基本内容之一。现代人权观念认为,健康权是人权的基本内容之一,是人类发展自己、完善自己的最重要目标。1978年,国际初级卫生保健大会《阿拉木图宣言》宣称:"健康是基本人权,达到尽可能的健康水平,是世界范围内的一项重要社会性目标。"健康既是自然人的基本人权内容,又是社会共同的利益所在。

健康维护权的首要内容是自然人保持自己健康的权利。这不仅是自然人维护自身生命、提高自己的生活质量、追求体格完美状态,同时也具有维护社会利益、提高人类生存质量的意义。保持自己的健康,就是使自己的健康状况保持完好的状态,通过体育活动提高健康水平,以及在生理机能、功能出现不正常的状态时请求医疗、接受医治的权利,使健康状况达到完好的状态或者恢复到原有的状态。这些权利的行使,不受任何他人的强制或干涉。

健康维护权的另一项内容是当自然人的健康权受到不法侵害时享有的请求法律保护的权利。健康权是绝对权、对世权,权利主体以外的其他任何人都负有不得侵害的法定义务。违反这一义务,侵害他人的健康权,受害人有权依法请求加害人承担相应的民事责任。

2. 劳动能力

关于劳动能力的性质,有两种不同的认识。一种认为,它是人格权,是指自然人以其脑力和体力功能利益为内容的物质性人格权;另一种认为,它是人格利益,既不是身体权的内容,也不是健康权的内容,而是一项独立的人格利益。

事实上,劳动能力,既不是独立的人格权,也不是独立的人格利益,而是健康权的基本内容。劳动能力就是自然人从事创造物质财富和精神财富活动的脑力和体力的总和。它无论从理论上、立法上还是从实际需要上来说,都不是一种独立的人格权。认定劳动能力为独立的人格权,没有法律依据,也没有立法例作为依据,同时也没有实际的必要。它只是自然人从事创造物质财富和精神财富活动的脑力和体力的总和,是自然人健康权的一项基本人格利益,存在于健康权之中,不具有独立人格利益的地位。

首先,劳动能力,是指创造物质财富和精神财富的能力。人类社会的生产包括物质财富的生产和精神财富的生产。在所有的生产中,都必须具备由劳动者、劳动工具和劳动对象这三个要素构成的生产力。而劳动者必须以具备劳动能力为前提,不具备劳动能力的人,不是劳动者,不是生产力的因素。人只有具备了创造物质财富和精神财富的能力,才具有了劳动能力。

其次,劳动能力是劳动者脑力和体力的总和。进行任何创造性劳动,都必须具备脑力的因素和体力的因素,不可缺少其一。但是,由于创造财富的性质不同,对脑力和体力的要求也有所不同。在判断劳动能力是否减少时,应当以两种能力因素的综合考察为判断标准。

自然人享有劳动能力这种人格利益,一是有权保有这种利益;二是有权利用这种劳动能力以满足自己及社会的需要;三是有权发展这种利益;四是当这种利益受到损害时,有权要求加害人损害赔偿。

3. 健康支配权

人格权均为人格利益的支配权,健康权也具有支配权的性质。在实务上,有人认为健康权不具有支配性,原因是自然人不能随意支配其健康,更不能依其支配权而放弃健康。应当说明,权利的放弃并不是支配权的唯一内容。健康权的支配权最主要的表现就是锻炼身体,增进健康,提高生活质量。此外,从健康权人对健康维护权以及劳动能力的行使,以至于在健康权受到侵害时对法律保护的请求权来说,也都体现了健康权的支配性质。

强制治疗、强制戒毒等强制性改善自然人健康状态的行政措施,不是对健康权支配性的强制干涉和侵犯,而是维护个人健康和公共利益的必要手段。对于患有性病、麻风病等恶性传病的患者进行强制治疗,对吸毒者进行强制戒毒,从表面上看可能违背权利人的意志,但是因为这种强制措施阻却违法而成为适法行为,当事人不得主张侵权行为。对于放弃健康的患者是否可以给予强制治疗,现行立法没有规定,但从人道主义立场出发,对拒绝接受治疗的严重病人进行强制性治疗也是适宜的。

四、姓名权与名称权

(一)姓名权的概念和内容

自然人的姓名权,就是自然人决定、使用和依照法律规定改变自己姓名的权利。

姓名权的性质是人格权。有人认为,姓名权具有人格权和身份权的双重属性,在这种双重关系中,人格关系与财产没有关系,但身份关系却与财产关系有联系,如身份权中的抚养权、赡养权、继承权都与财产有关系。这种观点不正确。姓名之"姓",表明的是血缘关系,但"名"并非如此。同时,抚养权、赡养权和继承权都依身份关系而发生,但是不是因为叫了什么名字而产生的身份,而是依据亲属关系而产生的。姓名表明的是人格,并不是身份关系,将这两个问题混淆在一起,是不准确的。

姓名权包括以下内容:

1. 自我命名权

自我命名权就是自然人决定自己姓名的权利,任何人无权干涉。自然人的姓,原则上不能选择。在我国现实生活中有子女随父姓的习惯,但我国现行《婚姻法》第22条规定:"子女可以随父姓,可以随母姓。"如果自然人依法重新选择姓氏,法律也不应干涉。即使女子结婚后是在自己的姓名之外再加上丈夫的姓,也是依据当事人自己的意志决定的。

姓名一般都是自然人出生时其父母确定的,但这不是对自我命名权的否定,实际上是父母亲权的表现,是父母实施亲权的代理行为。自然人成年后,也可以通过姓名变更手续,变更自己的名字。自我命名权的另一个表现是自然人选择自己别名的权利,可以根据自己的意志和愿望,来确定登记姓名以外的笔名、艺名以及其他相应的名字,任何人都不得干涉。

2. 姓名使用权

姓名使用权就是自然人对自己的姓名的专有使用权。使用自己的姓名是自然人姓名权的重要内容,自然人在民事活动中,除法律另有规定的,可以使用本名,也可以使用自己的笔名、艺名或化名等。任何组织与个人都不得强迫自然人使用或不使用某一姓名。

姓名使用权是一种专有的使用权,他人不得故意使用别人的姓名。在现实中有重名的现象,并不是侵权行为。重名也叫姓名的平行,即数人合法取得同一姓名。在这样的情形下,各人都有权使用自己的姓名,也都是正当行使权利,但是故意混同的除外。

姓名也可以转让他人使用。在通常情况下,名人的姓名往往蕴涵着巨大的商业价值。因为名人奋斗的历史通常能给人以巨大的激励,人们爱屋及乌的心理使姓名成了名人的象征,因而姓名也就具有了一定的商业价值。例如,李宁牌运动服、乔丹牌运动鞋。这种姓名使用权的转让方式可以通过以姓名入股的方式实现,也可以通过支付报酬等方式实现。这其实体现了姓名权的财产利益。姓名权所体现的利益,从以上内容来分析,为精神利益。在现代社会中,姓名权的精神利益也可能带来一定的经济利益,如利用著名作家的笔名发表作品,可以赚取稿费;利用著名演员的艺名可以提高票房价值。但是,在具体人格权中,自然人姓名权的经济利益不仅与法人、商号的名称权相差悬殊,而且与自然人的其他人格权如肖像权等,也有很大的差距。姓名权的精神利益是其最基本、最主要的利益。

值得注意的是,姓名使用权的转让通常限于商业领域,严格要求身份属性的,不能转让姓名使用权,即不得准许他人冒名顶替。

3.改名权

改名权就是自然人按照法律规定改变自己姓名的权利,也称为姓名变更权。其含义为,自然人可以按照自己的意愿依照规定改变自己的姓名,不受其他限制。这种变更姓名的行为,虽然仅依单方意思表示就可以生效,但是不经过公示,不得对抗第三人。登记姓名的变更,也必须经过登记,非依变更登记程序不生效力。

(二)名称权的概念与内容

1.名称权的概念

名称是法人或者其他组织自身表示的符号,是法人或其他组织在民事活动中借以区别于其他法人或其他组织的标志,反映法人或其他组织的独立人格、种类、隶属关系等。法人或其他组织的名称权,是指法人或其他组织对其依法定程序取得的名称享有使用并排斥他人非法侵害的民事权利。名称权的主体是法人或其他组织。

2.名称权的内容

名称权的内容包括以下几个方面:

(1)命名权。社会组织的名称是其作为民事主体存在的重要条件,也是相互加以区别的标志。根据《民法通则》第37条的规定,有自己的名称是法人成立的前提条件之一,因此法人都有自己的名称。个体工商户、个人合伙可以起字号,其所起的字号同样就是其名称。对于企业名称的内容及其取得方式,我国《企业名称登记管理规定》作了具体规定。企业名称必须向工商行政管理部门核准登记,批准后方可使用。企业名称由三部分组成:包括字号(或者商号)、行业或者经营特点、组织形式。同时,还应当冠以企业所在地的省或市或县行政区划名称。字号由企业选择,应当由两个以上的字组成。可以使用本地或者异地地名作字号,但不得使用县以上行政区划名称作字号。企业名称中标明的所属行业或者经营特点,依照国家行业分类标准划分的类别确定。企业同时还应在其名称中标明其采取的是有限责任公司还是股份有限公司的形式。

(2)使用权。社会组织对其名称享有专用权,可以排除任何人的干涉与妨碍,但在使用其名称时也有一定的限制。我国《企业名称登记管理规定》对企业名称的使用作了如下的限制性规定。其一,企业只准使用一个名称,在登记主管机关辖区内不得与已登记注册的同行业企业名称相同或者近似。其二,企业不得使用有损国家、公共利益,引人误解或欺骗公众的名称,也不得使用外国国家(地区)名称、国际组织名称,政党名称、党政军机关名称、群众组织名称、社会团体名称及部队番号,汉语拼音字母、数字。其三,对一些特殊用语的使用,如"中国"、"中华""国际"等字词的使用,"总"字,"分公司"、"分厂"、"分店"等字词,"联营"及"联合"字词的使用都规定了其适用的相应条件。

(3)变更权。已经登记注册的名称可以依法全部或部分变更,但应按相应规定,经主管部门批准,并向工商行政管理部门办理变更登记手续。同时,根据《企业名称登记管理规定》的要求,企业名称经核准登记注册后,无特殊原因在1年内不得申请变更。

(4)转让权。人格权具有专属性,一般不得转让,名称权的转让是人格权的一个例外。《民法通则》第99条第2款规定,企业法人、个体工商户、个人合伙有权使用、依法转让自己的名称。同时,根据《企业名称登记管理规定》,企业名称可以随企业或者企业的一部分一并转让。但只能转让给一户企业。企业名称的转让方与受让方应当签订书面合同,报原登记主管机关核准。企业名称转让后,转让方不得继续使用已转让的企业名称。

五、肖像权

(一)肖像权的概念与特征

肖像权,是指公民通过各种形式在客观上再现自己形象而享有的专有权。肖像作为公民的形象标志,与姓名一样是标明特定自然人的符号,反映特定自然人的形象特征,直接关系到自然人的人格尊严与社会评价,与自然人的人格不可分离。因此,公民有权决定是否在艺术作品中再现其形象,是否同意其他社会组织或个人使用其肖像。

肖像权有以下特征:

1.肖像权的权利主体只能是自然人

只有自然人才拥有肖像及其肖像权利。法人或其他社会组织,由于不存在客观的、能够独立反映其容貌的"肖像",因此不享有肖像权。法人的"企业形象"不是指人的肖像,而是有关法人的经营、规模、管理、效益、资信以及产品质量等综合状况及社会评价。

2.肖像权也具备一种财产利益

这种财产利益是通过肖像权人的人格利益所派生和产生的,它允许肖像权人在一定的范围内有限度地转让肖像权,允许他人制作和使用自己的肖像,并从中获得应有的使用价值。

3.肖像权还是一种标识性人格权,具有基层性

基本作用在于以外貌形象标识人格,借以辨识每一个特定的自然人。而姓名权是通过文字符号标识人格。

(二)肖像权的内容

肖像权的内容有:

1.形象再现权

即公民享有通过造型艺术或其他形式来再现自己形象的专有权,通常表现为肖像的决定权和实施权。公民有权自己拥有其肖像,排除他人未经同意制作、取得其肖像,并有禁止他人侮辱、毁损其形象的权利。

2.肖像使用权

即公民有权决定是否允许将其肖像进行展出、传播、复制、用做商标或进行广告宣传。未经肖像权人同意,任何人不得以营利为目的在纸张、书籍、报刊、网络等载体中使用其肖像。

《民法通则》第100条规定,公民享有肖像权,未经本人同意,不得以营利为目的使用公民的肖像。因此,对公民肖像权的侵犯需具备两个构成要件:其一,使用公民肖像未经其同意。其二,以营利为目的进行使用。

对公民肖像权的保护也有一定的限制:为了社会公共利益的需要,或为了科学艺术上的目的,或为了宣传报道而制作和使用公民的肖像,可以不征得公民同意,但同时不应侵害公民的合法权益。为了职务上的目的或公共利益而依法制作、使用他人肖像的,则无须通过本人同意,如通缉在逃犯罪嫌疑人、张贴寻人启事等。

公民肖像权受到侵害的,有权要求停止侵害,恢复名誉,消除影响,赔礼道歉,并可以赔偿损失,包括精神损害赔偿。

六、名誉权

(一)名誉权的概念与特征

名誉权,是人们依法享有的对自己所获得的客观社会评价、排除他人侵害的权利。它为人们自尊、自爱的安全利益提供法律保障。名誉权主要表现为名誉利益支配权和名誉维护权。我们有权利用自己良好的声誉获得更多的利益,有权维护自己的名誉免遭不正当的贬低,有权在名誉权受侵害时依法追究侵权人的法律责任。

名誉权有如下的法律特征:

第一,名誉权的主体包括自然人和法人。

名誉权是具体人格权,在人格权中,只有少数权利的主体包括自然人和法人,名誉权是其中之一。例如,物质性人格权是自然人所独有,肖像权、人身自由权、隐私权、性自主权等,都为自然人所独有,这些人格权都不能为法人所享有。

第二,名誉权的客体是名誉利益。

这种名誉利益,是自然人和法人就其自身属性和价值所获得的社会评价。自身属性包括自然人的品德、才能和其他素质,包括法人的经营能力、履约能力、经济效益等状况。这是名誉权区别于其他任何具体人格权的最基本特征,以此与其他任何权利相区别。例如,荣誉也是一种评价,但却是一种国家、团体或组织所给予的正式评价,而名誉则是一种公众的社会评价。至于其他人格权的客体,则与名誉权的客体毫无相似之处。

第三,名誉权的基本内容是保有和维护自己的社会评价。

它不具有肖像权、名称权那样的使用价值,只是在于保有自己的名声,维护其名声不受侵害。称名誉权的内容包括获得权,则违背了名誉权是固有权的人格权法原理,是不正确的。

第四,名誉权不具有财产性,但与财产利益相关联。

名誉权是非财产的人格权,不具有直接的财产价值,也不能产生直接的经济利益。但是,不能就此否认所有的人格权都没有财产的关联性。最为明显的是肖像权、名称权和信用权,其财产利益因素很明显;最不明显的姓名权、性自主权、隐私权等,几乎不具有财产的关联性。名誉权属于这两者之间,有一定的财产利益因素。这不仅表现在名誉权受损害以后主体会因补救损害而受到一定的经济损失,同时,还可能导致自然人招聘、晋级、提薪受到影响,导致法人社会信誉的降低、利润减少,均可使其财产受到损害。

(二)名誉权的内容

名誉权的内容包括以下几项:

1.名誉保有权

民事主体对于自己的名誉享有保有的权利。由于名誉是一种客观的社会评价,权利人无法以主观的力量人为地去改变它、支配它,只能对已获得的名誉予以保有。名誉保有权包括以下两方面:一是保持自己的名誉不降低、不丧失,二是在知悉自己的名誉处于不佳状态时,可以以自己的实际行动改进它。名誉保有权的实质,不是以自己的主观力量左右社会评价,而是通过自己的行为、业绩、创造成果作用于社会,使公众对自己的人格价值予以公正的评价。

2.名誉维护权

名誉权人对于自己的名誉有权维护。一方面,对于其他任何人有不得侵害的不作为请求权,任何其他人都负有不得侵害名誉权的法定义务。另一方面,对于侵害名誉权的行为人,名誉权人基于维护权可以寻求司法保护,要求司法机关对侵权人进行民法制裁,同时对自己遭受损害的权利进行救济。

3.名誉利益支配权

名誉权人虽然就社会对自己的评价不能够进行支配,但对于名誉权所体现的利益却能够进行支配。自然人、法人可以利用自己良好的名誉,与他人进行广泛的政治、经济交往,使自己获得更好的社会效益和财产效益;当然也可以不利用它。但是,名誉利益的支配权,不包括抛弃权、处分权,不能将名誉利益任意抛弃,也不得任意转让,更不能由继承人继承。

公民的名誉权是一项非常重要的权利,虽然名誉不涉及财产内容,但从某种程度上讲,它比财产更为重要。公民的人格尊严受法律保护,禁止用侮辱、诽谤、诬告等方式损害公民的名誉。对于侵害名誉权的行为,公民有权要求侵害者停止侵害、恢复名誉、赔礼道歉并赔偿损失。因侮辱、诽谤侵犯他人名誉,情节严重构成犯罪的,应追究刑事责任。

七、隐私权

(一)隐私权的概念与范围

1.隐私权的概念

隐私权,是指自然人享有的私人生活安宁与私人信息秘密依法受到保护,不被他人非法侵扰、知悉、收集、利用和公开的一种人格权,而且权利主体对他人在何种程度上可以介入自己的私生活,对自己是否向他人公开隐私以及公开的范围和程度等具有决定权。隐私权作为一种基本人格权利,是指公民"享有的私人生活安宁与私人信息依法受到保护,不被他人非法侵扰、知悉、搜集、利用和公开的一种人格权"。

2.隐私权的范围

在我国现行法律中,只有《侵权责任法》第2条将民事权益范围中包括了隐私权,根据我国国情及有关资料,下列行为可归入侵犯隐私权范畴:

(1)未经公民许可,公开其姓名、肖像、住址和电话号码。

(2)非法侵入、搜查他人住宅,或以其他方式破坏他人居住安宁。

(3)非法跟踪他人,监视他人住所,安装窃听设备,私拍他人私生活镜头,窥探他人室内情况。

(4)非法刺探他人财产状况或未经本人允许公布其财产状况。

(5)私拆他人信件,偷看他人日记,刺探他人私人文件内容,以及将它们公开。

(6)调查、刺探他人社会关系并非法公之于众。

(7)干扰他人夫妻性生活或对其进行调查、公布。

(8)将他人婚外性生活向社会公布。

(9)泄露公民的个人材料或公之于众或扩大公开范围。

(10)收集公民不愿向社会公开的纯属个人的情况。

(二)隐私权的内容

隐私权是自然人享有的对其个人的、与公共利益无关的个人信息、私人活动和私有领域进行支配的人格权。

隐私权的基本内容包括以下四项权利:

1.隐私隐瞒权

隐私隐瞒权,是指权利主体对于自己的隐私进行隐瞒,不为人所知的权利。对于无关公共利益的隐私,无论是有利于权利主体的隐私还是不利于权利主体的个人资讯,权利人都有权隐瞒,不对他人言明。这种隐瞒,不是不诚实的表现,而是维持自己的人格利益的需要,因为自己的隐私不经隐瞒,一旦泄露出去,将有损于自己的人格尊严,使自己羞于见人,难以保护自己的人格利益。

2.隐私利用权

自然人对于自己的隐私不仅享有消极的隐瞒权,还享有积极的利用权。隐私利用权,是指自然人对于自己的个人资讯进行积极利用,以满足自己精神、物质等方面需要的权利。这种利用权的内容,是自己自我利用,而不是他人利用。例如,利用自己丰富的生活经历创作文学作品,既可以创造精神价值,也可以创造经济价值;既能满足社会的需要,也能满足个人的需要,就是能动地利用自己的隐私。利用自己的身体、容貌进行绘画、摄影,亦是合法利用隐私。女性三围是个人隐私,但利用该优势而应聘模特,则正是对该隐私的充分利用。除此之外,对于自己的居所、日记等私人领域,均可以进行合法利用。应当强调的是,隐私利用权的行使不得违反法律,也不得有悖于社会公共利益和善良风俗。违反法律和有悖于社会公共利益、善良风俗而利用隐私,为违法行为。

3.隐私维护权

隐私维护权,是指隐私权主体对于自己的隐私所享有的维护其不可侵犯性,在受到非法侵害时可以寻求司法保护的权利。维护隐私的不可侵犯性包括:一是禁止他人非法收集个人信息资料,传播个人资讯,非法利用个人情报;二是对于私人活动,禁止他人干涉、追查、跟踪、拍照、录影,禁止非法搅扰;三是对于私有领域,如日记、身体、通信,禁止偷看和宣扬,对于他人行李、书包,禁止非法检查,禁止擅自闯入自然人住宅,尤其是卧室,禁止在居所安装窃听、监视装置等。

4.隐私支配权

隐私支配权,是指自然人对于自己的隐私有权按照自己的意愿进行支配。主要内容有:一是公开部分隐私。公开个人隐私,应依权利主体的意志决定公开的内容、公开的方式、传播的范围。这是对隐私隐瞒权的处分。二是准许对个人活动和个人领域进行察知,如准许他人在自己的卧室居住,准许他人看自己的日记,准许他人知悉自己的身体秘密,准许他人了解个人的经历、病史等。三是准许他人利用自己的隐私。例如,准许他人利用个人经历创作文学作品,准许他人利用自己的社会关系进行其他活动,等等。

准许他人利用自己隐私的实质,是对自己享有的隐私利用权所作的转让行为。它类似于肖像使用权的转让、名称使用权的转让行为。对于隐私利用权的转让,应以合同形式为主,口头、书面形式不限,有偿、无偿依据双方当事人约定。超出约定范围而使用者,为侵害隐私权的行为。至于未经权利人承诺而利用者,为严重侵权行为。

第三节 身份权

一、身份权的概念与特征

身份权,是指公民因特定身份而产生的民事权利,也是人身权的重要组成部分。身份权并非人人都享有。身份权主要包括荣誉权、著作权、发明权、专利权、商标权等知识产权中的人身权以及监护权、亲属权等。

身份权具有如下特征:

(1)身份权以人格的独立和平等为前提。现代社会,基于人格独立、平等和尊严基础上的人格权制度日渐昌盛，个人逐渐摆脱了封建的身份关系的束缚和家族权的支配而具有了独立、平等的人格。在此基础上，形成了现代社会新型的身份权。

（2）内容上权利与义务交融，身份权虽称为权利，其实处于一个过渡阶段，是边缘形态的权利。例如，亲权中的抚育子女权，其实这既是父母的权利，也是父母的义务。

（3）身份权一般基于一定的亲属关系而产生，由自然人专属享有。例如，亲权基于父母子女关系产生，配偶权基于夫妻关系产生，等等。

（4）身份权的主要包括亲权、配偶权、亲属权和荣誉权等。

二、荣誉权

（一）荣誉权的概念与特征

荣誉权，是指公民、法人所享有的，因自己的突出贡献或特殊劳动成果而获得荣誉权的光荣称号或其他荣誉的权利。

荣誉权具有如下特征：

1. 荣誉权是一种身份权

荣誉权并非人人都能享有，必须是具有一定的身份才能享有，因此荣誉权在人身权中属于身份权。

2. 荣誉权的主体是自然人、法人或其他团体

荣誉权可以由自然人取得，也可以由法人取得，荣誉权还可以由某些团体获得。

3. 荣誉权可因荣誉被取消而消灭

荣誉依照程序被取消后，荣誉权的客体不再存在，因而荣誉权消灭。

（二）荣誉权的内容

荣誉是对民事主体（公民、法人、集体、其他组织等）的一种正面、积极的评价，它能在一定程度上提升荣誉权人的名誉，进而使其获得一定的利益。可见，荣誉权是身份权的重要组成部分，是民事主体获得、保持、利用荣誉，并享受其利益的权利。为此，《民法通则》第102条规定："公民、法人享有荣誉权，禁止非法剥夺公民、法人的荣誉称号。"荣誉权的具体内容包括以下几方面：

1. 荣誉获得权

荣誉获得权的基本内容有二：一是任何民事主体都有权利通过自己的行为获得荣誉，其他人不得非法妨碍、阻挠其获得，也不能侵占其应获得的荣誉。二是民事主体在获得荣誉的同时，可获得因荣誉所生之利益，如奖品、奖金以及被授予荣誉后所带来的其他物质利益。

2. 荣誉保持权

荣誉保持权，是指民事主体对于已被授予的荣誉保持归自己享有，并不被非法取消或剥夺的权利。荣誉保持权意味着荣誉一经授予，即归荣誉权人享有，非经法定程序不得取消或剥夺。同时，荣誉权人外的其他人负有不得侵害荣誉权人荣誉的义务。

3. 荣誉利用权

荣誉作为一种积极的正面评价，它能提升荣誉权人的名誉。因此，荣誉权人可对所获得的荣誉进行利用、支配。例如，自然人可在自己的简历上注明自己曾获得的荣誉，企业可在自己的产品上标明所获得过的荣誉称号。

4.荣誉权的保护

正确地利用、支配获得的荣誉,可提高民事主体的社会地位和市场信誉度,实现既得或预期利益。例如,在个人履历中注明自己曾获得的荣誉,其实现目标的百分比会上升;企业在产品上标明曾获的荣誉,会极大地增强自身的社会责任感,同时提高市场信誉度,扩大市场占有率,实现预期利益。

三、其他身份权

(一)亲权

亲权是父母对未成年子女的人身和财产的管教、保护的权利(也可以说义务)。

亲权是基于父母子女这一基本身份关系而产生的一种专属于父母的权利(义务)。亲权制度的设立以保护未成年子女的利益为其唯一目的,因此已经成年的子女不在亲权范围之内。

作为身份权的一种,亲权主要有以下几个特征:

(1)亲权是基于父母身份而取得的一种身份权。父母身份取得包括因生育、因收养和因婚姻产生,在国外有的以认领作为对非婚生子女亲权产生的原因,我国《婚姻法》规定非婚生子女与婚生子女享有同等的权利。因此,对于非婚生子女,生父母也有亲权,不需要通过认领获得。亲权是基于身份取得的权利,因此父母子女之间因赠与、买卖产生的权利义务不属于亲权范围,父母身份丧失会带来亲权的丧失,由于亲权是对未成年子女的保护权利,因此未成年人成年以后,亲权也丧失。

(2)亲权权利义务具有统一性。对子女进行监督、管理不仅仅是父母的一项权利,同时也是父母一项不可推卸的义务。就父母对子女人身、财产可以行使管理甚至支配而言,亲权是父母的一项权利。就法律要求父母必须对子女人身、财产进行监管而言,亲权是父母对子女的一项义务。如果不认真履行,父母将承担相应的法律责任。

(3)亲权具有专属性。亲权是父母对未成年子女所具有的权利,具有严格的人身性,不得转让、继承,亦不得抛弃。亲权对未成年子女权利义务意义重大,随意转让必将严重影响未成年人的健康成长,而且亲权不但为权利,同时也为义务,因此法律禁止亲权人随意转让、抛弃亲权。除非有法定事由,亲权皆为父母专有。

(4)亲权是为了保护未成年子女利益而设定的权利。根据我国法律规定,不满 18 岁的自然人为未成年人。未成年是确定亲权有无的唯一标准,与民事行为能力无关。18 岁以上的成年人虽然因为精神问题,没有行为能力,父母对其仅有监护权,并无亲权。而 16 岁以上不满 18 岁的自然人,可以以自己的劳动生活的,虽然于法律上被认为是完全民事行为能力人,但是由于不满 18 岁属于未成年人,因此父母仍对其享有亲权。

(5)亲权具有绝对性和支配性。亲权的绝对性,是指任何人不得随意侵害亲权人行使亲权,亲权行使也不需要借助他人积极行为,只要义务人不妨害和侵犯,亲权就可以实现。亲权人对子女的人身和财产具有支配权利,可以对子女财产进行处分,必要情况下也可以对子女进行惩戒。但是,亲权人对子女的支配权,必须是以保护未成年子女的利益为目的,不得滥用。

(二)亲属权

亲属权为亲属之间的权利。亲属有广义和狭义之分,广义的亲属包括血亲、配偶和姻亲。狭义的亲属不包括配偶关系,仅指血亲和姻亲。血亲是因为血缘联系产生的亲属,包括自然血亲和拟制血亲。姻亲则是以婚姻为中介而形成的亲属关系,包括自己与血亲之配偶、配偶的血亲和配偶血亲的配偶,由于配偶权为单独一种权利,因此不属于亲属权范畴。此外,父母子女之间关系属于亲权内容,亦不属于亲属权范围。因此,所谓亲属权,是指除配偶关系、父母子女关系以外基于其他亲属之间的身份利益而产生的权利。

亲属权的特征有以下几点:

(1)亲属权是基于血缘或者婚姻形成的亲属关系而产生的一种身份权。作为身份权,其具有与其他身份权(如亲权、配偶权等)相同的绝对性、专属性,这是亲属权的基本属性。亲属权与其他身份权不同的是,其不仅基于血缘关系而生,还基于婚姻关系而生。

(2)亲属权具有派生性。亲属权是一种独立的身份权,但其取得、消灭都依赖于配偶权或亲权,如兄弟姐妹关系附属于亲权而产生;岳父则附属配偶关系产生;由于收养使生父母亲权关系消灭的,基于生父母产生的亲属关系也消灭;妯娌或连襟因为离婚而消灭,因此亲属权表现出一定的附属性。

(3)亲属权效力具有补充性。法律规定了亲属权内容,但是这些内容并不必然地表现出来,相对于亲权和配偶权而言,亲属权是一种补充性的权利,只有当亲权、配偶权不行使或无法行使时,亲属权才得以实现。例如,对于未成年人,父母基于亲权对其有当然的监护权,其他亲属并没有监护权。当父母不履行监护义务或者因死亡无法履行时,才由其他亲属顺位承担监护义务,当然在特殊情况下,亲属权也可以独立行使,如宣告失踪权,不需要等到亲权或者配偶权不行使或者无法行使时,其他亲属权人才可以行使。

(4)亲属权主体具有一定的范围限制。每个人都以自己为中心存在于一定的亲属环内,其亲属根据血缘或婚姻的远近环绕在个人周围,环绕的亲疏产生了亲等,所有的亲属共同构成了亲系。但是,法律并不是对所有亲属都承认并赋予一定的亲属权,由于亲等不同,与自身关系紧密程度自然有差异,对自身的利害关系亦不相同,此为人性必然。太远的亲属,由于对自身已经漠不关心,法律也无必要规定双方权利义务,因此不成为亲属权主体,也就不成为法律上的亲属。

(三)监护权

监护权是监护人对于未成年人和精神病人等无民事行为能力人和限制行为能力人的人身权益、财产权益所享有的监督、保护的身份权。它是对于无民事行为能力和限制民事行为能力的未成年人和成年精神病人的合法权益实施管理和保护的法律资格。对于处于父母保护之下的未成年人来讲,法律已详细规定了父母和子女之间的权利义务,这些未成年人的监护权人就是他的父母。无父母或父母不能行使亲权以及被宣告为无行为能力或行为能力受到限制人的人身和财产受到他人保护的权利也是监护权。

监护具有以下特征:

(1)被监护人须为无民事行为能力和限制民事行为能力。

(2)监护人须为完全民事行为能力人。

(3)监护人的职责是由法律规定的,而不能由当事人约定。

监护权的具体内容可以分为以下几点:

(1)人身监护权。监护权的人身监护权与亲权中的身上照护权的内容基本相同,具体包括:①住居所指定权。未成年人不得随意离开监护人指定的住所和居所。此权利由监护人行使。对于精神病人,亦同。②交还请求权。当未成年人或精神病人被人劫掠、诱骗、拐卖、隐藏时,监护权享有请求交还被监护人的权利。③被监护人身份法律行为以及身上事项的同意权。未成年人或精神病人,不能独立行使身份法律行为和独立决定身上事项,必须经监护人同意,方能行使。例如,限制民事行为能力人职业的许可,法律行为的补正等,都由监护人为之。④抚养义务。这一义务源于亲属权的义务,监护人应当为被监护人提供抚养费,包括生活费、教育费和医疗费等费用,但被监护人有财产的除外。对被监护人无法定抚养义务之人,不承担此项义务。⑤对被监护人监督、教育的权利和义务。被监护人是未成年人的,其教育、监督的权利和义务,与亲权的内容相同;被监护人是精神病患者的,监督的权利义务有特殊的内容,除了保护被监护人的人身不受侵害外,还负有监督精神病人不得侵害他人的权利。监护人对被监护人监督不力,被监护人侵害他人财产权利和人身权利的,监护人应承担赔偿的义务。如果是单位担任监护人的,《民法通则》规定不承担此项赔偿义务。⑥对于精神病人的特定护养、救治义务。应根据具体情况,对被监护人进行医治,促使其康复。

(2)财产监护权。监护人应全面保护被监护人的财产权益。其主要内容为对被监护人财产的管理权,监护人管理被监护人的财产。

第五章　婚姻家庭

第一节　婚姻家庭概述

一、婚姻家庭法的调整对象

(一)调整对象的范围

婚姻家庭法调整对象的范围相当广泛,就纵向而言,包括婚姻家庭关系、其他近亲属关系发生和终止的全过程;就横向而言,包括婚姻家庭主体间、其他近亲属间的各种权利义务关系。具体来说,在我国列入婚姻家庭法调整范围的主体,有夫、妻、父、母、子、女、祖、孙(双系兼指,包括祖父母、外祖父母、孙子女、外孙子女)和兄弟姐妹等。在特定的情况下,还包括女婿和岳父母、儿媳和公婆,以及兄弟姐妹以外的其他三代以内旁系血亲。

列入婚姻家庭法调整范围的事项,是那些需要由法律加以规定、具有法律意义、法律后果的问题。法律是调整婚姻家庭关系的重要的但不是唯一的手段。那些不具有法律意义、法律后果的问题,无须由法律加以规定,可由道德、习惯等加以调整。

(二)调整对象的性质

婚姻家庭法的调整对象,按其性质可以分为人身关系和财产关系两类。其中,人身关系是主要的,起决定性作用。财产关系是从属于人身关系、不能脱离人身关系而独立存在的。这种财产关系对人身关系的从属性,表现在发生、终止和内容等诸多方面。婚姻家庭法就其基本性质而言是身份法,而不是财产法,它调整的是婚姻家庭主体间,其他近亲属间的人身关系以及与此相联系的财产关系。

1.婚姻家庭领域的人身关系存在于彼此具有特定亲属身份的自然人之间,其本身并不具有经济内容,也不是出于经济上的目的而创设的。但它是婚姻家庭领域的财产关系的发生根据。与其他法律中调整的人身关系不同,婚姻家庭法调整的人身关系是亲属身份关系。例如,著作权、发明权中的人身权是基于主体的创造性的劳动而取得的;生命健康权、名誉权等是基于人格而享有的;这些均与亲属身份无关。婚姻家庭领域的人身权则以主体间的特定亲属身份为其发生前提,如配偶权、亲权等。

2.婚姻家庭领域的财产关系具有一定的经济内容,涉及有关主体之间的物质利益。但它是随着婚姻家庭领域的人身关系的发生而发生,随着上述人身关系的终止而终止的。财产关系的内容反映了相应的人身关系的要求。就法律关系而言,婚姻家庭领域的财产关系无非是人身关系的法律后果,财产关系是以人身关系为基础的法律关系。

婚姻家庭法领域的财产关系同其他民事法律调整的财产关系有明显区别。婚姻家庭法领域的财产关系反映的主要是亲属共同生活和家庭经济功能的要求,其参与者须为具有特定身份的亲属,这种财产关系不是等价、有偿的。其他民事法律调整的财产关系反映的则是商品经济(在我国发展的现阶段表现为社会主义市场经济)的要求,其参与者不以具有亲属身份为前提,包括一切可作为民事权利主体的自然人和法人,这种财产关系一般都是等价、有偿的,只有极少数的例外情形。

二、婚姻家庭法的基本原则

(一)婚姻自由原则

婚姻自由,是指婚姻当事人按照法律的规定在婚姻问题上所享有的充分自主的权利,任何人不得强制或干涉。

婚姻自由是我国婚姻法的一项基本原则,包括结婚自由、离婚自由和不结婚的自由。结婚自由是男女双方缔结婚姻关系的自由,即男女双方必须完全自愿且意思表达真实,不容许一方对另一方进行强迫、欺骗或者乘人之危,不容许任何人以任何借口予以强迫和非法干涉。同时,结婚必须符合法律规定的条件和程序。

离婚自由,是指解除婚姻的自由。包括两方面的含义:一是夫妻双方有共同作出离婚决定,达成离婚协议的权利;或者在夫妻感情确已破裂,婚姻关系无法继续维持下去的情况下,夫妻任何一方都有提出离婚的权利,任何人不能加以干涉。二是离婚必须符合法定条件,履行法律程序并承担相应的法律后果。

结婚自由和离婚自由构成了婚姻自由原则的完整含义,结婚自由是实现婚姻自由的先决条件,离婚自由是结婚自由的重要补充,没有离婚自由,就不可能有完全的婚姻自由。

婚姻自由是法律赋予公民的重要权利,但婚姻自由是有限度的,必须依照法律规定的条件和程序。

(二)一夫一妻原则

我国《婚姻法》第 2 条规定:“实行婚姻自由、一夫一妻、男女平等的婚姻制度。保护妇女、儿童和老人的合法权益。实行计划生育。”一夫一妻制是我国婚姻法的一项基本原则,为了贯彻执行一夫一妻制度,我国婚姻法上多项内容对一夫一妻制进行了阐述。

一夫一妻制,是指一男一女结为夫妻的婚姻制度,也称为个体婚姻制。这主要包括以下几点内容:

(1)任何人,不论地位高低,财产多寡,都不得同时有两个以上的配偶。

(2)已婚者在配偶死亡或双方离婚之前,不得再行结婚。

(3)一切公开的、隐秘的一夫多妻或一妻多夫的两性关系都是非法的。

(三)男女平等原则

男女平等原则,是指男女两性在婚姻和家庭生活的各个方面都享有平等的权利,承担平等的义务。主要包括三个方面的内容:

(1)男女在婚姻方面的权利平等。例如,男女享有同等的结婚自由和离婚自由。

(2)夫妻在家庭中的地位平等。无论是人身方面还是财产方面,夫妻都享有平等的权利,承担平等的义务。

(3)其他男女家庭成员在家庭中的地位平等。例如,子女有平等的赡养父母的义务,有平等的继承父母遗产的权利。

(四)保护妇女、儿童和老人合法权益原则

保护妇女、儿童和老人合法权益原则是国家对妇女、儿童和老人在婚姻家庭方面的权益和义务,给予特别的重视和保护。

1. 保护妇女的合法权益

婚姻法在确立男女平等原则的同时,又对妇女的合法权益加以特别保护。二者并不矛盾,恰恰是同一问题的两个不可分割的方面。保护妇女的合法权益是男女平等原则的必要补充,也是实现男女平等原则的有效保证。

婚姻法中所谓保护妇女的合法权益,包括两个方面的内容:一是妇女享有与男子平等的婚姻家庭权益,由男女平等原则来反映;二是妇女依法享有的特殊保护权益,由保护妇女合法权益的原则来体现。后者在婚姻法有关婚姻的效力、离婚及其法律后果、父母子女关系等规定中都有具体的规定。例如,在婚姻的效力中,关于夫妻双方婚后独立的姓名权、人身自由权、计划生育的义务之规定,主要是针对妇女权益而言的;关于法定夫妻共同财产制的规定确保从事家务劳动的妇女与其丈夫平等的财产权;在离婚及其法律后果中,女方在怀孕期间、分娩后一年内或中止妊娠后六个月内,男方不得提出离婚;离婚时,夫妻的共同财产由双方协议处理,协议不成时,由人民法院根据财产的具体情况,依照顾子女和女方权益的原则判决,等等。

2. 保护儿童的合法权益

我国《婚姻法》中所谓的儿童,是指不满 18 周岁的未成年人。《婚姻法》一方面在"总则"中确立了保护儿童合法权益的原则,另一方面在家庭关系中规定了一系列旨在保护未成年人权益的内容。《未成年人保护法》《收养法》等对儿童的合法权益作了全面系统的规定,其主要内容包括:

(1)父母或其他监护人必须履行抚养义务和监护职责,不得虐待、遗弃未成年人,不得歧视女性和有残疾的未成年人。禁止溺婴、弃婴和其他残害婴儿的行为。这是保障儿童的基本生活和生存权利的基本规定。

(2)父母或其他监护人必须保证未成年人接受义务教育的权利,不得妨碍其入学或使其中途退学、辍学。

(3)父母或其他监护人应当以健康的思想、品行和正确的方法教育未成年人,使其树立良好的道德品质,预防和纠正其不良习惯。

(4)父母或其他监护人不得允许或迫使未成年人结婚,不得为未成年人订立婚约。

(5)非婚生子女享有与婚生子女同等的权利,任何人不得加以歧视和危害。

(6)保护未成年人的继承权及其他财产权利。

(7)在处理离婚、宣告婚姻无效、撤销婚姻等纠纷涉及财产分割和子女抚养问题时,应以未成年人的利益为重心,注意保护儿童的合法权益。

(8)以"收养应当有利于被收养的未成年人的抚养、成长"为基本原则,并在收养的条件、程序、效力及收养的解除等方面确保未成年人的利益。

3. 保护老人的合法权益

《婚姻法》在"总则"中把保护老人的合法权益作为基本原则加以规定,并在家庭关系中对老人的婚姻自由权、受赡养权、继承权给予保护。例如,规定父母或祖辈在一定情况下有要求子女或孙辈付给赡养费的权利;子女应当尊重父母的婚姻权利,不得干涉父母再婚以及婚后的生活;子女对父母的赡养义务,不因父母的婚姻关系变化而终止等。

(五)计划生育原则

计划生育,是指通过生育机制有计划地调节人口的发展速度,包括节制生育,降低人口的发展速度;鼓励生育,提高人口的发展速度。实行计划生育是我国的一项基本国策。

《婚姻法》第 2 条第 3 款规定:"实行计划生育。"第 16 条规定:"夫妻双方都有实行计划生育的义务。"推行计划生育是我国的一项基本国策,也是婚姻家庭制度的又一原则。夫妻应当履行计划生育的义务,不得超生。收养子女,也要符合计划生育的原则。实行计划生育,是社会主义制度下有计划地调节人口再生产的客观要求。我国现有 13 亿人口,只有有计划地控制人口繁衍,使人口增长同社会经济发展计划相适应,与生态环境的保护相协调,才能使国民经济得到大的发展,人民生活得到明显改善,全民族的科学文化水平和健康水平得到更大的提高。

三、身份法律行为与身份权

(一)身份法律行为的概念、特征及分类

1. 身份法律行为的概念

身份法律行为是发生身份变动效果的民事法律行为,其中有单方行为,如辞去委托监护,也有双方行为,如收养、协议离婚等。

2. 身份法律行为的特征

身份法律行为与财产行为相比有以下特征:(1)对身份法律行为的主体,强调意识能力,尊重行为人自己的意志,不允许代理。(2)身份法律行为的内容,主要涉及亲属、继承和部分智力成果中因身份关系而发生的权利和义务。(3)身份法律行为大多具有法定形式,如结婚、离婚、收养等行为均须遵守法律规定的程序和形式。

3. 身份法律行为的分类

身份法律行为是以发生、变更和终止身份关系为目的的民事法律行为。可分为三类:(1)使本人身份关系发生变动的行为,如结婚或离婚。(2)使他人身份关系发生变动的行为,如监护被撤销,收养关系被解除。(3)帮助他人身份关系形成的行为。

(二)我国婚姻法上的身份权

我国婚姻法上的身份权主要包括配偶权和亲属权,这里主要介绍配偶权。

配偶权是身份权,具有平等性、绝对性和支配性等特性。配偶权,是指基于合法婚姻关系而在夫妻双方之间发生的、由夫妻双方平等专属享有的要求对方陪伴生活、钟爱、帮助的基本身份权利。

配偶权具有以下特征:

(1)主体的对偶性。夫妻互为配偶,共同享有配偶权,双方既是权利主体,又是义务主体,这是婚姻关系的自然属性所决定的。

(2)客体的利益性。配偶权的客体是夫妻互为配偶的身份利益,不包括财产利益,且这种利益具有独占性,其他任何人都不得共享,这是我国一夫一妻的婚姻制度所决定的。

(3)内容的双重性,即权利义务的不可分割性。配偶权的核心是性权利。一是这种权利义务的实现需要双方同时履行和协调配合;二是配偶双方既是权利主体,又是义务主体,缺一不可。

(4)权利的排他性,权利的独占性必须就具有排他性,从某种意义上说配偶权也是对世权,即夫妻以外的人都是义务主体,都具有不作为的义务,不得实施干扰、妨害、侵犯配偶权的行为。

配偶权是基本身份权,是基于法律规定的夫妻身份地位而产生的,但配偶权作为基本身份权还包括诸多派生的身份权。配偶权作为一项基本身份权,应当派生出下列权利和义务:

(1)夫妻姓名权。夫妻姓名权是夫妻缔结婚姻关系后,夫妻之间是否有独立姓氏的权利,其中,最主要的是妻子是否享有独立姓氏的权利。配偶双方各自有无独立的姓名权是关系到配偶有无独立人格的标志,也是男女平等原则的具体体现。

(2)住所决定权。住所决定权是夫妻对婚后共同生活的住所进行选择的权利。婚姻或家庭住所是配偶共同生活的基础,应由配偶双方共同决定。

(3)同居权。同居权是婚后男女一方都享有与对方以配偶身份共同生活于同一住所的权利,另一方有与对方同居的义务,包括夫妻间的性生活、共同寝食和相互扶助等权利。这些内容都是婚姻生活的本质所决定的,应该只允许在有正当理由的条件下暂时或部分中止。如无故违反同居义务,则应承担相应的法律后果。

(4)贞操权。贞操权是公民保持其性纯洁的良好品行,享有所体现的人格利益的人格权。人们一般认为只有妇女才有贞操权。其实,贞操权男女都有。

(5)家事代理权。配偶一方在与第三人就实施日常事务为一定法律行为时,享有代理配偶行使权利的权利。其法律后果是配偶一方代表家庭所为的行为,对方配偶必须承担后果责任,配偶双方对其行为承担共同的连带责任。配偶一方如超越日常家庭事务范围或滥用代理权,另一方可因违背其意思表示而撤销,但如果行为相对人为善意,则不得撤销。

第二节 亲属关系原理

一、亲属的概念与种类

(一)亲属的概念

亲属,是指基于婚姻、血缘或收养而产生的社会关系。亲属产生的三个根据中,婚姻和收养都是法律行为,是亲属产生的人为因素,可以依法解除,血缘关系是自然因素,不能人为解除。

亲属的含义从以下三个方面来分析:

(1)亲属是人与人之间的社会关系,有固定的身份和称谓。(2)亲属由婚姻关系、血缘关系或收养关系而产生。(3)亲属与家族、家庭成员的区别:家庭成员,是指相互负有扶养义务的一定范围内的亲属,主要指夫妻、父母子女;有时也指祖父母、外祖父母、外子女、外孙子女及兄弟姊妹等,但不是家庭成员,因为和这些亲属之间没有法定的权利义务,而且也不可能在一起共同生活。

(二)亲属的种类

现代各国根据男女平等的原则,以及亲属产生于血缘和婚姻等原因,将亲属分为配偶、血亲和姻亲三种。我国现行婚姻法也将亲属分为配偶、血亲和姻亲。

1. 配偶

配偶即指夫妻,系男女两性因婚姻的缔结而形成的亲属关系,是亲属的核心内容,也是血亲和姻亲形成的成因,在亲属关系中起着承上启下的作用。

2. 血亲

血亲,是指具有血缘关系的亲属。在某些情况下,也可因法律拟制而形成拟制血亲。所以,血亲可以分为自然血亲与拟制血亲两种。

(1)自然血亲。

自然血亲,是指出于共同祖先,彼此之间存在天然血缘上联系的亲属。例如,父母子女、兄弟姐妹、祖父母与孙子女、外祖父母与外孙子女、伯、叔、姑与侄子女、舅姨与甥、甥女等。自然血亲可分为全血缘与半血缘。

(2)拟制血亲。

拟制血亲,是指本无天然的血缘联系,但法律确认其与自然血亲有同等的权利和义务的亲属,又称为法定血亲。例如,养父母与养子女之间,继父母与受其抚养教育的继子女之间。

3. 姻亲

姻亲,是指以婚姻关系为中介而产生的亲属,但不包括配偶本身。分为以下三种:

(1)血亲的配偶,是指自己的直系和旁系血亲的配偶,前者如女婿、儿媳,后者如妹夫、弟媳。

(2)配偶的血亲,是指自己配偶的直亲和旁系血亲。

(3)配偶的血亲的配偶,如连襟、妯娌。

二、亲系、行辈与亲等

(一)亲系

1. 亲系的概念

亲系,是指亲属间的血缘联系或称亲属间联系的脉络和途径,分为血亲与姻亲。血亲又分为男系亲和女系亲、父系亲和母系亲、直系亲和旁系亲、长辈亲和晚辈亲等。姻亲,是指因婚姻而成就的亲属。

2. 亲系的分类

根据不同标准,对亲系可做以下分类:

(1)男系亲和女系亲。

男系亲,是指通过男子的血缘关系联系的亲属;女系亲,是指通过女子的血缘关系联系的亲属。这种分类主要是封建宗法制度下,受重男轻女的观念影响形成的。

(2)父系亲和母系亲。

父系亲,是指以父亲为中介而发生的亲属关系;母系亲,是指以母亲为中介而发生的亲属关系。

(3)直系亲和旁系亲。

根据血缘关系的自然特征划分:

①直系亲。直系亲属包括直系血亲和直系姻亲。直系血亲,是指有直接出生联系的亲属,也即生育自己和自己所生育的上下各代亲属。例如,生育自己的长辈各代有父母、祖父母(外祖父母)、曾祖父母(外曾祖父母)、高祖父母(外高祖父母)等,自己生育的晚辈各代有子女、孙子女(外孙子女)、曾孙子女(外曾孙子女)、玄孙子女(外玄孙子女)等。

直系姻亲,是指儿媳与公婆、女婿与岳父母等。

②旁系亲。旁系亲包括旁系血亲与旁系姻亲。

（4）长辈亲和晚辈亲。

根据亲属之间的行辈来划分亲系的方法，辈分高于自己的亲属称长辈亲，辈分低于自己的亲属称晚辈亲，辈分与自己相同的亲属则称平辈亲。

（5）血亲与姻亲。

我国对亲属的基本分类是血亲与姻亲。

血亲，就是相互之间有血缘关系的亲属。根据血亲之间是自然（生育）形成的还是通过法律关系形成的，人们把血亲分为自然血亲与拟制血亲。自然血亲又分为直系血亲与旁系血亲。①直系血亲，即血缘关系中上下辈之间的直接的血缘关系。②旁系血亲，即血缘关系中非直接的，通过他人才能联系起来的血缘关系。③拟制血亲，即非由自然之力（生育）而形成，而是由人们通过一定的法律关系而建立起来的亲属关系。因法律对此类亲属视同血亲，所以叫拟制血亲。

姻亲，是指因婚姻而成就的亲属。姻亲不仅指合法的婚姻关系所成就的亲属，也指由于非合法的男女关系所生子女所建立的姻亲亲属关系。

（二）行辈

1. 行辈的概念

行辈即排行和辈分，又称"辈行"。

2. 行辈的分类

以世代为标准对亲属关系的区分。与己身同一世代的，称为同辈亲属，如兄弟姊妹、堂兄弟姊妹、表兄弟姊妹等。与父母及其上辈同一世代的，称为尊亲属，如父母、伯、叔、姑、舅、姨、祖父母、外祖父母等。与子女及其下辈同一世代的，称为卑亲属，如子女、侄、侄女、甥、甥女，孙子女、外孙子女等。上述区分主要适用于直系血亲和旁系血亲，亦可扩大适用于直系姻亲和旁系姻亲。中国现代法中不称尊亲属、卑亲属，改称长辈亲属、晚辈亲属，其含义完全相同。

（三）亲等

1. 亲等的概念

亲等是中外法律上计算亲属间关系亲疏远近的单位。亲属关系除有血亲、姻亲和尊亲属、卑亲属等区别外，还有亲疏远近之分。亲等越多，关系越远。

2. 亲等的计算方法

亲等的计算方法分为两种：一是代（世）数亲等制，二是等级亲等制。

我国计算亲等的办法是以血亲之间的世代来计算，一辈为一代，如与父母为两代，与孙子女为三代；计算旁系血亲时，依据相互间的同源关系确定，如同源于祖父母的堂兄弟姊妹和姑表兄弟姊妹为三代以内旁系血亲，同源于外祖父母的舅表兄弟姊妹、姨表兄弟姊妹也是三代以内旁系血亲。在我国，三代以内旁系血亲是禁止结婚的。

3. 我国婚姻法关于亲属关系计算方法的规定

我国采用的计算血亲亲疏关系的方法叫"世代直示法"。

第一，直系血亲的计算方法：从自己算起为一代，向上数至父母为二代；至祖父母、外祖父母为三代。往下数也是如此，自己算起为一代，自己至子女为二代；至孙子女、外孙子女为三代。

第二，旁系血亲的计算方法：首先要找到所要计算的亲属的同源直系血亲，然后从双方位置分别往上数至该同源直系血亲。所要计算的亲属本身算一代。如果两边的代数相同，其相同数即为代数;如果两边的代数不同,则取其多者为其代数。例如,自己与兄弟姐妹为两代旁系血亲;与堂兄弟姐妹为三代旁系血亲;与叔、伯、姑也是三代旁系血亲。

三、亲属关系的发生与终止

(一)配偶关系的发生与终止

配偶关系因男女结婚而发生。依照我国婚姻法的规定,取得结婚证的时间,即是确立配偶关系的时间。配偶关系又因一定的法律事实而归于消灭,引起配偶关系终止的原因有两个:一是配偶一方死亡(包括自然死亡和宣告死亡);二是夫妻双方离婚。配偶双方关系终止的时间为:夫妻一方自然死亡的时间、人民法院宣告死亡的判决书生效的时间、登记离婚取得离婚证的时间以及人民法院准予离婚的调解书或判决书生效的时间。

(二)血亲关系的发生与终止

1. 自然血亲关系的发生和终止

出生是引起自然血亲关系发生的唯一原因。出生的事件,导致该出生者与其父母及其他的与父母具有血缘关系的亲属形成自然血亲关系,这种关系不以人的意志为转移,无须当事人认可,也不需要履行法律手续。

自然血亲只能因一方死亡而终止,任何人为的原因都不能引起自然血亲关系的消灭。即使子女被他人收养,其法律后果也只是终止了生父母与子女间的权利义务关系,他们之间的血缘联系并不消灭。

2. 拟制血亲关系的发生与终止

拟制血亲关系是基于法律的设定和确认而形成的,由于种类的不同,其发生和终止的原因也有所不同。

(1)养父母与养子女关系的发生与终止。

合法有效的收养行为是拟制血亲关系发生的依据,收养关系一经成立,收养人与被收养人便形成了父母子女间的权利义务关系;同时,被收养人与收养人的其他近亲属也发生了拟制血亲关系。

养父母与养子女关系除因一方死亡而终止外,还可以因为收养关系的解除而终止,即在收养关系解除后,收养人及其近亲属与被收养人的拟制血亲关系终止。

(2)形成抚养事实的继父母与继子女关系的发生与终止。

继父母与受其抚养的继子女之间也发生拟制血亲关系,其形成原因有两个:一是基于生父(母)与继母(父)结婚的法律行为;二是继父母对继子女形成了抚养、教育的事实。只有这两个条件同时具备,继父母与继子女间才发生拟制血亲关系。而未形成抚养事实的继父母与继子女之间仅为姻亲关系。

形成抚养事实的继父母与继子女关系,除可因为继父母或继子女一方死亡而终止外,还可以因为生父(母)与继母(父)婚姻关系的终止而终止,但如果继父母对继子女抚养时间较长,则彼此间的拟制血亲关系不因生父(母)与继母(父)婚姻关系的解体而终止。

(三)姻亲关系的发生与终止

男女双方结婚的法律行为是姻亲关系发生的基础。以婚姻为中介,配偶一方与对方的亲属以及双方的亲属之间互为姻亲关系。婚姻成立的时间即为姻亲关系发生的时间。

姻亲关系是否因离婚或者一方死亡而终止,现代各国在立法上有很大的差异,如日本民法典就规定离婚使姻亲关系完全消灭,而德国民法则规定"由婚姻而产生的姻亲关系,不因该婚姻解除而消灭"。至于配偶一方死亡,姻亲关系是否消灭的问题,往往取决于姻亲双方当事人的意愿。

我国婚姻法未明确规定姻亲关系终止的原因,依习惯,夫妻双方离婚是姻亲关系消灭的一般原因;而夫妻一方死亡后,姻亲当事人之间是否保持姻亲关系,听其自便。我国《继承法》规定,丧偶儿媳对公婆,丧偶女婿对岳父母尽了主要赡养义务的,作为第一顺序继承人。这说明,姻亲关系不因配偶一方死亡而终止,如果生存方未再婚或者虽然再婚,但仍然与亡偶方的亲属保持生活上的联系甚至彼此照顾,则姻亲关系就不消灭。

第三节 结婚

一、结婚的概念与特征

(一)结婚的概念

结婚也叫婚姻的成立或婚姻的缔结,是指男女双方依照法定条件和程序确立夫妻关系的民事法律行为。结婚的概念有广义和狭义之分。广义的结婚,是指将订婚、结婚合为一体,以订婚为结婚必经程序的行为。

我国婚姻法不承认婚约的效力,亦采用狭义说。男女两性因结婚而成为夫妻,因夫妻关系的形成而出现了一个新的家庭,也产生了夫妻间的权利和义务。夫妻间权利义务关系的产生和小家庭的出现,使得婚姻当事人具有了一种前所未有的责任。这种责任不只是夫妻二人相互之间的,它涉及夫妻的子女、父母和其他家庭成员,涉及因婚姻而牵涉进来的双方的众多亲属等。

(二)结婚的特征

婚姻关系的成立有三个基本的法律特征。

(1)结婚的主体是男女两性。不是由男女两性生理差别的结合,便不构成结婚。同性别的人之间不能结婚。

(2)结婚行为是法律行为。申请结婚的双方当事人必须遵守法律的规定,履行法律规定的结婚登记程序,否则,婚姻关系不产生法律后果,即为不受法律保护的无效婚姻。须符合婚姻法所规定的实质要件和形式要件,否则不具有合法婚姻的效力。

(3)结婚行为的法律后果是,确立双方的夫妻关系,并承担由此而产生的责任、权利、义务。这种已确立的夫妻关系,未经法律程序,任何单位、个人或夫妻双方都无权解除夫妻关系。

二、结婚条件

(一)结婚的实质条件

1.结婚的必备条件

我国婚姻法规定,结婚必须男女双方完全自愿;到达法定婚龄(男必须年满22周岁;女必须年满20周岁);符合一夫一妻制;没有禁止结婚的近亲关系,亦即男女双方不是直系血亲和三代以内的旁系血亲;没有禁止结婚的疾病。男女双方只有符合上述条件,其结婚请求才能得到婚姻登记机关的认可,并办理结婚登记手续,该婚姻才具有法律效力,受到法律的保护。

2. 结婚的禁止条件

(1)禁止重婚。以重婚作为结婚的禁止条件是近现代各国亲属立法的通例,被认为是文明社会的标志之一。实行一夫一妻的婚姻制度是社会主义法制的基本要求,被确立为我国婚姻法的基本原则。我国《婚姻法》第2条第1款规定:"实行婚姻自由、一夫一妻、男女平等的婚姻制度"。第3条第2款明确规定:"禁止重婚。禁止有配偶者与他人同居。"第10条第1项规定,重婚的婚姻关系无效。

(2)禁止结婚的血亲关系。我国《婚姻法》第7条第1项规定,"直系血亲和三代以内的旁系血亲"禁止结婚。

(3)禁止结婚的疾病。法律禁止特定疾病的患者结婚,是保护结婚当事人的利益和社会利益的需要,也是许多国家立法的通例。我国《婚姻法》第7条第2项规定,"患有医学上认为不应当结婚的疾病"者禁止结婚。

(二)结婚的形式要件

结婚的形式条件,也称为结婚的程序,是指婚姻关系缔结的必经手续。婚姻成立实质要件的具备,只是使婚姻的成立产生了可能性,而要使可能性转变为现实性,还必须履行一定的法定程序,这种程序方面的要件就是婚姻的形式条件,是婚姻取得社会承认的方式,具有非常重要的公示、公信性。在一般情况下,符合结婚实质条件的当事人,只有履行法定的结婚程序,其婚姻关系才被国家和社会承认,发生相应的法律效力。不同国家法律确认的结婚方式有所不同,但大体可以分为仪式制、登记制和登记仪式结合制三种类型。我国采用的是登记制。

三、事实婚姻

(一)事实婚姻的概念

事实婚姻,是指没有配偶的男女,未进行结婚登记,便以夫妻关系同居生活,群众也认为是夫妻关系的两性结合。

事实婚姻是相对于合法登记的婚姻而言,事实婚姻未经依法登记,本质上属于违法婚姻,但考虑到我国的现实国情,为了维持一定范围内的,特别是广大农村人口婚姻关系的稳定,国家对未办理结婚登记而以夫妻名义同居生活的男女双方之间的关系有条件地予以认可,这就产生了事实婚姻这一概念。

婚姻法已经取消了事实婚姻,也就是说,现行法律不承认事实婚姻,只承认已经登记有合法手续的婚姻。

(二)我国现行婚姻法对事实婚姻的规定

我国现行事实婚姻法律制度的内容主要是《婚姻法》第8条规定"未办理结婚登记的,应当补办登记"及最高人民法院《关于适用〈中华人民共和国婚姻法〉若干问题的解释(一)》第4~6条的规定,即第4条"男女双方根据婚姻法第八条规定补办结婚登记的,婚姻关系的效力从双方均符合婚姻法所规定的结婚的实质要件时起计算"、第5条"未按婚姻法第八条规定办理结婚登记而以夫妻名义共同生活的男女,起诉到人民法院要求离婚的,应当区别对待:(一)1994年2月1日民政部《婚姻登记管理条例》公布实施以前,男女双方已经符合结婚实质要件的,按事实婚姻处理;(二)1994年2月1日民政部《婚姻登记管理条例》公布实施以后,男女双方符合结婚实质要件的,人民法院应当告知其在案件受理前补办结婚登记;未补办结婚登记的,按解除同居关系处理"、第 6 条"未按婚姻法第八条规定办理结婚登记而以夫妻名义共同生活的男女,一方死亡,另一方以配偶身份主张享有继承权的,按照本解释第五条的原则处理"。

四、无效婚姻与可撤销婚姻

(一)无效婚姻

1. 无效婚姻的概念

无效婚姻,也称婚姻无效,是指因不具备法定结婚实质要件或形式要件的男女结合,在法律上不具有婚姻效力的制度。因欠缺婚姻成立的法定要件而不发生法律效力的婚姻,包括无效婚姻和可撤销婚姻,前者为自始当然无效,后者则需经诉讼程序,从宣告撤销起丧失婚姻的效力。

2. 婚姻无效的情形

根据我国法律的有关规定,有下列情形之一的婚姻,为无效婚姻:

(1)重婚的:一夫一妻是婚姻制度的基本原则,在我国是结婚的必备要件,法律禁止重婚。法律规定任何人不得同时有两个或两个以上的配偶,有配偶者违反一夫一妻而再行结婚的,构成重婚,属于无效婚姻。

(2)有禁止结婚的亲属关系的:禁止一定范围的亲属结婚,是各国立法的通例。在我国,法律禁止直系血亲和三代以内的旁系血亲结婚。凡是直系血亲和三代以内的旁系血亲结婚的,都是无效婚姻。

(3)婚前患有医学上认为不应当结婚的疾病,婚后尚未治愈的:我国法律禁止患有医学上认为不应当结婚的疾病的人结婚。对于哪些是医学上认为不应当结婚的疾病,必须由医学鉴定,不能任意解释。

(4)未到法定结婚年龄的:在我国,结婚年龄,男不得早于 22 周岁,女不得早于 20 周岁。法律规定男女双方必须均已达到结婚年龄方可结婚,一方或双方未到法定结婚年龄即行结婚的,是无效婚姻。但是,需要注意的是,一方或双方人当事人在结婚时不到法定结婚年龄的,但是发生婚姻效力的争议时,当事人双方均已达到法定结婚年龄并已办理了结婚登记的,则不应对现存的婚姻作无效的认定。

3. 宣告婚姻无效的程序

关于婚姻无效的宣告程序,我国现行婚姻法没有明确规定,我们可以这样理解:婚姻无效是法律上的无效,不产生任何法律上的效力,不需经过婚姻登记机关或人民法院宣告,该婚姻永远不会得到认可。因此,重婚、有禁止结婚的亲属关系等情形骗取结婚登记的,即使未经婚姻登记机关或人民法院宣告无效,该婚姻也是无效的。此外,任何一方当事人、有利害关系的第三人为了使无效婚姻有法律记录,也有权向婚姻登记机关或人民法院提出宣告婚姻无效的请求;民政部门在执法检查的过程中发现无效婚姻可以直接宣告婚姻无效,收回《结婚证》;人民法院在审理案件过程中,如果发现当事人有无效婚姻的情形,则可以直接宣告该婚姻无效。

婚姻法规定的婚姻无效为宣告无效,须经人民法院判决。因而婚姻当事人或利害关系人欲主张婚姻无效,应由请求权人向有管辖权的人民法院提出宣告婚姻无效的申请。

人民法院审理宣告婚姻无效的案件,对婚姻效力的审理不适用调解,应当依法作出判决,宣告婚姻无效。有关婚姻效力无效的判决一经作出,即发生法律效力。实行一审终审,当事人上诉或申诉,人民法院均不予受理。

对于婚姻当事人提出申请婚姻无效的案件,如果涉及财产的分割和子女的抚养,可以进行调解。如果经调解.对财产的分割和子女的抚养达不成协议,可以在判决书中对该内容与宣告婚姻无效的判决分条款一并进行判决。当事人对财产的分割和子女的抚养判决不服,可以进行上诉。二审法院仅审理财产分割和子女抚养部分。

利害关系申请人申请婚姻无效的,其只能就婚姻效力提出请求,而无权要求处理当事人的财产分割和子女抚养问题。如果婚姻当事人在诉讼中提出了主张的,则人民法院可以一并审理。如果婚姻当事人不提出的,也可以另行解决。

4. 婚姻无效的法律后果

《婚姻法》第12条规定,无效或被撤销的婚姻,自始无效。当事人之间不产生配偶身份,不具有夫妻的权利和义务。但当事人之间毕竟有同居生活的事实,会涉及有关子女抚养、财产处理等问题。根据《婚姻法》第12条和最高人民法院《关于适用〈中华人民共和国婚姻法〉的若干问题的解释(一)》第15条、第16条的规定,婚姻无效的法律后果如下:

(1)当事人所缔结的婚姻依法宣告无效,当事人之间不产生配偶身份,不具有夫妻的权利和义务。

(2)子女的抚养问题。婚姻无效并不影响父母子女间的权利和义务。无效婚姻当事人双方所生育的子女与其父母的关系,适用婚姻法关于父母子女关系的规定。子女抚养由双方协商处理;协商不成的,人民法院应根据子女利益和双方的具体情况判决。

(3)财产处理问题。当事人同居期间所得的财产,属于双方共同所有的财产,但有证据证明为当事人一方所有的除外。对同居生活期间的所得财产,由无效婚姻当事人双方协议处理;协议不成时,由人民法院根据照顾无过错方的原则判决。但对重婚导致的婚姻无效当事人财产的处理,不得侵害合法婚姻当事人的财产权益。人民法院审理重婚导致的无效婚姻案件时,涉及财产处理的,应当准许合法婚姻当事人作为有独立请求权的第三人参加诉讼。同居生活前,一方自愿赠送给对方的财物,可比照赠与关系处理;一方向另一方索取的财物,如果同居时间不长,或者因索要财物造成对方生活困难的,可酌情返还。同居生活期间所生债权债务,按共同债权债务处理。一方在共同生活期间患有严重疾病未治愈的,分割财产时,应予以适当照顾,或者由另一方给予一次性的经济帮助。

(4)同居生活期间一方死亡的,另一方无继承权。但根据相互扶养的具体情况,生存一方按照我国《继承法》第14条规定可作为法定继承人以外的人,适当分得对方遗产。

(5)其他法律后果。如当事人构成重婚罪的应承担刑事责任。

(二)可撤销婚姻

1. 可撤销婚姻的概念

可撤销的婚姻,是指当事人因意思表示不真实而成立的婚姻,或者当事人成立的婚姻在结婚的要件上有欠缺,法律赋予一定的当事人以撤销婚姻的请求权,该当事人可以通过行使撤销婚姻的请求权,而使该婚姻无效的婚姻。通过有撤销权的当事人行使撤销权,使已经发生法律效力的婚姻关系失去法律效力。

2. 婚姻可撤销的情形

《婚姻法》第11条规定:"因胁迫结婚的,受胁迫的一方可以向婚姻登记机关或人民法院请求撤销该婚姻。受胁迫的一方撤销婚姻的请求,应当自结婚登记之日起一年内提出。被非法限制人身自由的当事人请求撤销婚姻的,应当自恢复人身自由之日起一年内提出。"

当事人一方以胁迫为由撤销婚姻关系须具有以下要件:(1)须有胁迫的故意,即胁迫行为人有通过胁迫行为使被胁迫人产生恐惧心理,并基于恐惧心理而为意思表示的故意;(2)须有胁迫的行为,即胁迫人须有加害威胁被胁迫人的行为,并达到使被胁迫人产生恐惧的程度;(3)胁迫须具有违法性,包括目的非法和手段非法;(4)须被胁迫人因恐惧心理而为意思表示与胁迫行为之间具有因果关系。

3. 撤销婚姻的程序

可撤销的婚姻必须由撤销权人行使撤销权,才能确定该婚姻自始不发生法律效力。仅有可撤销的事由而无撤销行为的,其婚姻效力并不消灭。撤销权人行使撤销权的意思表示,须向婚姻登记管理机关或人民法院作出,而不是向相对人作出。在我国,可撤销婚姻可依行政程序由婚姻登记机关予以撤销,也可依民事诉讼法中的简易或普通程序予以撤销。

当事人向婚姻登记机关申请撤销婚姻时,应持有下列证件和材料:本人的身份证、结婚证;要求撤销婚姻的书面申请;公安机关出具的当事人被拐卖、解救证明,或者人民法院作出的能够证明当事人被胁迫结婚的判决书。

为了促使请求权人尽快地行使权利,避免婚姻关系长期处于不稳定的状态,婚姻法规定,受胁迫方须在法定期间行使撤销权。受胁迫的一方撤销婚姻的请求,应当自结婚登记之日起1年内提出。如果受胁迫的一方结婚后的人身自由受到非法限制,则请求撤销婚姻应当自其恢复人身自由之日起1年内提出。若在法定期间内不行使权利,该权利则归于消灭。该期间性质为除斥期间,因而不适用诉讼时效中止、中断或者延长的规定。

4. 婚姻被撤销的法律后果

被撤销的婚姻与宣告无效的婚姻具有相同的法律后果。具体而言,被撤销的婚姻产生以下法律后果:

(1)被撤销的婚姻自始无效,当事人不具有夫妻的权利和义务。我国婚姻法对于被撤销的婚姻采取溯及既往的原则,该婚姻自始不受法律保护。但是,如果仅具备撤销婚姻的原因,撤销权人未行使撤销权,或者撤销权的法定期间已经届满,该婚姻未被依法撤销的,其婚姻有效。

(2)被撤销婚姻的财产问题。被撤销的婚姻溯及自婚姻成立之日起无效,当事人同居生活期间的财产关系不得适用婚姻法有关夫妻财产制的规定。双方当事人同居期间所得的财产,推定为双方的共有财产,主张归个人所有的,应承担证明责任,如有证据证明为其个人所有的,应认定为个人财产。对于双方共同共有的财产,由当事人协议分割,协议不成时,由人民法院按《民法通则》有关一般共有财产的规定合理分割,并应当照顾无过错方。

(3)被撤销婚姻的子女抚养问题。被撤销婚姻当事人所生的子女与父母之间的关系,适用婚姻法有关父母子女关系的规定,父母子女间的权利和义务也不受父母的婚姻被撤销的影响。在婚姻被撤销后,有关子女的抚养归属、抚养费的负担、探望权等问题,应与婚生子女同等对待,按婚姻法有关离婚后子女抚养的规定处理。人民法院审理宣告撤销婚姻案件,涉及子女抚养的,可以调解。调解达成协议的,另行制作调解书。对子女抚养问题的判决不服的,当事人可以上诉。

第四节　夫妻关系

一、夫妻人身关系

夫妻人身关系,是指夫妻双方在婚姻中的身份、地位、人格等多个方面的权利义务关系,是夫妻关系的主要内容。根据婚姻法的有关规定,夫妻人身关系主要有下列内容:

（1）夫妻双方地位平等、独立。《婚姻法》第 2 条第 1 款对夫妻双方地位平等、独立内容作了明确规定。这是宪法中男女平等原则的体现。其核心是指男女双方在婚姻、家庭中活中的各个方面都平等地享有权利，负担义务，互不隶属、支配。夫妻双方地位平等贯穿于整个婚姻法，表现在人身关系、财产关系、子女抚养等多个方面，是一个总的规定。

（2）夫妻双方都享有姓名权。依据《婚姻法》第 14 条的规定，作为人身权的姓名权由夫妻双方完整、独立地享有，不受职业、收入、生活环境变化的影响，并排除他人（包括其配偶在内）的干涉。在婚姻家庭生活中，夫妻一方可合法、自愿地行使、处分其姓名权。这还体现在子女姓名的确定上，对子女姓名的决定权，由夫妻双方平等享有，即子女既可随父姓，也可随母姓，还可姓其他姓。

（3）夫妻之间的忠实义务。《婚姻法》第 3 条、第 4 条对夫妻双方所负的忠实义务作了规定。忠实义务主要是指保守贞操的义务、专一的夫妻性生活义务、不为婚外性行为。其具体有：不重婚；不与配偶以外的第三人非以夫妻名义持续、稳定地共同居住，一般包括通奸与姘居；不从事性交易等。法律对夫妻间同居的权利和义务未作明确规定。一般认为，权利的行使与义务履行以正当、合理为限，并因其具有强烈的人身性，而不能被强制执行。违反忠实义务不仅伤害夫妻感情，还不利于一夫一妻制度的维护。法律对忠实义务的规定为追究各种侵犯婚姻的违法行为提供了法律依据。

（4）夫妻双方的人身自由权。《婚姻法》第 15 条规定，夫妻双方都有参加生产、工作、学习和社会活动的自由，一方不得对他方加以限制或干涉。这是夫妻双方各自充分、自由发展的必要和先决条件。夫妻一方行使人身自由权以合法、合理为限，并应互相尊重，反对各种干涉行为。

（5）夫妻住所选定权。夫妻一方可以成为另一方家庭的成员，夫妻应有权协商决定家庭住所，可选择男方或女方原来住所或另外的住所。

（6）禁止家庭暴力、虐待、遗弃。禁止夫妻一方以殴打、捆绑、残害、强行限制人身自由或者其他手段给对方的身体或精神方面造成一定伤害后果的暴力行为；禁止构成虐待的持续性、经常性的家庭暴力；禁止有扶养义务的一方不尽扶养义务的违法行为。

（7）计划生育义务。夫妻双方负有公法上的计划生育义务。禁止计划外生育，是我国的基本国策所要求的，是夫妻的法定义务。义务的主体是夫妻双方，而非仅仅是女方。《妇女权益保障法》第 51 条明确规定，妇女有按照国家有关规定生育子女的权利，也有不生育的自由，即妇女有生育权。对于男性生育权，学界意见不一，法律对此也未作明确规定。不过，作为夫妻生活重大事项之一的生育应由夫妻双方协商，共同决定，同时还应符合国家相关法律的规定。

二、夫妻财产关系

(一)夫妻财产制度

1. 夫妻财产制度的概念

夫妻财产制度（以下简称财产制）又称婚姻财产制度，它是关于夫妻婚前财产和婚后所得财产的归属、管理、使用、收益、处分、债务的清偿以及婚姻解除时财产的清算等方面的法律制度。从这一定义可以看出，夫妻财产制是规范夫妻财产关系的法律制度，如何界定夫妻财产的内容具有重要意义。这里的夫妻财产既包括积极财产，同时也包括消极财产，积极财产即财产的全部权利，消极的财产即债务负担。同时，夫妻财产既包括有形的财产，主要表现为实物，也包括无形的财产，如知识产权、股权等财产内容。这些财产随着夫妻身份的确立而确立，随着夫妻身份的消灭而消灭，夫妻财产制集身份法与财产法的特点于一身，是婚姻效力的一项重要法律内容,也是近现代家庭财产制的重心所在。

2. 我国现行婚姻法对夫妻财产制的规定

我国的夫妻财产制是法定财产制和约定财产制的结合。其中,以法定财产制为主,以约定财产制为补充。

(1)法定财产制。

法定财产制,是指依照法律规定直接适用处理现实夫妻财产关系的夫妻财产制度。适用于夫妻没有约定财产或者约定无效的情况。根据我国《婚姻法》第17条的规定,我国的法定夫妻财产制为婚后所得共同制,即在婚姻关系存续期间,夫妻一方或双方共同所得的收入和财产,均归夫妻双方共同所有,但特有财产或约定财产除外。这种制度强调三方面:

①夫妻共同共有始于婚姻成立之时。婚姻的合法缔结是夫妻共同财产制开始的标志。

②夫妻共同财产的范围限于婚姻关系存续期间所得的全部财产和收入,但特有财产和约定财产除外。婚姻关系存续期间从男女双方领取结婚证之日起至配偶一方死亡或双方离婚生效时止。需要注意的是,夫妻因故分居期间或者离婚法律文件生效前所得的财产,仍为夫妻共同财产。

③共有的形式是夫妻共同共有。共有人对共有财产不区分份额大小都平等地享有所有权,而不考虑各方对共有财产积累的贡献大小、实际开支多少等。

在婚后所得共同制下,根据我国《婚姻法》第17条的规定,夫妻共同财产的范围是:

①工资、奖金。工资是作为劳动报酬按期付给劳动者的货币或实物。仅把工资理解为因劳动得到的货币,而不包括实物,其实是一种误解。对工资应作广义理解,不仅指职工的基本工资,还包括各种形式的补贴、福利等,这些共同构成了职工的工资收入,属于夫妻共同财产的范围。奖金是作为奖励用的金钱。对劳动者奖赏的形式多种多样,有物质奖励、荣誉奖励等。

②从事生产、经营所得的收益。生产指人们使用工具来创造各种生产资料和生活资料。经营主要指从事商业活动。生产经营的具体形式很多,如自己投资自己经营,承包、租赁他人的企业从事经营活动等。在婚后所得共同制下,夫妻婚前个人财产的所有权不因婚姻的成立而改变。

③知识产权的收益。知识产权指与特定人身密不可分的人身权和财产权两方面权利。人身权是作者基于其智力成果依法享有的以人身利益为内容的权利。由于人身权具有人身专属性,不可能由他人包括权利人的配偶享有,因此,不能属夫妻共同所有。财产权指知识产权人依法通过各种方式利用其智力成果的权利。知识成果所产生的经济利益,是一种财产权,则应归夫妻共有。

④因继承得到的财产,但遗嘱确定只归一方所有的财产除外。继承所得财产,作为夫妻共同财产,符合婚后所得共同制的原则,扩大了夫妻共同财产的范围。

⑤因赠与得到的财产,但赠与合同指明归一方所有的除外。夫妻一方因赠与得到的财产,归夫妻共同所有。但是,赠与合同中确定赠与财产归受赠一方个人所有的,依法应排除在夫妻共有财产范围之外。因为:a.赠与人作为原财产所有者,赠与是其依法处分自己财产的一种形式,理应受到法律保护。b.赠与的发生通常是基于赠与人与受赠人之间存在充分信任和私人感情,受赠人是否已婚及其婚姻状况如何,往往与赠与人的赠与行为实施并无关联。

⑥其他应当归夫妻共有的财产。根据最高人民法院的司法解释,这类财产包括三方面:一是一方以个人财产投资取得的收益;二是男女双方实际取得或者应当取得的住房补贴、住房公积金;三是男女双方实际取得或者应当取得的养老保险金、破产安置补偿费等。

(2)约定财产制。

约定财产制,是指法律允许夫妻用协议的方式,对夫妻在婚前和婚姻关系存续期间所得财产的所有权的归属、管理、使用、收益、处分以及对第三人债务的清偿、婚姻解除时财产的分割等事项作出约定,从而排除或部分排除夫妻法定财产制适用的制度。

根据《婚姻法》第 19 条的规定,约定财产制的内容主要包括:

①约定的条件。

a.缔约双方必须具有合法的夫妻身份。

b.缔约方双方必须有完全民事行为能力。

c.约定必须双方自愿。

d.约定的内容必须合法,不得利用约定规避法律。

②约定的内容。

约定的范围较宽,夫妻对约定财产制的选择有三种:

第一种是约定实行分别财产制,即婚姻关系存续期间所得财产和婚前财产归各自所有。双方对上述财产享有完全的占有、使用、收益和处分权,他方不得加以干涉。

第二种是约定实行一般共同制,即婚姻关系存续期间所得财产以及婚前财产均归双方共同所有。双方享有平等的权利,除个人特有财产外,不再保留个人财产份额。

第三种是约定实行混合财产制,即婚姻关系存续期间所得财产以及婚前财产部分各自所有,部分共同所有。例如,可以将不动产约定为共同所有,将动产约定为各自所有;可以将婚后所得固定收入约定为共同所有,其他收入约定为各自所有等。

③约定的形式。

约定应当采用书面形式,即当事人双方应当制作书面的财产约定协议,并由本人签字。

④约定的时间和效力。

约定的时间,按照通常的解释,可以在结婚之前也可以在婚后。但婚前作出的约定,自缔结婚姻时才生效。约定的效力分为对内效力和对外效力两方面。对内效力即对夫妻双方而言。夫妻对婚姻关系存续期间所得的财产以及婚前财产的约定,对双方具有约束力。对外效力即对第三人而言。夫妻对婚姻关系存续期间所得的财产约定归各自所有的,夫或妻一方对外所负的债务,第三人知道该约定的,以夫或妻一方所有的财产清偿。

(二)夫妻间的扶养

夫妻间的扶养,专指夫妻之间互相扶助、互相供养的义务。

我国《婚姻法》第 20 条规定:"夫妻有互相扶养的义务。一方不履行扶养义务时,需要扶养的一方,有要求对方付给扶养费的权利。"夫妻间的扶养义务是基于夫妻双方婚姻的效力而产生的。夫妻扶养义务即夫妻在经济上相互供养、生活上相互扶助的义务,为生活保障义务。其目的在于保障夫妻共同生活,是婚姻关系的必然要求。在一般情况下,这种扶养义务是在夫妻共同生活中实现的。夫妻间的互相扶养,既是义务也是权利。夫妻都有扶养对方的义务,同时,也都有要求对方扶养的权利。

夫妻相互扶养义务是法定义务,具有法律强制性。当夫妻一方没有固定收入和缺乏生活来源,或者无独立生活能力或生活困难,或因患病、年老等原因需要扶养,另一方不履行扶养义务时,需要扶养的一方有权要求对方承担扶养责任。如果夫妻双方因扶养问题发生纠纷,可以经有关部门进行调解,或者直接向人民法院提起诉讼。人民法院在审理扶养纠纷案件时,可首先进行调解,如调解无效,人民法院应当及时依法判决,强制义务人履行扶养义务。义务人拒不履行扶养义务,情节恶劣构成犯罪的,应按刑法有关规定追究其刑事责任。

(三)夫妻间的继承

我国《婚姻法》第 24 条第 1 款明确规定:"夫妻有相互继承遗产的权利";《继承法》作为专

门调整继承关系的法律规范,对配偶继承权的实际运作给予了全面具体的反映;《妇女权益保障法》针对妇女继承权容易受到侵犯的现实,特别强调"妇女享有的与男子平等的财产继承权受法律保护。在同一顺序法定继承人中,不得歧视妇女"。由此可见,对夫妻间继承权的理解和适用,应注意把握以下几点:

(1)婚姻关系的合法存在,亦即夫妻身份的现实存续,是夫妻间相互享有继承权的先决条件。只有在婚姻关系依法有效缔结之后,合法有效终止之前,配偶一方死亡,另一方才享有继承权。

(2)夫妻互为第一顺序继承人,享有同等的继承权。除了继承法所规定的丧失继承权和限制遗产分割份额的情形之外,任何人均不得以任何借口剥夺、干涉或妨碍生存配偶对继承权的享有和行使。

(3)夫妻继承权与夫妻共同财产的分割不能相混淆。我国以夫妻共同财产制为法定财产制,凡婚姻关系存续期间所得财产均为共同财产,因而当夫妻一方死亡,其现有财产状态多为夫妻生前共有,并非全部是个人遗产。为此,必须进行夫妻共有财产的认定和分割,保障生存一方的共有财产权,同时确定死者个人遗产的价值和范围,认定和保护生存配偶及其他同一顺序继承人的继承权。

(4)夫妻继承权不受婚姻存续时间长短的影响,也不受生存一方是否再婚的妨碍。在实践中一定要注意防范和杜绝干涉"寡妇带产再嫁"或干涉"上门女婿带产再婚"等侵犯夫妻继承权的现象。

第五节　离婚

一、离婚的概念与特征

(一)离婚的概念

离婚,是指夫妻双方通过协议或诉讼的方式解除婚姻关系,终止夫妻间权利和义务的法律行为。按照我国婚姻法的规定,如感情已破裂,调解无效,应准予离婚。夫妻"感情确已破裂"是判决离婚的法定条件。

婚姻法依当事人对离婚所持态度的不同,规定了离婚的两种方式:(1)协议离婚,又称登记离婚,是指夫妻双方自愿离婚,并对离婚后子女抚养及财产分割等问题达成协议,而依一定的行政程序向婚姻登记机关申请离婚,并办理离婚手续。(2)诉讼离婚,又称裁判离婚,是指一方要求离婚并诉请人民法院,由人民法院依民事诉讼程序来处理。

(二)离婚的特征

离婚有三个法律特征。

(1)离婚的主体只能是夫妻双方,并且在离婚行为中必须体现当事人本人的意愿。据此,离婚双方当事人必须亲自到婚姻登记机关作出申请离婚的意思表示;人民法院审理离婚案件,当事人即使有诉讼代理人,本人仍然应当出庭,但本人不能表达意思的除外。当事人确因特殊情况无法出庭的,必须向人民法院提交书面意见,以表达本人的意愿。

(2)离婚是解除婚姻关系的行为。其前提条件是双方当事人必须存在婚姻关系。

(3)离婚必须遵守法定的条件和程序。当事人私下达成的离婚协议行为,如果没有遵循婚姻法规定的离婚条件和程序,是没有法律效力的。

二、登记离婚

(一)登记离婚的概念

登记离婚,即协议离婚,是指夫妻双方根据法律规定合意解除婚姻关系的行为。根据我国《婚姻法》第31条的规定,男女双方自愿离婚的,准予离婚。双方必须到婚姻登记机关申请离婚。婚姻登记机关查明双方确实是自愿并对子女和财产问题已有适当处理时,发给离婚证。

(二)登记离婚的条件和程序

1. 登记离婚的条件

登记离婚,应符合《婚姻法》、《婚姻登记条例》规定的下列五个条件:

第一,申请离婚的双方当事人必须是办理过结婚登记的合法婚姻关系当事人,如果是非法同居、事实婚姻当事人均无条件提出登记离婚,因此,凡无结婚证或夫妻关系证明书的登记离婚申请人,婚姻登记机关均不受理。

第二,申请离婚的双方当事人应为完全民事行为能力人。所谓完全民事行为能力,是指能对离婚法律行为的法律后果承担民事责任的能力,《民法通则》规定,年满18周岁、精神状况正常、能完全辨认其行为及其后果的公民是具有完全民事行为能力的人。凡不具备完全民事行为能力的人,只能由其代理人按诉讼离婚的方式提出,解决婚姻关系问题。

第三,离婚申请书是申请离婚双方当事人的真实意思的表示,并承担法律后果。登记离婚最重要的条件是夫妻双方自愿离婚,这种自愿的行为是排除一切外界的阻挠、干涉,完全发自内心的自愿行为。因此,双方必须亲自到婚姻登记机关递交申请,陈述理由。

第四,申请登记离婚的双方当事人就家庭共同财产、债权、债务及子女的抚养或对生活困难一方的帮助达成协议,并自觉履行这种承诺。

第五,双方必须亲自到婚姻登记机关共同提出登记离婚申请。离婚是家庭婚姻关系发生重大变更的法律行为,它涉及离婚当事人的各种权利,是一种重要的民事法律活动,不得请人代理、代替,以达到切实维护当事人的一切利益的目的。

2. 登记离婚的程序

根据《婚姻登记工作暂行规范》之规定,离婚登记按照初审-受理-审查-登记(发证)的程序办理,具体如下:

(1)受理离婚登记申请的条件是:

①婚姻登记处具有管辖权。

②要求离婚的夫妻双方共同到婚姻登记处提出申请。

③双方均具有完全民事行为能力。

④当事人持有离婚协议书,协议书中载明双方自愿离婚的意思表示以及对子女抚养、财产及债务处理等事项协商一致的意见。

⑤当事人持有内地婚姻登记机关或者中国驻外使(领)馆颁发的结婚证。

⑥当事人各提交2张2寸单人近期半身免冠照片。

⑦当事人持有本规范第23条至第28条规定的身份证件。

(2)婚姻登记员受理离婚登记申请,应当按照下列程序进行:

①查验本规范第48条规定的证件和证明材料。

②向当事人讲明关于登记离婚的条件。

③询问当事人的离婚意愿以及对离婚协议内容的意愿。

④双方自愿离婚且对子女抚养、财产及债务处理等事项协商一致的,双方填写《申请离婚登记声明书》。

《申请离婚登记声明书》中"声明人"一栏的签名,必须由声明人在监督人面前完成。

⑤夫妻双方亲自在离婚协议上签名;婚姻登记员做监誓人。协议书夫妻双方各一份,婚姻登记处存档一份。

(3)婚姻登记员对当事人提交的证件、申请离婚登记声明书、离婚协议书进行审查,符合的,填写《离婚登记审查处理表》和离婚证。

《离婚登记审查处理表》和离婚证分别参照本规范第31条、第32条规定填写。

(4)婚姻登记员在完成离婚证填写后,应当进行认真核对、检查。对打印或者书写错误、证件被污染或者损坏的,应当将证件报废处理,重新填写。

(5)颁发离婚证,应当在当事人双方均在场时按照下列步骤进行:

①向当事人双方核实姓名、出生日期、离婚意愿。

②告知当事人双方领取离婚证后的法律关系以及离婚后与子女的关系、应尽的义务。

③见证当事人本人亲自在《离婚登记审查处理表》"当事人领证签名或按指纹"一栏中签名。当事人不会书写姓名的,应当按指纹。

"当事人领证签名或按指纹"一栏不得空白,不得由他人代为填写、代按指纹。

④在当事人的结婚证上加盖条型印章,其中注明"双方离婚,证件失效。××婚姻登记处"。注销后的结婚证退还当事人。

⑤将离婚证分别颁发给离婚当事人双方,向双方宣布:取得离婚证,解除夫妻关系。

三、诉讼离婚

(一)诉讼离婚的概念及适用情形

1. 诉讼离婚的概念

诉讼离婚,是指夫妻双方就是否离婚或者财产的分割、债务的分担、子女的抚养等问题无法达成一致的意见,而向人民法院起诉,人民法院经过审理后,通过调解或判决解除婚姻关系的一种离婚制度。诉讼离婚制度适用于当事人双方对离婚有分歧的情况,包括一方要求离婚而另一方不同意离婚而发生的离婚纠纷;或者双方虽然同意离婚,但在子女和财产问题上不能达成一致意见的情况。

诉讼离婚制度有下述特征:

第一,诉讼离婚有法定的必要条件,即"感情确已破裂,调解无效"。人民法院在审理案件中也必须执行法律规定的条件,并以此为据裁判是否许可当事人离婚。

第二,在诉讼活动中,人民法院对争议处理起主导作用,它要对当事人提出的离婚请求和理由进行审查,是否准予离婚取决于人民法院的依法裁量,它既可以判决准予离婚,也可以依法驳回当事人的请求。

第三,人民法院依法作出的调解和判决,在发生法律效力后,即具有强制执行力,当事人不履行调解书和判决书中所确定的义务的,人民法院可依另一方的申请予以强制执行。

2. 诉讼离婚的适用情形

我国诉讼离婚的适用情形:

(1)夫妻一方要求离婚,而另一方不同意离婚的。

(2)双方自愿离婚,但就子女抚养、财产分割、债务负担等问题无法达成一致意见的。

(3)双方都同意离婚,但一方不在国内居住,或下落不明或宣告失踪,或被劳教、劳改而无法亲自去办理登记离婚的。

（4）未办理结婚登记，而以夫妻名义同居且为法律所承认的事实婚姻。

（二）诉讼离婚的程序

诉讼离婚的程序：

（1）起草起诉状。

（2）准备诉讼所需要的证据。

（3）向有管辖权的法院递交起诉状和证据。

（4）法院决定是否受理该诉讼。

（5）法院受理该离婚诉讼案件之后，在法定时间内向对方发送起诉状副本。

（6）法院安排开庭时间并向双方发送传票。

（7）开庭：双方均可以委托律师或者其他专业人士代理诉讼（一般情况下离婚当事人必须到庭，如果因特殊原因实在不能到庭，必须向法庭出具是否离婚的书面意见）。

（8）法院依照原告方的诉讼请求和双方提交的证据情况对是否准予离婚，以及如何分割财产，子女抚养问题如何解决等问题作出判决。

（三）判决离婚的法定理由

夫妻感情确已破裂，调解无效是判决离婚的法定理由。

判决离婚的法定理由，也叫判决离婚的法定原因或标准，是法院判决准予离婚的根据。我国《婚姻法》第32条第2款规定："人民法院审理离婚案件，应当进行调解；如感情确已破裂，调解无效，应准予离婚。"这一规定说明，男女一方提出离婚后，是否准予离婚，不取决于另一方是否同意离婚，而是法院依据夫妻双方的感情是否确已破裂和调解是否无效来决定。可见"感情是否确已破裂、调解无效"是人民法院审理离婚案件确定准离与不准离的原则界限。它有两层含义：一是如果夫妻感情确已破裂，调解无效应准予离婚；二是如果夫妻感情没有破裂或没有完全破裂，即使调解无效也不准离婚。

《婚姻法》第32条列举了几种应准予离婚的具体情形：

（1）实施家庭暴力或虐待、遗弃家庭成员。家庭暴力、虐待、遗弃行为中，受伤害方在婚姻家庭关系中往往是弱势一方——妻子、未成年子女、老人，如果发生在夫妻之间双方更是有长期积怨，很难和好。一方要求离婚的，如不及时处理可能对受害一方极其危险。在判决离婚前，要做好坚决不离一方的工作，以防不测。

（2）重婚或有配偶者与他人同居的。所谓"有配偶者与他人同居"，最高人民法院2001年12月24日公布的《关于适用〈中华人民共和国婚姻法〉若干问题的解释（一）》界定为，不以夫妻名义，持续、稳定地共同居住。

在处理此类案件时要正确处理好法律与道德的关系：一方面不以不准离婚惩罚有过错一方，同时应通过调解、判决等审判活动，加强道德教育，对错误思想和行为予以道德上的谴责。对第三者可建议有关组织对第三者予以适当的行政处分。

对确实已经死亡的婚姻，在做好无过错一方思想工作的基础上判决离婚。从长远来看，这对解放当事人自身，促进社会安定团结，预防矛盾的升级，防止犯罪的发生都是有利的。

（3）有赌博、吸毒等恶习屡教不改的。对这一类案件，首先应教育帮助有此恶习的一方树立正确的人生观，改正自己的行为，多关心家庭、承担家务、照料子女。其次要动员另一方给予关心和帮助，促使双方和好。对少数夫妻积怨太深，被告恶习屡教不改，双方关系极为恶劣，确实不堪共同生活的，应准予离婚。

(4)因感情不和分居满2年的。夫妻因感情不和长期分居,双方没有共同的生活,互不履行夫妻之间的义务,使得夫妻关系名存实亡,因此夫妻分居满2年标志着夫妻关系破裂。所谓分居,是指夫妻人为中断相互之间的共同经济生活、性生活和互相扶助、精神抚慰。

(5)一方被宣告失踪,另一方提出离婚诉讼的。宣告公民失踪,是指公民离开自己的住所下落不明,经利害关系人申请,人民法院经法定程序寻找仍无音讯的,宣告该公民为失踪人。

夫妻一方失踪,客观上已经不履行自己对家庭、对子女、对配偶的责任,维持这种婚姻关系对另一方已无实质意义。因此,法院判决解除失踪人的婚姻关系,对及时有效保护婚姻关系双方当事人合法权益,保护有其他利害关系当事人的合法利益,稳定家庭秩序与社会秩序有重要的现实意义。

(四)诉讼离婚的限制性规定

1. 对现役军人配偶离婚请求权的限制

我国《婚姻法》第33条规定:"现役军人的配偶要求离婚,须得军人同意,但军人一方有重大过错的除外。"通过对军人配偶离婚请求权的限制,来实现对现役军人婚姻的特别保护。根据最高人民法院《关于适用〈中华人民共和国婚姻法〉若干问题的解释(一)》的规定,本条所称的"军人一方有重大过错",可以依据《婚姻法》第32条第3款前3项规定及军人有其他过错导致夫妻感情破裂的情形予以判断。在适用该条规定时,应注意以下几点:

现役军人,是指正在人民解放军或人民武装警察部队服役、具有军籍的人员。退役、复员、转业军人和在军事单位中工作但不具有军籍的职工,均非现役军人,其配偶提出离婚,按一般规定处理。

军人的配偶,是指与现役军人具有婚姻关系者,不包括与现役军人有婚约关系者。

现役军人的配偶要求离婚,是指非军人一方向现役军人提出离婚的情况。如现役军人一方向非军人一方提出离婚,或者男女双方均为现役军人的离婚纠纷,不适用该条的特别规定,而应按一般规定处理。

所谓"须得军人同意",是指军人配偶要求离婚时,如果未经军人本人同意,一般不得准予离婚。在处理离婚纠纷时,我们既要依法保护现役军人的婚姻,同时也要根据具体情况保护军人配偶的合法权益。因此,在现役军人的配偶提出离婚时进行说服教育,尽量调解和好或判决不准离婚。

该条中规定的"军人一方有重大过错的除外",是针对"须得军人同意"而言的。也就是说,"须得军人同意"不是绝对的,如果夫妻双方感情破裂是由于军人一方的重大过错造成的,如重婚、婚外同居、家庭暴力、虐待、遗弃及其他重大过错,非军人一方也可以提出离婚请求,经过对军人一方的说服教育仍不同意离婚时,法院应判决准予离婚。

现役军人的配偶提出离婚须得军人同意的规定,只是保护军人婚姻的民事方法。如果离婚纠纷是因第三者介入破坏军人婚姻家庭而引起的,应排除外来干扰,帮助当事人改善和巩固婚姻家庭关系。对破坏现役军人婚姻构成犯罪的,应按我国《刑法》有关规定给予刑事制裁。

2. 对男方离婚请求权的限制

《婚姻法》第34条规定:"女方在怀孕期间,分娩后一年内或中止妊娠后六个月内,男方不得提出离婚。女方提出离婚的,或人民法院认为确有必要受理男方离婚请求的,不在此限。"与1980年《婚姻法》相比,本条增加了"中止妊娠后六个月内"的规定。在适用本条时需要注意以下几点:

该条仅为男方离婚请求权行使时间上的限制,并非剥夺男方的离婚请求权。在上述法定期间经过后,男方仍有权请求离婚。

女方在此期间提出离婚的,不受本条限制。在上述期间,男女双方自愿离婚的也应予以准许。

人民法院认为确有必要受理男方离婚诉讼请求的,根据司法实践,主要包括以下两种情况:一是在上述期间双方确实存在不能继续共同生活的重大而紧迫的事由,一方对对方有危及生命或健康的可能。二是女方怀孕系因婚外与他人通奸所致,女方不否认,夫妻感情确已破裂。女方婚前与他人发生性关系的,一般不能作为对方提出离婚的理由。

3. 对原告再次起诉的限制

我国《民事诉讼法》第124条第7项规定,判决不准离婚和调解和好的离婚案件,没有新情况、新理由,原告在6个月内又起诉的,不予受理。被告起诉的,不在此限。如果出现表明感情确已破裂的新情况、新理由的,原告可以在6个月内再次提起离婚诉讼,人民法院审查后认为确属新情况、新理由,应当依法受理。

(五)离婚的法律后果

1. 离婚在当事人身份上的后果

婚姻的成立直接导致配偶关系的确立和姻亲关系的发生。而婚姻关系的解除将导致上述亲属身份权利义务的消灭。夫妻身份关系的解除有这样几个含义:

(1)重获再婚的自由:婚姻关系解除后,男女双方均有重新缔结婚姻的自由,任何人不得加以干涉。婚姻关系解除后再婚受他人干涉的,属于干涉婚姻自由的行为。

(2)同居和相互忠诚义务的消灭:离婚后,双方同居和相互忠实义务当然消灭。实际生活中存在着夫妻离婚后,由于住房困难的原因而居住于同一所房屋内的现象。在这种情况下,任何一方均不得非法干涉他方与异性的正常交往,也不得强迫对方与自己同居。男方违反女方意志与之强行发生性关系的,构成强奸。

(3)扶养义务终止:离婚之后,夫妻的身份关系不复存在,夫妻之间互相扶养的义务同时解除,任何一方均不再享有要求对方扶养的权利,任何一方都不承担扶养对方的义务。

(4)法定继承人资格丧失:离婚后,夫妻双方丧失了互为法定继承人的身份,彼此无权再以配偶身份继承对方的遗产。

(5)代理权的消灭:夫妻之间的代理权是以共同生活为条件的,离婚后,这种代理权当然消灭。

(6)姻亲关系的消灭:当婚姻因双方离婚而终止,即人为地加以解除,姻亲关系一般随之归于消灭,但是,我国《继承法》第12条规定,丧偶儿媳对公、婆,丧偶女婿对岳父、岳母,尽了主要赡养义务的,作为第一顺序继承人。

2. 离婚在当事人财产上的后果

离婚不仅终止夫妻间的人身关系,而且终止了夫妻间原有的财产关系。

(1)夫妻共同财产的分割。

离婚夫妻所涉及的全部财产权益中,只有夫妻共同财产才能依法分割,因此,对于夫妻共同财产的界定就显得尤为重要。

夫妻共同财产与家庭财产的联系与区别在于:夫妻共同财产是属于夫妻共同所有的那部分财产,它属于家庭财产的一部分,在婚姻存续期间一般不宜分割;而家庭财产是指家庭所有成员的共同财产和各成员所有财产的总和,它既包括夫妻共同财产和个人财产,也包括家庭其他成员的共同财产和个人财产。夫妻离婚时分割的财产仅限于家庭财产的一部分,即夫妻共同财产。而对于其他家庭成员的财产,包括子女的财产不能分割。例如,未成年子女接受的赠与、奖励或者参加演出竞赛所获得的报酬都属于该子女的个人财产,其离异的父母均没有权利分割。

依据《婚姻法》第 39 条第 1 款的规定:"离婚时,夫妻的共同财产由双方协议处理;协议不成时,由人民法院根据财产的具体情况,照顾子女和女方权益的原则判决。"具体地讲,涉及以下几个方面的问题:

①夫妻共同财产分割的原则。《婚姻法》第 39 条第 1 款规定了离婚时分割夫妻共同财产保护女方和子女合法权益的原则。夫妻对共同财产享有平等的权利,并不是指必须平均分配财产。根据我国目前的经济和社会状况,在财产分割上会适当照顾女方,同时,为了保障下一代的健康成长,照顾女子的利益也是非常重要的。

②夫妻共同财产的分割方法。对夫妻共同财产的分割,人民法院依据上述各项原则,使双方当事人在自愿、合法的前提下,就财产分割问题达成协议,或在人民法院的主持下调解达成协议。协议不成时,由人民法院依法判决。判决分割夫妻共同财产时人民法院应依照财产的性质、来源、数量等进行综合分析,以确定财产的归属。对不能分割或将来才可能取得的财产权益,可判令取得该项财产的一方给另一方适当的补偿。如果夫妻双方对共同财产归谁所有以书面形式的约定的或以口头形式约定的,双方无争议的,离婚时应按约定处理。但规避法律的约定无效。

③分割的范围。由于离婚引起的是夫妻财产关系的终止,因此,离婚时分割财产的范围应是夫妻共同财产。夫妻共同财产是婚姻关系存续期间夫妻共同所有的财产,它包括夫妻双方约定归夫妻共同所有的财产,也包括《婚姻法》第 17 条第 1 款规定的:"夫妻在婚姻关系存续期间所得的下列财产,归夫妻共同所有:(一)工资、奖金;(二)生产、经营的收益;(三)知识产权的收益;(四)继承或赠与所得的财产,但本法第十八条第三项规定的除外;(五)其他应当归共同所有的财产。"此外,夫妻对婚姻关系存续期间所得的财产约定不明确的,且又不属于《婚姻法》第 18 条确定的个人财产的,也应归夫妻共同所有。

认定夫妻共同财产时应注意以下几个问题:

①结婚时,他人赠与的财物是否属于共同财产?由于我国实行结婚登记制度,即把结婚登记作为婚姻成立的必备要件,因此,赠送财物是在结婚登记前,还是在结婚登记后便显得非常重要。如果是在前,则该财物属婚前个人财产,归个人所有;如果是在后,则除了双方另有约定或赠与人确定只归夫或妻一方所有之外,一方或双方所接受他人赠与的财产应属于夫妻共同财产。对于已登记结婚,尚未共同生活,一方或双方受赠的礼金、礼物也应按夫妻共同财产处理,只是在具体处理时考虑财产来源、数量等情况合理分割。

②对同一财产一方认为是共同财产,一方认为是个人财产的,应如何处理?根据《婚姻法》第 17 条、第 18 条、第 19 条的规定,我国对夫妻婚前个人财产的归属,以个人专有制为原则,约定所有制为例外;对婚后所得的归属,则以夫妻一般共同所有制为原则,以约定所有制和特定财产专有制为例外。因此,离婚时对同一财产一方认为是共同财产,另一方认为是个人财产的,如夫妻之间有婚姻财产约定的应从其约定;没有婚姻财产约定或婚姻财产约定不明确的,则应根据不同情况区别对待:

第一,一方主张某一财产属于《婚姻法》第 18 条所列财产,应归其个人所有的,主张权利的一方有责任举证,如举不出有力证据,按非特定财产处理,由夫妻共同所有。如主张权利的一方能够证明该财产确系《婚姻法》第 18 条所规定的财产,另一方以双方有婚姻财产约定为由,主张该财产归双方共有,应提供有效的婚姻财产约定,不能提供婚姻财产约定或财产约定不明确的应按特定财产处理,由夫妻一方所有。

第二,对婚姻关系存续期间取得的、《婚姻法》第 17 条第 1 款所列财产的归属发生争议的,如主张专有权的一方,不能提供婚姻财产约定或婚姻财产约定不明的,归夫妻共同所有。

③以一方为存折户主的存款如何认定？首先应当明确,不能单独以存折户名决定存款归属,因为我国个人储蓄实名制没有要求存款人明确存款系个人独有,还是多人共有;根据银行工作惯例以及个人存折本身格式,一份个人存折也不能填写两个或多个户名。因此,存折户名并不具备证实该存款系户主专有的法定排他效力。

对该类存折的处理必须综合考虑婚姻法对夫妻财产制度的相关规定及我国的实际国情。

婚姻法对夫妻婚后所得财产的归属,以夫妻共同共有制为原则,以约定财产制、特定财产专有制为例外。目前,我国签订书面婚姻财产约定的夫妻,毕竟比例有限,绝大多数夫妻,仍适用婚后财产共同制。基于夫妻间存在的依赖和感情因素,实行婚后财产共同制的夫妻,在储蓄共同资金时,再分别存取。因此,在处理此类问题时,应根据不同情况作出不同的处理:

第一,有婚姻财产约定的,依其约定决定存折归属。虽没有具体约定存折归谁所有,但约定适用财产分别所有制的夫妻,可确定存折户主为所有人。

第二,没有婚姻财产约定的,或根据婚姻财产约定仍不能确定存折归属的,则首先确定该存款是否属于《婚姻法》第18条所规定应当由夫妻一方所有的特定财产。如存折户主能够证明该笔存款确系其婚前财产或因身体受到伤害获得的医疗费、残疾人生活补助费、遗嘱或赠与合同中确定只归其所有财产等依法应归其所有特定财产,则应将该存款作为存折户主的个人财产,不予分割。否则,按夫妻共同财产处理。

(2)债务的清偿。

离婚夫妻财产的分割,不得损害国家、集体和任何第三者的合法权益。因而,在处理离婚纠纷时,需要对债务问题进行妥善处理,以维护债权人的合法权益。

《婚姻法》第41条规定:"离婚时,原为夫妻共同生活所负的债务,应共同偿还。共同财产不足清偿的,或财产归各自所有的,由双方协议清偿;协议不成时,由人民法院判决。"

3. 离婚损害赔偿制度

离婚损害赔偿制度,通常指配偶一方违反婚姻义务,实施法定违法事由导致婚姻关系破裂时,无过错配偶方或非主要过错方有权在离婚时诉请损害赔偿。这里所说的"法定事由"是指我国《婚姻法》第46条的规定:"有下列情形之一,导致离婚的,无过错方有权请求损害赔偿:(1)重婚的;(2)有配偶者与他人同居的;(3)实施家庭暴力的;(4)虐待、遗弃家庭成员的。"

根据《婚姻法》的立法精神,离婚损害赔偿制度的构成要件应有以下几点:

(1)夫妻一方对离婚具有主观上、行为上的过错。这是离婚损害赔偿的主观方面要件,即要求一方有过错。这一要件体现出过错主义离婚原则之特色。该"过错"必须是导致离婚的过错。也就是说,对于婚姻关系的解除,一方在主观上具有故意或过失。如果双方均无过错,则不承担赔偿责任。

(2)一方的行为具有违法性。这是离婚损害赔偿的客观行为要件,即过错方的行为违反了婚姻法规定。例如,《婚姻法》第4条规定了夫妻应当互相忠实、互相尊重的义务;第20条规定了夫妻有相互扶养的义务等,如果一方重婚、与他人同居、实施家庭暴力或虐待遗弃家庭成员,则明显违反了上述法定义务。

(3)请求权人有损害事实。这是离婚损害赔偿的客观后果要件,即享有请求权的一方当事人必须具有损害事实,包括财产损害与精神损害。

(4)过错行为与损害事实具有因果关系。这是离婚损害赔偿的因果关系要件,即过错一方的违法行为与无过错一方的损害事实具有法律上的直接因果关系。从婚姻法的立法宗旨来看,没有直接的因果关系,不存在赔偿问题。

4. 离婚在父母子女关系方面的后果

(1)离婚后的父母子女关系。《婚姻法》第36第1款规定:"父母与子女间的关系,不因父母离婚而消除。离婚后,子女无论由父或母直接抚养,仍是父母双方的子女。"

（2）离婚后子女的抚养归属。《婚姻法》第36条第2款规定:"离婚后,父母对于子女仍有抚养和教育的权利和义务。"

（3）离婚后子女抚养费的负担。《婚姻法》第37条规定:"离婚后,一方抚养的子女,另一方应负担必要的生活费和教育费的一部或全部,负担费用的多少和期限长短,由双方协议;协议不成时,由人民法院判决。关于子女生活费和教育费的协议或判决,不妨碍子女在必要时向父母任何一方提出超过协议或判决原定数额的合理要求。"

第六节 父母子女

一、父母子女关系的概念与分类

(一)父母子女关系的概念

父母子女关系,法律上指父母与子女间权利义务的总和,又称亲子关系。父母子女关系通常基于子女出生的事实而发生,也可因收养而发生。前者称为自然血亲的亲子关系,以双方在血缘上的直接联系为根据;后者称为拟制血亲的亲子关系,以收养的法律效力为依据。自然血亲的父母子女关系只能因死亡而终止。父母与子女间的关系,不因父母离婚而消除。拟制血亲的父母子女关系可因收养的撤销和解除而终止。

(二)父母子女关系的分类

根据我国《婚姻法》的规定,父母子女关系可分为两大类:

（1）自然血亲的父母子女关系。这是基于子女出生的法律事实而发生的,其中包括生父母和婚生子女的关系、生父母和非婚生子女的关系。其特点为:自然血亲的父母子女关系,只能因依法送养子女或父母子女一方死亡的原因而终止。在通常情况下,他们之间的相互关系是不允许解除的。

（2）拟制血亲的父母子女关系。这是基于收养或再婚的法律行为以及事实上抚养关系的形成,由法律认可而人为设定的。它包括养父母和养子女的关系,继父母和受其抚养教育的继子女的关系。其特点为:拟制血亲的父母子女关系,可因收养的解除或继父(母)与生母(父)离婚及相互抚养关系的变化而终止。

二、父母子女间的权利和义务

1.父母对子女有抚养教育的义务

我国《婚姻法》第21条规定,"父母对子女有抚养教育的义务","父母不履行抚养义务时,未成年的或不能独立生活的子女,有要求父母付给抚养费的权利"。所谓抚养,是指父母对子女的养育和生活上的照料。抚养教育好后代,这不仅是父母对子女应尽的义务,同时也是对社会应尽的义务。

父母对子女的生活和学习应提供一定的物质条件,承担一定的经济责任。父母对未成年子女的抚养义务是无条件的,除了法律另有规定的以外,任何情况下都不能免除,即使父母离婚,仍应负担抚养义务。父母对成年子女的抚养是有条件的,只有当成年子女没有劳动能力或者因某种原因不能维持生活(如继续上学等)时,父母才有义务承担。

我国《婚姻法》第 23 条规定,父母有保护和教育未成年子女的权利和义务。该规定是对抚养教育义务的必要补充。

如果一方不履行抚养教育义务,另一方可以要求变更抚养权。

2. 父母对未成年子女有管教、保护的权利和义务

父母对未成年子女的管教和保护,既是权利,也是义务。

父母对子女的管教,是指父母对未成年子女的管理教育。主要是指父母对子女的日常生活加以必要的约束和规范,使子女的行为符合法律和道德的要求,用"爱祖国、爱人民、爱劳动、爱科学、爱社会主义"的思想教育子女,使子女树立正确的人生观,努力学习科学文化技术,成为对国家对人民有用的人。

父母对子女的保护,是指父母有保护子女身心健康和其他合法权益不受侵害的权利和责任,以防止和排除来自自然界的损害和来自他人的侵害。当子女受到伤害、侮辱、拐骗时,有请求损害赔偿权和要求归还子女权。

父母没有管教好子女,子女造成他人损害的,父母要承担赔偿责任。凡未成年人造成他人损害的,其父母都有义务对受损害方给予赔偿。如果父母已经离婚,未成年人对他人造成损害,由谁来承担责任? 根据《民通意见》的有关规定:"夫妻离婚后,未成年子女侵害他人权益的,同该子女共同生活的一方应当承担民事责任;如果独立承担责任确有困难的,可以责令未与该子女共同生活的一方共同承担民事责任。"

3. 子女对父母有赡养扶助的义务

子女对父母有赡养扶助的义务。子女对父母的赡养、扶助义务应从以下几个方面理解:

(1)扶助义务的主体是有独立生活能力的成年子女。《婚姻法》第 21 条虽然没有将子女限制在成年子女范围内,并须具备独立生活的能力,但我国《宪法》却明确规定,成年子女有赡养扶助父母的义务。由于未成年子女或没有独立生活能力的成年子女本身还需要父母的抚养,不可能对父母承担赡养义务,因此,在解释上应对《婚姻法》第 21 条所规定的承担赡养义务的子女做限制性解释。

(2)赡养扶助的内容。赡养,是指子女对父母经济上的供养,即提供必要的生活费用,给予物质上的帮助。扶助,是指子女给予父母精神上的安慰和生活上的照料。子女对于丧失劳动能力、生活确有困难的父母,必须自觉地履行赡养扶助义务,使老人能够安度晚年。《老年人权益保障法》第 14 条第 1 款规定,赡养人应当履行对老年人经济上供养、生活上照顾和精神上慰藉的义务,照顾老年人的特殊需要。第 15 条第 1 款规定,赡养人应当使患病的老年人及时得到治疗和护理;对经济困难的老年人,应当提供医疗费用。第 16 条规定,赡养人应当妥善安排老年人的住房,不得强迫老年人居住或者迁居条件低劣的房屋。老年人自有的或者承租的住房,子女或者其他亲属不得侵占;不得擅自改变产权关系或者租赁关系。老年人自有的住房,赡养人有维修的义务。第 17 条规定,赡养人有义务耕种或者委托他人耕种老年人承包的田地,照管或者委托他人照管老年人的林木和牲畜等,收益归老年人所有。

4. 父母和子女有相互继承遗产的权利

子女可以继承其父母的遗产,父母可以继承其子女的遗产。也可以理解为,父母与子女之间相互有继承权。这种权利是以双方之间的身份为依据的。父母、子女都是被继承人的最近的直系血亲,他们之间有极为密切的人身关系和财产关系。根据《继承法》的规定,子女、父母都是第一顺序的继承人。

(1)父母。

这里享有继承权的父母,包括生父母、养父母和有抚养关系的继父母。被继承人的父和母,继承其死亡子女的财产的权利是平等的。

亲生父母与子女之间的关系,是自然血亲关系。亲生父母有对其子女的继承权。父母之间的婚姻的离异和变化,不影响亲生父母与子女之间的关系,父母即使离婚,也可以继承其亲生子女的财产。如父母有抚养能力和抚养条件,但未尽抚养子女的义务,在分配子女的遗产时,应当少分或者不分。

养父母,是指收养他人子女为自己子女的人。养父母与养子女虽不是己身所出的血亲,但基于收养关系的确立并对子女尽了抚养义务,是拟制血亲,与亲生父母处于同等的继承地位。养父母对养子女而言,只要他们之间的收养关系没有中断,权利义务就依然存在。养父母离婚的,双方仍然对养子女进行抚养的,仍可以继承其养子女的财产。如果养父母离婚,养子女归一方抚养,未尽抚养义务的另一方不能继承养子女的财产。

继父母如果尽了抚养义务,与继子女之间产生一种特殊的拟制血亲。尽了抚养义务的继父母在继承上与亲生父母处于相同的法律地位。如果继父与生母离婚,继子女随生母生活,继父与继子女之间的抚养关系中断,继父与继子女之间的血亲关系消灭,继父不享有继子女的财产继承权。反之,继母与生父离婚,继子女随生父生活,继母与继子女之间的抚养关系中断,继母与继子女之间的血亲关系消灭,继母不享有继子女的财产继承权。

(2)子女。

享有继承权的子女,包括亲生子女、养子女和有抚养关系的继子女。

亲生子女包括婚生子女和非婚生子女。按照《继承法》第10条的规定,不论婚生子女,还是非婚生子女,都有同等的继承权。成年子女有赡养能力和赡养条件,但未尽赡养义务,在分配父母遗产时,应当少分或者不分。

养子女,是指被收养的子女。收养他人子女为自己子女的人为养父母。收养关系一经确立,养子女取得与亲生子女同等的法律地位,同时养子女与生父母之间的权利义务关系消除。这样养子女可以继承养父母的财产,但不能继承其生父母的财产。如果抚养关系解除,养父母与养子女之间的抚养关系中断,原养子女就享有对生父母财产的继承权。

继子女是夫妻一方对另一方与其前夫或前妻所生子女而言。继子女与继父或继母之间形成了抚养和赡养关系,继子女对继父或继母的财产有继承权。如果继父与生母或继母与生父离婚,继父母不再抚养继子女,原继子女也不再赡养原继父母,原继子女不享有对原继父母财产的继承权。还有一点要注意,因为亲生父母子女之间的天然血亲关系不因父母离婚而消灭,因此,有抚养和赡养关系的继子女在继承继父母遗产的同时,仍然有权继承自己生父母的遗产。但是,如果有赡养能力和赡养条件的继子女对其生父或生母未尽赡养义务,在遗产分割上,就应当少分或不分。

作为继承人的子女,不论性别,不论已婚还是未婚,都平等地享有继承权。在我国现实生活中,特别是在广大农村地区,女儿出嫁后,由于一些重男轻女的封建思想,如女儿不能传宗接代,出嫁后,不能在娘家顶门立户等,存在着忽视或取消已婚女儿继承权现象。按照我国法律有关规定,这种做法是错误的。法律保护已婚女儿合法的继承权利。如果女儿出嫁后,赡养其父母的义务主要由她的兄弟们承担。在这种情况下,已婚女儿往往就不提继承父母财产的要求了,这可以看做是其放弃继承权。这种情况,既符合继承法中权利义务一致的原则,也符合一般情况和不少地区的风俗习惯。

第七节　收养

一、收养的概念与特征

(一)收养的概念

收养,是指公民依法领养他人子女作为自己的子女,从而使收养人与被收养人建立拟制亲子关系的民事法律行为。领养他人子女者为收养人,即养父母;将子女或者儿童送给他人收养的父母、其他监护人和社会福利机构称为送养人;被他人收养的人为被收养人。

(二)收养的特征

收养关系的成立和终止与自然血亲不尽相同,作为一种独特的法律关系,收养行为具有以下法律特征:

(1)收养是一种民事法律行为。收养不仅关系着当事人的利益,也涉及社会的整体利益,因此,各国法律都对收养行为以及收养关系进行规范和调整。收养的成立、有效,除要求当事人符合法律规定的条件外,还必须履行法定的程序。

(2)收养是变更亲属身份和权利义务关系的行为。收养行为成立后,收养人与被收养人之间产生父母子女间的身份关系和权利义务关系,被收养人与其生父母之间的身份关系和权利义务关系随之消灭。但被收养人与生父母及其亲属间的血缘关系依然存在,关于禁止近亲结婚的法规对他们仍有约束力。

(3)收养只能发生在非直系血亲和没有血缘关系的人之间。收养的目的是确立父母子女间的权利义务关系,因此,收养行为只能发生在旁系血亲的长辈和晚辈之间或者发生在不具有任何血缘关系的人之间。

(4)收养关系是一种拟制血亲关系。通过收养使养父母与养子女之间产生如同亲生父母子女之间的权利义务关系,所以也叫"准血亲",即法律拟制的血亲关系。拟制血亲关系不同于自然血亲,它可以依法产生也可以依法解除。

二、收养法的基本原则

收养法规定,收养应当有利于被收养的未成年人的抚养、成长,保障被收养人和收养人的合法权益,遵循平等自愿的原则,并不得违背社会公德。收养不得违背计划生育的法律、法规。

(一)有利于被收养人抚养、成长原则

保障未成年人的健康成长是实行收养制度的首要目的。收养法中许多规定体现了有利于未成年人的抚养和成长的原则,例如,收养法在规定被收养人的条件方面,将下列不满14周岁的未成年人列为被收养的对象:丧失父母的孤儿,查找不到生父母的弃婴和儿童,生父母有特殊困难无力抚养的子女。为了保证被收养的未成年人的健康成长,收养法还特别规定收养人应当具有抚养教育被收养人的能力。同时,严禁借收养名义买卖儿童。

(二)保障被收养人和收养人合法权益原则

收养关系涉及收养人和被收养人双方的利益,保障被收养人和收养人合法权益的原则体

现在我国收养法中,如被收养人一般应为不满14周岁的处于特殊生活状态下的未成年人;收养人一般需年满30周岁,无子女,并且具备抚养教育被收养人的能力;生父母送养子女,须双方共同送养;收养人、送养人要求保守收养秘密的,其他人应当尊重其意愿,不得泄露。

(三)平等自愿原则

收养关系属于民事法律关系的范畴,收养关系也必须遵循平等自愿原则。平等自愿原则体现在我国收养法中,如收养人收养与送养人送养,须双方自愿;收养年满10周岁以上未成年人的,应当征求被收养人的同意。收养人与送养人可以协议解除收养关系,如果养子女年满10周岁以上的,应当征得本人同意。收养关系当事人各方或者一方要求办理收养公证的,应当到有资格的公证机构办理收养公证。

(四)不违背社会公德原则

收养行为不仅关系着当事人的切身利益,而且还直接涉及社会公共利益,所以,有必要从维护社会公德的立场,对收养子女的行为加以必要的制约。不得违背社会公德的原则体现在我国收养法中,如无配偶的男性收养女性的,收养人与被收养人年龄应相差40周岁以上。收养人不履行收养义务,有虐待、遗弃等侵害未成年人养子女合法权益行为的,送养人有权要求解除养父母与养子女的收养关系。因养子女成年后虐待、遗弃养父母而解除收养关系的,养父母可以要求养子女补偿期间支出的生活费和教育费。

(五)不违背计划生育原则

我国收养法特别规定,收养人一般应为无子女者。送养人不得以送养子女为理由违反计划生育的规定再生育子女。收养人只能收养一名子女。

三、收养关系的成立

收养关系的成立是养父母养子女亲属关系发生的唯一途径,合法收养关系对收养和被收养人间以及被收养人与其生父母间的人身关系和财产关系发生一系列法律效力。收养必须符合一定的条件,履行法定的手续,才能合法有效,才能受到法律的确认和保护。收养关系成立的条件是:收养人的条件,被收养人的条件,送养人的条件都符合法律原则。

依照收养法的规定,收养关系合法成立,应当具备两个方面的条件:一是收养关系当事人应当依法律规定具备一定的条件,这就是收养关系成立的实质要件;二是应当依法律规定履行一定的程序,这就是收养关系成立的形式要件。收养关系只有具备这两个方面的条件,才具有法律效力。

(一)收养关系成立的实质条件

收养关系成立的实质条件,是指收养关系依法成立所应具备的资格条件。我国收养法对收养人、被收养人、送养人均规定了一定的条件,并就特殊收养关系的成立另规定了其他的条件。

1. 一般收养关系成立的条件

第一,收养人的条件。《收养法》第6条规定:"收养人应当同时具备下列条件:(一)无子女;(二)有抚养教育被收养人的能力;(三)未患有医学上认为不应当收养子女的疾病;(四)年满三十周岁。"根据这一规定,收养人应具备的实质条件有:

(1)无子女。根据我国计划生育的政策,夫妻双方一般只能生育一胎小孩。为防止当事人借收养规避法律,收养法将计划生育原则列为其基本原则之一,要求收养人必须无子女。这里的"子女"是指婚生子女、非婚生子女、养子女和与继父母形成事实抚养关系的继子女。

"无子女"则是指作为收养人的夫妻一方或双方无生育能力而没有子女,或虽有生育能力但夫妻不愿生育子女,或夫妻所生育的子女已死亡而导致没有子女。收养人若没有配偶,则也应是无子女者。

但是,收养孤儿或者残疾儿童或者社会福利机构抚养的查找不到生父母的弃婴和儿童,可以不受收养无子女和收养一名子女规定的限制。

(2)有抚养教育被收养人的能力。收养的主要目的在于使未成年的被收养人能够健康成长,收养人应当具备抚养教育被收养人的能力。这种"抚养教育能力"要求收养人应是完全民事行为能力人,同时在经济条件、道德品质、身体素质上也应符合具有抚养教育被收养人的条件。道德品质恶劣、好逸恶劳、自身不能维持生活的人,不能作为收养人。

(3)年满30周岁。收养法规定,夫妻共同收养子女的,夫妻双方均应达到年满30周岁。此规定的立法理由在于:一是为稳定收养关系和便于收养人抚养被收养人的考虑。各国法律均规定收养人与被收养人之间必须存在一定的年龄差距,便于收养人尽到抚育被收养人的目的。同时,收养人达到一定年龄时,也具备了足够的经济来源和精力,有利于抚育被收养人。二是基于计划生育原则。无生育能力有永久性和临时性之分。只有达到一定年龄,经确诊无生育能力的人才会产生抱养他人子女的心理需求,才能对所抱养的子女更加疼爱;同时,既已明确无生育能力,就不可能在抱养他人的子女后再生育自己的子女,也有利于计划生育原则的贯彻执行。

(4)未患有医学上认为不应当收养子女的疾病。收养人如患有精神疾病或其他的严重疾病,则直接影响被收养子女的健康成长。同时,患有精神疾病或其他严重疾病的,多数丧失劳动能力,没有相应的经济来源,难以为被收养人的健康成长提供良好的环境和条件。

(5)其他条件。收养法同时规定了一般收养关系成立的其他条件。《收养法》第8条第1款规定:"收养人只能收养一名子女。"第9条规定:"无配偶的男性收养女性的,收养人与被收养人的年龄应当相差四十周岁以上。"第10条第2款还规定:"有配偶者收养子女,须夫妻共同收养。"

第二,被收养人的条件。根据《收养法》第4条的规定,被收养人应具备以下条件:

(1)应是不满14周岁的未成年人。法律确定被收养人年龄的上限,是为了稳定所建立的收养关系。我国《民法通则》以18周岁作为划分完全民事行为能力人和限制民事行为能力人的年龄界限;以10周岁作为划分限制民事行为能力人和无民事行为能力人的年龄界限。不满14周岁的儿童,本身不具备独立生活能力,需要他人的抚育,也容易与收养人建立亲密的父母子女感情,所以,被收养人首先必须是未满14周岁的未成年人。

(2)不能得到生父母的抚养。被收养人不能得到生父母的抚养,才需要他人收养。这些人包括:①丧失父母的孤儿。收养法所称的孤儿是指其父母死亡或人民法院宣告其父母死亡的不满14周岁的未成年人。②查找不到生父母的弃婴和儿童。作为被收养人的弃婴和儿童,是指依法经公安机关查找后确认是查找不到生父母的被遗弃的婴儿和儿童。③生父母有特殊困难无力抚养的子女。生父母因疾病或其他原因而造成经济上、身体上、精神上无力抚养子女的,这些子女才能成为被收养人。

第三,送养人的条件。送养人有三大类,不同类型的送养人,条件要求有所不同。

(1)生父母作为送养人时,送养人应具备:①有特殊困难无力抚养子女。抚养未成年子女是父母应尽的法定义务。但是,生父母因疾病、残障、经济困难或其中一方死亡等原因无法履行抚养义务的,为了让这些子女健康成长,可以以"特殊困难无力抚养子女"为由送养子女。②

生父母送养子女的,须双方共同送养。即使是父母已离婚的子女或非婚生子女,也必须由生父母协商同意后共同送养。但是,生父母一方下落不明或查找不到的,可以单方送养。③生父母一方死亡的,生存一方要求送养未成年子女时,死亡一方的父母(即未成年子女的祖父母或外祖父母)有优先抚养的权利。④生父母不得以送养子女为理由违反计划生育规定再生育子女。

(2)生父母以外的监护人送养孤儿时,送养人应具备:①未成年人的生父母均已死亡时,监护人送养孤儿的,应征得有抚养义务的人的同意。根据我国《民法通则》规定,未成年孤儿的监护人主要有祖父母、外祖父母;成年兄、姐;关系密切的其他亲属、朋友愿意承担监护责任,经未成年人的父、母的所在单位或者未成年人所在的居民委员会、村民委员会同意的;未成年人的父、母所在单位或未成年人所在居民委员会、村民委员会或民政部门。因此,以上监护人送养未成年孤儿时,应征求有抚养义务的人的同意。有抚养义务的人主要是指有负担能力的祖父母、外祖父母和成年兄、姐。有抚养义务的人不同意送养,监护人不愿意继续履行监护职责的,按照《民法通则》的规定变更监护人。②未成年人的父母均不具备完全民事行为能力的,该未成年人的监护人不得将其送养,但父母对该未成年人有严重危害可能的除外。

(3)社会福利机构作为送养人。社会福利机构,是指民政部门设立的专门收容、抚养父母已经死亡的、其他亲属无力抚养的孤儿以及查找不到生父母的弃婴、儿童的社会组织。收养人符合法定条件的,可以到社会福利机构收养未成年人。但是,收养法没有明确规定社会福利机构作为送养人时的资格条件。根据1999年5月25日颁布的《中国公民收养子女登记办法》第3条规定,收养社会福利机构抚养的查找不到生父母的弃婴、儿童和孤儿的,在社会福利机构所在地的收养登记机关办理登记。第6条第2款规定,社会福利机构为送养人的,应向收养登记机关提交弃婴、儿童进入社会福利机构的原始记录,公安机关出具的捡拾弃婴、儿童报案的证明,或者孤儿的生父母死亡或者宣告死亡的证明。因此,社会福利机构作为送养人时,应具备相应的证明材料和办理收养登记手续。

2. 特殊收养关系成立的条件

第一,收养三代以内的同辈旁系血亲的子女。《收养法》第7条规定,收养三代以内同辈旁系血亲的子女,可以不受到下列限制:(1)生父母有特殊困难无力抚养的子女;(2)无配偶的男性收养女性的,收养人与被收养人的年龄相差40周岁以上;(3)被收养人不满14周岁。但是,收养人仍然应具备抚养教育被收养人的能力,而且必须无子女。但华侨回国收养三代以内同辈旁系血亲的子女时,可以不受收养人无子女的限制。

第二,收养孤儿、残疾儿童或者查找不到生父母的弃婴和儿童。《收养法》第8条第2款的规定,收养孤儿、残疾儿童或者社会福利机构抚养的查找不到生父母的弃婴和儿童,可以不受收养人无子女和收养1名的限制。但在收养这些儿童时,仍应符合一般收养关系所具备的其他实质条件。

第三,继父母收养继子女。继父母与继子女的关系在法律上彼此不存在权利义务关系,但从稳定家庭关系考虑,我国《收养法》第14条规定:"继父或继母经继子女的生父母同意,可以收养继子女……"继父或继母在收养继子女时,不受下列限制:(1)作为送养人的生父母有特殊困难无力抚养子女;(2)收养人无子女,有抚养教育被收养人的能力,未患有在医学上认为不应当收养子女的疾病,年满30周岁;(3)被收养人不满14周岁;(4)收养1名子女。但继父或继母收养继子女时,应征得生父母双方同意,并符合一般收养关系所应具备的其他条件。

(二)收养关系成立的形式条件

收养当事人应履行法定的程序,才能建立有效的收养关系。根据我国《收养法》的规定,收养的法定程序是依法进行收养登记。在当事人自愿或要求的情况下,也可以进行收养协议和收养公证。

《收养法》第15条第1款规定:"收养应当向县级以上人民政府民政部门登记。收养关系自登记之日起成立。"可见,进行收养登记是收养关系有效成立的必经程序。《中国公民收养子女登记办法》对收养登记作了具体规定。

1. 办理收养登记的机关

办理收养登记的机关是县级人民政府。按照被收养人的情况不同,又分为:(1)收养社会福利机构抚养的查找不到生父母的弃婴、儿童和孤儿的,在社会福利机构所在地的收养登记机关办理登记。(2)收养非社会福利机构抚养的查找不到生父母的弃婴和儿童的,在弃婴和儿童发现地的收养登记机关办理登记。(3)收养生父母有特殊困难无力抚养的子女或者由监护人监护的孤儿的,在被收养人生父母或者监护人常住户口所在地(组织作为监护人的,在该组织所在地)的收养登记机关办理登记。(4)收养三代以内同辈旁系血亲的子女,以及继父或继母收养继子女的,在被收养人生父或者生母常住户口所在地的收养登记机关办理登记。

2. 办理收养登记的程序

收养登记的程序分为三个步骤:申请、审查和登记。

第一,申请。在办理收养登记手续时,应由收养当事人亲自到收养登记机关办理成立收养关系的登记手续。夫妻共同收养子女的,应当共同到收养登记机关办理登记手续,若一方因故不能亲自前往的,应当书面委托另一方办理登记手续,委托书应当经过村民委员会或者居民委员会证明或者经过公证。

申请收养登记时,收养人应当向收养登记机构提交收养申请书和有关的证明文件,包括收养人的居民户口本和身份证,由收养人所在单位或村民委员会、居民委员会出具的本人婚姻状况、有无子女和抚养教育被收养人的能力等情况的证明,县级以上医疗机构出具的未患有在医学上认为不应当收养子女的疾病的身体健康检查证明。收养查找不到生父母的弃婴、儿童的,应当提交收养人经常居住地计划生育部门出具的收养人生育情况证明;其中,收养非社会福利机构抚养的查找不到生父母的弃婴、儿童的,收养人还应当提交收养人经常居住地计划生育部门出具的收养人无子女和公安机关出具的捡拾弃婴、儿童报案的证明材料;收养继子女的,可以只提交居民户口本、居民身份证和收养人与被收养人生父或生母结婚的证明。

申请收养登记时,送养人应当向收养登记机关提交送养人的居民户口本和居民身份证(组织作为监护人的,提交其负责人的身份证件)和收养法规定送养时应当征得其他有抚养义务的人同意送养的书面意见。社会福利机构为送养人的,应当提交弃婴、儿童进入社会福利机构的原始记录,公安机关出具的捡拾弃婴、儿童报案的证明,或者孤儿的生父母死亡或者宣告死亡的证明。监护人为送养人的,应当提交实际承担监护责任的证明,孤儿的父母死亡或者宣告死亡的证明,或者被收养人生父母不具备完全民事行为能力并对被收养人有严重危害的证明。生父母为送养人的,并应当提交与当地计划生育部门签订的不违反计划生育规定的协议;有特殊困难无力抚养子女的证明和其所在单位或居民委员会、村民委员会出具的送养人有特殊困难的证明。其中,因丧偶或者一方下落不明由单方送养的,还应当提交配偶死亡或者下落不明的证明;子女由三代以内同辈旁系血亲收养的,还应当提交公安机关出具的或者经过公证的与收养人有亲属关系的证明。被收养人是残疾儿童的,应提交县级以上医疗机构出具的该儿童的残疾证明。

第二,审查。收养登记机关接受当事人提出的收养申请后,应当依法对收养申请进行严格审查。审查的内容包括:收养申请人、被收养人、送养人是否符合法律规定的有关条件,收养目的是否正当,收养当事人的意思表示是否真实等。

第三,登记。经过审查后,收养登记机关对符合收养法规定条件的,为当事人办理收养登记,发给收养登记证,收养关系自登记之日起成立;对不符合收养法规定条件的,不予登记,并对当事人说明理由。

收养协议不是收养关系成立的必经程序。《收养法》第15条第3款规定:"收养关系当事人愿意订立收养协议的,可以订立收养协议。"可见,收养当事人自愿订立的,可以签订收养协议。收养协议由收养人和送养人在意思表示真实的情况下签订,被收养人在10周岁以上的,其本人也必须在收养协议上表示同意。签订收养协议的当事人必须符合收养法所规定的条件,同时,在收养协议的主要条款上应包括收养人、送养人、被收养人的情况,收养目的,收养人关于不得虐待、遗弃被收养人和抚育被收养人健康成长的保证以及其他内容。但是,是否订立收养协议并不影响收养关系经过登记而产生的法律效力。

收养公证不是收养有效成立的必经程序。收养当事人各方或一方要求对所签订的收养协议进行公证的,应由公证机关依法作出公证证明。但是,只是当事人自愿要求公证,才加以公证。公证机关对所应公证的收养协议应进行审查,对于符合收养法规定的,应予以出具公证证明;对于不符合收养法规定的,应告知当事人,并不予以办理收养公证。是否公证,不影响收养关系的有效成立。

四、收养的效力

《收养法》第23条规定:"自收养关系成立之日起,养父母与养子女间的权利义务关系,适用法律关于父母子女关系的规定;养子女与养父母的近亲属间的权利义务关系,适用法律关于子女与父母的近亲属关系的规定。养子女与生父母及其他近亲属间的权利义务关系,因收养关系的成立而消除。"

(一)收养关系成立的法律效力

1.收养的拟制效力

收养的拟制效力,即形成拟制血亲的父母子女关系,其效力与自然血亲的父母子女关系相同,养父母子女间的权利义务关系适用法律关于父母子女关系的规定,养子女与养父母的近亲属之间的权利义务关系,适用法律关于子女与父母的近亲属关系的规定。

2.收养的解消效力

收养的解消效力,是指收养使被收养人与生父母间的权利义务关系依法终止、消除的效力。养子女与生父母及其他近亲属间的权利义务关系,因收养关系的成立而消除。

但值得注意的是,养子女与生父母及近亲属之间的血缘关系是客观存在的,无法因收养关系的成立而消灭,所以,他们之间仍受婚姻法有关禁止结婚规定的限制。

(二)收养行为的无效

无效收养行为,是指已经成立,但因欠缺有效要件而导致无效的收养行为。

《收养法》第25条第1款规定:"违反《中华人民共和国民法通则》第五十五条和本法规定的收养行为无法律效力。"可见,判断收养行为是否有效,是以《民法通则》第55条关于民事法律行为成立的要件和《收养法》有关收养关系有效成立的要件为依据的。

1.收养无效的原因

根据《收养法》第25条的规定,导致收养行为无效的原因主要有:

(1)收养人、送养人不具备完全民事行为能力。由于无民事行为能力人和限制民事行为能力人不能辨认或不能完全辨认行为的法律后果,所以,依法不得进行收养行为。

(2)收养当事人意思表示不真实。收养当事人不是基于自己内心的真实意愿而是在受胁迫、欺诈等情况下实施的收养行为无效，或收养当事人并没有真正建立法律拟制父母子女关系的意愿，而是因重大误解而形成的收养行为，是无效的。

(3)收养行为的内容和性质违反法律和社会公共利益。收养行为违反收养法和其他法律法规的规定，或违背社会公德和社会公共秩序等，如收养当事人通过收养规避计划生育政策的收养行为无效。

(4)违反收养法基本原则。违反收养法的基本原则，就从根本上违背了收养的宗旨，因此，这些收养行为不能产生预期的法律效力。

(5)违反收养法所规定的实质要件。收养法对收养人、送养人、被收养人均规定了一定的条件，收养行为一旦违反这些实质要件，就不能产生法律效力。

(6)违反收养法所规定的程序要件。根据收养法的规定，收养行为必须经过民政部门的登记才能产生法律效力。因此，即使已达到收养法所规定的实质条件，但没有办理收养登记的收养行为仍然是不能依法成立和生效的。

2. 确认收养无效的程序及收养无效的法律后果

(1)确认收养无效的程序。

《收养法》第25条第2款规定："收养行为被人民法院确认无效的，从行为开始时起就没有法律效力。"《中国公民收养子女登记办法》第12条规定："收养关系当事人弄虚作假骗取收养登记的，收养关系无效，由收养登记机关撤销登记，收缴收养登记证。"可见，我国对于收养行为无效的确认有两种方法：一是人民法院通过诉讼程序确认，二是登记机关通过行政程序确认。

人民法院确认收养行为无效的程序，是由收养当事人或利害关系人向人民法院提出请求确认收养行为无效之诉，而后由人民法院查证属实的，以判决方式确认收养无效。人民法院在审理其他类型案件如赡养、抚养、继承等纠纷时，如果发现该收养不符合法定条件的，也应予以确认收养无效。

收养登记机关发现已登记的收养行为不符合法律规定的，应当撤销收养登记，宣布收养登记无效，收回收养登记证。被撤销的收养关系自收养登记之日起就无效。

(2)收养无效的法律后果。

收养行为无论是被人民法院确认无效还是由收养登记机关撤销收养登记，均发生溯及力，从该收养行为开始之日起就无效。收养人与被收养人的父母子女关系溯及既往地消灭，被收养人与生父母的父母子女关系溯及既往地恢复，基于无效收养行为所消灭的权利义务恢复原状。对该收养行为无效负有过错的当事人、公证机关、登记机关应承担一定的民事责任或行政责任。以收养为名而买卖儿童的，依法追究刑事责任。

五、收养关系的解除

收养关系的解除，就是指对拟制的父母子女关系通过一定程序解除父母子女间权利义务关系的行为。

收养关系已经合法成立，当事人就应当忠实地履行因收养而产生的法定义务。否则，就可能损害收养关系当事人的合法权益，不利于被收养子女的健康成长。因此，收养法规定，收养人在被收养人成年以前，不得解除收养关系。但是，收养关系毕竟是一种法律拟制的血亲关系，养父母与养子女之间的感情比较容易起变化；收养方与送养方条件的改变，也能使收养的既成事实对双方尤其是被收养人不利，而有必要解除。鉴于此，收养法在规定收养人不得单方解除与未成年养子女的亲子关系的同时，又规定收养人、送养人双方协议解除的除外。

(一)收养关系解除的方式

就解除收养关系的程序而言,收养法规定,当事人解除收养关系应当达成书面协议,并到办理成立登记的机关办理解除收养关系的登记;不能达成协议的,可以向人民法院起诉。根据收养法的规定,收养关系的解除可以采取两种方式,即协议解除和诉讼解除。

1. 协议解除

收养关系既然可以依照当事人双方的协商一致而成立,也当然可以依照当事人协商一致而解除。

(1)协议解除收养关系的条件。

《收养法》第26条第1款规定:"收养人在被收养人成年以前,不得解除收养关系,但收养人、送养人双方协议解除的除外,养子女年满十周岁以上的,应当征得本人同意。"协议解除收养关系的条件有:

第一,收养当事人一致同意解除收养关系。协议解除无论首先是哪一方当事人提出,均应由收养关系当事人一致同意后才能解除。收养人是夫妻共同收养的,应由夫妻一致同意;送养人是生父母的,也应由作为生父母的夫妻共同同意;被收养人年满10周岁以上的,还必须征得被收养人的同意。被收养人已成年,具备完全民事行为能力的,由收养人与被收养人协商一致同意解除收养关系,无须经得送养人的同意。

第二,收养当事人对收养存续期间所形成的家庭共有财产已进行合理的分割,不存在财产争议。

第三,收养当事人对缺乏劳动能力又没有生活来源的养父母或养子女的生活费和养父母要求养子女补偿收养期间支出的生活费和教育费已作合理的安排。

第四,协议解除收养关系也是一种民事法律行为,因此,也应符合民事法律行为的要件,要求协议解除收养关系的当事人具备完全民事行为能力,意思表示真实,解除收养的目的、内容和方式不违反收养法和其他法律、法规的规定。

(2)协议解除收养关系的程序。

《收养法》第28条规定:"当事人协议解除收养关系的,应当到民政部门办理解除收养关系的登记。"办理收养解除登记是协议解除收养的必经程序。《中国公民收养子女登记办法》第9条规定,"收养关系当事人协议解除收养关系的,应当持居民户口本、居民身份证、收养登记证和解除收养关系的书面协议,共同到被收养人常住户口所在地的收养登记机关办理解除收养关系登记。"

收养登记机关在收到解除收养关系登记申请书及有关材料后,根据收养法等有关法律法规的规定进行审查。对于符合收养法规定的,为当事人办理解除收养关系的登记,收回收养登记证,发给解除收养关系证明。

2. 诉讼解除

解除的收养关系中,并不是所有的解除都可以通过当事人的协商而解决。如果收养关系当事人对于是否解除收养关系的问题不能取得一致意见,或者虽然对于解除收养关系取得了一致意见,但是对于有关经济补偿、损害赔偿等具体问题不能统一意见时,任何一方当事人都有权诉请人民法院予以解决。根据我国收养法的规定以及最高人民法院的司法解释,当事人有下述情形之一不能协商一致的,可以向人民法院起诉。

(1)收养人对养子女不加善待,不尽抚养教育义务,有虐待、遗弃、剥削劳动力等行为的,送养人有权要求解除养父母与养子女的收养关系。

(2)收养关系成立后,未成年养子女生父母一方反悔,要求解除收养关系的,人民法院为保护无过错养父母的合法权益,不应当按照解除收养关系处理。但是,生父母故意泄露收养秘密或有其他不利于收养关系的事实发生,人民法院可以应该生父母或者养父母的要求解除收养关系。在此情况下,生父母除应当补偿养父母为养子女支付的生活费、教育费、医疗费等费用外,还应当对侵害养父母监护权的行为负责,承担损害赔偿的责任。

(3)养父母一方反悔,或者发现收养的子女有生理缺陷或者其他病症,要求解除收养关系的,一般不予支持。但是,生父母在送养时有意隐瞒的,可以予以解除。

(4)养父母与成年养子女关系恶化,再继续共同生活对双方确实不利,一方坚决要求解除收养关系的,一般可准予解除。

对于不利于收养关系的因素是否足以构成解除收养关系的充分根据,由人民法院根据其程度,从保护被收养的未成年人的利益和其他收养当事人的合法利益的原则出发而自由裁量。

(二)收养关系解除的法律后果

收养关系涉及人身关系和财产关系,收养关系解除后,有关当事人的人身关系和财产关系也会发生相应的变更。

1. 人身关系上的效力

(1)养子女与养父母及其近亲属间的拟制血亲关系消除,因收养而产生的权利义务终止。

(2)未成年的养子女与生父母及其近亲属间的权利义务自行恢复。

(3)成年养子女与生父母及其近亲属间的权利义务是否恢复,须由双方协商决定。

2. 财产关系上的效力

(1)收养关系解除时,养父母与养子女因共同生活所形成的共同财产应依法进行分割。属于一方所有的财产仍归该方所有,养子女通过继承、遗赠、赠与等所得的财产,有权带走。

(2)收养关系依生父母要求解除的,养父母可以要求生父母适当补偿收养期间支付的生活费和教育费,但因养父母虐待、遗弃养子女而解除收养关系的,养父母不得要求补偿。

(3)收养关系解除后,缺乏劳动能力又无生活来源的养父母,对由其抚养长大的成年养子女,有要求给付生活费的权利。

(4)因养子女成年后虐待、遗弃养父母而解除收养关系的,养父母可以要求养子女补偿收养期间支出的生活费和教育费。

第六章 继承权

第一节 继承权概述

一、继承权的概念与特征

(一)继承权的概念

继承,是指将死者生前所有的于死亡时遗留的财产依法转移给他人所有的制度。生前所有财产因死亡而转移给他人的死者为被继承人;被继承人死亡时遗留的财产为遗产;继承人依照法律的直接规定或者被继承人所立的合法遗嘱享有的继承被继承人遗产的权利就是继承权。

(二)继承权的特征

(1)继承权是一种绝对权、排他权。

(2)继承权与财产所有权相联系,是一种财产权。

(3)继承权与一定身份关系相联系,但不是身份权。

(4)继承权的主体是自然人。国家、集体或其他组织可以接受遗产,但其身份不是继承人,而是受遗赠人或遗产分享人、无人继承财产的取得人。

(5)继承权的发生依据是法律的直接规定或被继承人合法有效的遗嘱。

(6)继承权的实现以被继承人死亡或宣告死亡的法律事实出现为前提。

二、我国继承法的基本原则

(一)保护公民私有财产继承权原则

我国宪法规定,法律保护公民的私有财产继承权,这是我国继承法的立法依据,也同时决定了我国继承法的立法宗旨和首要任务就是保护自然人的私有财产继承权。继承法一方面规定了继承权的主体、客体、内容、变动等事项,起到确权的作用;另一方面规定了继承权受到侵害时的法律保护措施,起到护权的作用,充分体现了保护公民私有财产继承权的原则。

(二)继承权平等原则

自然人无论男女都是平等的民事主体,《继承法》第9条明确规定,继承权男女平等。这是宪法中男女平等原则在继承法中的体现。

(三)养老育幼、互助互济原则

养老育幼、互助互济,是我国劳动人民的传统美德,也是社会主义精神文明建设的要求。养老育幼、互助互济作为继承法的一项基本原则,是由我国现阶段的经济条件和家庭职能所决定的,也是实现法律保护老人、妇女、儿童和残疾人的合法权益的任务的必然要求。

(四)互谅互让,和睦团结原则

《继承法》第15条对此作了规定。这一原则要求继承人在遗产处理的过程中能相互体谅、谦让,在平等协商的基础上公平合理地分割遗产,实现物尽其用与家庭和睦的目标。

三、遗产的概念与范围

遗产,是指被继承人死亡时遗留的个人所有财产和法律规定可以继承的其他财产权益,包括积极遗产和消极遗产。积极遗产,是指死者生前个人享有的财物和可以继承的其他合法权益,如债权和著作权中的财产权益等。消极遗产,是指死者生前所欠的个人债务。

在我国,遗产范围主要是生活资料,也包括法律允许个人所有的生产资料。

四、继承权的接受、放弃与丧失

(一)继承权的接受与放弃

继承权的接受与放弃是不可转让的。继承权的接受,是指享有继承权的继承人参与继承、接受被继承人遗产的意思表示。自继承开始,客观意义的继承权也就转化为主观意义的继承权,继承人得自主决定是行使继承权、接受继承,还是放弃继承权。根据我国《继承法》第25条的规定,继承开始后,遗产分割前,继承人未表示放弃继承权的,视为接受继承。继承的放弃,是指继承人作出的放弃其继承被继承人遗产的权利的意思表示。继承权的放弃,是继承人对其继承权的一种处分。继承权的放弃,须以明示的方式作出。继承权的放弃是一种单方法律行为。继承权的放弃不能附加任何条件。继承权是一种以身份关系为前提的财产性权利,基于其人身属性,继承权是不可以转让的。

(二)继承权的丧失

继承权的丧失,又称继承权的剥夺,是指依照法律规定在发生法定事由时取消继承人继承被继承人遗产的权利。

继承权的丧失可分为绝对丧失与相对丧失。继承权的绝对丧失,又称继承权的终局丧失,是指因发生某种法定事由,继承人继承权的终局丧失,该继承人绝对不得也不能享有继承权。继承权的相对丧失,又称继承权的非终局丧失,是指因发生某种法定事由,继承人的继承权丧失,但在具备一定条件时继承人的继承权最终也可不丧失。

继承权丧失的法定条件如下:
(1)故意杀害被继承人的(绝对丧失)。
(2)为争夺遗产而杀害其他继承人的(绝对丧失)。
(3)遗弃被继承人或者虐待被继承人情节严重的(相对丧失)。
(4)伪造、篡改或者销毁遗嘱,情节严重的(绝对丧失)。

第二节　法定继承

一、法定继承的概念与特征

法定继承是遗嘱继承的对称,又叫无遗嘱继承。按照法律直接规定的继承人的范围、继承的顺序继承遗产的,为法定继承。

法定继承的法律特征:

(1)法定继承严格建立在人身关系的基础上。法定继承的继承人必须具有与被继承人的血缘关系、婚姻关系、扶养关系。

(2)法定继承人的范围、继承顺序、遗产分配原则等均由继承法直接规定。

二、法定继承人的范围与继承顺序

(一)法定继承人的范围

(1)配偶又称"夫妻",合法婚姻中的男女双方互为配偶。它是其他亲属关系(血亲、姻亲)发生的基础。配偶关系因婚姻的成立而发生。

(2)子女,包括婚生子女、非婚生子女、养子女和有扶养关系的继子女。

(3)父母,包括生父母、养父母和有扶养关系的继父母。

(4)兄弟姐妹,包括同父母的兄弟姐妹、同父异母或者同母异父的兄弟姐妹、养兄弟姐妹、有扶养关系的继兄弟姐妹。

(5)祖父母、外祖父母。

(6)对公、婆尽了主要赡养义务的丧偶儿媳和对岳父、岳母尽了主要赡养义务的丧偶女婿。

(二)法定继承人的继承顺序

法定继承的顺序,是指法定继承人继承遗产的先后次序。它是根据继承人与被继承人血缘关系的远近及经济上相互依赖的程度而决定的。

继承法规定,遗产按照下列顺序继承:

第一顺序:配偶、子女、父母。

第二顺序:兄弟姐妹、祖父母、外祖父母。

继承开始后,由第一顺序继承人继承,第二顺序人不继承。没有第一顺序继承人继承的,由第二顺序继承人继承。

三、代位继承与转继承

(一)代位继承的概念和特征

被继承人的子女先于被继承人死亡的,由被继承人的子女的晚辈直系血亲代位继承。代位继承一般只能继承他的父亲或者母亲有权继承的遗产份额。代位继承只适用于法定继承,不适用于遗嘱继承。

我国继承法未对代位继承的代数加以限制,即子女可以代父或母之位,继承祖父母或者外祖父母的遗产,孙子女亦可以代祖父母或者外祖父母之位,继承曾祖父母或者外曾祖父母的遗产。

代位继承的特征:

(1)代位继承的发生,须有被继承人的子女先于被继承人死亡的法律事实,该死亡可以是自然死亡,也可以是法律宣告死亡。

(2)被代位继承人只限于被继承人的先死子女。其他被继承人的继承人若先于被继承人死亡时,不发生代位继承。

(3)代位继承人只限于被代位继承人的晚辈直系血亲,即只有被代位人的子女、孙子女、外孙子女等,才可以成为代位人,并不受辈分限制。

(4)代位继承人为数人的,只能共同继承被代位继承人对被继承人的遗产所应当继承的遗产份额。

(5)先于被继承人死亡的子女具备丧失继承权的条件且被法院判决丧失继承权的,其晚辈直系血亲不得代位继承。

(6)代位继承只适用于法定继承,不适用于遗嘱继承。

(二)转继承的概念和特征

转继承,是指继承开始以后,继承人没有表示放弃继承,也没有丧失继承权的法定情形,在遗产分割以前死亡,其继承的权利转移给其合法继承人。

在转继承法律关系中,遗产分割前死亡的继承人称为被转位继承人;被转位继承人的继承人称为转位继承人。转位继承人除可以继承被转位继承人本人的遗产,还承受了被转位继承人继承被继承人的继承权。

转继承的特征:

(1)只有在被继承人死亡之后,遗产分割之前,继承人也相继死亡,才发生转继承。

(2)只有继承人在前述的时间内死亡而未实际取得遗产,而不是放弃继承权。

(3)只能由继承人的法定继承人直接分割被继承人的遗产。

(4)转继承人一般只能继承其被转继承人应得的遗产份额。

(5)转继承人可以是被继承人的直系血亲,也可以是被继承人的其他法定继承人。

(三)代位继承与转继承的区别

1.二者的性质不同

在代位继承中,代位继承是直接参加被继承遗产的继承,且是基于其代位继承权而取得的继承被继承人遗产的权利;而转继承是一种连续发生的二次继承,是在继承人直接继承后又转由转继承人继承被继承人的遗产。

2.发生的时间和条件不同

代位继承是被继承人的子女先于被继承人死亡时由被继承人子女的晚辈直系血亲代位继承被继承人的遗产的制度。因此,代位继承只能在被代位继承人先于被继承人之前死亡的情形下发生。并且,只有被继承人的子女在继承开始前死亡的,才会发生代位继承。其他继承人不能成为被代位继承人,即使其先于被继承人死亡,也不会发生代位继承。转继承是在继承开始后遗产分割前因继承人死亡而发生的由继承人的法定继承人继承被继承人遗产的制度,因此转继承只能发生在继承开始后、遗产分割前。在继承开始前继承人死亡的,会发生代位继承而不会发生转继承;在遗产分割后继承人死亡的,因继承人已经实际接受遗产,取得了具体财产的单独所有权,也不会发生转继承。

3.主体的不同

代位继承中的代位继承人只能是被代位继承人的晚辈直系血亲,而不能是被代位继承人的其他法定继承人。而在转继承中,享有转继承权的人是被转继承人死亡时生存的所有法定继承人,被转继承人有第一顺序法定继承人的,由第一顺序法定继承人转继承;没有第一顺序法定继承人的,则得由第二顺序的法定继承人转继承。

4.适用的范围不同

代位继承只适用于法定继承,而不适用于遗嘱继承。在遗嘱继承中,指定继承人先于被继承人死亡的,继承人因于遗嘱生效时无继承能力而取得遗产继承权,也就不能取得指定其继承遗产的权利。在这种情形下,遗嘱中所涉及的遗产按照法定继承办理。而转继承可以发生在法定继承中,也可以发生在遗嘱继承中,因为在法定继承中,继承人于被继承人死亡后遗产分割前死亡的,其应继承的遗产份额转归其法定继承人承受。在遗嘱继承中,指定的遗嘱继承人于继承开始后未表示放弃继承权但尚未实际接受遗产前死亡的,也已经实际享有和取得遗产继承权,其按遗嘱接受的遗产同样应由其法定继承人承受。

四、法定继承中的遗产分配

法定继承方式中的遗产分配,是指在法定继承中,数个同一顺序的继承人共同继承被继承人的遗产时,应如何确定各个被继承人应继承的遗产份额。

(一)法定继承的遗产分配原则

在法定继承中,应遵循下述遗产分配原则:

(1)同一顺序继承人继承遗产的份额一般应当均等,即在没有法律规定的特别情况下,同一顺序的法定继承人应按照人数平均分配遗产。

(2)特殊情况下继承人的继承份额可以不均等。

在下列情况下,同一顺序的法定继承人的应继承份额可以不均等:

第一,对生活有特殊困难的缺乏劳动能力的继承人,分配遗产时,应当予以照顾。其目的是保障生活有特殊困难又缺乏劳动能力的继承人生活上的基本需要。如果被继承人的遗产较多,继承人平均分配遗产也足以保障生活有特殊困难并无劳动能力的继承人的生活需要,则没有必要再予以照顾,各继承人的应继承份额仍应均等。

第二,根据继承人尽扶养义务的情况确定其继承遗产的份额,即对被继承人尽了主要扶养义务或者与被继承人共同生活的继承人,分配遗产时,可以多分;有扶养能力和有扶养条件的继承人,不尽扶养义务的,分配遗产时,应当少分或者不分。

第三,继承人协商同意的,也可以不均等。继承人之间可以本着互谅互让、团结和睦的精神,自愿协商遗产的继承份额。继承人协商一致,同意不均分遗产的,应当尊重当事人的意愿。

(二)非继承人的遗产取得权

在法定继承中,除法定继承人得参加继承外,具备法定条件的其他人也有权适当分得遗产,因此,法定继承人分配遗产时,应当分给有权取得适当遗产的非继承人以适当遗产,而不能侵害有权分得适当遗产的其他人的遗产取得权。

第一,可以分得适当遗产的人的范围。

根据《继承法》第14条规定,可以分得适当遗产的人包括以下两种人:

(1)继承人以外的依靠被继承人扶养的缺乏劳动能力又没有生活来源的人。这种人须同时具备三个条件:①须缺乏劳动能力;②须没有生活来源;③须在被继承人生前依靠被继承人扶养。

(2)继承人以外的对被继承人扶养较多的人。对被继承人的扶养,既包括经济上、劳务上的扶助,也包括精神上的慰藉。但若对被继承人只是给予一次性或临时性的扶养或者所给予的物质扶助数额并不多,则不为扶养较多。

需要说明的是,这里的所谓继承人以外的人,是指能够参加继承的继承人以外的人,并非指法定继承人范围以外的人。例如,在第一顺序继承人继承时,若第二顺序继承人中有具备上述条件的人,则该人即属于可分给适当遗产的人,有权要求分得适当的遗产。可分得适当遗产的人之所以有权取得适当遗产,并非基于继承权,而是基于法律规定的可分给适当遗产的特别条件。

第二,可以分得适当遗产的人的权利实现。

对于可分给适当遗产的人,分给他们遗产时,按具体情况可多于或少于继承人的应继承的遗产额;可以分给适当遗产的人,在其依法取得被继承人遗产的权利受到侵犯时,本人有权以独立的诉讼主体的资格向人民法院提起诉讼,请求保护。但在遗产分割时,明知而未提出请求的,法院一般不予受理;不知而未提出请求在 2 年以内起诉的,人民法院应予受理。

第三节　遗嘱继承

一、遗嘱继承概述

(一)遗嘱继承的概念与特征

遗嘱继承,是指按照遗嘱人生前所立的遗嘱确立遗产的继承人及遗产处理的一种继承方式。遗嘱继承中,遗产的继承人及其继承遗产的数额都是由被继承人在遗嘱中指定的,因此,遗嘱继承也称"指定继承"。

遗嘱继承具有如下法律特征:

(1)遗嘱继承是单方民事法律行为。公民设立遗嘱不需要征得继承人或其他组织和个人的意见,只要本人通过一定的形式作出意思表示,就发生法律效力。遗嘱人根据自己的意愿,还可以变更或撤销所立的遗嘱,无须与他人商议。

(2)遗嘱是遗嘱人死后生效的法律行为。遗嘱是遗嘱人生前所为的法律行为,然而这种法律行为在生前只是对个人财产进行了预先处分,它的法律效力应当从遗嘱人死亡开始。

(3)遗嘱人必须具有遗嘱能力。只有具备完全行为能力的人,才有遗嘱能力;凡是没有行为能力的,所立的遗嘱均不能发生法律效力。

(二)遗嘱继承的适用条件

遗嘱继承的适用条件,是指具备何种条件即在什么情形下才适用遗嘱继承。依我国继承法的规定,在被继承人死亡后,只有具备以下条件时,才按遗嘱继承办理:

(1)没有遗赠扶养协议。遗嘱继承的效力虽优于法定继承的效力,但遗嘱继承不能对抗遗赠扶养协议中约定的条件。因此,在被继承人生前与扶养人订有遗赠扶养协议时,即使被继承人又立有遗嘱,也不能先按遗嘱继承,而仍应当先执行遗赠扶养协议。只有在没有遗赠扶养协议的情形下,被继承人的遗产才可按照遗嘱办理。但是,虽有遗赠扶养协议,而遗产中尚有该协议未作处分的部分,该部分可按遗嘱继承办理。

(2)被继承人立有合法有效的遗嘱。被继承人生前设立的遗嘱,于被继承人死亡时开始发生效力。遗嘱只有符合法律规定的有效条件,才能发生效力。而只有有效的遗嘱,才可以执行。无效的遗嘱是不能发生法律效力的,继承人不得依无效遗嘱的指定继承。因此,被继承人的遗嘱合法有效,是遗嘱继承适用的一个必备的条件。

(3)遗嘱继承人未被剥夺继承权。适用遗嘱继承,继承人必须具有继承资格。遗嘱继承人因发生法律规定的事由而被剥夺继承权的,不享有继承权,虽遗嘱中指定其为继承人,也不得参加遗嘱继承。对遗嘱中指定的由被剥夺继承权的继承人继承的遗产,须依照法定继承办理。

二、遗嘱的设立

(一)遗嘱的概念与特征

遗嘱的概念有广义和狭义之分。广义的遗嘱,是指死者生前对于其死后一切事务所做的处置和安排,包括政治、经济、身份、财产、情感、道德等各方面。狭义的遗嘱,即继承法上的遗嘱,是指自然人生前按照法律规定处分自己的财产及安排与财产相关的事务,并于死后发生法律效力的单方民事法律行为。《继承法》第16条规定,公民可以依照本法规定立遗嘱处分个人财产,并可以指定遗嘱执行人。公民可以立遗嘱将个人财产指定由法定继承人的一人或者数人继承。公民可以立遗嘱将个人财产赠给国家、集体或者法定继承人以外的人。

遗嘱的特征:

(1)遗嘱是一种单方的民事法律行为。遗嘱仅需遗嘱人单方意思表示即可成立,无须对方有接受的意思。相对人是否接受不影响遗嘱的成立和效力,但遗嘱继承人是否接受继承决定遗嘱继承是否发生。

(2)遗嘱继承不适用代理制度。遗嘱具有人身性,故须由遗嘱人亲自设立,而不能由他人代为设立。

(3)遗嘱是在遗嘱人死亡后才发生法律效力的民事法律行为。遗嘱具有可撤回性,《继承法》第20条第1款规定,遗嘱人可以撤销、变更自己所立的遗嘱。遗嘱是一种死因法律行为,因而在遗嘱人死亡前不发生法律效力,只有遗嘱人死亡后才生效。

(4)遗嘱是一种要式法律行为。若不符合法定的方式则不能发生法律效力。遗嘱的形式是否符合法律规定的形式,应以遗嘱设立时的情形为准。

(二)遗嘱的形式

1.公证遗嘱

公证遗嘱,是指经过国家公证机关依法认可其真实性与合法性的书面遗嘱。公证遗嘱由遗嘱人向公证机关申请办理,与其他遗嘱方式相比,最为严格,更能保障遗嘱意思表示的真实性,因而效力最高。《继承法》第20条第3款规定,自书、代书、录音、口头遗嘱,不得撤销、变更公证遗嘱。

2.自书遗嘱

自书遗嘱,是指由遗嘱人亲笔书写制作的遗嘱。这种遗嘱设立形式简便易行,具有较强的保密性,是最常用的遗嘱形式。《继承法》第17条第2款规定,自书遗嘱由遗嘱人亲笔书写,签名,注明年、月、日。自然人在涉及死后个人财产处分的内容,确为死者的真实意思表示,有本人签名并注明了年、月、日,又无相反证据的,可按自书遗嘱对待。

3.代书遗嘱

代书遗嘱,是指由遗嘱人口述遗嘱内容,他人代为书写而制作的遗嘱,又称为代笔遗嘱或口授遗嘱。《继承法》第17条第3款规定,代书遗嘱应当有两个以上见证人在场见证,由其中一人代书,注明年、月、日,并由代书人、其他见证人和遗嘱人签名。遗嘱人不会书写自己名字的,可按手印代替签名。

4.录音遗嘱

录音遗嘱,是指以录音方式录制下来的遗嘱人的口述遗嘱。《继承法》第17条第4款规定:以录音形式立的遗嘱,应当有两个以上见证人在场见证。见证人也应当将自己的见证证言录制在录音遗嘱的磁带上。

5.口头遗嘱

口头遗嘱,是指由遗嘱人口头表述的,而不以任何方式记载的遗嘱。《继承法》第17条第5款规定,遗嘱人在危急情况下,可以立口头遗嘱。口头遗嘱应当有两个以上见证人在场见证。危急情况解除后,遗嘱人能够用书面或录音形式立遗嘱的,所立的口头遗嘱无效。

(三)遗嘱见证人的资格

为保证遗嘱的真实性,《继承法》第17条第3款规定,代书遗嘱、录音遗嘱、口头遗嘱都须有两个以上见证人在场见证。

由于遗嘱见证人证明的真伪直接关系到遗嘱的效力和遗产的处置,因此继承法对遗嘱见证人的资格作了规定,下列三类人员不能作为遗嘱见证人:(1)无行为能力人或限制行为能力人;(2)继承人、受遗赠人;(3)与继承人、受遗赠人有利害关系的人,继承人、受遗赠人的债权人、债务人、共同经营的合伙人,也应当视为与继承人、受遗赠人有利害关系的人,而不能作为遗嘱的见证人。

三、遗嘱的有效条件

(一)遗嘱人须有遗嘱能力

遗嘱人必须要有完全民事行为能力。最高人民法院《关于贯彻执行〈中华人民共和国继承法〉若干问题的意见》第41条规定:"遗嘱人立遗嘱时必须有行为能力。无行为能力人所立的遗嘱,即使其本人后来有了行为能力,仍属无效遗嘱。遗嘱人立遗嘱时有行为能力,后来丧失了行为能力,不影响遗嘱的效力。"患有聋、哑、盲等生理缺陷而无精神病的成年人,他们是有完全行为能力的,因此他们也可以立遗嘱。

(二)遗嘱须是遗嘱人的真实意思表示

遗嘱人所立的遗嘱必须是其真实意思表示。意思表示不真实具体体现在如下几种情况中:(1)胁迫遗嘱人所立的遗嘱;(2)欺骗遗嘱人所立的遗嘱;(3)被非遗嘱人假造的遗嘱;(4)被篡改的遗嘱;(5)遗嘱人在神志不清的状态下所立的遗嘱。

《继承法》第22条第2、3、4款规定:"遗嘱必须表示遗嘱人的真实意思,受胁迫、欺骗所立的遗嘱无效。伪造的遗嘱无效。遗嘱被篡改的,篡改的内容无效。"

(三)遗嘱内容合法

遗嘱的内容必须合法。内容不合法的遗嘱主要有三个情况:(1)遗嘱取消了缺乏劳动能力又没有生活来源的继承人的继承权;(2)遗嘱没有为胎儿保留必要的继承份额;(3)遗嘱内容违反其他法律。

(四)遗嘱形式合法

遗嘱的形式必须合法,即可采用公证、自书、代书、录音、口头等形式。

四、遗嘱的变更与撤销

(一)遗嘱的"明示"撤销与变更

遗嘱的"明示"撤销与变更包括两种方式:(1)遗嘱人另立新的遗嘱,并在新的遗嘱中声明撤销或者变更原来所立遗嘱(需要注意:自书、代书、录音、口头遗嘱,不得撤销、变更;公证遗嘱的撤销或者变更必须以公证遗嘱为之)。(2)遗嘱人在遗嘱中注明废弃意思。

(二)遗嘱的"默示"撤销与变更

遗嘱的"默示"撤销与变更包括三种方式：(1)遗嘱人前后订立数份遗嘱，且前后的遗嘱内容相互"抵触"的，应当以在后的遗嘱为准，与在后遗嘱相抵触的在前遗嘱视为被撤销或者变更（同样，公证遗嘱的撤销或者变更必须以公证遗嘱为之）。(2)遗嘱人生前的行为与遗嘱的意思表示相反，而使遗嘱处分的财产在继承开始前灭失、部分灭失或所有权转移、部分转移的，遗嘱视为被撤销或部分被撤销。(3)遗嘱人故意破毁或者涂抹销毁遗嘱，遗嘱视为被撤销。遗嘱人故意破毁、涂抹销毁、废弃遗嘱的部分内容的，遗嘱视为被变更（遗嘱人故意破毁自己保存的"公证遗嘱"的，不发生公证遗嘱被撤销或变更的效力）。

五、遗赠

(一)遗赠的概念与特征

遗赠，是指自然人通过设立遗嘱把遗产的全部或一部分无偿赠给国家、社会组织或法定继承人以外的自然人，并在死后生效的单方民事法律行为。其中，设立遗嘱的自然人称为遗嘱人，被遗嘱人指定接受遗产的人称为受遗赠人。

遗赠具有以下特征：
(1)遗赠是一种无偿给予他人一定财产的赠与行为。
(2)遗赠是在遗嘱中规定的，须以遗嘱的方式进行。
(3)遗赠与遗嘱继承同属死因行为，此区别于生前的赠与法律行为。
(4)受遗赠人必须是法定继承人以外的自然人或国家及其他社会组织。
(5)遗赠须由受遗赠人亲自接受，并明确表示接受时才发生遗赠的法律效果。
(6)受遗赠人无权参与遗产分配，仅能从继承人或遗嘱执行人处取得受遗赠的财产。

(二)遗赠与遗嘱继承的区别

遗赠与遗嘱继承均为公民用遗嘱处分其遗产的方式，二者的区别是：

1. 主体范围不同

遗嘱继承人为遗嘱人的法定继承人；遗赠中的受遗赠人为法定继承人以外的人。

2. 主体所承担的义务不同

遗嘱继承人不仅享有取得遗产的权利，而且应承担遗产义务；而受遗赠人是在遗产债务清偿后取得遗产，因此不承担遗产义务。

3. 取得遗产的方式不同

遗嘱继承人可直接参与遗产的继承而取得遗产，受遗赠人不直接参与遗产分配，而是从遗嘱执行人或法定代理人那里取得遗产。

4. 作出接受表示的要求不同

遗嘱继承人不表示放弃继承，视为接受继承；而受遗赠人在知道遗赠后 2 个月内未作出接受表示的，视为放弃接受遗赠。

六、遗赠扶养协议

(一)遗赠扶养协议的概念与特征

1. 遗赠扶养协议的概念

遗赠扶养协议，是指遗赠人与扶养人(包括组织)签订的，遗赠人的全部或部分财产在其死亡后按协议规定转移给扶养人所有,扶养人承担对遗赠人生养死葬义务的协议。《继承法》第31条规定,公民可以与扶养人签订遗赠扶养协议。按照协议,扶养人承担该公民生养死葬的义务,享有受遗赠的权利。公民也可以与集体所有制组织签订相同内容的遗赠扶养协议。

2. 遗赠扶养协议的特征

遗赠扶养协议具有以下特征:

(1)遗赠扶养协议是双务有偿的法律行为。遗赠扶养协议一经有效成立,就对协议双方产生约束力,遗赠方和扶养方都应承担相应的义务。

(2)遗赠扶养协议具有生前法律行为与死后法律行为的双重属性。扶养人应对遗赠人尽扶养义务,这是其在生前的效力;但财产的赠与在遗赠人死亡后才能发生效力。

(3)遗赠扶养协议的遗赠人只能是自然人,扶养人则既可以是自然人,也可以是集体所有制组织。

(4)遗赠扶养协议的效力优先于遗嘱继承和法定继承。根据《继承法》第5条的规定,继承开始后应先执行遗赠扶养协议,然后才按遗嘱继承和法定继承处理遗产。

(二)遗赠扶养协议的效力

1. 遗赠扶养协议的法律效力高于法定继承和遗嘱继承

根据《继承法》第5条的规定,"继承开始后,按照法定继承办理;有遗嘱的,按照遗嘱继承或者遗赠办理;有遗赠扶养协议的,按照协议办理。"这表明,在财产继承中,如果各种继承方式并存,应首先执行遗赠扶养协议,其次是遗嘱继承和遗赠,最后才是法定继承。

2. 遗赠扶养协议一经签订,双方必须认真遵守协议的各项规定

被扶养人对协议中指明的财产,在其生前可以占有、使用,但不能处分,如出卖、交换、赠与等。如果遗赠的财产因此而灭失,扶养人有权要求解除遗赠扶养协议,并要求补偿已经支出的扶养费用。

扶养人必须认真履行扶养义务。如果扶养人不尽扶养义务,或者以非法手段谋取被扶养人的财产,经被扶养人的亲属或有关单位请求,人民法院可以剥夺扶养人的受遗赠权。如果扶养人不认真履行扶养义务,致使被扶养人经常处于生活困难、缺乏照料的情况时,人民法院可以酌情对遗赠财产的数额给予限制。

3. 遗赠扶养协议中途翻悔的法律后果

遗赠扶养协议的执行期限一般较长,在此期间如因一方翻悔而使协议解除时,便发生两种法律后果:

(1)扶养人无正当理由不履行协议规定的义务,导致协议解除的,不能享受遗赠的权利。其已支付的扶养费用,一般也不予补偿。

(2)受扶养人无正当理由不履行协议,致使协议解除的,则应适当偿还扶养人已支付的扶养费用。

4. 遗赠扶养协议签订后,遗赠人与其子女、扶养人与其父母之间的权利义务关系并不因此而解除(法定继承人的实际遗产继承权受影响)

遗赠人的子女对遗赠人的赡养扶助义务,不因遗赠扶养协议而免除。同时,遗赠人的子女对其遗赠以外的财产也仍享有继承权。扶养人在与遗赠人订立遗赠扶养协议的情况下,由于不发生收养的法律效力,因而对自己的父母仍然有赡养扶助的义务,享有互相继承遗产的权利。

(三)遗赠与生前赠与的区别

遗赠与生前赠与,都是无偿转让财产的行为,两者有相同之处,但两者的差别也十分明显。主要表现在以下几个方面:

1.两者的法律行为性质不同

遗赠是一种单方法律行为。遗赠人在立遗嘱时,不必征求受遗赠人的同意,即可在其遗嘱中作出遗赠的规定。此遗嘱在遗赠人死亡后即发生法律效力,并不受受遗赠人接受遗赠与否的影响。而生前赠与则是双方法律行为,是一种合同关系。赠与的成立与否,取决于两方面的意思表示,一方面是赠与人把自己的财产无偿给予受赠人的意思表示,另一方面还要有受赠人同意接受赠与的意思表示。

2.两者发生法律效力的时间不同

遗赠必须在遗赠人死亡之后才能发生法律效力,而生前赠与只能在赠与人生前发生法律效力。

3.两者生效的条件不完全相同

遗赠只要有遗赠人的真实意思表示,并且其他条件符合法律的规定,即可生效。而生前赠与除此之外,还必须以交付赠与物为条件,否则不能生效。

4.两者的方式不同

遗赠必须以遗嘱的方式进行,要符合订立遗嘱的法定条件。而生前赠与则没有严格的方式,可以是书面方式也可以是口头方式。

第四节　遗产的处理

一、继承的开始与遗产的保管

(一)继承开始

继承从被继承人死亡时开始。根据《继承法》第 2 条的规定,继承人取得遗产的权利,"从被继承人死亡时开始"。这里所说的死亡,包括生理死亡和宣告死亡。前者是指公民因病、意外事故或者被人杀害等原因而死亡;后者是指公民因战争、不可抵抗的自然灾害等原因下落不明,经利害关系人申请,人民法院依照民事诉讼法规定依法推定其死亡。

因此,被继承人生理死亡或被宣告死亡的时间也就是继承开始的时间。生理死亡时间,应以医院出具的"死亡证明"为准;没有医院死亡证明的,可以以公安机关注销死亡人户口登记所确定的日期为死亡的日期。失踪人被宣告死亡的,以人民法院判决中确定的失踪人的死亡日期(一般以人民法院发出寻找失踪人公告的期间届满之日确定为失踪人死亡日期),为继承开始的时间。不管是人的生理死亡还是宣告死亡,都产生同样的法律效果。

相互有继承关系的几个人在同一事件中死亡,又不能确定死亡的先后时间的,为了确定继承顺序,需要进行死亡推定。一般推定没有继承人的人先死亡,如几个死亡人辈分不同的,推定长辈先死亡;如几个人辈分相同,则推定他们同时死亡,彼此不发生继承关系。

(二)遗产保管

1. 遗产保管人的确定

继承开始后,倘若继承人只有一人,全部遗产都由他继承,也就谈不上遗产的保管问题。

但在多数情形下,从被继承人死亡到遗产分割这段时间,因遗产的归属尚未确定,如果不对遗产加以保管,遗产就有被私分、转移、隐匿、毁坏、盗窃等危险,以至于遗产全部或部分丧失,其结果必然会给遗产的分割、债务的清偿造成困难,并将严重损害继承人、受遗赠人和债权人的合法权益。因而遗产的保管具有极其重要的现实意义。

遗产的保管人,是指对死者的遗产负有保存和管理之责的人。实践中的问题主要在于如何确定遗产保管人。对此,一般可分为以下两种情况:

(1)继承开始后,存有死者遗产的人为遗产的保管人。我国继承法规定,存有遗产的人,应当妥善保管遗产,任何人不得侵吞或者争抢。据此,继承开始后,负有对遗产妥善保管义务的,首先应是存有遗产的人。但如果存有遗产的人为不完全民事行为能力人,如精神病人或未成年人,则应由其法定代理人担任遗产的保管人。遗产的存有人保管遗产,既是权利也是义务,即使继承人放弃继承或受遗赠人放弃受遗赠,也应当对存有的遗产尽到妥善保管的责任。

(2)继承开始后,被继承本人生前占有的财产,应当由谁保管的问题,我国继承法未作出明确的规定。但多数学者认为,应当由知道被继承人死亡的继承人或者遗嘱执行人担任遗产的保管人,如果继承人都知道被继承人死亡的,应共同负责对遗产的保管,也可以协商推举继承人中的一人或数人,或者委托其他人作为遗产保管人。如果继承人均不知道被继承人死亡,或者继承人为未成年人或精神病人而无力保管遗产,或者没有继承人并且也没有遗嘱执行人,或遗嘱执行人不知道被继承人死亡的事实,则遗产应当由被继承人生前的所在单位,或者由被继承人住所地或遗产所在地的居民委员会或村民委员会负责保管。

另外,人民法院在审理继承案件时,如果知道有继承人而无法通知的,分割遗产时,要保留其应继承的遗产,并确定该遗产的保管人或保管单位。

2. 遗产保管人的义务

关于遗产保管人的主要职责,我国继承法没有作出具体的规定,但根据一般的继承法原理和司法实践,遗产保管人应负有以下义务:

(1)清点遗产,制作遗产清单。

(2)向继承人或其他继承人公开遗产清单。遗产保管人应当将清理遗产、编制遗产清单的情况向继承人或其他继承人说明,并向其公开遗产的清单,说明遗产的种类、数量、存放地点等。

(3)妥善保管遗产。遗产保管人对保管的遗产负有与处理自己事务相同的注意义务,即应当像管理自己的财产一样管理遗产。此外,还应当尽量排除防止对遗产的自然侵害和人为侵害。如果因遗产保管人未尽到责任,致使遗产遭受毁损、被盗、散失等,遗产保管人应承担赔偿损失的责任。遗产保管人擅自将遗产转让,或者供自己使用、消费的,应当承担由此而造成遗产灭失的赔偿责任。

(4)发布寻找继承人或受遗赠人的启事。遗产保管人不知有无(其他)继承人或受遗赠人,或者对某位继承人或受遗赠人的所在地不明的,有发布寻找继承人或受遗赠人启事的责任。

(5)向(其他)继承人或受遗嘱人及时移交遗产。遗产保管人有及时向继承人或受遗赠人移交遗产的义务,即使遗产保管人为继承人,他也应将自己保管的属于其他继承人或受遗嘱人的遗产份额及时转移给他们。如果遗产保管人因承租、买卖、借用等合同存有被继承人的遗产,则应当与继承人或受遗赠人协商确定移交的时间,但不应迟于合同约定的终止时间。如果没有合法继承人主张继承遗产,则遗产保管人应当清理遗产、交纳税款和债务并移交遗赠财产,尚有剩余的遗产的,应将其上缴国库或集体组织所有。

二、遗产的分割与被继承人债务的清偿

(一)遗产分割的原则

遗产分割,是指继承开始后多个继承人分配遗产,从而取得各自应继承份额的行为。分割遗产应遵循以下四个原则:

1.遗产分割自由原则

在法律没有明文限制分割的前提下,合法继承人可随时行使遗产分割请求权,任何人不得非法干预。

2.保留胎儿继承份额原则

这一原则要求在遗产分割时,如果有胎儿,则应保留胎儿的继承份额,胎儿的遗产份额一般应由其母亲代管。

3.互谅互让、协商分割原则

这一原则是指在相互体谅、谦让、协商一致的基础上妥善解决遗产分割问题。

4.有利于生产、生活与不损害遗产使用价值原则

在分割遗产时应当充分考虑遗产的性质和继承人的特点,在尽量不损害遗产的使用价值的基础上实现物尽其用的目标。

(二)被继承人债务的清偿

1.被继承人债务的范围

被继承人债务,是指被继承人生前个人依法应当缴纳的税款和用于个人生活所欠下的债务。主要包括这样几类:

(1)被继承人依照我国税收法规的规定应当缴纳的税款。

(2)被继承人因合同之债欠下的债务。

(3)被继承人因侵权行为而承担的损害赔偿的债务。

(4)被继承人因不当得利而承担的返还不当得利的债务。

(5)被继承人因无因管理而承担的补偿管理人必要费用的债务。

(6)其他属于被继承人个人的债务,如合伙债务中属于被继承人应当承担的债务,被继承人承担的保证债务等。

根据继承法的规定,如果被继承人遗留有债务,继承人应当先清偿被继承人的债务,然后再分割遗产。但是,在实际生活中,被继承人中有的是为了个人生产或生活需要而欠下了债务,也有的是为了家庭的生产或生活的需要而欠下了债务。这两种债务,即死者个人债务和家庭共同债务,往往不易划分。因此,必须将被继承人生前所欠的个人债务和家庭共同债务区分开来。

2.被继承人债务的清偿原则

(1)限定继承原则,就是继承人清偿的债务以所继承的遗产为限,超出的部分不负清偿的义务,但可以自愿清偿。

(2)保留必留额原则,就是不管在任何情况下都应当为缺乏劳动能力又没有生活来源的继承人保留适当的财产份额。

(3)清偿债务优先于执行遗嘱的原则,是指只有在清偿债务后还有剩余遗产时才能执行遗嘱。

第七章　民事责任

第一节　民事责任概述

一、民事责任的概念与特征

违反合同的民事责任又称违约责任,是指合同当事人不履行合同义务,或履行义务不符合合同约定或法律规定时,另外一方的当事人所应承担的民事责任。

民事责任的特征:

(1)违约责任是当事人不履行合同义务而产生的一种民事责任。

(2)违约责任仅存在于合同当事人之间,具有相对性。

(3)违约责任可以由合同当事人依法约定。

(4)违约责任是一种财产责任。

二、民事责任的分类

(一)合同责任与非合同责任

根据责任发生根据的不同,民事责任可以分为合同责任和非合同责任,非合同责任包括侵权责任与其他责任。

合同责任,是指因违反合同约定的义务、合同附随义务或违反《合同法》规定的义务而产生的责任。

侵权责任,是指因侵犯他人的财产权益与人身权益而产生的责任。其他责任就是合同责任与侵权责任之外的其他民事责任,如不当得利、无因管理等产生的责任。

(二)单方责任与双方责任

单方责任,是指只有一方对另一方当事人的责任,如合同履行中违约方对非违约方承担的违约责任,侵权中加害方对受害方承担的责任。双方责任,是指法律关系双方当事人之间相互承担责任的形态,如合同履行中发生双方违约后双方相互承担的责任,在侵权中侵权责任在双方当事人之间分担的责任,具体指公平责任与过失相抵。

单方责任和双方责任形态,既可以是直接责任,也可以是替代责任。如果在侵权责任中加害人属于多数人,则可能形成连带责任、补充责任或按份责任。

(三)单独责任与共同责任

根据承担民事责任的主体数量的不同,民事责任可以分为单独责任与共同责任。单独责任,是指由一个民事主体独立承担的民事责任,多数责任属于单独责任。共同责任,是指两个以上的人共同实施违法行为并且都有过错,从而共同对损害的发生承担的责任,如加害人为两个以上的人对受害人承担的责任。

(四)财产责任与非财产责任

根据民事责任是否具有财产内容,民事责任可以分为财产责任与非财产责任。财产责任,是指由民事违法行为人承担财产上的不利后果,使受害人得到财产上补偿的民事责任,如损害赔偿责任。非财产责任,是指为防止或消除损害后果,使受损害的非财产权利得到恢复的民事责任,如消除影响、赔礼道歉等。

(五)有限责任与无限责任

根据承担民事责任的财产范围,民事责任可以分为无限责任与有限责任。无限责任,是指责任人以自己的全部财产承担的责任,如合伙人对合伙债务承担的责任,投资人对个人独资企业债务的责任等。有限责任,是指债务人以一定范围内或一定数额的财产承担的民事责任,如股东对公司债务的责任。

第二节　缔约过失责任与违约责任

一、缔约过失责任

(一)缔约过失责任的概念

缔约过失责任,是指在合同订立过程中,一方因违背其依据的诚实信用原则所产生的义务,而致另一方的信赖利益的损失,并应承担损害赔偿责任。

(二)缔约过失责任的构成要件

缔约过失责任的构成要件有以下四个:
(1)缔约一方当事人有违反法定附随义务或先合同义务的行为。
(2)该违反法定附随义务或先合同义务的行为给对方造成了信赖利益的损失。
(3)违反法定附随义务或先合同义务一方缔约人在主观上必须存在过错。
(4)缔约人一方当事人违反法定附随义务或先合同义务的行为与对方所受到的损失之间必须存在因果关系。

(三)缔约过失责任的适用情形

缔约过失责任主要有以下四种类型:
(1)假借订立合同,恶意进行磋商。
(2)故意隐瞒与订立合同有关的重要事实或者提供虚假情况。
(3)泄露或不正当地使用商业秘密。
(4)有其他违背诚实信用原则的行为。

(四)缔约过失责任的形式

根据合同法的规定,缔约过失责任的形式是损害赔偿。

二、违约责任

(一)违约责任的概念与特征

1.违约责任的概念

违约责任是违反合同的民事责任的简称,是指合同当事人一方不履行合同义务或履行合同义务不符合合同约定所应承担的民事责任。

2.违约责任的特征

(1)违约责任是一种民事责任。

(2)违约责任是违约的当事人一方对另一方承担的责任。

(3)违约责任是当事人不履行或不完全履行合同的责任。

(4)违约责任具有补偿性和一定的任意性。

(二)违约责任的一般构成要件

(1)有违约行为。

(2)无免责事由。

(三)为第三人承担违约责任

当事人约定由第三人向债权人履行债务的,第三人不履行债务或者履行债务不符合约定,债务人应当向债权人承担违约责任。

当事人一方因第三人的原因造成违约的,应当向对方承担违约责任。当事人一方和第三人之间的纠纷,依照法律规定或者按照约定解决。

(四)违约责任与侵权责任的竞合

在责任竞合的情况下,即由于当事人一方的违约行为,侵害对方人身、财产权益的,受损害方有权选择依照合同法要求其承担违约责任或者依照其他法律要求其承担侵权责任。合同法从保护当事人的合法权益出发,给了受损害方在有双重请求权时以选择权,可以选择最有利于保护自己权益的方式,要求违约方、侵害方承担责任,而人民法院应当依法受理当事人的起诉。

(五)承担违约责任的方式

1.继续履行

继续履行,是指合同义务没有履行或者履行不符合约定的,守约方可以要求违约方按照合同约定继续履行,直至达到合同目的。此种情况多适用于标的物是特定的必须履行的、不得替代履行的情况,如委托加工特定的半成品、特种型号或规格的元器件。

2.赔偿损失

所谓赔偿损失,又称违约赔偿损失,是指违约方因不履行或不完全履行合同义务而给对方造成损失,依法和依据合同的规定应承担赔偿损失的责任。我国《合同法》第107条规定:"当事人一方不履行合同义务或者履行合同义务不符合约定的,应当承担……赔偿损失等违约责任。"

违约赔偿损失具有以下特点:

(1)赔偿损失是因债务人不履行合同债务所产生的责任。

（2）赔偿损失原则上仅具有补偿性而不具有惩罚性。

（3）赔偿损失具有一定程度的任意性。

（4）赔偿损失以赔偿当事人实际遭受的全部损害为原则。

3.定金

定金，是指合同当事人为了确保合同的履行，约定由一方按合同标的额的一定比例预先给付对方的金钱。《合同法》第115条规定，"当事人可以依照《中华人民共和国担保法》约定一方向对方给付定金作为债权的担保。债务人履行债务后，定金应当抵作价款或者收回。给付定金的一方不履行约定的债务的，无权要求返还定金；收受定金的一方不履行约定的债务的，应当双倍返还定金"。定金具有以下特点：

第一，我国合同法所规定的定金在性质上属于违约定金，适用于债务不履行的行为。

第二，定金具有担保作用。

第三，定金合同属于从合同，它以主合同的存在为必要条件。

第四，定金合同属于实践性合同。

根据我国《担保法》第91条的规定，定金的数额不得超过主合同标的额的20%。这一比例为强制性规定，当事人不得违反。如果当事人约定的定金比例超过了20%，并非整个定金条款无效，而只是超过部分无效。例如，双方约定的定金比例为合同总价款的25%，则超过部分的5%为无效。

4.违约金

违约金，是指合同各方在合同中约定的一方或各方违约时，违约方要支付给守约方一定数额的货币，以弥补守约方损失同时兼有惩罚违约行为作用的违约责任方式。承担违约责任后，是否还要继续履行或采取补救措施，可由合同各方协商确定。但是，当事人就迟延履行约定违约金的，违约方支付违约金后，还应当履行债务。

第三节　侵权责任

一、侵权责任概述

（一）侵权行为的概念与特征

侵权行为是民事主体违反民事义务，侵害他人合法权益，依法应当承担民事责任的行为。其特征为：其一，侵权行为是侵害他人合法权益的违法行为；其二，侵权行为的对象是绝对权；其三，侵权行为是行为人有意识的行为。

侵权行为与违约行为的区别是：其一，侵权行为违反的是法定义务，违约行为违反的是约定义务；其二，侵权行为侵犯的是绝对权，违约行为侵犯的是相对权；其三，侵权行为的法律责任包括财产责任和非财产责任，违约行为的责任仅限于财产责任。

侵权行为的法律特征：

（1）侵权行为是一种单方实施的事实行为。侵权行为是基于当事人的意思而发生的，且侵权行为所引起的民事法律后果并不是当事人所预期的，因此，侵权行为属于事实行为。

（2）侵权行为是一种民事违法行为。侵权行为的违法性即是违反法律的规定，为法律所不许，其实质就是违反法律所规定的义务。

（3）侵权行为是加害于他人的行为。侵权行为的对象包括民事权利和民事利益。侵权行为所侵害的民事权利包括人身权、物权、继承权、知识产权等绝对权，一般不包括债权。除民事权利以外的其他合法利益,也属于侵权行为法保护的范围。

(4)侵权行为是应承担侵权责任的根据。侵权行为是一种能够引起民事法律后果的行为,这种法律后果就是侵害人应当承担侵权责任。

(二)侵权责任的概念与特征

侵权责任,是指公民、法人由于过错侵害国家的、集体的财产,侵害他人财产、人身的,应当承担民事责任。

没有过错,但法律规定应当承担民事责任的,应当承担民事责任。

侵权民事责任的特征是:

(1)侵权民事责任是法律责任,不是道义责任。

(2)侵权责任是民事法律责任,不是刑事、行政责任。

(3)承担侵权责任的方式主要是财产责任。

(4)侵权责任以补偿性为主。

(三)侵权责任归责原则

1. 侵权责任归责原则的概念

归责原则是确定侵权行为人侵权损害赔偿责任的一般准则,它是在损害事实已经发生的情况下,确定侵权行为人对自己的行为所造成的损害是否需要承担民事赔偿责任的原则。

侵权行为法中的归责原则,是对于各种具体侵权案件的可归责事由进行的一般性抽象,抽象出同类侵权行为共同的责任基础。

侵权责任的归责原则,是指据以确定行为人承担侵权责任的依据,是侵权责任法的核心,指导并制约着侵权行为的分类、侵权责任的构成、举证责任的分担、免责条件和减轻责任的事由以及赔偿方法等。

2. 过错责任原则

过错责任原则,是指行为人主观上有过错(包括故意和过失),才承担损害赔偿责任。这是承担损害赔偿的主观构成条件。根据此原则,行为人无过错即无责任。《民法通则》第106条第2款规定:"公民、法人由于过错侵害国家的、集体的财产,侵害他人财产、人身的应当承担民事责任。"可见,《民法通则》是把"过错责任"作为损害赔偿的一般准则。

过错责任包括推定过错责任。推定过错责任,是指在行为人不能证明他们没有过错的情况下,推定行为人有过错,应承担赔偿损害的民事责任。实质上,推定过错责任是过错责任范畴内的"加重责任",与一般的过错责任不同。它是在无法判明过错的情况下,保护受害人的合法权利。凡属过错推定的场合,行为人(一般是被告)必须举证(即提出证据予以证明),证明自己没有过错,这才不承担民事责任。在这种情况下,称举证责任"倒置",主要由行为人(被告)证明自己没有过错。而在过错责任条件下,举证责任主要在受害方(原告),受害人需证明加害人(被告)有过错时,加害人才承担民事责任。可见,推定过错责任与一般过错责任的区别,主要是举证责任的分配不同,即由谁提出证据予以证明的责任不同。例如,《民法通则》第126条规定,建筑物或其他设施发生倒塌、脱落造成他人损害的,"它的所有人或者管理人应当承担民事责任,但能够证明自己没有过错的除外"。这一规定,适用的就是推定过错责任。

3. 无过错责任原则

无过错责任,是指没有过错造成他人损害的,仅根据其行为造成客观存在的损害结果,依照法律的特殊规定,追究其民事责任的特殊准则。无过错责任是基于损害事实的客观存在,根据行为人的活动及所管理的人或物的危险性与所造成的损害后果的因果关系,由法律规定的特别加重责任.理论上又称为"危险责任"或"严格责任"。它与过错责任原则不同,是民事责任的一种例外规定,主要适用于特殊损害赔偿,而且不以行为人主观过错为必要条件,一般都是限额赔偿,在此种场合下体现了"对不幸的损害进行合理的分担"。《民法通则》第 106 条第 3 款规定:"没有过错,但法律规定应当承担民事责任的,应当承担民事责任。"

(四)承担侵权责任的方式

根据《民法通则》第 134 条的规定,承担民事责任的方式主要有以下几种:

1.停止侵害

这种民事责任适用于所有正在进行中的侵犯他人合法权益的行为,侵犯财产权和侵犯人身权都应当承担此种责任。

2.排除妨碍

这种民事责任适用于妨碍他人行使权利的场合,不必要求权利人的权利有实际的损害。

3.消除危险

这种民事责任适用于虽然尚未造成他人的财产、人身的实际损害,但是有造成损害的急迫的危险,则权利人可以要求造成危险的人采取措施消除危险。

4.返还财产

当一方当事人占有他人的财产,但没有合法权利作为依据时,应当将对方的财产返还。此种责任方式的一个前提是,原物尚存在。如果原物已经灭失,则责任人应当依法承担赔偿损失等责任。

5.恢复原状

这种民事责任适用于财产遭到他人的损坏,但是尚有恢复原来状况的可能的情况。例如,非法占用他人有使用权的土地,并堆积杂物,则不仅应当返还土地,还应当清除杂物,恢复侵权行为发生之前的土地原状;损坏他人的电视机,如果损坏不严重,则承担的责任是修理电视机,使之恢复原来的功能。

一般来说,造成他人财产损失,如果能够恢复原状,应当尽量恢复原状。只有难以恢复原状的,才承担赔偿损失的民事责任。

6.赔偿损失

这是适用范围最广的一种责任方式。在我国,法律上的赔偿损失专指以金钱的方式赔偿对方的损失。侵犯财产权和侵犯人身权都可能发生这种责任。在侵犯名誉权等几种对人身权造成精神损害的情况下,还要承担以金钱的方式赔偿精神损害的责任。

赔偿损失的民事责任,除了法律有特别规定外,应当赔偿受害人的全部损失。损失除了包括财产的直接损失外,还包括间接损失,或者说可得利益的损失。赔偿可得利益损失(间接损失)应当符合严格的条件。这种利益,应当是在违法行为发生时已经具有现实的取得条件,如果没有违法行为的干扰一般就可以取得。

间接损失一般有三种情况:

(1)利润损失。从事合法经营的各种企业、个体工商户等,在其现有的经营条件下,通常可以取得的利润。如果因为他人的违法行为而没有能够取得,可以作为间接损失。但是,如果受害人从事的是非法的经营,则其如果未受他人侵犯在通常情况下可能取得的非法利润,不能作为间接损失而要求赔偿。

（2）劳动收入。如果受害人正在或者将要从事的工作本可以给自己带来一定的收入，而因为他人的违法行为而未能取得，可以作为间接损失要求赔偿。

（3）物的孳息。物的孳息有天然孳息和法定孳息，如果孳息的取得有现实的可能性，可以作为间接损失要求赔偿。例如，一头已经怀孕的母牛被他人伤害致死，则计算损失赔偿时应将即将出生的小牛的价值考虑在内。非法使用他人的金钱，应当赔偿相当于银行利息的损失。非法占用他人房屋，应当赔偿相当于房屋出租的租金的间接损失。

7. 赔礼道歉

这种责任形式也是适用于《民法通则》第120条规定的几种人身权受侵害的情况。

8. 消除影响、恢复名誉

这种责任形式适用于《民法通则》第120条规定的姓名权、肖像权、名誉权、荣誉权这几种人身权受到侵犯的情况，因为这几种侵权通常会给受害人的名誉造成损害，或造成其他不良影响。

（五）不承担责任和减轻责任的情形

我国相关法律明确规定，如果公民的人身权、财产权、肖像权、婚姻自主权、继承权等民事权益受到侵害，被侵权人有权请求侵权人承担侵权责任。但是，在一些特定情形下，侵权人可以不承担责任或者减轻责任，具体包括以下几种情形：

（1）被侵权人对损害的发生也有过错的，可以减轻侵权人的责任。

（2）损害是由受害人故意造成的，行为人不承担责任。

（3）损害是由第三人造成的，第三人应当承担侵权责任。

（4）因不可抗力造成他人损害的，不承担责任。

（5）因正当防卫造成损害的，不承担责任。但是正当防卫超过必要的限度，造成不应有的损害的，正当防卫人应当承担适当的责任。

（6）因紧急避险造成损害的，由引起险情发生的人承担责任。如果危险是由自然原因引起的，紧急避险人不承担责任或者给予适当补偿。紧急避险采取措施不当或者超过必要的限度，造成不应有的损害的，紧急避险人应当承担适当的责任。

二、一般侵权责任的构成要件

1. 加害行为

加害行为又称致害行为，是指行为人作出的致他人的民事权利受到损害的行为。任何一个民事损害事实都与特定的加害行为相联系，亦即民事损害事实都由特定的加害行为所造成。没有加害行为，损害就无从发生。

2. 损害事实

损害事实既包括对财产权利的损害，也包括对非财产权利的损害。对财产权利的损害可分为直接损害和间接损害。直接损害，是指现有财产的减少；间接损害，是指可得利益的减少。

3. 加害行为与损害事实之间有因果关系

侵权行为只有在加害行为与损害事实之间存在因果关系时，才能构成。如果加害人有加害行为，他人也有民事权益受损害的事实，但二者毫不相干，则侵权行为仍不能构成。因此，加害行为与损害事实之间有因果关系，是构成一般侵权行为的又一要件。

4. 过错

过错分为故意和过失，过失又分为一般过失和重大过失。在侵权行为中，对过错程度的划分一般不影响民事责任的成立与否,也不影响赔偿责任的大小,但在法律有规定的情况下,过错程度决定责任的成立和赔偿责任的大小。

三、数人侵权行为与责任

(一)数人侵权行为的概念

无意思联络的数人侵权,是指数人行为事先并无共同的意思联络,即不仅没有共同故意,也没有共同过失,而致受害人同一损害。

无意思联络的数人侵权的法律特征在于:

第一,侵权行为的主体须为两人以上。

第二,各侵权行为人在主观上无意思联络。

第三,各行为人的行为偶然结合造成对受害人的同一损害。

第四,数加害人的行为与损害结果之间具有因果关系。因果关系是所有侵权行为的必备要件。

第五,由于各行为人之间无共同过错,因此不能使行为人共同负连带责任,而应依据各行为人的过错程度确定其各自所应负的责任。

(二)共同侵权行为及其责任

共同侵权,是指二人以上共同故意或者共同过失致人损害,或者虽无共同故意、共同过失,但其侵害行为直接结合发生同一损害后果。根据这一定义,可以看出共同侵权行为的类型为:共同故意的侵权行为、共同过失的侵权行为和共同行为的侵权行为。

共同侵权行为的构成要件包括:(1)主体具有复数性,须存在两个以上的加害人。(2)多个加害人共同实施侵权行为,加害人之间的行为相互联系,构成统一的致损原因。(3)结果上,数人的共同加害行为不可分割造成统一的损害结果。(4)行为与损害结果之间存在因果关系。

共同侵权行为的责任承担:共同侵权人承担连带责任,即被侵权人有权请求部分或者全部连带责任人承担责任,共同侵权人不得拒绝。在共同侵权人的内部,连带责任人根据各自责任大小确定相应的赔偿数额;难以确定责任大小的,平均承担赔偿责任。支付超出自己赔偿数额的连带责任人,有权向其他连带责任人追偿。

(三)教唆行为、帮助行为及其责任

教唆、帮助他人实施侵权行为的,应当与行为人承担连带责任。教唆、帮助无民事行为能力人、限制民事行为能力人实施侵权行为的,应当承担侵权责任;该无民事行为能力人、限制民事行为能力人的监护人未尽到监护责任的,应当承担相应的责任。

关于教唆、帮助他人实施侵权行为的责任承担问题,可分为三种情形:

(1)一般情形下,即教唆、帮助完全民事行为能力人,成立共同侵权,承担连带责任。

(2)教唆、帮助无民事行为能力人、限制民事行为能力人实施侵权行为的,由教唆、帮助人承担民事责任。

(3)教唆、帮助无民事行为能力人、限制民事行为能力人实施侵权行为的,如果该无民事行为能力人、限制民事行为能力人的监护人未尽到监护责任的,应当承担相应的责任。注意本条与《民通意见》第148条的规定有所不同,后者区分无民事行为能力人、限制民事行为能力人而由教唆、帮助人承担不同程度的责任,而前者不分,而且前者还规定了教唆、帮助情形下监护人的责任。对此,应适用本条规定。

(四)共同危险行为及其责任

共同危险行为也叫准共同侵权行为,是指二人或二人以上共同实施侵害他人权利的危险行为,并就其所造成的损害后果不能判明谁是真正侵权人的侵权行为。构成共同危险行为,须具备以下四个要件:

(1)行为是由数人实施的。

(2)数人实施的行为具有致害他人的危险性。

(3)这种具有危险性的共同行为是致人损害的原因。

(4)损害结果不是由全体危险行为人所致。

共同危险行为的侵权后果是全体共同危险行为人承担连带责任。至于每个人所应当承担的侵权责任份额,则根据每个人的行为造成损害的概率确定,一般应当承担同等的赔偿责任份额,因为在一般情况下每个共同危险行为人行为造成损害的概率是相等的。在相等的份额基础上,实行连带责任。

按照司法解释的规定,如果"共同危险行为人能够证明损害后果不是由其行为造成的,不承担赔偿责任"。这就是说,如果共同危险行为人之一能够证明自己实施的行为与损害结果没有因果关系,不是造成损害的原因,则免除侵权责任。这种证明责任由主张自己的行为与损害结果没有因果关系的人承担。能够证明者,免除责任;不能证明或者证明不足的,应当承担连带责任。

四、我国侵权责任法规定的各类侵权责任

(一)监护人责任

我国《民法通则》第133第1款规定:"无民事行为能力人、限制民事行为能力人造成他人损害的,由监护人承担民事责任。监护人尽了监护责任的,可以适当减轻他的民事责任。"《民通意见》也对监护人的责任作了相关的规定。本法有关监护人责任的规定,基本沿袭了现行法律的规定。

无民事行为能力人和限制民事行为能力人造成他人损害的,由监护人承担民事责任,是由监护人的职责所决定的。由于大多数监护人与被监护人有着血缘等密切关系,监护人有责任通过教育、管理等方式来减少或者避免被监护人侵权行为的发生。从本条规定看,监护人的责任不能简单地将其归为无过错责任或者过错推定责任。这是因为,一方面监护人如果能够证明其尽到监护责任的,只能减轻其侵权责任,而不能免除,这不同于一般的过错推定责任;另一方面,无民事行为能力人和限制行为能力人的行为构成了侵权,监护人才承担相应责任,监护人不是对被监护人所有的行为都承担侵权责任。如果被监护人的行为对于完全民事行为能力人来说也无须承担责任的话,那么在这种情况下,监护人也不需要承担责任。而且,监护人也不是对被监护人造成的所有损失都承担侵权责任,如果监护人能够证明其尽到了监护责任的,可以减轻其侵权责任,从这一点看,也有别于无过错责任。

(二)职务侵权责任

职务侵权责任是国家机关或者国家机关工作人员在执行职务中,侵犯公民、法人的合法权益,造成损害的,应当承担民事责任。

职务侵权行为的构成要件包括:

(1)侵权行为的主体是国家机关或国家机关工作人员。受委托行使国家权力的机关或公

民也被视为国家机关及国家机关工作人员。

(2)侵权行为的发生必须是执行职务所致。国家机关工作人员的非职务行为、个人行为不构成职务侵权。

(3)必须造成公民、法人或其他组织合法权益的损失。合法权益的损失,包括财产损失和人身损失。财产损失只限于直接财产损失,间接财产损失不在国家赔偿范围之列。人身损失主要是指对公民生命健康权和人身自由权的损害。

(4)职务行为与损害后果之间有因果关系。

职务侵权行为实行无过错责任原则,只要是在执行职务中侵犯了公民、法人的合法权益,并造成损失,就应当承担民事责任。公民、法人或其他组织因遭受职务侵权行为,可以要求国家赔偿。国家赔偿的范围包括两大类:一是因行政违法行为要求的行政赔偿;二是因具有侦查、检察、审判、监狱管理职权的机关及其工作人员的违法行为要求的刑事赔偿。赔偿义务机关赔偿损失后,应当责令有故意或者重大过失的工作人员或者受委托的组织或者个人承担部分或者全部赔偿费用。对有故意或者重大过失的责任人员,有关机关应当依法给予行政处分;构成犯罪的,应当依法追究刑事责任。

(三)网络侵权责任

《侵权责任法》第36条第2款规定,网络用户利用网络服务实施侵权行为的,被侵权人有权通知网络服务提供者采取删除、屏蔽、断开链接等必要措施。网络服务提供者接到通知后未及时采取必要措施的,对损害的扩大部分与网络用户承担连带责任。

网络侵权,是指一切发生于互联网空间的侵权行为,它既不是指侵害某种特定权益的一般侵权行为,也不属于在构成要件方面具有特殊性的特殊侵权行为。网络用户、网络服务提供者利用网络侵害他人民事权益的,应当承担侵权责任。网络服务提供者包括技术服务提供者和内容服务提供者。技术服务提供者,主要是指接入、缓存、信息存储空间、搜索以及链接等服务类型的网络主体;内容服务提供者,是指主动向网络用户提供内容的网络主体。

网络服务提供者与网络用户的连带责任有两种表现形式:

第一,部分连带责任。网络用户利用网络实施侵权行为,受害人向网络服务提供者发出侵权通知,要求后者取下侵权信息,以阻止公众访问。否则,网络服务提供者应就损害扩大部分与网络用户承担连带侵权责任。对于在接到侵权通知前已经造成的损害,应由实施侵权行为的网络用户单独承担。《侵权责任法》第36条第2款规定,网络用户利用网络服务实施侵权行为的,被侵权人有权通知网络服务提供者采取删除、屏蔽、断开链接等必要措施。网络服务提供者接到通知后未及时采取必要措施的,对损害的扩大部分与该网络用户承担连带责任。

第二,全部连带责任。网络服务提供者知道网络用户利用其网络服务侵害他人民事权益,未采取必要措施的,与该网络用户承担连带责任。人民法院应该综合各种因素,以一个合理标准判断网络服务提供者是否"知道"网络用户利用网络实施侵权行为,从而在促进网络业健康发展与保护权利人合法权益之间寻找合适的平衡点。

(四)违反安全保障义务的责任

违反安全保障义务的侵权行为,是指依照法律规定或者约定对他人负有安全保障义务的人,违反该义务,因而直接或者间接地造成他人人身或者财产权益损害,应当承担损害赔偿责任的侵权行为。

违反安全保障义务侵权行为分为四种具体类型:

(1)设施设备违反安全保障义务。

（2）服务管理违反安全保障义务。

（3）对儿童违反安全保障义务。

（4）防范制止侵权行为违反安全保障义务。

违反安全保障义务侵权行为的赔偿责任分为三种：直接责任、替代责任和补充责任。

1. 直接责任

直接责任，就是违法行为人对自己实施的行为所造成的他人人身损害和财产损害的后果由自己承担侵权责任的侵权责任形态。就经营者或者社会活动组织者的经营或者活动而言，违反安全保障义务造成受保护人的人身损害，自己承担责任，就是直接责任。在设施设备违反安全保障义务的侵权行为、服务管理违反安全保障义务和对儿童违反安全保障义务的侵权行为中，违反安全保障义务的行为人如果是单一的自然人主体，那么他就要承担直接责任。

2. 替代责任

如果经营者或者社会活动组织者是法人或者雇主，违反安全保障义务的具体行为人是经营者或者社会活动组织者的工作人员或者雇员，而且符合法人侵权或者雇主责任的法律要求，那么，在设施设备违反安全保障义务的侵权行为、服务管理违反安全保障义务和对儿童违反安全保障义务的侵权行为中，这种侵权责任形态实际上是替代责任，而不是直接责任。对此，应当适用最高人民法院《关于审理人身损害赔偿案件适用法律若干问题的解释》第8条和第9条规定，确定侵权责任。

因此，无论是经营者或者社会活动组织者自己违反安全保障义务，还是其雇员或者工作人员违反安全保障义务，都是要由作为经营者或者社会活动组织者的法人、其他组织或者雇主承担责任的。不过，如果经营者或者社会活动组织者的雇员或者成员违反安全保障义务造成损害的，经营者或者社会活动组织者在承担了赔偿责任之后，可以向有过错的雇员或者成员求偿。

3. 补充责任

最高人民法院《关于审理人身损害赔偿案件适用法律若干问题的解释》第6条第2款规定："因第三人侵权导致损害结果发生的，由实施侵权行为的第三人承担赔偿责任。安全保障义务人有过错的，应当在其能够防止或者制止损害的范围内承担相应的补充赔偿责任。安全保障义务人承担责任后，可以向第三人追偿。赔偿权利人起诉安全保障义务人的，应当将第三人作为共同被告，但第三人不能确定的除外。"从上述规定可以看出，在违反安全保障义务的侵权行为中，防范制止侵权行为违反安全保障义务的一方当事人承担的损害赔偿责任，就是补充责任。按照这一规定，防范制止侵权行为违反安全保障义务的侵权损害赔偿责任，是指第三人侵权导致受害人损害的，安全保障义务人对此有过错，在其能够防止或者制止损害的范围内所承担的相应的补充赔偿责任。

（五）教育机构伤害责任

无民事行为能力人在幼儿园、学校或者其他教育机构学习、生活期间遭受人身损害的，幼儿园、学校或者其他教育机构应当证明自己已经尽到教育、管理职责，对该无民事行为能力人的人身损害没有过错，否则应当承担责任。对无民事行为能力人在教育机构遭受的损害采用过错推定原则，主要是因为无民事行为能力人心智发育尚不成熟，缺乏对事物的认知和判断，必须加以特别保护。并且无民事行为能力人在教育机构学习、生活期间，脱离监护人控制范围，基本无法对事故发生的情形准确地加以描述，故此很难由无民事行为能力人或其监护人来证明教育机构存在过错。

限制民事行为能力人在学校或者其他教育机构学习、生活期间受到人身损害,学校或者其他教育机构未尽到教育、管理职责的,应当承担责任。限制民事行为能力人在教育机构学习、生活期间遭受人身损害的,适用过错责任原则。只有在限制民事行为能力人或其监护人能够证明教育机构没有尽到教育、管理职责时,教育机构才需要承担责任。

无民事行为能力人或者限制民事行为能力人在幼儿园、学校或者其他教育机构学习、生活期间,受到幼儿园、学校或者其他教育机构以外的人员人身损害的,由侵权人承担侵权责任。幼儿园、学校或者其他教育机构未尽到管理职责的,承担相应的补充责任。幼儿园、学校或者其他教育机构以外的人员,是指除幼儿园、学校或者其他教育机构的教师、学生和其他工作人员以外的人员。这些人员实施侵权行为,应当首先由其承担侵权责任。在无法找到这些人员或者是其没有能力全部承担侵权责任时,才由幼儿园、学校或者其他教育机构承担与其未尽到管理职责相应的补充责任,而不是全部责任。

(六)产品责任

1. 产品责任的构成要件

产品责任,是指产品存在缺陷发生侵权,造成他人损害,生产者、销售者等应当承担的侵权责任。产品责任需满足三个构成要件:

第一,产品存在缺陷。缺陷,是指产品存在危及人身、他人财产安全的不合理的危险或者产品不符合保障人体健康和人身、财产安全的国家标准、行业标准。例如,汽车油门踏板有缺陷,造成交通事故,因此产生产品责任。如果汽车空调制冷有瑕疵,对此生产者、销售者等需要承担的是"合同责任",而不是"产品责任"。

第二,缺陷产品造成受害人民事权益损失。缺陷产品使用人或者第三人因缺陷产品遭受损害,包括人身损害和财产损害。财产损害既包括缺陷产品以外的其他财产的损害,也包括缺陷产品本身的损害。

第三,缺陷产品与受害人的损害事实之间存在因果关系。产品的缺陷与受害人损害事实之间存在引起与被引起的关系。最高人民法院《关于民事诉讼证据的若干规定》第4条第6项规定,因缺陷产品致人损害的侵权诉讼,由产品的生产者就法律规定的免责事由承担举证责任。

2. 产品责任的承担主体

缺陷产品生产者应承担无过错责任。依据《侵权责任法》第41条的规定,因产品存在缺陷造成他人损害的,生产者应当承担侵权责任。生产者对缺陷产品致人损害承担无过错责任,但不是绝对责任。《产品质量法》第41条第2款规定,生产者不承担产品责任的情形包括:生产者能够证明未将产品投入流通的;产品投入流通时,引起损害的缺陷尚不存在的;或者将产品投入流通时的科学技术水平尚不能发现缺陷的存在的,缺陷产品销售者应承担过错责任。因销售者的过错使产品存在缺陷,造成他人损害的,销售者应当承担侵权责任。销售者不能指明缺陷产品的生产者也不能指明缺陷产品的供货者,销售者应当承担侵权责任。缺陷产品运输者、仓储者等第三人应承担过错责任。产品的运输者、仓储者等第三人不按照有关规定和产品包装上标明的储藏、运输等标准进行储存、运输,造成产品缺陷,应对缺陷产品造成他人损害承担侵权责任。

因产品存在缺陷造成损害的,被侵权人可以向产品的生产者请求赔偿,也可以向产品的销售者请求赔偿。产品缺陷由生产者造成的,销售者赔偿后,有权向生产者追偿。因销售者的过错使产品存在缺陷的,生产者赔偿后,有权向销售者追偿。被侵权人包括直接购买并使用缺陷产品的人和非直接购买使用缺陷产品但受到缺陷产品损害的其他人。只要是因缺陷产品导致损害,被侵权人就享有选择请求生产者或者销售者赔偿的权利。先行垫付赔偿费用一方有权向责任方进行追偿。

因运输者、仓储者等第三人的过错使产品存在缺陷,造成他人损害的,产品的生产者、销售者赔偿后,有权向第三人追偿。

3. 产品责任的承担方式

产品责任的承担除了一般侵权责任承担方式之外,还具有如下三个特殊之处:

第一,被侵权人针对缺陷产品造成非现实存在的损害,有权要求责任人消除该危险。因产品缺陷危及他人人身、财产安全的,被侵权人有权请求生产者、销售者承担排除妨碍、消除危险等侵权责任。

第二,产品投入流通后发现存在缺陷的,责任人应及时采取补救措施。依据《侵权责任法》第47条的规定,产品投入流通后发现存在缺陷的,生产者、销售者应当及时采取警示、召回等补救措施。未及时采取补救措施或者补救措施不力造成损害的,应当承担侵权责任。

第三,责任人明知产品存在缺陷仍然生产、销售的,应承担惩罚性赔偿责任。依据《侵权责任法》第47条的规定,明知产品存在缺陷仍然生产、销售,造成他人死亡或者健康严重损害的,被侵权人有权请求相应的惩罚性赔偿。

4. 产品责任的诉讼时效

《产品质量法》第45条规定,因产品存在缺陷造成损害要求赔偿的诉讼时效期间为2年,自当事人知道或者应当知道其权益受到损害时起计算。因产品存在缺陷造成损害要求赔偿的请求权,在造成损害的缺陷产品交付最初消费者满10年丧失;但是,尚未超过明示的安全使用期的除外。需要注意的是,《民法通则》第136条规定的“出售质量不合格的商品未声明的”诉讼时效期间为1年,仅适用于因质量不合格商品产生的合同责任场合。

(七)机动车交通事故责任

1. 机动车交通事故责任的构成要件

机动车交通事故责任,是指责任人因道路交通事故侵犯了受害人民事权益应当承担的侵权损害赔偿责任。依据《侵权责任法》第48条的规定,机动车发生交通事故造成损害的,依照《道路交通安全法》的有关规定承担赔偿责任。机动车交通事故责任包括三个构成要件:

第一,存在道路交通事故违法行为。道路交通事故只能发生在道路交通领域,否则不构成道路交通事故,只能按一般人身损害赔偿案件处理。

第二,存在道路交通事故的损害事实。因道路交通事故导致受害人民事权利的损害,包括人身损害、精神损害和财产损害。

第三,道路交通事故违法行为与损害事实之间存在因果关系。道路交通事故参与人的行为与受害人损害事实存在引起与被引起的关系。

2. 机动车交通事故责任的承担

《道路交通安全法》第76条规定,机动车发生交通事故造成人身伤亡、财产损失的,由保险公司在机动车第三者责任强制保险责任限额范围内予以赔偿;不足的部分,按照下列规定承担赔偿责任:(1)机动车之间发生交通事故的,由有过错的一方承担赔偿责任;双方都有过错的,按照各自过错的比例分担责任。(2)机动车与非机动车驾驶人、行人之间发生交通事故,非机动车驾驶人、行人没有过错的,由机动车一方承担赔偿责任;有证据证明非机动车驾驶人、行人有过错的,根据过错程度适当减轻机动车一方的赔偿责任;机动车一方没有过错的,承担不超过10%的赔偿责任。交通事故的损失是由非机动车驾驶人、行人故意碰撞机动车造成的,机动车一方不承担赔偿责任。因此,机动车交通事故责任首先由保险公司在机动车第三者责任强制保险限额内予以赔偿。不足部分的责任承担,在机动车之间发生交通事故,适用过错责任原则;在机动车与非机动车驾驶人、行人之间发生交通事故,主要适用过错推定责任原则,同时,机动车一方还要承担一部分无过错责任。

《侵权责任法》规定特殊情形下机动车交通事故责任的承担办法:

(1)机动车所有人与使用人不是同一人时(租赁、借用),发生交通事故后属于该机动车一方责任的,由保险公司在机动车强制保险责任限额范围内予以赔偿。不足部分,由机动车使用人承担赔偿责任;机动车所有人对损害的发生有过错的,承担相应的赔偿责任。

(2)当事人之间已经以买卖等方式转让并交付机动车但未办理所有权转移登记,发生交通事故后属于该机动车一方责任的,由保险公司在机动车强制保险责任限额范围内予以赔偿。不足部分,由受让人承担赔偿责任。

(3)以买卖等方式转让拼装或者已达到报废标准的机动车,发生交通事故造成损害的,由转让人和受让人承担连带责任。

(4)盗窃、抢劫或者抢夺的机动车发生交通事故造成损害的,由盗窃人、抢劫人或者抢夺人承担赔偿责任。保险公司在机动车强制保险责任限额范围内垫付抢救费用的,有权向交通事故责任人追偿。

(5)机动车驾驶人发生交通事故后逃逸,机动车参加强制保险的,由保险公司在机动车强制保险责任限额范围内予以赔偿;机动车不明或者该机动车未参加强制保险,需要支付被侵权人人身伤亡的抢救、丧葬等费用的,由道路交通事故社会救助基金垫付。道路交通事故社会救助基金垫付后,其管理机构有权向交通事故责任人追偿。

(八)医疗损害责任

1. 医疗损害责任的构成要件

医疗损害责任,是指医疗机构及其医务人员在诊疗活动中因为过错导致患者人身损害应当承担的侵权责任。根据《侵权责任法》第54条的规定,患者在诊疗活动中受到损害,医疗机构及其医务人员有过错的,由医疗机构承担赔偿责任。医疗损害责任应具备以下四个构成要件:

第一,医疗机构及其医务人员在医疗活动中存在违法行为。医疗机构及其医务人员没有尽到必要的注意义务,违反了不得侵犯患者生命权、健康权和身体权的法定义务。例如,医务人员在诊疗活动中应当向患者说明病情和医疗措施。需要实施手术、特殊检查、特殊治疗的,医务人员应当及时向患者说明医疗风险、替代医疗方案等情况,并取得其书面同意;不宜向患者说明的,应当向患者的近亲属说明,并取得其书面同意。医务人员未尽到该项义务,造成患者损害的,医疗机构应当承担赔偿责任。因抢救生命垂危的患者等紧急情况,不能取得患者或者其近亲属意见的,经医疗机构负责人或者授权的负责人批准,可以立即实施相应的医疗措施。

第二,存在患者遭受人身损害的事实。包括患者的生命权、健康权或者身体权等遭受侵害;患者因此造成的财产利益损失;患者或其近亲属遭受的精神损害。例如,医疗机构及其医务人员应当对患者的隐私保密。泄露患者隐私或者未经患者同意公开其病历资料,造成患者损害的,应当承担侵权责任。

第三,医疗机构及其医务人员的违法医疗行为与患者遭受人身损害的事实之间存在因果关系。例如,因药品、消毒药剂、医疗器械的缺陷,或者输入不合格的血液造成患者损害的,患者可以向生产者或者血液提供机构请求赔偿,也可以向医疗机构请求赔偿。患者向医疗机请求赔偿的,医疗机构赔偿后,有权向负有责任的生产者或者血液提供机构追偿。

第四,医疗机构及其医务人员存在过错。医务人员在诊疗活动中未尽到与当时的医疗水平相应的诊疗义务,造成患者损害的,医疗机构应当承担赔偿责任。因此,判断医疗机构及其医务人员是否存在过错,应该以行为人是否尽到与诊疗行为发生时的医疗水平相应的注意义务为标准。《侵权责任法》第58条规定了推定医疗机构有过错的三种情形:(1)患者有损害,医疗机构违反法律、行政法规、规章以及其他有关诊疗规范的规定;(2)医疗机构隐匿或者拒绝提供与纠纷有关的病历资料,病历资料包括:住院志、医嘱单、检验报告、手术及麻醉记录、病理资料、护理记录、医疗费用等,患者要求查阅、复制病历资料,医疗机构有义务提供;(3)医疗机构伪造、篡改或者销毁病历资料。对此,医疗机构可以提出反证证明自己没有过错。

2. 医疗损害责任的免责事由

受害人的故意行为、不可抗力情形下,行为人不承担责任,在医疗损害责任场合也都适用。但是,医疗损害责任具有特殊性,患者有损害,医疗机构在满足特定情形时,可以不承担赔偿责任:第一,患者或者其近亲属不配合医疗机构进行符合诊疗规范的诊疗;但是,医疗机构及其医务人员也有过错的,应当承担相应的赔偿责任;第二,医务人员在抢救生命垂危的患者等紧急情况下已经尽到合理诊疗义务;第三,限于当时的医疗水平难以诊疗。

(九)环境污染责任

1. 环境污染责任的构成要件

环境污染责任,是指违反国家保护环境防止污染的规定,污染环境造成他人损害依法应当承担的侵权责任。《环境保护法》第42条规定,因环境污染损害赔偿提起诉讼的时效期间为3年,从当事人知道或者应当知道受到污染损害时起计算。环境污染责任需要满足三项构成要件:

第一,污染者实施了污染环境的行为。例如,将废气、废水、废渣、粉尘、垃圾、放射性物质等排放或传播到大气、水、土地等环境之中,使人类生存环境受到一定程度危害的行为。

第二,受害人遭受了损害。污染环境的行为导致国家、集体财产和自然人人身财产受到损害的事实。

第三,污染者的行为与受害人损害之间存在因果关系。依据《侵权责任法》第66条的规定,因污染环境发生纠纷,污染者应当就法律规定的不承担责任或者减轻责任的情形及其行为与损害之间不存在因果关系承担举证责任。

2. 环境污染责任的免责事由

环境污染责任中,污染者不承担责任或者减轻责任的情形主要有:不可抗力、受害人故意以及第三人责任。污染者应当就法律规定的不承担责任或者减轻责任的情形承担举证责任。依据《侵权责任法》第68条的规定,因第三人的过错污染环境造成损害的,被侵权人可以向污染者请求赔偿,也可以向第三人请求赔偿。污染者赔偿后,有权向第三人追偿。

(十)高度危险责任

1. 高度危险责任的构成要件

高度危险责任,是指从事高度危险作业造成他人损害应当承担的侵权责任。高度危险责任适用无过错责任原则,其应满足三个构成要件:第一,行为人实施了高度危险作业行为。高度危险作业包括使用民用核设施、高速轨道运辅工具和从事高压、高空、地下采掘等高度危险活动,也包括占有、使用易燃、易爆、剧毒和放射性等高度危险物的行为。第二,受害人遭受损害。行为人从事的高度危险行为导致受害人人身损害和财产损害。第三,行为人高度危险作业行为与受害人损失之间存在因果关系。

2. 高度危险责任的免责事由

针对具体的高度危险责任,法律明确规定了不承担责任或者减轻责任的情形:

第一,民用核设施发生核事故造成他人损害的,民用核设施的经营者应当承担侵权责任,但能够证明损害是因战争等情形或者由受害人故意造成的,不承担责任。

第二,民用航空器造成他人损害的,民用航空器的经营者应当承担侵权责任,但能够证明损害是因受害人故意造成的,不承担责任。

第三,占有或者使用易燃、易爆、剧毒、放射性等高度危险物造成他人损害的,占有人或者使用人应当承担侵权责任,但能够证明损害是因受害人故意或者不可抗力造成的,不承担责任。被侵权人对损害的发生有重大过失的,可以减轻占有人或者使用人的责任。

第四,从事高空、高压、地下挖掘活动或者使用高速轨道运输工具造成他人损害的,经营者应当承担侵权责任,但能够证明损害是因受害人故意或者不可抗力造成的,不承担责任。被侵权人对损害的发生有过失的,可以减轻经营者的责任。

第五,遗失、抛弃高度危险物造成他人损害的,由所有人承担侵权责任。所有人将高度危险物交由他人管理的,由管理人承担侵权责任;所有人有过错的,与管理人承担连带责任。

第六,非法占有高度危险物造成他人损害的,由非法占有人承担侵权责任。所有人、管理人不能证明对防止他人非法占有尽到高度注意义务的,与非法占有人承担连带责任。

第七,未经许可进入高度危险活动区域或者高度危险物存放区域受到损害,管理人已经采取安全措施并尽到警示义务的,可以减轻或者不承担责任。

(十一)饲养动物损害责任

饲养动物损害责任,是指饲养的动物造成他人损害,动物饲养人或者管理人应当承担的侵权责任。

饲养动物损害责任需要具备三项构成要件:

第一,致害动物是饲养的动物。饲养的动物必须是能够为人所占有或者控制的动物,如家畜、家禽、驯养的野兽、爬行动物等。自然保护区或者野生动物保护区的野兽,不属于饲养的动物。并且,遗弃、逃逸的动物在遗弃、逃逸期间造成他人损害的,由原动物饲养人或者管理人承担侵权责任。

第二,饲养动物对他人造成了损害,包括人身损害和财产损害。例如,违反管理规定,未对动物采取安全措施造成他人损害的,动物饲养人或者管理人应当承担侵权责任。

第三,饲养动物的加害行为与损害事实之间存在因果关系,即动物加害行为与被侵权人的损害是引起与被引起的关系。例如,马受惊撞翻路旁的车辆,成立因果关系。饲养动物损害责任一般是适用无过错责任,如《侵权责任法》第78条规定,饲养的动物造成他人损害的,动物饲养人或者管理人应当承担侵权责任;又如,禁止饲养的烈性犬等危险动物造成他人损害的,动物饲养人或者管理人应当承担侵权责任。但在特定情形下也适用过错推定责任,如动物园的动物造成他人损害的,动物园应当承担侵权责任,但能够证明尽到管理职责减轻责任的情形主要有不可抗力、受害人故意以及第三人责任。

(十二)物件损害责任

1. 物件损害责任的构成要件

物件损害责任,是指建筑物、构筑物或者其他设施及其搁置物、悬挂物、堆放物,妨碍通行物和林木等由于存放缺陷或者疏于管理、维护,造成他人损害,责任人应当承担的侵权责任。

物件损害责任应当具备四项构成要件:

第一,存在物件致害行为。例如,物件倒塌、脱落、坠落、抛掷、索道崩断、物件表面剥落等。

第二,存在被侵权人遭受损害的事实。包括:人身损害和财产损害。

第三,物件致害行为与损害事实之间存在因果关系。例如,物件倒塌、脱落、坠落导致受害人人身伤害或者财产损失。

第四,物件所有人或者管理人主观上存在过错。例如,物件所有人或管理人对物件的设置、管理、设计、施工等存在缺陷或者使用方法不当。物件损害适用过错推定责任,即除非物件所有人或者管理人能够证明自己对物件致害行为没有过错,否则需要承担侵权责任。

2. 物件损害责任的类型

物件损害责任包括不同类型:

第一,建筑物、构筑物或者其他设施及其搁置物、悬挂物发生脱落、坠落致人损害责任。建筑物、构筑物或者其他设施及其搁置物、悬挂物发生脱落、坠落造成他人损害,所有人、管理人或者使用人不能证明自己没有过错的,应当承担侵权责任。所有人、管理人或者使用人赔偿后,有其他责任人的,有权向其他责任人追偿。所有人,是指对建筑物等设施拥有所有权的人;管理人,是指对建筑物等设施及其搁置物、悬挂物负有管理、维护义务的人;使用人,是指租赁、借用或者其他情形使用建筑物等设施的人。

第二,建筑物、构筑物或者其他设施倒塌致人损害责任。建筑物、构筑物或者其他设施倒塌造成他人损害的,由建设单位与施工单位承担连带责任。建设单位、施工单位赔偿后,有其他责任人的,有权向其他责任人追偿。因其他责任人的原因,建筑物、构筑物或者其他设施倒塌造成他人损害的,由其他责任人承担侵权责任。其他责任人主要包括勘察单位、设计单位和监理单位以及除勘察、设计、监理单位以外的责任人。

第三,建筑物中抛掷物品或者建筑物上坠落的物品致人损害责任。从建筑物中抛掷物品或者从建筑物上坠落的物品造成他人损害,难以确定具体侵权人的,除能够证明自己不是侵权人的外,由可能加害的建筑物使用人给予补偿。建筑物的使用人,是指在侵权行为发生时建筑物的实际使用人。

第四,堆放物倒塌致人损害责任。堆放物倒塌造成他人损害,堆放人不能证明自己没有过错的,应当承担侵权责任。堆放人如果能够举证证明堆放物的倒塌是因为不可抗力、第三人故意造成的,则无须承担侵权责任。

第五,在公共道路上堆放、倾倒、遗撒妨碍通行的物品致人损害责任。在公共道路上堆放、倾倒、遗撒妨碍通行的物品造成他人损害的,有关单位或者个人应当承担侵权责任。有关单位或者个人,主要是指堆放、倾倒、遗撒妨碍通行物的单位或者个人。

第六,林木折断致人损害责任。因林木折断造成他人损害,林木的所有人或者管理人不能证明自己没有过错的,应当承担侵权责任。如果林木折断完全是因自然原因、第三人或者受害人过错造成,林木的所有人或者管理人能够证明自己没有过错的,则不承担侵权责任。

第七,地下施工及地下设施致人损害责任。在公共场所或者道路上挖坑、修缮安装地下设施等,没有设置明显标志和采取安全措施造成他人损害的,施工人应当承担侵权责任。窨井等地下设施造成他人损害,管理人不能证明尽到管理职责的,应当承担侵权责任。地下施工人,是指直接控制并组织施工的单位或个人,不包括他们的雇员。地下设施管理人,是指负有对该地下设施进行管理、维护的单位或者个人。

下篇

历年真题及模拟试卷

2012年政法干警招录培养考试
民法学真题

一、单项选择题：第1~35小题，每小题2分，共70分。下列每题给出的四个选项中，只有一个选项符合试题要求。请在答题卡上将所选项的字母涂黑。

1. 28周岁的张某系精神病人。张某的下列亲属中，应作为其第一顺位监护人的是（　　）
    A. 配偶　　　　　　　B. 兄姐　　　　　　　C. 父母　　　　　　　D. 祖父母

2. 下列选项中，不能作为有限合伙人出资的是（　　）
    A. 实物　　　　　　　B. 劳务　　　　　　　C. 知识产权　　　　　　D. 土地使用权

3. 下列选项中，属于要式行为的是（　　）
    A. 买卖　　　　　　　B. 结婚　　　　　　　C. 承揽　　　　　　　D. 保管

4. 甲公司业务员江某外出采购茶叶时，擅自代表甲公司向乙公司订购了一批奶制品。乙公司明知江某无此权限仍与其签订合同。该合同的效力为（　　）
    A. 有效　　　　　　　B. 无效　　　　　　　C. 效力待定　　　　　　D. 可撤销

5. 下列债权请求权中，不适用诉讼时效的是（　　）
    A. 侵权损害赔偿请求权　　　　　　　　　　B. 基于不当得利的请求权
    C. 基于无因管理的请求权　　　　　　　　　　D. 支付存款本金及利息的请求权

6. 下列选项中，属于不可分物的是（　　）
    A. 大米　　　　　　　B. 茶叶　　　　　　　C. 水牛　　　　　　　D. 花生油

7. 下列选项中，属于动产物权的是（　　）
    A. 留置权　　　　　　　　　　　　　　　　B. 宅基地使用权
    C. 土地承包经营权　　　　　　　　　　　　D. 建筑用地使用权

8. 张某与好友李某共同出资购买一处房产。现张某拟转让其份额，下列人员均欲购买，在同等条件下享有优先购买权的人员是（　　）
    A. 李某　　　　　　　　　　　　　　　　　B. 张某的叔叔
    C. 张某的弟弟　　　　　　　　　　　　　　D. 张某的父母

9. 下列财产中，不能设定抵押的是（　　）
    A. 汽车　　　　　　　　　　　　　　　　　B. 正在建造的船舶
    C. 生产设备　　　　　　　　　　　　　　　D. 公立医院的设施

10. 以下财产设定质权的，质权自质押财产交付时设立的是（　　）
    A. 珠宝　　　　　　　B. 股票　　　　　　　C. 专利权　　　　　　D. 基金份额

11. 刘某误将同事的手机当成自己的手机带回家，刘某对手机的占有属于（　　）
    A. 有权占有　　　　　　B. 间接占有　　　　　　C. 善意占有　　　　　　D. 恶意占有

12. 甲公司向乙公司贷款10万元，后甲公司并入乙公司。甲、乙之间债消灭的原因是（　　）
    A. 清偿　　　　　　　B. 抵消　　　　　　　C. 免除　　　　　　　D. 混同

13. 下列情形中，在当事人之间产生合同关系的是（　　）
    A. 甲拾得乙遗失的一块手表　　　　　　　　B. 甲捐赠给乙图书馆100本书
    C. 甲踢球时打碎乙家的玻璃　　　　　　　　D. 甲家鱼塘的鱼跃入乙家鱼塘

14. 下列事实中,构成不当得利的是(　　)
    A. 甲将借用的电脑转让获利 3000 元　　B. 甲赌球赢得 1000 元
    C. 甲的房屋因地铁通车增值 50 万元　　D. 甲银行收回贷款 40 万元

15. 以法律是否赋予特定名称为标准,可将合同分为(　　)
    A. 有名合同与无名合同　　　　　　　　B. 有偿合同与无偿合同
    C. 诺成合同与实践合同　　　　　　　　D. 要式合同与不要式合同

16. 某出版社给某图书馆送最新图书价目表,该行为属于(　　)
    A. 要约　　　　　　B. 承诺　　　　　　C. 单方允诺　　　　D. 要约邀请

17. 甲、乙签订买卖合同,约定甲先交货,乙后付款。履行期届至,甲要求乙先付款,乙拒绝,乙行使的权利是(　　)
    A. 先诉抗辩权　　　　　　　　　　　　B. 不安抗辩权
    C. 先履行抗辩权　　　　　　　　　　　D. 同时履行抗辩权

18. 甲将储存于乙处的一批货物卖给丙,并委托乙运输至丙所在地交货。在交付运输之前,货物遭不可抗力灭失。货物灭失风险的承担人是(　　)
    A. 甲　　　　　　　B. 乙　　　　　　　C. 丙　　　　　　　D. 丁

19. 赠与人行使撤销权的期限为自知道或者应当知道撤销的原因之日起(　　)
    A. 6 个月　　　　　B. 1 年　　　　　　C. 2 年　　　　　　D. 3 年

20. 甲偷看了乙的日记,知悉其有一非婚生子的秘密并向其他人宣扬,乙得知后不堪压力自杀身亡。甲的行为(　　)
    A. 不构成侵权　　　　　　　　　　　　B. 侵害了乙的生命权
    C. 侵害了乙的隐私权　　　　　　　　　D. 侵害了乙的名誉权

21. 自然人和法人均享有的权利是(　　)
    A. 生命权　　　　　B. 身体权　　　　　C. 财产权　　　　　D. 肖像权

22. 下列亲属中,属于直系血亲关系的是(　　)
    A. 兄妹　　　　　　B. 甥舅　　　　　　C. 叔侄　　　　　　D. 祖孙

23. 下列情形中,属于无效婚姻的是(　　)
    A. 双方为四代旁系血亲　　　　　　　　B. 因欺诈而结婚
    C. 双方未达到法定婚龄　　　　　　　　D. 因胁迫而结婚

24. 甲乙两人在婚姻关系存续期间所得的下列财产,属于夫妻个人所有的是(　　)
    A. 甲因科研获得的奖金　　　　　　　　B. 乙通过法定继承权获得的遗产
    C. 甲个人专用的生活用品　　　　　　　D. 乙从事个体经营获得的收益

25. 收养关系解除后,成年的养子女与生父母的权利义务关系(　　)
    A. 由法院判决恢复　　　　　　　　　　B. 可以由双方协商恢复
    C. 由成年养子女决定是否恢复　　　　　D. 由生父母决定是否恢复

26. 张某死亡时留有遗产若干,其生前未立遗嘱,张某的下列亲属中,第一顺位继承人是(　　)
    A. 张某的祖父　　　B. 张某的哥哥　　　C. 张某的父母　　　D. 张某的妹妹

27. 甲的儿子乙先于甲死亡,甲死亡后,乙的儿子丙继承甲的遗产。该继承属于(　　)
    A. 转继承　　　　　B. 代位继承　　　　C. 遗嘱继承　　　　D. 第二顺序继承

28. 张某生前立有一份公证遗嘱,将其唯一的房产留给长子。后张某自书遗嘱一份,将房产留给次子。张某生病期间,又立了一份代书遗嘱,将房产留给女儿。张某死亡后,该房产归属于(　　)
    A. 长子　　　　　　B. 次子　　　　　　C. 女儿　　　　　　D. 国家

29. 甲生前与乙签订遗赠扶养协议,后甲又立下遗嘱,遗嘱与遗赠扶养协议内容相抵触。甲死后,其遗嘱应(　　)

    A.按法定继承进行分配   B.按遗赠扶养协议进行分配

    C.按遗嘱进行分配   D.归甲生前所在的集体组织

30.以承担民事责任主体的数量为标准,可将民事责任分为(　　)

    A.违约责任与侵权责任   B.共同责任与单独责任

    C.财产责任与非财产责任   D.有限责任与无限责任

31.甲、乙均为完全民事行为能力人。甲为报复丙,唆使乙将丙打伤。丙的损害应由(　　)

    A.甲独立赔偿   B.乙独立赔偿

    C.甲、乙连带赔偿   D.甲、乙按份赔偿

32.周某到酒馆饮酒大醉,与邻座的王某发生口角。王某离开后,周某将酒馆酒柜里的酒全部
    砸碎,该损失应由(　　)

    A.周某独立赔偿   B.酒馆自担

    C.周某与王某按份赔偿   D.周某与王某连带赔偿

33.张某在医院送医过程中,因医疗器械缺陷遭受损害,张某(　　)

    A.只能请求医生赔偿损失

    B.只能请求医院赔偿损失

    C.只能请求医疗器械生产者赔偿损失

    D.可以请求医疗器械生产者赔偿损失,也可以请求医院赔偿损失

34.下列选项中,不属于高度危险责任的是(　　)

    A.民用航空器致人损害责任   B.啤酒瓶爆炸致人损害责任

    C.剧毒性危险物致人损害责任   D.民用核设施发生核事故致人损害责任

35.对下列行为认定侵权责任时,适用过错推定的是(　　)

    A.产品缺陷致人损害   B.环境污染致人损害

    C.被监护人致人损害   D.林木折断致人损害

二、简答题:第36～38小题,每小题10分,共30分。请将答案写在答题卡指定位置的边框区域内。

36.简述所有权取得的特别方式。

37.简述继承法的基本原则。

38.简述缔约过失原则的构成要件。

三、论述题:第39小题,20分。请将答案写在答题卡指定位置的边框区域内。

39.论述宣告失踪的概念、条件及效力。

四、案例分析题:第40～41小题,每小题15分,共30分。请将答案写在答题卡指定位置的边框区域内。

40.甲向乙借款10万元,由丙作为担保人提供担保,但未约定保证方式。同时,甲以自有的一
    套房屋设定抵押担保,但未办理登记,借款到期后,甲无力偿还,引起争议,问:

    (1)乙是否有权主张行使抵押权?为什么?

    (2)乙能否请求丙承担连带保证责任?为什么?

41.李某向赵某购买了1只母鸡和1只公鸡。因李某未带够钱,双方约定李某先带回公鸡,待
    次日付款后再带走母鸡。李某将带回的公鸡放在院中饲养。邻居王某带5岁儿子小王来
    做客,公鸡将小王的眼睛啄伤。李某未带回的母鸡下了一只鸡蛋。问:

    (1)小王是否有权请求李某承担赔偿责任?为什么?

    (2)鸡蛋应归谁所有?为什么?

参考答案

一、单项选择题

1. A	2. B	3. B	4. C	5. D	6. C	7. A	8. A	9. D
10. A	11. C	12. D	13. B	14. A	15. A	16. D	17. C	18. A
19. B	20. C	21. C	22. D	23. C	24. C	25. B	26. C	27. B
28. A	29. B	30. B	31. C	32. A	33. D	34. B	35. D	

二、简答题

36.【参考答案】

（1）善意取得：是指无处分权人将不动产或动产的所有权移转给他人或设定他物权,受让人因善意而依法取得该物的所有权或他物权的制度。

（2）拾得遗失物：是指发现他人的遗失物而占有的事实行为。拾得遗失物,应当返还权利人。拾得人应当及时通知权利人领取,或者送交公安等有关部门。

（3）发现埋藏物或隐藏物。发现埋藏物或者隐藏物参照拾得遗失物的有关规定。文物保护法等法律另有规定的遵照其规定。

（4）添附：是指不同所有人的财产合并在一起形成不可分割新财产的一种法律事实。添附作为所有权取得的一种方式,包括三种,即附合、混合和加工。

37.【参考答案】

（1）保护公民私有财产继承权原则：这一原则主要表现在以下两个方面：一是法律确认公民的私有财产继承权,保护其不受非法侵害。二是当公民的继承权受到侵害时,法律予以救济,以国家强制力加以保护。

（2）继承权平等原则：继承权平等原则是民法平等原则在继承法中的体现。这一原则在继承法律制度中主要表现在以下几个方面：一是继承权男女平等。二是非婚生子女与婚生子女的继承权平等。三是养子女与婚生子女的继承权平等。四是同一顺序的继承人的继承权平等。

（3）养老育幼、互助互济原则：在法定继承中,对生活有特殊困难的缺乏劳动能力的继承人,应当予以照顾。遗产分割时,应当保留胎儿的继承份额；被继承人生前立遗嘱时,应当为缺乏劳动能力又没有生活来源的继承人保留必要的份额；丧偶的儿媳对公、婆,丧偶的女婿对岳父、岳母尽了主要赡养义务的,可以作为法定第一顺序继承人等。

（4）互谅互让、和睦团结原则：在继承法律关系中遗产的继承主要在亲属之间进行,而互谅互让、和睦团结是处理亲属之间关系的基本要求。

38.【参考答案】

（1）缔约过失原则的概念

缔约过失责任,是指在合同订立过程中,一方因违背其依据的诚实信用原则所产生的义务,而致另一方的信赖利益的损失,并应承担损害赔偿责任。

（2）缔约过失责任的成立,需要具备以下四个要件：

①缔约一方当事人有违反法定附随义务或先合同义务的行为。

②该违反法定附随义务或先合同义务的行为给对方造成了信赖利益的损失。

③违反法定附随义务或先合同义务一方缔约人在主观上必须存在过错。

④缔约人一方当事人违反法定附随义务或先合同义务的行为与对方所受到的损失之间必

须存在因果关系。

三、论述题

39.【参考答案】

1.宣告失踪的概念

宣告失踪,是指经利害关系人的申请,由法院依照法定条件和程序,宣告下落不明满一定期限的公民为失踪人的民事法律制度。

2.宣告失踪的条件

《民法通则》具体规定了以下宣告失踪的条件:

①公民离开其住所下落不明。所谓"下落不明",是指公民离开最后居住地后没有音信的状况。

②公民下落不明的状况超过2年期限。下落不明的起算时间,从公民音信消失之次日起算。如果公民在战争期间下落不明的,应当从战争结束之日起计算。

3.宣告失踪的法律程序

①须经利害关系人申请。申请宣告失踪的利害关系人,包括被申请宣告失踪人的配偶、父母、子女、兄弟姐妹、祖父母、外祖父母、孙子女、外孙子女以及其他与被申请人有民事权利义务关系的人。

②须被申请人下落不明满一定期间。《民法通则》第20条规定,公民下落不明满2年的,利害关系人可以向人民法院申请宣告他为失踪人。战争期间下落不明的,下落不明的时间从战争结束之日起计算。

③须由人民法院经过法定程序宣告。

4.宣告失踪的效力

根据《民法通则》第21条的规定,宣告失踪的效力是:"失踪人的财产由他的配偶、父母、成年子女或者关系密切的其他亲属、朋友代管。代管有争议的,没有以上规定的人或者以上规定的人无能力代管的,由人民法院指定的人代管。失踪人所欠税款、债务和应付的其他费用,由代管人从失踪人的财产中支付。"

四、案例分析

40.【参考答案】

(1)乙无权要求行使抵押权。根据《物权法》规定,用不动产抵押的,必须要经过登记之后,抵押权才能生效。在本案中,甲以自有房屋抵押,但是未办理抵押登记,乙对该房屋享有的抵押权没有生效,因此,乙不能主张行使抵押权。

(2)乙可以请求丙承担连带保证责任。保证方式有两种,即一般保证和连带责任保证。如果当事人对保证方式没有约定或者约定不明确,则按照连带责任保证承担保证责任,在本案中,乙丙没有约定,故由丙承担连带保证责任。

41.【参考答案】

(1)小王有权请求李某承担赔偿责任。根据《侵权责任法》规定,饲养的动物造成他人损害的,动物饲养人或者管理人应当承担侵权责任,但能够证明损害是因被侵权人故意或者重大过失造成的,可以不承担或者减轻责任。在本案中,公鸡把小王的眼睛啄伤且小王没有故意或者重大过失,所以应由公鸡的饲养人李某承担责任。

(2)鸡蛋应当归赵某所有。根据我国《合同法》和《物权法》规定,买卖合同中,动产所有权自交付时转移,天然孳息由所有权人取得。本案中,母鸡并未交付,故母鸡所有权归赵某,鸡蛋为母鸡的孳息,也应当归赵某所有。

2011 年政法干警招录培养考试
民法学真题

一、单项选择题：第 1～35 小题，每小题 2 分，共 70 分。下列每题给出的四个选项中，只有一个
选项符合试题要求。请在答题卡上将所选项的字母涂黑。

1. 根据我国《民法通则》，下列属于企业法人的是（　　　）
   A. 某县公安局　　　　　　　　　　　　B. 某有限公司
   C. 某大学　　　　　　　　　　　　　　D. 某省法学会

2. 下列各项中，不属于我国民法基本原则的是（　　　）
   A. 自愿原则　　　　　　　　　　　　　B. 平等原则
   C. 诚实信用原则　　　　　　　　　　　D. 过错责任原则

3. 2001 年 1 月 1 日，甲乙签订一份汽车买卖合同，双方约定 6 个月后该合同生效。这属于
   （　　　）
   A. 附终期的民事法律行为　　　　　　　B. 附始期的民事法律行为
   C. 附解除条件的民事法律行为　　　　　C. 附延缓条件的民事法律行为

4. 甲户籍地为西安，被单位派至广州工作半年，后到北京买房并连续居住满 2 年，然后又到上
   海治病半年，则其住所地应为（　　　）
   A. 西安　　　　　B. 北京　　　　　C. 上海　　　　　D. 广州

5. 8 岁的乙拍广告获得一笔收入，乙未经父母同意将该笔收入赠与好友丙。乙的行为（　　　）
   A. 有效　　　　　B. 无效　　　　　C. 可撤销　　　　　D. 效力待定

6. 自然人下落不明满几年的，利害关系人可以向人民法院申请宣告他为失踪人？（　　　）
   A. 1 年　　　　　B. 2 年　　　　　C. 3 年　　　　　D. 5 年

7. 一方以欺诈的手段订立的，且损害国家利益的合同属于（　　　）
   A. 无效的民事行为　　　　　　　　　　B. 可撤销的民事行为
   C. 效力待定的民事行为　　　　　　　　D. 有效的民事行为

8. 债权人提出请求时，债务人根据特定事由提出对抗，债务人所享有的权利属于（　　　）
   A. 支配权　　　　　B. 形成权　　　　　C. 抗辩权　　　　　D. 请求权

9. 张某被李某打伤，张某向李某主张人身损害赔偿请求权的诉讼时效期间是（　　　）
   A. 3 个月　　　　　B. 6 个月　　　　　C. 1 年　　　　　D. 2 年

10. 下列选项中，只能为动产物权的是（　　　）
    A. 所有权　　　　　B. 抵押权　　　　　C. 用益物权　　　　　D. 留置权

11. 王某将一幅字画交付给赵某以担保债务的履行，赵某对该幅字画的占有是（　　　）
    A. 无权占有　　　　　B. 有权占有　　　　　C. 善意占有　　　　　D. 恶意占有

12. 下列选项中，不属于添附的是（　　　）
    A. 附合　　　　　B. 加工　　　　　C. 混合　　　　　D. 占有

13. 甲为某村农民，邻居乙越界建房侵入甲的宅基地。乙侵害了甲的（　　　）
    A. 相邻权　　　　　　　　　　　　　　B. 房屋所有权

C. 建房用地使用权　　　　　　　　　D. 宅基地使用权

14. 甲为了便于耕种自己承包的土地,需要修建一条经过乙承包土地的水渠,甲、乙就此达成协议,甲取得的权利属于(　　)

　　A. 土地承包经营权　　　　　　　　　B. 地役权

　　C. 国有土地使用权　　　　　　　　　D. 集体土地所有权

15. 保证合同是(　　)

　　A. 双务合同　　　　B. 有偿合同　　　　C. 主合同　　　　D. 诺成合同

16. 根据我国《合同法》,债务人将标的物提存,债权人领取提存物的权利,自提存之日起几年内消灭?(　　)

　　A. 1年　　　　　　　B. 2年　　　　　　　C. 3年　　　　　　　D. 5年

17. 甲公司和乙公司订立一批货物买卖合同,根据双方约定,甲公司应将货物从北京运输到上海,双方对运输费用由谁负担约定不明确。该运输费用应(　　)

　　A. 由甲公司负担　　　　　　　　　　B. 由乙公司负担

　　C. 由甲公司和乙公司负担　　　　　　D. 根据情况确定负担方

18. 甲和乙合伙开办一影楼,丙到该影楼冲洗照片,并向影楼工作人员丁交付冲洗费50元。该债的法律关系的主体是(　　)

　　A. 甲和丙　　　　　B. 乙和丙　　　　　C. 丁和丙　　　　　D. 影楼和丙

19. 下列协议中,属于我国《合同法》调整的是(　　)

　　A. 离婚协议　　　　　　　　　　　　B. 收养子女协议

　　C. 货物保管协议　　　　　　　　　　D. 遗赠抚养协议

20. 下列属于要约的是(　　)

　　A. 价目表的寄送　　　　　　　　　　B. 招标公告

　　C. 招股说明书　　　　　　　　　　　D. 竞买表示

21. 下列合同中,只能为有偿合同的是(　　)

　　A. 保管合同　　　　B. 委托合同　　　　C. 赠与合同　　　　D. 买卖合同

22. 甲公司与乙公司之间有债权债务关系,后甲乙公司合并,甲乙之间债权债务关系消灭。该债务债务关系消灭的理由是(　　)

　　A. 清偿　　　　　　B. 免除　　　　　　C. 混同　　　　　　D. 抵销

23. 下列属于民法中债的关系的是(　　)

　　A. 甲与乙的恋爱关系　　　　　　　　B. 甲与乙的汽车买卖关系

　　C. 甲与乙的夫妻关系　　　　　　　　D. 甲与乙的继承关系

24. 甲和乙签订了一份棉花买卖合同,约定甲卖给乙棉花5吨。但后来乙下落不明,甲难以履行债务,遂将棉花提存。棉花提存后,一日遭遇雷击烧毁,该损失由(　　)

　　A. 乙承担　　　　　　　　　　　　　B. 甲承担

　　C. 乙和甲共同承担　　　　　　　　　D. 提存机关承担

25. 婚姻关系存续期间,下列财产中不属夫妻共同所有的是(　　)

　　A. 一方以个人财产投资取得的收益　　B. 一方因身体受到伤害获得的医疗费

　　C. 双方实际取得的住房补贴　　　　　D. 双方实际取得的养老保险金

26. 下列选项中,不可以作为遗产的是(　　)

　　A. 房屋　　　　　　B. 文物　　　　　　C. 图书资料　　　　D. 非法取得的财产

27. 下列遗嘱形式中,不需要见证人见证的是(　　)

　　A. 自书遗嘱　　　　B. 代书遗嘱　　　　C. 录音遗嘱　　　　D. 口头遗嘱

28. 下列不属于第一顺序法定继承人的是（   ）
   A. 父母   B. 子女   C. 配偶   D. 兄妹

29. 下列关于人身权的表述,正确的是（   ）
   A. 人身权是相对权
   B. 人身权是绝对权
   C. 人身权一律不能转让
   D. 人身权不具有直接财产内容,与财产权没有联系

30. 自然人和法人都享有（   ）
   A. 健康权   B. 名称权   C. 荣誉权   D. 姓名权

31. 以下属于可撤销婚姻的是（   ）
   A. 重婚   B. 直系血亲之间结婚
   C. 未到法定婚龄结婚   D. 因胁迫结婚

32. 张某与王某是邻居,但邻里关系不好。张某教其饲养的鹦鹉每天叫"王某真坏",导致王某不悦。王某可以要求张某（   ）
   A. 停止侵害   B. 排除妨碍   C. 恢复原状   D. 恢复名誉

33. 甲见乙挥刀刺向丙,便上前制止,结果被乙刺伤。甲所受伤害（   ）
   A. 应由乙承担损害赔偿责任   B. 应由丙承担损害赔偿责任
   C. 应由乙和丙共同承担损害赔偿责任   D. 应由甲和丙共同承担损害赔偿责任

34. 下列选项中,属于违约责任承担方式的是（   ）
   A. 恢复名誉   B. 赔偿损失   C. 消除危险   D. 停止侵害

35. 根据我国《侵权责任法》,医疗损害责任的归责原则是（   ）
   A. 过错责任原则   B. 无过错责任原则
   C. 公平责任原则   D. 严格责任原则

二、简答题:第36～38小题,每小题10分,共30分。请将答案写在答题卡指定位置的边框区域内。

36. 简述我国《民法通则》规定的委托代理终止的情形。

37. 简述我国《侵权责任法》规定的侵权责任类型。

38. 简述债权让与合同的有效要件。

三、论述题:第39小题,20分。请将答案写在答题卡指定位置的边框区域内。

39. 论善意取得的概念和构成要件。

四、案例分析题:第40～41小题,每小题15分,共30分。请将答案写在答题卡指定位置的边框区域内。

40. 周甲有两个儿子,周乙和养子周丙,周乙留有一子,周丙生活在外地,并生有一女。周甲年老体弱,身边无人照顾,便与武某签订了遗赠扶养协议,约定死后将自己的银行存款赠与武某。2001年9月20日,周甲去世,留有房产、存款和其他动产。同年10月5日,周丙出车祸死亡。10月10日,在对周甲遗产进行分割时,周乙之子拿出周甲的自书遗嘱,遗嘱写明存款留给周乙之子,此遗嘱所立时间早于遗赠扶养协议。

   根据上述案情,请回答:
   (1) 周甲所立自书遗嘱与遗赠扶养协议哪个效力优先?为什么?
   (2) 本案哪些人对周甲的遗产享有继承权?法律依据是什么?

41. 2010年8月,甲下班回家,在路边等候出租车,恰好乙驾驶出租车驶来,被甲拦住。乙停车后,告知甲已停止营业,甲说可以加倍给付车费,乙说:"我开了一天的车很累,如果出了什

么事情你自己负责",甲同意。行驶中,乙的出租车与丙驾驶的车相撞,汽车飞出的玻璃片击伤了横穿机动车道的路人丁。经医院诊断:甲左腿骨折,丁腿部被皮肤刮伤。经交警认定,乙负事故主要责任,丙负次要责任。后几方因事故责任难以达成协议,诉至人民法院。

根据上述案情,请回答:

(1)甲乙之间约定若出事故由甲负责,该约定是否有效?为什么?

(2)甲可以要求乙承担何种民事责任?为什么?

(3)丁遭受的损害应当由谁承担赔偿责任?

参考答案

一、单项选择题

1. B　2. D　3. B　4. B　5. B　6. B　7. A　8. C　9. C
10. D　11. B　12. D　13. D　14. B　15. D　16. D　17. A　18. D
19. C　20. D　21. D　22. C　23. B　24. A　25. B　26. D　27. A
28. D　29. B　30. C　31. D　32. A　33. A　34. B　35. A

二、简答题

36.【参考答案】

委托代理是根据被代理人的委托授权而产生的代理关系。其终止情形有：

(1)代理期间届满或者代理事务完成。此时，被代理人所追求的目的已经实现，代理关系当然终止。

(2)被代理人取消委托或代理人辞去委托。

(3)被代理人或代理人死亡。

但是，被代理人死亡后，委托代理人实施的代理行为则因以下情况而有效：

①代理人不知道被代理人死亡。

②被代理人的继承人均予以承认。

③被代理人与代理人约定到代理事项完成时代理权终止。

④在被代理人死亡前已经进行而在被代理人死亡后为了被代理人的继承人的利益继续完成的事项。

(4)代理人丧失民事行为能力。

(5)作为被代理人或代理人的法人终止。

37.【参考答案】

(1)监护人责任：指无民事行为能力人、限制民事行为能力人造成他人损害的，监护人依法应当承担民事责任。

(2)职务侵权责任：用人者为自己事务而使用被用人，用人者对被用人为因执行工作任务造成他人的损害而承担的责任。

(3)网络侵权责任：指网络用户、网络服务提供者通过网络技术平台，在网络环境下，实施的侵害网络权益主体及其他人的人身或财产民事权益所应依法承担的侵权责任。

(4)违反安全保障义务的侵权责任：指宾馆、商场、银行、车站、娱乐场所等公共场所的管理人或者群众性活动的组织者，未尽到安全保障义务造成他人损害的，所应承担的侵权责任。

(5)教育机构侵权责任：教育机构侵权责任是一个集合概念，其内容包括对未成年人在学校、幼儿园以及其他教育机构所受的伤害应承担的责任。

(6)产品责任：产品责任是指因产品质量不合格造成他人财产、人身损害的，产品制造者、销售者应当依法承担民事责任。

(7)机动车交通事故责任：机动车交通事故责任是指机动车处于行驶状态时致使他人的人身或财产损害，机动车驾驶人或所有人应当承担的侵权责任。机动车侵权责任实行无过错责任原则。

(8)医疗损害责任：医疗损害责任是指患者在诊疗活动中因医务人员的过错受到损害，由其所在的医疗机构承担赔偿责任。

(9)环境污染责任:环境是指影响人类生存和发展的各种天然的和经过人工改造的自然因素的总体,包括大气、水、海洋、土地、矿藏、森林、草原、野生生物、自然遗迹、人文遗迹、自然保护区、风景名胜区、城市和乡村等。因污染生活、生态环境造成损害的污染者应当承担侵权责任。

(10)高度危险责任:高度危险责任是指从事高度危险作业造成他人损害的,应当承担侵权责任。

(11)饲养动物损害责任:饲养动物损害责任是指饲养动物的独立动作致人损害由饲养动物的所有人或者管理人承担侵权责任。

(12)物件损害责任:物件损害责任是指建筑物、构筑物、堆放物、树木折断等造成他人损害所应承担的侵权责任。

38.【参考答案】

债权让与,是指在不改变债的内容的前提下,债权人通过让与合同将其债权转移于第三人享有的现象。

债权让与合同须具备以下有效条件:

(1)须存在有效债权。

(2)须让与人与受让人就债权转让达成合意。

(3)须所转让的债权具有可让与性。

(4)须依法办理有关手续。

三、论述题

39.【参考答案】

善意取得是指无权处分他人财产的占有人,在不法将其占有的他人财产让与第三人后,如果受让人在取得该财产时系出于善意,即取得该财产的所有权,原财产所有人不得要求受让人返还。适用善意取得应具备如下条件:

(1)受让人取得财产时为善意。所谓善意,即不知道或不应当知道他人为非所有人。确定当事人是否出于善意,应当考虑交易人从事交易的客观情况,如根据受让人受让财产的性质、有偿或无偿、价格的高低、让与人的状况以及受让人的经验等加以综合判定。

(2)转让人为无权处分人。善意取得适用的前提是转让人无处分权而从事了法律上的处分行为。所谓法律上的处分主要是指通过买卖等使所有权发生转让或者将要发生转让。

(3)以合理的价格有偿转让。在确定善意取得要件时,必须要求受让人取得的财产是通过买卖、互易、赠与、债务清偿、出资等具有交换性质的行为实现的。如果是通过继承、遗赠等行为取得的,则不能产生善意取得的效力。

(4)善意取得的财产已发生物权变动。转让的财产依照法律规定应当登记的已经登记,不需要登记的已经交付给受让人。

善意取得的法律效果在于:

①受让人取得标的物的所有权。善意取得制度的基本效果是受让人取得标的物的所有权,相应地原所有人的权利归于消灭。

②受让财产上的原有权利消灭。《物权法》第108条规定:"善意受让人取得动产后,该动产上的原有权利消灭,但善意受让人在受让时知道或者应当知道该权利的除外。"

③让与人对原所有人负赔偿责任。原所有人因受让人善意取得其财产所有权而遭受损失时,法律对原权利人提供了一种债权上的救济,即权利人可以要求让与人承担违约责任、侵权责任或返还不当得利。

④让与人与受让人之间的其他法律关系依其法律行为加以确定。善意受让人依据其与让

与人之间的法律行为(如买卖、互易)所应负担的价金支付义务或其他义务,与非善意取得的情形并无二致,善意受让人不得拒绝履行。

四、案例分析题

40.【参考答案】

(1)遗赠扶养协议的效力优先。原因:根据《继承法》规定,继承开始后,有遗赠扶养协议的,应先执行遗赠扶养协议;没有遗赠扶养协议或者协议无效而有遗嘱时,按照遗嘱的内容办理;没有遗嘱或者遗嘱无效时,才适用法定继承,在本案中,周甲既有遗赠扶养协议,又有遗嘱,应先执行遗赠扶养协议。

(2)周乙之子和周丙之女享有继承权。依据:根据《继承法》规定,被继承人的子女先于被继承人死亡的,由被继承人的晚辈直系血亲继承遗产份额,在本案中,周乙之子可以继承;如果继承人在被继承人死亡后、遗产分割前死亡,本该由继承人继承的遗产份额转由其法定继承人承担,本案中,周丙的法定继承人为其女儿,故周丙之女亦可继承。武某作为扶养人享有受遗赠的权利,但武某不是继承人,故无权继承遗产,但是可以从遗产当中取得应得份额。

41.【参考答案】

(1)甲乙之间的约定无效。根据民法的规定,免责条款效力有限制,其中一种情形就是不得免除造成对方人身伤害的责任,在本案中,甲乙在客运合同中的预定即属于此种情形,该约定无效。

(2)甲可以要求乙承担违约责任或者侵权责任,两者只能选其一。根据民法原理,甲乙之间存在一个客运合同,在客运合同中,承运人负有安全运送义务,乙没有尽到此义务,故承担违约责任;因甲的受伤是由于乙、丙相撞造成,根据《侵权责任法》规定,对于甲遭受到的人身伤害,还可以追究乙、丙的侵权责任,故甲还可以向乙追究侵权责任。在本案中,乙的行为同时符合侵权责任与违约责任的构成要件,构成竞合,只能择一适用。

(3)丁遭受的损失由乙和丙承担连带责任,但可以适当减轻其承担的责任。首先,根据本案,丁为行人,乙和丙为机动车一方,根据法律规定机动车一方与非机动车之间发生交通事故,非机动车一方没有过错,则机动车一方承担责任,但是如果有证据证明非机动车一方有过错的,根据过错程度适当减轻机动车一方的责任。在此案中,丁作为行人横穿机动车道存在过错,故由乙、丙承担责任,但可适当减轻。根据《侵权责任法》规定,二人以上共同实施侵权行为的,应当承担连带责任,本案中,丁的损害是由乙和丙共同造成的,故承担连带责任。

2010年政法干警招录培养考试
民法学真题

一、单项选择题(1~30小题,每小题2分,共60分。下列每题给出的四个选项中,只有一个选项符合试题要求。请在答题卡上将所选择的字母涂黑)

1.下列选项中属于我国民法基本原则的是(　　)。
　　A.过错责任原则　　　　　　　　　　B.推定过错原则
　　C.无过错责任原则　　　　　　　　　D.公平原则

2.民法的空间效力是指(　　)。
　　A.民法的生效时间　　　　　　　　　B.民法的溯及力
　　C.民法适用的地域范围　　　　　　　D.民法的失效时间

3.民事法律关系的客体是指(　　)。
　　A.民事权利　　　　　　　　　　　　B.民事义务
　　C.民事权利和民事义务　　　　　　　D.民事权利和民事义务共同指向的对象

4.知识产权是(　　)。
　　A.绝对权　　　　　　　　　　　　　B.相对权
　　C.请求权　　　　　　　　　　　　　D.形成权

5.正当防卫属于(　　)。
　　A.公力救济　　　　　　　　　　　　B.自卫行为
　　C.自助行为　　　　　　　　　　　　D.不合法行为

6.甲向乙借款,甲将自有房屋作抵押。在抵押期间,甲征得乙同意,将房屋卖给了丙,并办理了过户登记手续。下列判断正确的是(　　)。
　　A.乙对该房屋仍享有抵押权　　　　　B.乙对该房屋不再享有抵押权
　　C.丙不能取得该房屋所有权　　　　　D.抵押权转移给了丙

7.依据《合同法》,先履行方可行使不安抗辩权的情形是(　　)。
　　A.后履行方的法定代表人变更　　　　B.后履行方的法定住所变更
　　C.后履行方经营状况恶化　　　　　　D.后履行方丧失商业信誉

8.附条件的民事法律行为中所附条件必须是(　　)。
　　A.法律规定的事实　　　　　　　　　B.将来必定发生的事实
　　C.将来可能发生的事实　　　　　　　D.已经发生的事实

9.甲将自己的手提电脑交乙保管,乙将电脑以合理价格卖给丙,但未交付。在此情况下,下列判断正确的是(　　)。
　　A.丙可以主张善意取得电脑所有权　　B.丙不能主张善意取得电脑所有权
　　C.买卖电脑合同无效　　　　　　　　D.买卖电脑合同可撤销

10.下列选项中,属于法定担保物权的是(　　)。
　　A.留置权　　　　　　　　　　　　　B.质权
　　C.地役权　　　　　　　　　　　　　D.土地承包经营权

11.下列选项中,不属于要约的是(　　)。

　　A.价目表寄送　　　　　　　　　　B.招股说明书

　　C.拍卖公告　　　　　　　　　　　D.投标

12.甲委托乙代购惠普打印机,而乙代购的是佳能打印机。乙的代购行为(　　)。

　　A.无效　　　　　　　　　　　　　B.可撤销

　　C.效力待定　　　　　　　　　　　D.可变更

13.下列选项中,属于合同解除的法定条件的是(　　)。

　　A.不可抗力

　　B.显失公平

　　C.当事人一方延迟履行合同债务

　　D.在履行期限届满前,当事人一方明确表示不履行主要债务

14.赠与合同是(　　)。

　　A.要式合同　　　　　　　　　　　B.单务合同

　　C.实践合同　　　　　　　　　　　D.无名合同

15.下列选项中,可以作为继承人的是(　　)。

　　A.自然人　　　　　　　　　　　　B.法人

　　C.其他社会组织　　　　　　　　　D.国家

16.下列选项中,属于代位继承的法律特征的是(　　)。

　　A.代位继承只适用于遗嘱继承

　　B.代位继承只适用于法定继承

　　C.代位继承只适用于遗赠

　　D.代位继承既适用于遗嘱继承,也适用于法定继承

17.因产品存在缺陷造成他人损害的,依法应承担民事责任的主体(　　)。

　　A.只能是产品的制造者

　　B.只能是产品的销售者

　　C.只能是产品的运输者

　　D.既可以是产品的制造者,也可以是产品的销售者

18.教唆无民事行为能力人实施侵权行为的,应当由(　　)。

　　A.无民事行为能力人承担侵权责任

　　B.教唆人承担侵权责任

　　C.教唆人和无民事行为能力人承担连带责任

　　D.教唆人和无民事行为能力人的监护人承担连带责任

19.下列选项中,适用普通诉讼时效的债务的是(　　)。

　　A.身体受到伤害　　　　　　　　　B.延付或拒付租金

　　C.无正当理由拒不履行债务　　　　D.寄存财物被丢失

20.等价有偿原则适用于(　　)。

　　A.租赁关系　　　　　　　　　　　B.扶养关系

　　C.抚养关系　　　　　　　　　　　D.赡养关系

21.14周岁的甲去商店购买了一辆山地自行车。商店催告甲的父母予以追认的法定期限是(　　)。

　　A.1个月　　　　　　　　　　　　B.2个月

　　C.3个月　　　　　　　　　　　　D.6个月

22.乙是甲的代理人,经甲同意,乙将代理事物转托给丙。则丙是( )。
    A.乙的代理人   B.甲的代理人
    C.甲、乙的共同代理人   D.表见代理人

23.合同无效产生的损害赔偿责任属于( )。
    A.侵权责任   B.补充责任
    C.违约责任   D.缔约过失责任

24.下列选项中,属于人格权的是( )。
    A.名称权   B.监护权
    C.配偶权   D.亲权

25.甲向乙借款,由丙提供保证,但未约定保证方式。还款期限届满,甲无力偿还。则丙
( )。
    A.无需承担保证责任   B.承担连带保证责任
    C.承担一般保证责任   D.享有先诉抗辩权

26.公安机关在通缉令上使用被通缉者的照片,这一行为( )。
    A.侵犯了被通缉者的肖像权   B.侵犯了被通缉者的隐私权
    C.侵犯了被通缉者的名誉权   D.不构成侵权

27.甲对正在向其实施暴力的乙进行防卫,超过了必要限度,致使乙受到伤害。则甲( )。
    A.应承担全部民事责任   B.不应承担民事责任
    C.应承担适当民事责任   D.应承担补充民事责任

28.甲生前就其全部财产立有三份遗嘱,且三份遗嘱的内容相冲突。其中,第二份遗嘱经过了
公证。甲死之后,其遗产应按( )。
    A.公证遗嘱继承   B.最先设立的遗嘱继承
    C.最后设立的遗嘱继承   D.法定继承

29.甲、乙、丙、丁四人按份共有一套房屋,分别占35％、30％、20％、15％的份额。现丁欲出售
其份额,则( )。
    A.须经全体共有人同意   B.无须经全体共有人同意
    C.须经甲同意   D.需经甲、乙二人同意

30.注册商标的有效期限为10年,自( )。
    A.使用之日起计算   B.使用之次日起计算
    C.核准注册之日起计算   D.核准注册次日起计算

二、判断题(31～40小题,每小题2分,共20分,判断下列各题的正误,正确的在答题卡相应题号
后的"√"上涂黑,错误的在"×"上涂黑)

31.判例法是我国民法的渊源之一。   (   )
32.宣告公民失踪的效力与公民自然死亡的效力相同。   (   )
33.不动产权利人应当为相邻各权利人用水、排水提供必要便利。   (   )
34.甲在自动取款机欲取款500元,因机器故障,实际取得了600元。甲与银行之间发生不当
得利之债。   (   )
35.合同成立等同于合同生效。   (   )
36.民事责任主要是财产责任。   (   )
37.委托合同只能是有偿合同。   (   )
38.自然人和法人都享有名誉权。   (   )
39.发表权属于著作财产权。   (   )

40. 国家机关工作人员在执行职务中,侵害公民合法权益造成损害的,应由国家机关承担民事责任。 （　　）

三、简答题(41～43 小题,每小题 8 分,共 24 分,请将答案写在答题卡指定位置的边框区域内)

41. 简述法定抵销的条件。

42. 宣告自然人死亡的法定条件。

43. 根据我国《著作权法》的规定,不受《著作权法》保护的对象有哪些?

四、论述题(44 题,16 分,请将答案写在答题卡指定位置的边框区域内)

44. 试论债的法律特征。

五、案例分析题(45～46 小题,每小题 15 分,共 30 分,请将答案写在答题卡指定位置的边框区域内)

45. 甲向乙借款,将自己的汽车出质给乙做担保。双方签订了质押合同,但甲未将汽车交付给乙。后甲又向丙借款,丙要求甲提供担保,甲将该汽车又质押给丙,双方签订了质押合同,并将汽车交付给丙。丙因违章驾驶该汽车,致该汽车损坏。乙请求甲交付汽车,甲告知汽车在丙处。乙便向丙要车,丙不给。乙、丙双方发生纠纷。

根据上述案情,请回答:

(1)乙的质权是否有效成立? 为什么?

(2)丙的质权是否有效成立? 为什么?

(3)丙在占有质物期间违反了质权人应承担的何种义务?

46. 杜守才与刘艳萍是夫妻关系,育有一子杜强,一女杜萍。杜强与肖梅是夫妻,生有一子杜小强。杜守才患有严重风湿性关节炎。某日,杜强陪父亲去看病,途中遭遇车祸,杜强当场死亡,杜守才在送往医院途中死亡。杜守才夫妇共有私房 2 间,存款 24 万元。杜守才之弟杜守智要求参与分割其兄遗产。家庭成员之间因继承发生了纠纷。

根据上述案情,请回答:

(1)杜守才的遗产有哪些?

(2)杜守智是否有权参与遗产的分割? 为什么?

(3)杜守才的遗产应如何分割? 为什么?

参考答案

一、单项选择题

1. D	2. C	3. D	4. A	5. B	6. B	7. D	8. C	9. B
10. A	11. D	12. C	13. A	14. B	15. A	16. B	17. D	18. B
19. C	20. A	21. A	22. B	23. D	24. A	25. B	26. D	27. C
28. A	29. B	30. C						

二、判断题

31. × 32. × 33. √ 34. √ 35. × 36. √ 37. × 38. √ 39. × 40. √

三、简答题

41.【参考答案】

法定抵销须具备下列条件:(1)须二人互负债务,互享债权。双方互享债权,须为合法,任何一方之债务不合法(如赌债),不得主张抵销。(2)须双方债务种类相同,即债的标的物种类相同、品质相同。种类不同的债务,不得单方主张抵销。(3)须双方债务均到履行期,债务先到期的一方不得主张以其债务与他方后到期的债务抵销。但债务后到期的一方放弃其期限利益,应允许其主张抵销。(4)须双方债务均非不得抵销之债务。

42.【参考答案】

宣告死亡必须具备的条件:(1)公民离开其住所或最后居住地下落不明,杳无音信,不知生死。(2)公民离开其住所地或最后居住地下落不明的事实状态超过了法定期间。该法定期间有三种情况:一是在一般情况下离开其住所地或最后居住地下落不明满4年;二是因意外事故下落不明,从事故发生之日起满2年;三是在战争期间下落不明,从战争结束之日起满4年。

43.【参考答案】

(1)不受《著作权法》保护的作品有:依法禁止出版、传播的作品,不受本法保护。例如,违背法律、宣传反科学、反人类、危害公共安全、破坏社会善良风俗的反动、淫秽的言论等作品。

(2)不适用于《著作权法》的对象主要包括:①法律、法规,国家机关的决议、决定、命令和其他具有立法、行政、司法性质的文件,及其官方正式译文;②时事新闻;③历法、数表、通用表格和公式。

四、论述题

44.【参考答案】

(1)债反映财产流转关系,财产关系依其形态分为财产的归属利用关系和财产流转关系。前者为静态的财产关系,后者为动态的财产关系。物权关系、知识产权关系反映财产的归属和利用关系,其目的是保护财产的静态安全;而债的关系反映的是财产利益从一个主体转移给另一主体的财产流转关系,其目的是保护财产的动态安全。

(2)债的主体双方只能是特定的。如上所述,债是特定当事人间的民事法律关系,因此,债的主体不论是权利主体还是义务主体都只能是特定的,也就是说,债权人只能向特定的债务人主张权利。而物权关系、知识产权关系以及继承权关系中只有权利主体是特定的,义务主体则为不特定的人,也就是说权利主体得向一切人主张权利。

(3)债以债务人应为的特定行为为客体。债的客体是给付,亦即债务人应为的特定行为,而给付又是与物、智力成果以及劳务等相联系的。也就是说,物、智力成果、劳务等是给付的标的或客体。债的客体的这一特征与物权关系、知识产权关系相区分。因为物权的客体原则上为物,知识产权的客体则为智力成果。

(4)债须通过债务人的特定行为才能实现其目的。债是当事人实现其特定利益的法律手段,债的目的是一方从另一方取得某种财产利益,而这一目的的实现,只能通过债务人的给付才能达到,没有债务人为其应为的特定行为也就不能实现债权人的权利。而物权关系、知识产权关系的权利人可以通过自己的行为实现其权利,以达其目的,而无须借助于义务人的行为来实现法律关系的目的。

(5)债的发生具有任意性、多样性。债可因合法行为发生,也可因不法行为而发生。对于合法行为设定的债权,法律并不特别规定其种类,也就是说,当事人可依法自行任意设定债。而物权关系、知识产权关系都只能依合法行为取得,并且其类型具有法定性,当事人不能任意自行设定法律上没有规定的物权、知识产权。

(6)债具有平等性和相容性。物权具有优先性和不相容性,在同一物上不能成立内容不相容的数个物权关系,同一物上有数个物权关系时,其效力有先后之分。而债的关系却具有相容性和平等性,在同一标的物上可成立内容相同的数个债,并且债的关系相互间是平等的,不存在优先性和排他性。

五、案例分析题

45.【参考答案】

(1)不成立。质权的成立以交付为要件,因为甲没有将车交付给乙,故质权不成立。

(2)成立。因为已交付。

(3)丙在占有质物期间违反了质权人应承担的妥善保管质物的义务。

46.【参考答案】

(1)1间房屋,12万元存款。

(2)杜守智无权参与遗产的分割。杜守才死亡时没有遗嘱,故按法定继承其遗留下来的遗产。在法定继承中,首先应由第一顺序继承人继承,即配偶、父母、子女继承,只有当没有第一继承人的时候才由第二顺序继承人继承,杜守智是第二顺序继承人,故其不得继承。

(3)杜守才的遗产应由刘艳萍、杜小强、杜萍平分。首先其遗产应由其第一顺序继承人继承,其儿子先死亡,本来由儿子继承的遗产发生代位继承,即由杜强的儿子杜小强继承。

2009 年政法干警招录培养考试
民法学真题

一、单项选择题，共 30 题，每题 2 分，共 60 分。

1. 撤销权属于（　　）。
   A. 支配权
   B. 请求权
   C. 形成权
   D. 抗辩权

2. 诉讼时效中止的法定事由应发生在诉讼期间的最后（　　）。
   A. 1 个月内
   B. 2 个月内
   C. 3 个月内
   D. 6 个月内

3. 甲、乙、丙各出资 5 万元合伙经营一餐馆。经营期间丙提出退伙，并声明放弃一切合伙权利，也不承担合伙债务，甲、乙均同意。丙退伙后，对退伙前的合伙债务，应（　　）。
   A. 不承担责任
   B. 承担连带责任
   C. 承担按份责任
   D. 承担有限责任

4. 下列选项中，属于双方法律行为的是（　　）。
   A. 追认
   B. 立遗嘱
   C. 撤销
   D. 买卖

5. 甲与乙签订了一房屋买卖合同，约定如果甲父死亡，则甲将房屋卖给乙。该合同属于（　　）。
   A. 附延缓条件的合同
   B. 附解除条件的合同
   C. 附始期的合同
   D. 附终期的合同

6. 下列行为中，不得代理的是（　　）。
   A. 立遗嘱
   B. 购买机票
   C. 存款
   D. 购买股票

7. 甲委托乙购买一辆二手车，丙委托乙转让一辆二手车，遂乙同时代理甲、丙签订了买卖合同，乙行为属于（　　）。
   A. 自己代理
   B. 双方代理
   C. 与第三人串通的代理
   D. 无权代理

8. 张某离开自己的住所下落不明满 4 年，其妻李某（　　）。
   A. 只能申请失踪
   B. 只能申请死亡
   C. 只能先申请失踪，再申请死亡
   D. 既可以申请失踪，也可以申请死亡

9. 依据《合同法》，可撤销合同的撤销权期限为 1 年，这一年属于（　　）。
   A. 消灭时效
   B. 普通诉讼时效
   C. 特殊时效
   D. 除斥期间

10. 土地承包经营权属于（　　）。
    A. 自物权
    B. 用益物权
    C. 担保物权
    D. 完全物权

11. 甲将手机借给乙使用，乙将手机以市价卖给不知情的丙，并已交付。对此，(　　)。
    A. 甲有权请求丙返还手机　　　　　　　B. 甲无权请求丙返还手机
    C. 甲有权请求丙赔偿损失　　　　　　　D. 甲有权请求乙和丙共同赔偿损失

12. 甲与乙为邻居，甲越界建房侵入乙宅基地，甲行为侵犯乙的(　　)。
    A. 相邻权　　　　　　　　　　　　　　B. 房屋所有权
    C. 宅基地使用权　　　　　　　　　　　D. 宅基地所有权

13. 下列选项中，属于法定担保物权的是(　　)。
    A. 抵押　　　　　　　　　　　　　　　B. 质押
    C. 定金　　　　　　　　　　　　　　　D. 留置

14. 甲向乙借款 5 万元，以钢琴做质押。质押成立时间为(　　)。
    A. 借款合同成立时　　　　　　　　　　B. 钢琴交付时
    C. 质押合同登记时　　　　　　　　　　D. 质权人同意时

15. 特定之债与种类之债的划分依据是(　　)。
    A. 债的标的物是否特定　　　　　　　　B. 债的内容是否特定
    C. 债权人是否特定　　　　　　　　　　D. 债务人是否特定

16. (　　)属于无因管理。
    A. 甲清扫马路上的积雪　　　　　　　　B. 承揽人保管定作人提供的原材料
    C. 乙跳入河中救起落水儿童　　　　　　D. 医生抢救病人

17. 甲因债权人乙下落不明而将应交付的货物提存，提存后如货物遇风险而灭失，则该损失应由(　　)承担。
    A. 甲　　　　　　　　　　　　　　　　B. 乙
    C. 提存部门　　　　　　　　　　　　　D. 甲、乙分担

18. 依据《担保法》，企业法人内部职能部门做保证人的条件是(　　)。
    A. 有清偿能力　　　　　　　　　　　　B. 有保证能力
    C. 企业法人同意　　　　　　　　　　　D. 企业法人书面授权

19. 甲向乙借款 10 万元，而丙承担连带保证责任，甲届期未还款，则乙(　　)。
    A. 只能请求甲偿还
    B. 只能请求丙偿还
    C. 应先请求甲偿还，不足部分再请求丙偿还
    D. 既可以请求甲偿还，又可以请求丙偿还

20. 甲、乙签订买卖合同，约定甲先交货，货到一个月内付款。交货期届至时，甲发现乙有转移财产以逃避债务的行为。甲可行使(　　)。
    A. 同时履行抗辩权　　　　　　　　　　B. 先诉抗辩权
    C. 不安抗辩权　　　　　　　　　　　　D. 先履行抗辩权

21. 甲赠与乙一部手机，一个月后，乙将甲之子打成重伤，则(　　)。
    A. 甲有权撤销对乙的赠与　　　　　　　B. 丙有权撤销其父对乙的赠与
    C. 甲无权撤销对乙的赠与　　　　　　　D. 甲有权解除赠与合同

22. 下列选项中，属无名合同的是(　　)。
    A. 借用合同　　　　　　　　　　　　　B. 保管合同
    C. 租赁合同　　　　　　　　　　　　　D. 委托合同

23. 依据《著作权法》，著作权的取得采用(　　)。
    A. 登记原则　　　　　　　　　　　　　B. 先申请原则

C.加注标记原则　　　　　　　　　　D.自动保护原则

24.属于侵害专利权的行为的是（　　　）。

   A.善意侵权　　　　　　　　　　B.先行实施

   C.假冒他人专利　　　　　　　　D.非营利实施

25.按商标的使用对象分类,商标可分为（　　　）。

   A.注册商标和未注册商标　　　　B.平面商标和立体商标

   C.商品商标和服务商标　　　　　D.集体商标和证明商标

26.不属于遗产范围的是（　　　）。

   A.奖金　　　　　　　　　　　　B.珍贵文物

   C.荣誉称号　　　　　　　　　　D.国库券

27.遗嘱继承人放弃继承,则其放弃继承的遗产应适用（　　　）。

   A.转继承　　　　　　　　　　　B.代位继承

   C.遗赠　　　　　　　　　　　　D.法定继承

28.继承人在遗产处理前未表示放弃继承的,视为（　　　）。

   A.接受继承　　　　　　　　　　B.放弃继承

   C.丧失继承权　　　　　　　　　D.转继承

29.依据《继承法》,转继承人必须是（　　　）。

   A.继承人的晚辈直系血亲　　　　B.继承人的继承人

   C.被继承人的晚辈直系血亲　　　D.被继承人的继承人

30.既可适用于违约责任,又可适用于侵权责任的免责事由是（　　　）。

   A.正当防卫　　　　　　　　　　B.紧急避险

   C.不可抗力　　　　　　　　　　D.第三人过错

二、判断题,共 10 题,每题 2 分,共 20 分。

31.法人的民事行为能力与民事权利能力是同时产生,同时消灭的。　　（　　　）

32.民事法律行为只能采用口头形式和书面形式。　　（　　　）

33.债权人转让债务应当经债务人同意。　　（　　　）

34.承诺通知于到达要约人时生效。　　（　　　）

35.人身权是绝对权和支配权。　　（　　　）

36.自然人享有名誉权,而法人不享有名誉权。　　（　　　）

37.受遗赠人只能是法定继承人以外的人。　　（　　　）

38.甲自愿向乙清偿未到期债务,乙的受领属于不当得利。　　（　　　）

39.民事责任以惩罚加害人为目的。　　（　　　）

40.违约责任可以由当事人在法律规定的范围内约定。　　（　　　）

三、简答题,共 3 题,每题 8 分,共 24 分。

41.简述代理的法律特征。

42.简述要约的构成要件。

43.列举邻接权的种类。

四、论述题,共 1 题,每题 16 分,共 16 分。

44.论所有权的特征及其权能。

五、案例分析题,共 2 题,每题 15 分,共 30 分。

45.2008 年 2 月 1 日,先达建材公司与某银行签订一份贷款合同,约定借款 30 万元,期限 1 年。合同签订后,银行依约放贷。后先达公司因经营不善,无力还贷。银行多次向先达公司催款未果。先达公司告知银行,某装修公司欠其货款 50 万元,但鉴于双方长期合作关系,一直未追讨。

根据上述案情,请回答:

(1)该案涉及哪几个法律关系?

(2)根据《合同法》,银行为维护其合法权益可采取何种保全方式?为什么?

46. 大兴公司与全宇公司签订委托合同,由大兴公司委托全宇公司采购 500 台彩电,并预先支付购买彩电的费用 50 万元。全宇公司经考察发现甲市 W 区的天鹅公司有一批质优价廉的名牌彩电,遂以自己的名义与天鹅公司签订了一份彩电购买合同,双方约定:全宇公司从天鹅公司购进 500 台彩电,总价款 130 万元,全宇公司先行支付 30 万元定金;天鹅公司采取送货方式,将全部彩电运至乙市 S 区,货到验收后一周内全宇公司付清全部款项。天鹅公司在发货时,工作人员误发成 505 台。在运输途中,由于被一车追尾,20 台彩电遭到不同程度的损坏。全宇公司在 S 区合同约定地点接收了 505 台彩电,当即对发生损坏的 20 台彩电提出了质量异议,并将全部彩电交付大兴公司。由于彩电滞销,大兴公司一直拒付货款,致全宇公司一直无法向天鹅公司支付货款。交货 2 个星期后,全宇公司向天鹅公司披露了是受大兴公司委托代为购买彩电的情况。

根据上述案情,请回答:

(1)天鹅公司事先并不知晓全宇公司系受大兴公司委托购买彩电,知悉这一情况后,天鹅公司能否要求大兴公司支付货款?为什么?

(2)全宇公司与天鹅公司订立的合同中的定金条款效力如何?为什么?

(3)大兴公司多收的 5 台彩电应如何处理?为什么?

(4)如追尾的肇事车辆逃逸,20 台受损彩电的损失应由谁承担?为什么?

(5)如天鹅公司以全宇公司为被告提起诉讼后,在诉讼过程中,天鹅公司认为要求大兴公司支付货款更为有利,能否改为主张由大兴公司履行合同义务?为什么?

参考答案

一、单项选择题

1. C　　2. D　　3. B　　4. D　　5. C　　6. A　　7. B　　8. D　　9. D
10. B　　11. B　　12. C　　13. D　　14. B　　15. A　　16. C　　17. B　　18. D
19. D　　20. C　　21. A　　22. A　　23. D　　24. C　　25. C　　26. C　　27. D
28. A　　29. B　　30. C

二、判断题

31. √　　32. ×　　33. ×　　34. √　　35. √　　36. ×　　37. √　　38. ×　　39. ×　　40. √

三、简答题

41.【参考答案】

我国民法理论以代理人的活动为中心,将民事代理的法律特征归纳为以下四点:

(1)代理人必须以被代理人的名义进行代理活动,代理的这一特征是由代理制度的目的所决定的。代理人与第三人为民事法律行为,其目的并非为代理人自己设定民事权利义务,而是基于被代理人的委托授权或依照法律规定,代替被代理人参加民事活动,其活动产生的全部法律效果,直接由被代理人承受。因此,代理人只能以被代理人的名义进行活动。

(2)代理人所代理的行为必须是民事行为。"代理"一词在社会生活中运用得极其广泛,凡是代替他人实施某种行为的情形,都可以被称之为"代理"。但民法上的代理是专指代理民事主体为意思表示的法律行为。因此,只有设立、变更或终止被代理人与第三人之间的民事法律关系的行为,才是民法上的代理行为。

(3)代理人在代理权限范围内独立为意思表示。代理人进行代理活动不得超出被代理人授予的或者法律规定的代理权范围,但代理权范围只是确定了代理人活动的基本界限,在这一界限范围之内,代理人必须根据维护被代理人利益的需要,根据实际情况,向第三人作出意思表示或接受第三人的意思表示。也就是说,代理人在代理活动中必须根据自己的判断作出独立的决定。例如,某乙受某甲的委托,代理某甲购买住房。在购买房屋的过程中,某乙必须自己决定向谁购买、购买何种具体的房屋、以何种具体的价格和条件购买,等等。因此,代理人在代理关系中是独立的民事主体,要为自己的行为向被代理人承担责任。如果代理人因为疏忽大意而使其代理活动造成了被代理人的损失,代理人必须向被代理人承担赔偿责任。

(4)代理人活动的法律效果直接归属于被代理人。代理的这一特征是由代理制度的作用所决定的。代理是被代理人通过代理人的活动为自己设定民事权利义务的一种方式,因而代理人在代理权限范围内所为的行为,与被代理人自己所为的行为一样,其法律效果应全部由被代理人承受。包括:①代理行为所产生的民事权利归被代理人享有,所产生的民事义务归被代理人承担。此外,代理行为所取得的其他利益也归属于被代理人。②代理人的代理活动产生的不利后果应由被代理人承受。代理人在代理活动中对第三人造成的损害,应首先由被代理人对第三人承担民事责任。但是,如果代理人对不利后果或损害的造成有过错的,被代理人有权追究代理人的民事责任。

42.【参考答案】

要约的构成要件:

第一,要约必须有具有订约能力的特定人作出的意思表示。

第二,要约必须具有订立合同的意思表示。

第三,要约须向要约人希望与之订立合同的受要约人发出。

第四,要约的内容必须确定和完整。确定,是指要约的内容必须明确,使受要约人能理解要约人的真实意思,而不能含糊不清。完整,是指要约的内容必须具有足以使合同成立的主要条件,即具有使合同成立的主要条款。

43.【参考答案】

邻接权的种类及其内容是:

(1)表演者权。

①表演者的人身权利:a.表明表演者身份。b.表演形象不受歪曲。

②表演者的财产权利:a.许可他人从现场直播和公开传送其现场表演,并获得报酬的权利。b.许可他人录音录像,并获得报酬的权利。c.表演者复制发行其表演的录音录像的权利。d.许可他人通过信息网络手段向公众传播其表演,并因此获得报酬的权利。

(2)录音制品作者的权利。

①录音制品制作者的复制权利包括两个方面:一是自己复制发行其制品的权利;二是许可或禁止他人复制发行其制品的权利。

②录音制品制作者还享有将录音制品的复制品向公众发行的权利,也可将此项权利许可他人。

③录音制品制作者对其录音制品享有通过计算机信息网络向公众传播的权利。

④录音制品制作者还应当享有录音制品的机械表演权。

⑤录音制品出租的权利。

(3)广播电台、电视台播放。

①播放他人未发表的作品,应当取得著作权人许可,并支付报酬。

②播放他人已经发表的作品,可以不经著作权人许可,但应当支付报酬。

③电视台播放他人的电影作品和以类似摄制电影的方法创作的作品、录像制品,应当取得制片者或者录像制作者许可,并支付报酬。

④广播电台、电视台播放已经出版的录音制品,可以不经著作权人许可,但应当支付报酬。

(4)出版者的权利。

①图书出版者出版图书应当和著作权人订立出版合同,并支付报酬。

②图书出版者经作者许可,可以对作品进行修改和删减。

③图书出版合同中约定图书出版者享有专有出版权,但没有明确其具体内容的,视为图书出版者享有在合同有效期限内和在合同约定的地域范围内的同种文字的原版、修订版出版图书的专有权利。

四、论述题

44.【参考答案】

所有权,是指权利人对自己的不动产或动产,依法享有的占有、使用、收益和处分的权利。在所有权的法律关系中,权利人是所有权人,义务人是除所有权人以外的任何人。同一物上不得并存两个所有权。

所有权的法律特征表现在:所有权是法定的财产权;所有权的主体为所有人;所有权是独占的支配权;所有权是无期限限制的权利;所有权是完全物权,它包含了四项权能;所有权的客体仅限于有体物、特定物和独立物。

所有权的权能为:

(1)占有,是指占有人对不动产和动产的实际控制。占有是使用和收益的前提,它包括有权占有和无权占有。无权占有分为善意占有和恶意占有。

（2）使用，是指按照物的性质和用途加以利用，以满足权利人需要的行为。

（3）收益，是指收取原物所产生的新增价值或利益，即天然孳息和法定孳息。天然孳息，如母畜生的幼畜、果树结的果实。法定孳息，如按照借款合同取得的利息。

（4）处分，是指对物进行事实上或法律上的处分。事实上的处分，是指对物进行消耗、毁损而使所有权归于消灭的行为。法律上的处分，是指变更或转移所有权，或者设定他物权的行为。处分权是对物进行处置，决定物的命运的权利，它是所有权的一项核心内容，也是所有权区分于他物权的重要标志。通常处分权与所有权不能分离，但有些用益物权的非所有人可以根据法律规定或合同约定行使处分权。

五、案例分析题

45.【参考答案】

（1）该案涉及的法律关系有：

①先达建材公司与某银行签订的一份30万元的贷款合同关系。

②先达公司与某装修公司之间50万元的债权债务关系。

（2）银行为维护其合法权益可采取代位请求权保全其债权。根据《合同法》第73条的规定，因债务人怠于行使其到期债权，对债权人造成损害的，债权人可以向人民法院请求以自己的名义代位行使债务人的债权。故银行维护其合法权益可以行使债权人的代位权。因为先达公司对某装修公司享有到期债权50万元贷款，先达公司没有行使此权利而清偿到期的某银行30万元贷款；如先达公司不行使其50万元到期请求权，根据《合同法》规定，银行可以向人民法院起诉行使代位请求权。

46.【参考答案】

（1）能。受托人以自己名义与第三人订立合同时，因委托人的原因对第三人不履行义务，受托人向第三人披露委托人后，第三人可以选择受托人或者委托人作为相对人主张其权利。

（2）部分无效。因定金数额不得超过合同标的的20％，超出部分无效。

（3）应返还给天鹅公司。属于不当得利。

（4）应由天鹅公司承担。标的物交付前发生的损失应由出卖人承担。

（5）不能。因为第三人选定了相对人后，不能变更选定的相对人。

政法干警招录培养考试民法学
模拟试卷一

一、单项选择题，共 35 题，每题 2 分，共 70 分。

1. 侵害公民身体造成伤害的，应当赔偿的事项不包括（　　）。
   A. 医疗费　　　　　　　　　　　　B. 因误工减少的收入
   C. 残废者生活补助费　　　　　　　D. 健康损失费

2. 除当事人另有约定外，保管合同的成立时间为（　　）。
   A. 当事人意思表示一致时　　　　　B. 保管物交付时
   C. 保管人签字时　　　　　　　　　D. 保管费交付时

3. 丘某 17 岁时将同班同学李某打伤。丘某 18 岁进入一家工厂上班，不久后李某起诉要求丘某赔偿医药费，应由谁承担民事责任？（　　）
   A. 丘某承担　　　　　　　　　　　B. 丘某之父承担
   C. 主要由丘某之父承担，丘某适当赔偿　　D. 主要由丘某承担，丘某之父适当赔偿

4. 下列选项中，可以质押的是（　　）。
   A. 动产和权利　　　　　　　　　　B. 著作权
   C. 智力成果　　　　　　　　　　　D. 人身利益

5. 下列哪项不是人身权的特征？（　　）
   A. 与权利主体人身不可分离　　　　B. 与权利主体的财产权益无关
   C. 属于绝对权　　　　　　　　　　D. 具有专属性质

6. 口头遗嘱属于（　　）。
   A. 要式民事法律行为　　　　　　　B. 附条件民事法律行为
   C. 要物民事法律行为　　　　　　　D. 不要式民事法律行为

7. 在保证担保的方式中，一般保证与连带责任保证最主要的区别是什么？（　　）
   A. 一般保证的保证范围为主债权，连带责任保证的保证范围为全部债权
   B. 一般保证的保证人享有先诉抗辩权，连带责任保证的保证人不享有
   C. 一般保证的保证期限为 6 个月，连带责任保证的保证期限为两年
   D. 在同一债权既有保证又有物的担保的情形下，一般保证的保证人仅对物的担保以外的债权承担责任，而连带责任担保不受此限制

8. 下列关于赠与合同哪项说法是正确的？（　　）
   A. 赠与合同是实践合同　　　　　　B. 赠与合同是诺成合同
   C. 赠与合同是单方法律行为　　　　D. 赠与合同是多方法律行为

9. 关于债权人的代位权，下列说法错误的是（　　）。
   A. 其行使范围以债权人的债权为限
   B. 债权人须以自己的名义行使代位权
   C. 行使代位权的必要费用，由债务人负担
   D. 就因此所得到的利益，代位权人有权优先受偿

10. 下列能够发生抛弃效力的是( )。
    A. 将废旧电视扔进垃圾站
    B. 抛弃婴儿
    C. 将房屋闲置
    D. 将土地撂荒

11. 对主物与从物的关系,下列说法中正确的是( )。
    A. 主物和从物是根据两个独立存在的物在法律效力中的主从关系作的划分
    B. 从物的所有权随主物的所有权一并转移
    C. 从物必须依附于主物而存在
    D. 从物与主物的所有权人不是同一人

12. 下列情形不属于无效婚姻的有( )。
    A. 甲男和乙女未到法定婚龄而结婚的
    B. 甲男婚前患有医学上认为不应当结婚的疾病,婚后未治愈
    C. 甲男乙女是表兄妹而结婚
    D. 乙女因受家庭强迫与甲男结婚

13. 根据《继承法》的规定,有下列哪些情形的,继承人丧失继承权?( )。
    A. 故意杀害被继承人未遂
    B. 故意杀害其他继承人
    C. 不扶养被继承人
    D. 虐待被继承人

14. 国有土地使用权属于( )。
    A. 担保物权
    B. 所有权
    C. 地役权
    D. 地上权

15. 既属于用益物权,又属于从物权的是( )。
    A. 地上权
    B. 留置权
    C. 地役权
    D. 权利质权

16. 下列哪一项不属于违约责任的基本形式?( )
    A. 继续履行
    B. 采取补救措施
    C. 赔偿损失
    D. 返还原物

17. 下列哪一项不是法人成立的法律要件?( )
    A. 依法成立
    B. 有必要的财产和经费
    C. 能够独立承担民事责任
    D. 有完善的规章制度

18. 关于继承的说法错误的是( )。
    A. 继承权男女平等
    B. 非法财产不得继承
    C. 继承权自愿原则
    D. 养子女没有继承权

19. 小学生小强 8 岁,父母已经离婚,由其母抚养。2009 年 8 月 10 日,小强在学校玩耍时将同班同学小新撞倒,造成其脑部重伤,花去医药费 5 万元。本案中侵权民事法律关系的主体是( )。
    A. 小强、小新
    B. 小强母亲
    C. 学校
    D. 学校、小强、小新

20. 下列事实能引起不当得利之债的有( )。
    A. 子女给父母养老费 1 万元
    B. 明知不欠他人钱款而给付
    C. 提前偿还所欠他人债务
    D. 为履行合同而支付对方金钱,后该合同被确认无效

21. 2009 年 12 月,甲公司向银行贷款 100 万元用于设备改造,并约定如挪作他用,银行有权解

除合同。乙公司对该贷款提供了担保。2010年2月,甲公司将贷款用于购买高级轿车,银行解除合同。当时银行仅贷出50万元,由于甲公司无力还贷,银行要求乙公司承担责任。乙公司的担保如何处理?(   )

A. 因主合同解除,乙公司的担保责任也归于消灭

B. 乙公司承担50万元贷款的担保责任

C. 乙公司应承担100万元贷款的担保责任

D. 乙公司不负担保责任

22. 正当理由是一般侵权民事责任的抗辩事由之一,包括(   )。

A. 自助行为 　　　　　　　　　　B. 意外事件

C. 不可抗力 　　　　　　　　　　D. 第三人过错

23. 同一天以相同商标提出注册申请的,应当适用(   )。

A. 使用在先原则 　　　　　　　　B. 申请在先原则

C. 抽签原则 　　　　　　　　　　D. 共同使用原则

24. 保管合同中,保管人的主要义务不包括(   )。

A. 保管义务 　　　　　　　　　　B. 附随义务

C. 返还保管物 　　　　　　　　　D. 合理使用保管物

25. 某甲在旧宅基地上挖地基盖房,发现一瓷罐内装有银元,据查是本村人某乙过世的父亲抗日时所藏。该银元应归(   )。

A. 某甲所有 　　　　　　　　　　B. 本村人共有

C. 某乙所有 　　　　　　　　　　D. 国家和集体所有

26. 承租人经出租人的同意,将租赁物转租给第三人时,第三人对租赁物造成损失的,应当(   )。

A. 由承租人赔偿损失 　　　　　　B. 由承租人与第三人按份承担损失

C. 由承租人与第三人连带赔偿损失 D. 由第三人赔偿损失

27. 下列哪种情形承运人不免责?(   )

A. 伤亡是旅客自身健康原因造成的 　B. 承运人证明伤亡是旅客故意造成的

C. 承运人证明伤亡是旅客重大过失造成的 D. 持免费票的乘客因车祸受伤

28. 采用格式条款订立的合同,对格式条款有两种以上解释的,应当(   )。

A. 由人民法院解释

B. 作出不利于接受格式条款一方的解释

C. 双方协商

D. 作出不利于提供格式条款一方的解释

29. 以下行为中能够适用代理的是(   )。

A. 签订买卖合同 　　　　　　　　B. 代理演出

C. 婚姻登记 　　　　　　　　　　D. 代理继承

30. 关于胎儿的继承权,下列说法正确的是(   )。

A. 遗产分割时,应保留胎儿的继承份额

B. 胎儿出生时即为死体的,保留的份额按法定继承处理

C. 胎儿出生时即为死体的,胎儿的份额由胎儿的继承人继承

D. 应当为胎儿保留遗产份额而没有保留,应当从继承人所继承的遗产中扣除

31. 在下列哪一情形下,乙的请求依法应得到支持?(   )

A. 甲应允乙同看演出,但迟到半小时。乙要求甲赔偿损失

B.甲听说某公司股票可能大涨,便告诉乙,乙信以为真大量购进,事后该股票大跌。乙要求甲赔偿损失

C.甲与其妻乙约定,如因甲出轨导致离婚,甲应补偿乙50万元,后二人果然因此离婚。乙要求甲依约赔偿

D.甲对乙承诺,如乙比赛夺冠,乙出国旅游时甲将陪同,后乙果然夺冠,甲失约。乙要求甲承担赔偿责任

32.下列社会关系中,属于民事关系的是(　　)。

　　A.用人单位与劳动者之间的关系　　　　B.税务机关与纳税人之间的关系

　　C.发包人与设计单位之间的关系　　　　D.专利授权机关与专利申请人之间的关系

33.甲、乙结婚的第十年,甲父去世留下遗嘱,将其拥有的一套房子留给甲,并声明该房屋只归甲一人所有。下列哪一表述是正确的?(　　)

　　A.该房屋经过八年婚后生活即变成夫妻共有财产

　　B.如甲将该房屋出租,租金为夫妻共同财产

　　C.该房屋及租金均属共同财产

　　D.甲、乙即使约定将该房屋变为共同财产,其协议也无效

34.朴某系知名美容专家。某医院未经朴某同意,将其作为医院美容专家在医院网站上使用了朴某照片和简介,且将朴某的名字和简介错误地安在了其他专家的照片旁。下列哪一说法是正确的?(　　)

　　A.医院未侵犯朴某的姓名权　　　　　　B.医院未侵犯朴某的肖像权

　　C.医院侵犯了朴某的肖像权和姓名权　　D.医院侵犯了朴某的荣誉权

35.甲将300册藏书送给乙,并约定乙不得转让给第三人,否则甲有权收回藏书。其后甲向乙交付了300册藏书。下列哪一说法是正确的?(　　)

　　A.甲与乙的赠与合同无效,乙不能取得藏书的所有权

　　B.甲与乙的赠与合同无效,乙取得了藏书的所有权

　　C.甲与乙的赠与合同为附条件的合同,乙不能取得藏书的所有权

　　D.甲与乙的赠与合同有效,乙取得了藏书的所有权

二、简答题,共3题,每题10分,共30分。

36.简述遗嘱的形式。

37.简述物权的特征。

38.简述因产品缺陷致人损害侵权行为的责任要件。

三、论述题,共1题,每题20分,共20分。

39.论述侵权行为的归责原则。

四、案例分析题,共2题,每题15分,共30分。

40.甲、乙、丙三人每人出资5万元合伙搞运输,并在合伙协议中约定三人按照出资比例承担合伙债务。由于油价上涨以及发生车祸一次,该合伙组织亏损甚多,15万元投资血本无归,而且还欠加油站9万元。在加油站的一再催要下,甲偿还了5万元,乙偿还了4万元。后甲称按照合伙协议的约定,他只有义务承担3万元合伙债务,故要求加油站退还2万元。

　　请问:(1)甲、乙、丙投入到合伙中去的15万元归谁所有?

　　　　　(2)甲是否有权利要求加油站退还2万元?

　　　　　(3)甲、乙多付的钱如何处理?

41.李天志与妻子朱兰、女儿李梅(11周岁)一家三口住在贫困山村。为脱贫致富,1998年12月,李天志分别向信用社和复员军人张海借款1万元,分别写下1万元欠条,共计2万元,

购买一台旧卡车开始货运业务。1999 年 1 月,在尚未办理各项车辆运输保险的情况下,李天志冒着下雪天、山路十分滑的危险为村民刘江运货进城,不幸坠入山谷,车毁货损人亡。朱兰得知后,痛不欲生,当晚上吊自杀,留下孤儿李梅。村委会在全权处理李、朱丧事并清查其财产债务后,会同乡民政干部组织召开了一个特别会议,参加人有村委会和乡民政干部、信用社负责人、刘江、张海、李梅和李梅的堂叔李天容。会议形成了一个书面协议,内容是:(1)朱兰名下存折 2000 元清偿刘江的货损;(2)瓦房 1 间及农具、家庭生活用品约价值 1 万元由张海负责处理,折抵其所借款 1 万元;(3)丧葬费 1000 元由村承担;(4)欠信用社的 1 万元由李梅在年满 18 周岁以后 5 年内还清,但不计利息;(5)李梅今后由其堂叔李天容抚养。参会人员分别签字盖章,李梅也签字同意并加按手印。但李天容虽同意抚养李梅,却提出自己家境过于贫困,难以保证李梅的学习和生活,建议在财产上有所照顾。

请回答以下问题:

(1)该协议涉及哪些方面的法律问题?

(2)你认为本案依法应如何处理?

参考答案及解析

一、单项选择题

1.D 【解析】《中华人民共和国民法通则》(以下简称《民法通则》)第119条规定:"侵害公民身体造成伤害的,应当赔偿医疗费、因误工减少的收入、残废者生活补助费等费用;造成死亡的,并应当支付丧葬费、死者生前扶养的人必要的生活费等费用。"故D项正确。

2.B 【解析】 本题考查的知识点是保管合同的成立时间。保管合同是保管人保管寄存人交付的保管物,并返还该物的合同。《中华人民共和国合同法》(以下简称《合同法》)第367条规定,保管合同自保管物交付时成立,但当事人另有约定的除外。该规定表明,当事人没有特别约定时,保管合同是实践性合同,除了当事人意思表示一致外,其成立必须以交付实物为依据。因此,意思表示一致并不能说明保管合同成立的时间,除非有关于成立的特别约定;保管人签字和保管费的交付,可以作为合同订立的过程,但不是保管合同成立的时间。可见,只有B项符合题意。

3.A 【解析】 最高人民法院《关于贯彻执行〈中华人民共和国民法通则〉若干问题的意见(试行)》(以下简称《民通意见》)第161条第1款规定,侵权行为发生时行为人不满18周岁,在诉讼时已满18周岁,并有经济能力的,应当承担民事责任。故A项正确。

4.A 【解析】 本题考查质押的客体。质押的客体一般是动产和权利。从这一点出发再分析各选项可得出答案,本题若用排除法更简单。智力成果是知识产权的客体,是无形的,不能直接作为质押的客体。可以质押的是商标专用权以及专利权、著作权中的财产权。人身利益和权利不可转让,当然不能担保债权的实现。

5.B 【解析】 本题考查人身权的特点,需考生熟读教材,做题时注意选项的说法要准确,以免误入陷阱,如B项中人身权虽无财产内容,但与权利主体的财产有一定联系。

6.A 【解析】 本题考查口头遗嘱的概念。解决这样的问题,我们必须明确口头遗嘱的概念及特征。掌握了这些内容,解题就相对简单了。根据民事法律行为是否必须依照一定方式实施,可以把它分为要式行为与不要式行为。要式民事法律行为是必须依照法律规定的形式实施的行为。要式行为的方式常见的有书面形式、履行登记手续等。不要式民事法律行为是不拘形式的民事法律行为,即当事人可以自由决定行为的形式,只要该行为意思表示合法,即可生效。《中华人民共和国继承法》(以下简称《继承法》)第17条第5款规定:"遗嘱人在危急情况下,可以立口头遗嘱。口头遗嘱应当有两个以上见证人在场见证。危急情况解除后,遗嘱人能够用书面或者录音形式立遗嘱的,所立的口头遗嘱无效。"据此,应选选项A。遗嘱属于单方行为,其成立也谈不上交付遗产,口头遗嘱的生效以立遗嘱人死亡为前提,属于附期限民事法律行为,并非附条件民事法律行为。

7.B 【解析】 本题考查一般保证与连带保证的区别,只要我们掌握了一般保证和连带保证各自的特点之后,应该说是能够答对此题的。当然,考生在平时应当多注意对相关知识点进行总结对比。当事人在保证合同中约定,债务人不能履行债务时,由保证人承担保证责任的,为一般保证。一般保证的保证人在本合同纠纷未经审判或仲裁,并就债务人财产依法强制执行仍不能履行债务前,对债权人可以拒绝承担保证责任,也即一般保证人享有先诉抗辩权。当事人在保证合同中约定保证人与债务人对债务承担连带责任的,为连带责任保证。连带责任保证的债务人在主合同规定的债务履行期届满没有履行债务的,债权人可以要求债务人履行债务,也可以要求保证人在其保证范围内承担保证责任。

8.B 【解析】 本题考查赠与合同的性质,考生首先要分析赠与合同的概念和特征,然后针对各种权利和法律行为看能否对号入座。《合同法》第186条规定:"赠与人在赠与财产的权利转移之前可以撤销赠与。具有救灾、扶贫等社会公益、道德义务性质的赠与合同或者经过公证的赠与合同,不适用前款规定。"所以,赠与合同分为附任意撤销权的诺成合同和不附任意撤销权的诺成合同。故排除A项。《合同法》第185条规定:"赠与合同是赠与人将自己的财产无偿给予受赠人,受赠人表示接受赠与的合同。"从条文中可以看出,赠与合同是两个意思表示的结合。只要是合同,就不可能是单方法律行为。单方法律行为与单务合同不是一回事。

9.C 【解析】 本题考查债权人的代位权的基本知识。在代位权诉讼中,债权人胜诉的,诉讼费由次债务人负担,从实现的债权中优先支付。债权人向次债务人提起的代位权诉讼经人民法院审理后认定代位权成立的,由次债务人向债权人履行清偿义务,债权人与债务人、债务人与次债务人之间相应的债权债务关系即予消灭。

10.A 【解析】 本题考查抛弃。关于抛弃的问题,我们应该明确动产和不动产的抛弃要求不同;抛弃不能违反相关法律法规。抛弃只要权利人一方作出意思表示即生效,故抛弃是一种单方民事行为。抛弃的意思表示不一定只向特定人为之,只要权利人抛弃其占有、表示其抛弃的意思,即具有抛弃的效力。但他物权的抛弃,须向因抛弃而受利益的人作出意思表示;不动产物权的抛弃,还需办理注销登记才发生效力。抛弃动产则应以不损害他人利益和公共利益为限。

11.A 【解析】 本题考查主物和从物的关系,解题时应把握主物和从物是属于同一所有人的两个相互联系的独立物。主物与从物是根据两个独立存在的物在法律效力中的主从关系进行的划分。只有属于同一个所有人的两个独立存在的、要互相结合才能发生效用的物,才构成主物与从物的关系。如果是不同所有人的物,则不产生主物和从物的关系。区分主物和从物的法律意义在于,如果法律或者合同没有相反规定时,则从物的所有权随主物的所有权一并转移。

12.D 【解析】 根据《婚姻法》第10条的规定:有下列情形之一的,婚姻无效:(1)重婚的;(2)有禁止结婚的亲属关系的;(3)婚前患有医学上认为不应当结婚的疾病,婚后尚未治愈的;(4)未到法定婚龄的。

13.A 【解析】 根据继承法总则及其司法解释关于继承权之丧失的规定,A项,继承人故意杀害被继承人的,不论是既遂还是未遂,均应确认其丧失继承权。A项正确。B项说法不严谨。根据《继承法》第13条的规定,继承人虐待被继承人情节严重的,或者遗弃被继承人的,如以后确有悔过表现,而且被虐待人、被遗弃人生前又表示宽恕的,可不确认其丧失继承权。C项不符合规定,错误;D项有情节严重的要求,不选。所以正确答案是A。

14.D 【解析】 本题考查国有土地使用权的性质。明确国有土地使用权的内容即土地的用益性后可选出答案。国有土地使用权是用地者依其不同取得方式而享有的,具有不同法定权利内容的,与所有权相分离的,对国有土地所享有的用益性民事财产权利。国有土地使用权是我国法律创设的一项新型的用益物权,属于地上权。

15.C 【解析】 解答此题,需要考生理解用益物权和从物权的相关知识。本题有一定难度。用益物权主要从物的利用方面着眼,从物权是针对主物权而言的。本题考查地役权。地役权既属于用益物权,又属于从物权;地上权是用益物权、主物权;留置权和权利质权都属于从物权、担保物权。

16.D 【解析】 违约责任有三种基本形式,即继续履行、采取补救措施和赔偿损失。当然,除此之外,违约责任还有其他形式,如违约金和定金责任。

17.D 【解析】 本题考查法人成立的要件。法人成立的法律要件包括:依法成立,有必要的财产和经费,能够独立承担民事责任,有自己的名称、组织机构和场所。

18．D 【解析】 本题考查继承的基本原则,应当了解的是继承的各项规定符合了社会人伦、道德标准。通过常识判断我们也可得出答案。根据《继承法》第10条的规定,继承法中所称的子女,包括婚生子女、非婚生子女、养子女和有扶养关系的继子女。故D项错误。

19．A 【解析】 侵权法律关系的主体和承担责任的主体是不同的。侵权的主体是直接的当事人。侵权法律关系的主体只能是侵权人小强和被侵害人小新。

20．D 【解析】 本题考查不当得利,不当得利和无因管理是考试的重点,我们可以将不当得利的几个构成要件与ABCD四个简单的小例子相对照,逐个排除。不当得利是指无法律上的原因而受利益,致使他人受损失的事实。选项A属于履行道德上的义务,选项B属于明知无给付义务,选项C属于给付未到期债务,三者都不产生不当得利之债。选项D属于"非债清偿",支付金钱没有合法根据,构成不当得利之债。

21．B 【解析】 本题考查担保合同的效力。根据最高人民法院《关于适用〈中华人民共和国担保法〉若干问题的解释》(以下简称《担保法解释》)第10条的规定,主合同解除后,担保人对债务人应当承担的民事责任仍应承担担保责任。但是,担保合同另有约定的除外。因此,正确答案为B。

22．A 【解析】 本题考查正当理由的内容。正当理由包括依法执行职务、正当防卫、紧急避险、自助行为、受害人同意。所以,答案选A。

23．A 【解析】 同一天以相同商标提出注册申请的适用使用在先原则。

24．D 【解析】 本题考查保管人主要义务,首先要明确什么是保管合同,把握保管人的主要目的是保管物的安全。所以,对物造成损害的行为不是主要义务。保管人的主要义务包括:不得使用保管物、附随义务、返还保管物、保管义务。

25．C 【解析】 本题考查埋藏物、隐藏物的归属问题。解答此类问题,首先应找出题目中有哪些当事人,当然不要忘记国家这个隐藏的主体。然后按照法条的规定,选出发现人或证明人或其他所有者。根据《民通意见》第93条规定,公民、法人对于挖掘、发现的埋藏物、隐藏物,如果能够证明属其所有,而且根据现行的法律、政策又可归其所有的,应当予以保护。本题中既然某乙能证明银元的归属,银元应归其所有。发现人某甲可以向某乙要求一定的报酬。《民法则》第79条第1款规定,所有人不明的埋藏物、隐藏物,归国家所有。

26．A 【解析】 本题考查转租问题。转租的问题稍微复杂,但也好解决,主要就是明确存在两个合同,同时把握合同的相对性,这是解决转租问题的两大关键点。《合同法》第224条第1款规定:"承租人经出租人同意,可以将租赁物转租给第三人。承租人转租的,承租人与出租人之间的租赁合同继续有效,第三人对租赁物造成损失的,承租人应当赔偿损失。"

27．D 【解析】 本题考查承运人的免责事由。《合同法》第302条规定:"承运人应当对运输过程中旅客的伤亡承担损害赔偿责任,但伤亡是旅客自身健康原因造成的或者承运人证明伤亡是旅客故意、重大过失造成的除外。前款规定适用于按照规定免票、持优待票或者经承运人许可搭乘的无票旅客。"

28．D 【解析】 本题考查格式条款。格式条款通常是由一方当事人制定的合同中规定的条款,显然对另一方不利,所以在解释的时候法律偏重于保护另一方的利益。《合同法》第41条规定:"对格式条款的理解发生争议的,应当按照通常理解予以解释。对格式条款有两种以上解释的,应当作出不利于提供格式条款一方的解释。格式条款和非格式条款不一致的,应当采用非格式条款。"

29．A 【解析】 本题考查代理的适用情形。解答本题首先要明确什么是代理,代理的本质是什么,要知道并不是所有的事情均可代理。必须本人实施的行为不能代理。《民通意见》

第 78 条规定:"凡是依法或者依双方的约定必须由本人亲自实施的民事行为,本人未亲自实施的,应当认定行为无效。"本题中的选项 BCD 均属于应当由本人亲自完成的民事法律行为,不能适用代理,只有 A 项是正确答案。

30. B 【解析】 根据《继承法》第 28 条的规定:"遗产分割时,应当保留胎儿的继承份额。胎儿出生时是死体的,保留的份额按照法定继承办理。"

31. C 【解析】 乙的请求权要得到支持必须甲乙之间产生了民事法律关系,《民法通则》第 2 条规定,中华人民共和国民法调整平等主体的公民之间、法人之间、公民和法人之间的财产关系和人身关系。并不是所有的社会关系都受法律调整的。本题 A 项甲应允同看演出而爽约,D 项承诺陪同旅游都是属于道德范畴,因此不能产生有法律意义的请求权。B 项转述听闻的消息产生的损失,乙作为成年人自己承担该风险,也不能产生相应的请求权,只有 C 项夫妻之间对出轨导致离婚的补偿,符合民法意思自治的要求,甲乙之间有协议存在,乙的请求权能得到支持,因此应选 C。

32. C 【解析】 判断是否是民事法律关系最简单直接的办法是,看是否能形成民法上的权利和义务。A、B、D 都未形成民法上权利和义务关系,因此不是民事法律关系。

33. B 【解析】 本题考核夫妻共同财产与个人财产的确定。

《婚姻法》第 18 条第(三)项规定,遗嘱或赠与合同中确定只归夫或妻一方的财产为夫妻一方的财产。最高人民法院《关于适用<中华人民共和国婚姻法>若干问题的解释(一)》第 19 条规定,婚姻法第 18 条规定为夫妻一方所有的财产,不因婚姻关系的延续而转化为夫妻共同财产。但当事人另有约定的除外。

根据上述规定可知,首先,本题中甲父在遗嘱中明确表示将房屋赠给甲,因此,该房屋属于甲的个人财产,C 项错误。

其次,该房屋不会因为经过一定的年限转变为夫妻共同财产,除非当事人有约定。因此,A 项错误。

最后,法律给予了当事人通过约定将夫妻个人财产转化为夫妻共同财产的权利,那么如果甲乙约定将该房屋变为共同财产的话,该约定是有效的。因此,D 项错误。

最高人民法院《关于适用<中华人民共和国婚姻法>若干问题的解释(二)》第 11 条规定,婚姻关系存续期间,下列财产属于婚姻法第 17 条规定的"其他应当归共同所有的财产":

(一)一方以个人财产投资取得的收益;

(二)男女双方实际取得或者应当取得的住房补贴、住房公积金;

(三)男女双方实际取得或者应当取得的养老保险金、破产安置补偿费。

根据上述第(一)项中的规定可知,甲将作为个人财产的房屋出租后取得的租金属于夫妻一方以个人财产投资取得的收益,此种收益属于夫妻共同财产。因此,B 项说法正确。

34. C 【解析】《民法通则》第 99 条第 1 款规定,公民享有姓名权,有权决定、使用和依照规定改变自己的姓名,禁止他人干涉、盗用、假冒。《民通意见》第 141 条规定,盗用、假冒他人姓名、名称造成损害的,应当认定为侵犯姓名权、名称权的行为。本题中,某医院盗用了朴某的名字,属于对朴某姓名权的侵犯。因此,A 项错误。

《民通意见》第 139 条规定,以营利为目的,未经公民同意利用其肖像做广告、商标、装饰橱窗等,应当认定为侵犯公民肖像权的行为。本题中,某医院以营利为目的,擅自用朴某的肖像在网站上为自己做宣传的行为侵犯了朴某的肖像权。因此,B 项错误。

综合对 A、B 两项的解释可知,某医院既侵犯了朴某的姓名权,也侵犯了朴某的肖像权。因此,C 项正确。

荣誉权,是指公民、法人或其他组织所享有的,因自己的突出贡献或特殊劳动成果而获得光荣称号或其他荣誉的权利。《民法通则》第102条规定,公民、法人享有荣誉权,禁止非法剥夺公民、法人的荣誉称号。本题中,某医院并没有对朴某的荣誉称号进行非法剥夺等行为,不构成对朴某荣誉权的侵犯。因此,D项错误。

35.D 【解析】 本题考核附义务的赠与合同。

甲乙之间的赠与合同属于附义务的赠与合同,而非附条件的赠与合同。该赠与合同自签订之日起生效,标的物自交付时起转移。因此,甲乙之间的赠与合同有效,乙取得了标的物藏书的所有权。因此,A、B、C项错误,D项说法正确。

另外,附义务赠与合同的受赠人应当根据约定履行义务,如果受赠人不履行义务,则赠与人有权请求受赠人履行义务或撤销赠与。

二、简答题

36.【参考答案】 (1)公证遗嘱。公证遗嘱,是指经过国家公证机关依法认可其真实性与合法性的书面遗嘱。公证遗嘱由遗嘱人向公证机关申请办理,与其他遗嘱方式相比,最为严格,更能保障遗嘱意思表示的真实性,因而效力最高。《继承法》第20条第3款规定:"自书、代书、录音、口头遗嘱,不得撤销、变更公证遗嘱。"

(2)自书遗嘱。自书遗嘱,是指由遗嘱人亲笔书写制作的遗嘱。这种遗嘱设立形式简便易行,具有较强的保密性,是最常用的遗嘱形式。《继承法》第17条第2款规定:"自书遗嘱由遗嘱人亲笔书写,签名,注明年、月、日。"自然人在涉及死后个人财产处分的内容,确为死者的真实意思表示,有本人签名并注明了年、月、日,又无相反证据的,可按自书遗嘱对待。

(3)代书遗嘱。代书遗嘱是由遗嘱人口述遗嘱内容,他人代为书写而制作的遗嘱,又称为代笔遗嘱或口授遗嘱。《继承法》第17条第3款规定:"代书遗嘱应当有两个以上见证人在场见证,由其中一人代书,注明年、月、日,并由代书人、其他见证人和遗嘱人签名。"

(4)录音遗嘱。录音遗嘱,是指以录音方式录制下来的遗嘱人的口述遗嘱。《继承法》第17条第4款规定:"以录音形式立的遗嘱,应当有两个以上见证人在场见证。"见证人也应当将自己的见证证言录制在录音遗嘱的磁带上。

(5)口头遗嘱。口头遗嘱,是指由遗嘱人口头表述的,而不以任何方式记载的遗嘱。

37.【参考答案】 物权是权利主体直接支配财产(主要是有体物,在特定情况下也可以是权利)的权利。

物权具有以下法律特征:

第一,物权是权利人直接支配物的权利。

第二,物权是权利人直接享受物的利益的权利。

第三,物权是排他性的权利。

38.【参考答案】 (1)产品存在缺陷。产品有缺陷,是指产品存在危及人身、他人财产安全的不合理的危险,以及产品不符合相关的国家标准、行业标准或企业标准等不合格的产品。前者是一般标准,后者是法定标准。在法律未明确规定产品标准时,适用一般标准。

(2)有损害后果。产品缺陷致人损害包括人身损害、财产损失和基于人身伤害而产生的精神损害,但不包括单纯的缺陷产品自身的损害。在缺陷产品造成他人的人身或其他财产损害时,除了要赔偿人身损害和其他财产损失之外,还应赔偿缺陷产品本身的损失。如果仅仅是缺陷产品自身损坏了,则应按合同违约责任处理。

(3)产品缺陷与损害后果有因果关系。产品责任中的因果关系,表现为产品缺陷与损害后果之间的相互联系,而不是某种具体行为与损害后果之间的因果关系。而且,在确定产品责任中的因果关系往往要通过因果关系的推定才能实现。

三、论述题

39.【参考答案】 侵权行为的归责原则,是指在行为人的行为致人损害时,根据何种标准和原则确定行为人的侵权责任。侵权行为的归责原则是《侵权责任法》的核心,决定着侵权行为的分类、侵权责任的构成要件、举证责任的负担、免责事由等重要内容。我国侵权行为的归责原则主要包括过错责任原则、无过错责任原则与公平责任原则。

(1)过错责任原则,是指当事人的主观过错是构成侵权行为的必备要件的归责原则。《民法通则》第106条第2款规定:"公民、法人由于过错侵害国家的、集体的财产,侵害他人财产、人身的,应当承担民事责任。"过错是行为人决定其行为的故意或过失的主观心理状态。过错违反的是对他人的注意义务,表明了行为人主观上的应受非难性或应受谴责性,是对行为人的行为的否定评价。过错责任的意义表现在,根据过错责任的要求,在一般侵权行为中,只要行为人尽到了应有的合理、谨慎的注意义务,即使发生了损害后果,也不能要求其承担责任。适用过错责任原则时,第三人的过错和受害人的过错对责任承担有重要影响。如果第三人对损害的发生也有过错,即构成共同过错,同时根据《民法通则》第131条的规定,如果"受害人对于损害的发生也有过错的,可以减轻侵害人的民事责任"。

(2)过错推定责任,是指一旦行为人的行为致人损害就推定其主观上有过错,除非其能证明自己没有过错,否则应承担民事责任。例如,《民法通则》第126条规定:"建筑物或者其他设施以及建筑物上的搁置物、悬挂物发生倒塌、脱落、坠落造成他人损害的,它的所有人或者管理人应当承担民事责任,但能够证明自己没有过错的除外。"过错推定责任仍以过错作为承担责任的基础,因而它不是一项独立的归责原则,只是过错责任原则的一种特殊形式。过错责任原则一般实行"谁主张谁举证"的原则,但在过错推定责任的情况下,对过错问题的认定则实行举证责任倒置原则。受害人只需证明加害人实施了加害行为,造成了损害后果,加害行为与损害后果之间存在因果关系,无需对加害人的主观过错情况进行证明,就可推定加害人主观上有过错,应承担相应的责任。加害人为了免除其责任,应由其自己证明主观上无过错。过错推定责任不能任意运用,只有在法律明确规定的情况下才可适用。

(3)无过错责任原则,是指当事人实施了加害行为,虽然其主观上无过错,但根据法律规定仍应承担责任的归责原则。《民法通则》第106条第3款规定:"没有过错,但法律规定应当承担民事责任的,应当承担民事责任。"随着工业化的发展和危险事项的增多,加害人没有过错致人损害的情形时有发生,证明加害人的过错也越来越困难,为了实现社会公平和正义,更有效地保护受害人的利益,无过错责任原则开始逐渐作为一种独立的归责原则在《侵权责任法》中得到运用。根据我国《民法通则》的规定,实行无过错责任的主要情形有:从事高度危险活动致人损害的行为,污染环境致人损害的行为,饲养动物致人损害的行为,产品不合格致人损害的行为等。

(4)公平责任原则,是指损害双方的当事人对损害结果的发生都没有过错,但如果受害人的损失得不到补偿又显失公平的情况下,由人民法院根据具体情况和公平的观念,要求当事人分担损害后果。《民法通则》第132条规定:"当事人对造成损害都没有过错的,可以根据实际情况,由当事人分担民事责任。"

公平责任原则的适用要注意以下几个问题:

(1)适用公平责任的前提,必须是当事人既无过错,又不能推定其过错的存在,同时也不存在法定的承担无过错责任的情况。如果可以适用过错责任,法定无过错责任或推定过错责任就不能适用公平责任。

(2)当事人如何分担责任,由法官根据个案的具体情况,包括损害事实与各方当事人的经济能力进行综合衡量,力求公平。

根据我国《民法通则》的规定,可能适用公平责任原则的情形主要有:紧急避险致人损害的;在为对方利益或共同利益活动中致人损害等。

四、案例分析题

40.【参考答案】 首先明确甲、乙、丙之间的关系,搞清楚是合伙关系之后,责任的承担问题就迎刃而解,按照合伙的规定处理即可。

(1)按照《民法通则》中关于合伙的规定,15万元归甲、乙、丙共有,共同支配。

(2)甲没有权利要求加油站退还2万元,因为甲应对合伙债务承担无限连带清偿责任。

(3)由于合伙人对合伙债务应承担无限连带清偿责任,因此加油站从甲、乙二人那里获得清偿的行为受法律保护。根据合伙协议的约定,甲、乙有权向丙追偿,其中甲追偿的金额为2万元,乙追偿的金额为1万元。

41.【参考答案】 (1)本案涉及的法律问题有以下四个方面:

①李梅对李天志、朱兰的财产继承问题;

②李天志、朱兰两人与债权人信用社等人的债务清偿问题;

③监护人的设定问题;

④李梅的行为能力问题。

(2)依民法规定,本案应作如下处理:

①李天志、朱兰遗留的遗产共有2000元存款、房屋和家庭生活用品,应由唯一的继承人李梅继承。李梅为未成年人,又无其他生活来源,故应为其保留必要的财产份额,以满足其基本生活需要。

②在为李梅保留必要的遗产份额以后,剩余遗产应用于清偿信用社、张海、刘江等人的债务。由于这些债权均没有担保,故应平等受偿。且债务清偿以剩余遗产为限,未清偿部分李梅不承担清偿责任。

③关于李梅的监护问题,如果李天容愿意承担监护职责,经村委会同意,其可为李梅的监护人。如果不能征得李天容的同意,则应由村委会作为李梅的监护人。

④本案中会议订立的协议对李梅没有拘束力,因为她是限制行为能力人,根据其年龄和智力,不能独立实施民事行为。

政法干警招录培养考试民法学
模拟试卷二

一、单项选择题,共35题,每题2分,共70分。

1. 民法调整的财产关系(   )。
   A. 都是有偿的
   B. 都是无偿的
   C. 一般是有偿的
   D. 一般是无偿的

2. 下列行为中属于双方民事法律行为的是(   )。
   A. 授权行为
   B. 遗嘱行为
   C. 撤销行为
   D. 买卖行为

3. 不动产物权的权利变动,通常以(   )为公示方法。
   A. 交付
   B. 占有
   C. 登记
   D. 合意

4. 下列物权中属于主物权的是(   )。
   A. 地役权
   B. 地上权
   C. 抵押权
   D. 留置权

5. 下列情形中,属于民事法律事实的是(   )。
   A. 日出
   B. 备课
   C. 赠与
   D. 恋爱

6. 根据我国法律规定,下列财产中可以适用善意取得的是(   )。
   A. 首饰
   B. 记名有价证券
   C. 麻醉品
   D. 盗窃物

7. 我国法律规定,债权人领取提存物的权利,自标的物被提存之日起5年内不行使而消灭。该5年的期间属于(   )。
   A. 普通诉讼时效期间
   B. 长期诉讼时效期间
   C. 除斥期间
   D. 取得时效期间

8. 下列社会关系属于民法的调整对象的有(   )。
   A. 自然人甲因故意伤害他人被依法拘留
   B. 自然人乙与自然人丙因离婚而发生财产纠纷关系
   C. 丁工商局对某个体工商户作出吊销营业执照的处罚
   D. 戊税务机关向某企业征收税款

9. 根据我国《继承法》的规定,放弃继承与放弃受遗赠可采取的行为方式是(   )。
   A. 放弃继承既可采用明示方式,也可采用默示方式,放弃受遗赠亦如此
   B. 放弃继承只能采用明示方式,放弃受遗赠亦如此
   C. 放弃继承只能采用明示方式,放弃受遗赠则既可采用明示方式,也可采用默示方式
   D. 放弃继承既可采用明示方式,也可采用默示方式,放弃受遗赠只能采用明示方式

10. 下列选项中,乙的哪种行为构成我国《合同法》规定的承诺?(   )

A. 甲向丙发出要约,乙得知后向甲表示接受甲在要约中规定的条件

B. 甲向乙发出要约,要求乙在接到要约后 7 日内给予答复,逾期未答复则视为承诺。乙未按期答复

C. 甲在报纸上刊登广告称:本公司有圣诞礼物出售,欲购者请速与本公司联系。乙打电话给甲订购若干

D. 甲在报纸上刊登附有价目表的广告称:本书店新到图书若干,欲购者可在一个月内汇款,款到寄书。乙汇款给甲

11. 张三与李四订立买卖合同,交货期届满时,张三发现李四经营状况严重恶化。对此,张三可依法行使(   )。

    A. 先履行抗辩权　　　　　　　　　　B. 同时履行抗辩权

    C. 不安抗辩权　　　　　　　　　　　D. 撤销权

12. 下列哪些特殊侵权行为适用过错推定责任?(   )

    A. 职务侵权损害　　　　　　　　　　B. 搁置物、悬挂物致人损害

    C. 环境污染致人损害　　　　　　　　D. 高度危险作业致人损害

13. 下列关于合伙企业经营积累的财产性质的说法中,正确的是(   )。

    A. 为各合伙人个人所有　　　　　　　B. 为原投资人所有

    C. 为全体合伙人共有　　　　　　　　D. 为合伙企业所有

14. 赵凡生前租住单位所有的三居室住房一套,另有存款 5 万元,摩托车 1 辆,彩电 1 台,国库券若干。赵凡妻早故,儿子、女儿与其分家单过。1992 年,赵凡因公致残,单位发给 4500 元抚恤金。1993 年 6 月,赵凡因车祸死亡,保险公司因其在保险单中未填写受益人,将 7000 元保险金交给了赵凡的儿子。依法律规定赵凡的遗产包括(   )。

    A. 存款、摩托车、彩电、国库券、抚恤金

    B. 住房、存款、摩托车、彩电、国库券、抚恤金、保险金

    C. 存款、摩托车、彩电、国库券、保险金

    D. 存款、摩托车、彩电、国库券、抚恤金、保险金

15. 下列属于权利滥用的是(   )。

    A. 甲因背后有一只疯狗追赶,情急之下闯入赵某院内拿来一把铁锹

    B. 乙为了还清所欠债款,将自己所有的三间房屋卖掉

    C. 丙禁止其邻人越某从两家之间的唯一通道行走

    D. 丁在路上将一正在打手机的妇女的钱包抢走

16. 甲在乙的画展中看中一幅画,并提出购买,双方以一万元成交。甲同意待画展结束后再将属于自己的画取走。此种交付方式属于(   )。

    A. 现实交付　　　　　　　　　　　　B. 简易交付

    C. 指示交付　　　　　　　　　　　　D. 占有改定

17. 甲公司向乙公司购买一批货物,合同对交货地点没有明确约定,发生争议,依《合同法》规定(   )。

    A. 在甲公司所在地履行　　　　　　　B. 在合同签订地履行

    C. 在乙公司所在地履行　　　　　　　D. 可随意履行

18. 甲 17 岁,以个人积蓄 1000 元在慈善拍卖会拍得明星乙表演用过的道具,市价约 100 元。事后,甲觉得道具价值与其价格很不相称,颇为后悔。关于这一买卖,下列哪一说法是正确的?(   )

    A. 买卖显失公平,甲有权要求撤销　　　B. 买卖存在重大误解,甲有权要求撤销

C.买卖无效,甲为限制行为能力人 　　　　D.买卖有效

19.王某在一起海难事故中,生死不明,两年后其父母请求人民法院宣告王某死亡,但其妻害怕分割王某的财产,不同意宣告死亡,人民法院做法正确的是(　　　)。
　　A.不应该宣告王某死亡
　　B.人民法院以王某下落不明不满4年为由,驳回王某父母的请求
　　C.应该宣告王某死亡
　　D.人民法院以王某父母拒绝交纳诉讼费为由,不予受理

20.甲15岁,精神病人。关于其监护问题,下列哪一表述是正确的?(　　　)
　　A.监护人只能是甲的近亲属或关系密切的其他亲属、朋友
　　B.监护人可是同一顺序中的数人
　　C.对担任监护人有争议的,可直接请求法院裁决
　　D.为甲设定监护人,适用关于精神病人监护的规定

21.根据我国法律规定,关于法人,下列哪一表述是正确的?(　　　)
　　A.成立社团法人均须登记　　　　　　B.银行均是企业法人
　　C.法人之间可形成合伙型联营　　　　D.一人公司均不是法人

22.某校长甲欲将一套住房以50万元出售。某报记者乙找到甲,出价40万元,甲拒绝。乙对甲说:"我有你贪污的材料,不答应我就举报你。"甲信以为真,以40万元将该房卖与乙。乙实际并无甲贪污的材料。关于该房屋买卖合同的效力,下列哪一说法是正确的?(　　　)
　　A.存在欺诈行为,属可撤销合同　　　　B.存在胁迫行为,属可撤销合同 C.存在乘人之危的行为,属可撤销合同　　　　D.存在重大误解,属可撤销合同

23.被宣告为限制行为能力人的间歇性精神病人,其所订立的遗嘱(　　　)。
　　A.无效　　　　　　　　　　　　　B.有效
　　C.部分有效　　　　　　　　　　　D.效力待定

24.张某欲将自己祖传的青铜牛变卖给李某,双方约定价款4万元,于6月1日交付青铜牛,李某10日内付款,并约定采用书面形式订立合同。6月1日,张某将青铜牛交给李某,后来由于李某拒不履行付款义务,双方发生争执。张某主张李某应当支付款项,并承担违约责任,而李某则认为双方约定采用书面形式订立合同,双方后来没有订立书面合同,合同不能成立,其愿返还青铜牛,但绝不会付款。以下说法正确的是(　　　)。
　　A.因为双方约定应当订立书面合同,而双方后来没有订立合同,合同自然不能成立,李某有权不付款,但应当返还青铜牛
　　B.虽然双方没有订立书面合同,但是张某已经交付青铜牛,李某也已接受,合同成立,李某应当支付款项
　　C.因为买卖祖传青铜牛的合同并不是法律、行政法规规定的应当采用书面形式的合同,因而当事人未采用书面形式,并不影响合同成立
　　D.如果双方已经拟好书面合同,但李某没有签字,那么在本案情形下,该合同不能成立

25.依据我国《继承法》的规定,不必有两个以上见证人在场见证的遗嘱是(　　　)。
　　A.自书遗书　　　　　　　　　　　B.口头遗嘱
　　C.代书遗嘱　　　　　　　　　　　D.录音遗嘱

26.甲购买一辆汽车,在开回的路上,因刹车失灵而翻车受伤。在此情形下,他可以请求谁承担何种责任?(　　　)
　　A.请求商家承担违约责任
　　B.请求厂家同时承担违约和侵权责任

C. 请求厂家承担违约责任

D. 请求厂家承担侵权责任,同时请求商家承担违约责任

27. 关于民事法律关系,下列哪一选项是正确的?(　　)

　　A. 民事法律关系由主体和客体构成　　　B. 民事法律关系的主体只有自然人和法人

　　C. 民事法律关系的客体包括不作为　　　D. 民事法律关系的内容不能由当事人约定

28. 在夫妻双方没有约定时,婚姻关系存续期间所得的下列财产中属于夫妻共同财产的是(　　)。

　　A. 一方专用的生活用品　　　　　　　　B. 一方的婚前财产

　　C. 一方身体受到伤害获得的医疗费　　　D. 一方的知识产权收益

29. 张某生有一子张飞龙,一女张玉凤,二人都已成家另过。张飞龙有一女儿,张玉凤有两个儿子。张某一直单独生活。2009 年张玉凤因车祸去世,张某十分悲痛,不久也去世,死后留下大笔遗产。这些遗产该如何继承?(　　)

　　A. 张飞龙是唯一的第一顺序法定继承人

　　B. 张飞龙、张玉凤均有权继承,但因张玉凤已死,其份额由配偶张玉凤之夫继承

　　C. 张玉凤先于张某死亡,其两个儿子应代位继承其应继承的份额

　　D. 张某生前十分疼爱张玉凤,其遗产应代位继承其应继承的份额

30. 胎儿出生后死亡的,为胎儿保留的被继承人的遗产份额应如何处理?(　　)

　　A. 由胎儿的继承人继承

　　B. 由被继承人的继承人继承

　　C. 由胎儿的继承人和被继承人的继承人共同继承

　　D. 由胎儿的继承人和被继承人的继承人协商处理继承

31. 下列权利中,其客体既可以是动产也以是权利的是(　　)。

　　A. 所有权　　　　　B. 抵押权　　　　　C. 地役权　　　　　D. 留置权

32. 甲被宣告死亡后,其妻乙改嫁于丙,其后丙死亡。1 年后乙确知甲仍然在世,遂向法院申请撤销对甲的死亡宣告。依我国法律,该死亡宣告撤销后,甲与乙原有的婚姻关系如何?(　　)

　　A. 自行恢复　　　　　　　　　　　　　B. 不得自行恢复

　　C. 经乙同意后恢复　　　　　　　　　　D. 经甲同意后恢复

33. 甲被乙家的狗咬伤,要求乙赔偿医药费,乙认为甲被狗咬与自己无关拒绝赔偿。下列哪一选项是正确的?(　　)

　　A. 甲乙之间的赔偿关系属于民法所调整的人身关系

　　B. 甲请求乙赔偿的权利属于绝对权

　　C. 甲请求乙赔偿的权利适用诉讼时效

　　D. 乙拒绝赔偿是行使抗辩权

34. 王东、李南、张西约定共同开办一家餐馆,王东出资 20 万元并负责日常经营,李南出资 10 万元,张西提供家传菜肴配方,但李南和张西均只参与盈余分配而不参与经营劳动。开业两年后,餐馆亏损严重,李南撤回了出资,并要求王东和张西出具了"餐馆经营亏损与李南无关"的字据。下列哪一选项是正确的?(　　)

　　A. 王东、李南为合伙人,张西不是合伙人

　　B. 王东、张西为合伙人,李南不是合伙人

　　C. 王东、李南、张西均为合伙人

　　D. 王东和张西所出具的字据无效

35. 甲男与乙女通过网聊恋爱,后乙提出分手遭甲威胁,乙无奈遂与甲办理了结婚登记。婚后乙得知,甲婚前就患有医学上认为不应当结婚的疾病且久治不愈,乙向法院起诉离婚。下列哪一说法是正确的?(   )

    A. 法院应判决撤销该婚姻

    B. 法院应判决宣告该婚姻无效

    C. 对该案的审理应当进行调解

    D. 当事人可以对法院的处理结果依法提起上诉

二、简答题,共 3 题,每题 10 分,共 30 分。

36. 简述离婚和婚姻无效的区别。

37. 简述我国继承法的基本原则。

38. 简述用益物权的法律特征。

三、论述题,共 1 题,每题 16 分,共 16 分。

39. 简论我国婚姻法的基本原则。

四、案例分析题,共 2 题,每题 15 分,共 30 分。

40. 刘某和许某二人于 2000 年 6 月登记结婚。结婚时双方书面约定,每人将各自每月收入中的 1000 元共 2000 元作为双方的共同财产,由许某支配,用于日常家庭生活开支。婚前个人财产和婚后的其他个人所得归属个人,个人所负债务由个人负责。双方在这份书面协议上签字并进行了公证。2003 年 4 月,刘某向甲借款 10 万元炒股,约定 2 年归还,按银行贷款计息,但未对甲说明夫妻约定财产关系的内容。刘某炒股亏损,到期不能偿还甲。甲向许某索要,遭到拒绝。甲将刘某和许某二人起诉到法院,要求他们共同承担偿还责任。

    问:法院应当如何处理该案?

41. 某甲和某乙签订买卖两头牛的合同。双方约定,某甲以 10000 元价款买某乙两头牛。某甲当场向某乙支付了 3000 元,并说明等到第二天将余款带来付清,并将其中一头牛牵走。不料,当天晚上发生盗窃,剩下的一头牛被盗。第二天,某甲到某乙家中要求其交出牛,某乙则说"昨天买卖已经成交了,而且你已经给了 3000 元,牛已归你了",拒绝承担牛被偷的损失。为此双方发生纠纷,某甲诉至人民法院,要求某乙交付牛。

    请回答以下问题:

    (1)本案中牛的所有权是否已经发生转移?

    (2)本案中牛损失的风险应由谁负担?

参考答案及解析

一、单项选择题

1. C 【解析】 本题考查的知识点是民法调整财产关系的特点。财产关系是民事主体在民事活动过程中所发生的财产所有关系和财产流转关系。这些财产关系主要是商品经济社会所发生的,因此,财产关系的主体利益实现方面,主要体现等价有偿的基本要求。等价有偿是商品经济中价值规律的客观要求。等价有偿要求民事主体在财产流转关系中进行等价交换,取得财产权利应当支付对价。所以,民法调整的财产关系一般都是有偿的。至于民事主体之间自愿无偿赠与财产或者依法继承财产、履行家庭成员之间的扶养义务则属于例外的情形。故 C 项符合题意,A、B、D 项错误。

2. D 【解析】 本题考查的知识点是双方民事法律行为。双方民事法律行为与单方民事法律行为属于一对范畴,其区分标准是民事法律行为所需的意思表示构成。前者是基于双方的意思表示达成一致才成立的民事法律行为;后者是指一方当事人的意思表示即可成立的民事法律行为。据此分析,A 项授权行为是指委托授权,无需征得代理人的同意,故为单方民事法律行为。B 项遗嘱行为是立遗嘱人的单方意思表示,无需征得继承人的同意,只要符合法定条件就生效的民事法律行为,故也为单方民事法律行为。C 项撤销行为是指享有撤销权的人所为的单方行为。D 项买卖行为是卖方交付标的物,买方支付价款协议,既然是协议,必然有双方的意思表示一致,故只有买卖行为是双方民事法律行为,D 项正确。

3. C 【解析】 本题考查的知识点是物权变动的公示方法。物权变动是物权的产生、变更和消灭的总称。由于物权是对物直接支配的权利,具有优先效力和排他效力,如果物权变动无法为他人得知,必然难以保证交易的安全。因此,民法上对于物权变动必须进行公示。所谓公示,就是使他人可以察知物权变动的外在表现方式。一般来说,动产的变动以交付占有为公示方式。但对于不动产,无法转移占有,故不动产物权均以登记作为公示方法。所以,A、B、D 三项不能成为不动产物权变动的公示方法,只有 C 项符合要求。

4. B 【解析】 本题考查的知识点是主物权的范围。根据物权是否能够独立存在,物权划分为主物权和从物权。主物权是不依赖于其他权利而独立存在的物权,从物权是从属于其他权利并为其服务的物权。担保物权(C、D 两项)是从属于债权而存在并为债权服务的,是典型的从物权。A 项虽然作为用益物权,但该权利是附属于需役地权利之上的,不能与需役地的所有权或使用权分离。需役地分割时,地役权在分割后的地块上仍然存在。故地役权具有与担保物权共同的从属性和不可分性。剩下的就是地上权(B 项)作为用益物权,不具有从属性,是主物权。

5. C 【解析】 本题考查的知识点是民事法律事实。民事法律事实,是指法律所规定的,能够引起民事法律关系产生、变更、终止的客观现象。一个客观事实是否属于民事法律事实,看它是否能够引起民事法律后果。根据这些客观事实与主体的意志之间的关系,民事法律事实分为事件和行为。事件称为自然事实,与主体的意志无关,如出生、死亡、时间的经过以及那些引起损害的各种自然现象;行为是受主体意志支配的法律事实,如买卖、赠与、租赁、运输、保管、拾得遗失物、侵权行为等。在本题中,A 项日出是一种自然现象,但没有引起法律关系,故不属于民事法律事实;B、D 项属于人的行为,但该行为本身也不直接引起民事法律关系的产生,备课、恋爱行为都不足以从法律上约束行为人,故也非法律事实。只有 C 项赠与,作为人的行为,一旦实施赠与,即可产生法律关系,赠与人受其赠与承诺的约束,受赠人可以通过赠与行为取得赠与物的所有权。故赠与属于民事法律事实,即只有 C 项符合题干要求。

6.A 【解析】 本题考查的知识点是善意取得的适用范围。善意取得是所有权取得的一种方式,是指无权处分他人动产的占有人,在不法将其占有的动产让与第三人后,如果受让人在取得该动产时出于善意,即取得该动产的所有权的制度。我国承认善意取得制度的依据是《民通意见》第 89 条。根据该条的规定,第三人善意、有偿取得该项财产的,应当维护第三人的合法权益。

根据司法实践,以下物的取得不适用善意取得:
(1)赃物;
(2)所有人不明的埋藏物、隐藏物、遗失物、漂流物、失散的饲养动物;
(3)法律禁止或者限制流通的物,如爆炸物、枪支弹药、麻醉品、毒品、文物等;
(4)属于特定主体的财产。

本题中,C 项麻醉品、D 项盗窃物肯定不能适用善意取得。至于 B 项记名有价证券属于特定主体,因而也不适用善意取得。故只有 A 项首饰品符合题意。首饰品包括的范围很广,即便是金银饰品,只要其允许流通,也可以适用善意取得。

7.C 【解析】 本题考查的知识点是除斥期间和诉讼时效的区别。除斥期间是法律规定某种民事权利存在的期间。诉讼时效,是指过了诉讼时效期间没有行使权利将丧失向法院请求强制执行的权利。本题中,"债权人领取提存物的权利,自标的物被提存之日起 5 年内不行使而消灭",表明提存物的受领权的法定存在期间是 5 年,过了该期间,受领权这一实体权利将消灭,而不是丧失向法院请求强制执行的权利。因此,只有 C 项符合题意,A、B、D 三项属于诉讼时效,应排除。

8.B 【解析】 民法调整的对象为平等主体之间的人身关系和财产关系。本题中 A 项属于刑法调整的范围;C、D 项属于行政法调整的对象。只有 B 选项属于民法调整的平等主体之间的财产关系,故本题正确答案为 B。

9.C 【解析】 《继承法》第 25 条规定:"继承开始后,继承人放弃继承的,应当在遗产处理前,作出放弃继承的表示。没有表示的,视为接受继承。受遗赠人应当在知道受遗赠后两个月内,作出接受或者放弃受遗赠的表示。到期没有表示的,视为放弃受遗赠。"据此,放弃继承,必须采用明示方式,不可以采用默示方式,如果没有表示的,视为接受继承。放弃受遗赠,既可采用明示方式,也可采用默示方式。因此,应选选项 C。

10.D 【解析】 在选项 A 中,甲针对的受要约人是丙,并非乙,因此乙向甲表示接受并非承诺,而是向甲发出要约。单纯的缄默或不作为一般不能作为承诺的意思表示方式,除非法律强制规定、交易习惯表明或者当事人双方事先明确同意。在选项 B 中,不作为作为承诺方式是甲的要约规定,乙没有义务遵守此规定。在选项 C 中,甲刊登的广告的内容不符合要约规定,属于要约邀请,乙的行为属于要约。在选项 D 中,甲的广告的内容符合要约规定,属于要约。乙的汇款行为构成承诺。

11.C 【解析】 本题考查不安抗辩权,《合同法》有明确规定。我国合同法上的不安抗辩权,是指先给付义务人在有证据证明后给付义务人的经营状况严重恶化,或者转移财产、抽逃资金以逃避债务,或者有谎称有履行能力的欺诈行为,以及其他丧失或者可能丧失履行债务能力的情况时,有权中止自己的履行;后给付义务人收到中止履行的通知后,在合理的期限内未恢复履行能力或者未提供适当担保的,先给付义务人有权解除合同。《合同法》第 68 条第 1 款规定了不安抗辩权的情形:"应当先履行债务的当事人,有确切证据证明对方有下列情形之一的,可以中止履行:(一)经营状况严重恶化;(二)转移财产、抽逃资金,以逃避债务;(三)丧失商业信誉;(四)有丧失或者可能丧失履行债务能力的其他情形。"

12.B 【解析】《民法通则》第126条规定:"建筑物或者其他设施以及建筑物上的搁置物、悬挂物发生倒塌、脱落、坠落造成他人损害的,它的所有人或者管理人应当承担民事责任,但能够证明自己没有过错的除外。"采用的是过错推定原则。特殊侵权行为中适用过错推定责任的还有道路施工未设置安全装置致人损害的情况。

13.C 【解析】《民法通则》第32条规定,合伙人投入的财产,由合伙人统一管理和使用。合伙经营积累的财产,归合伙人共有。

14.D 【解析】 本题关键需要掌握抚恤金与保险金是否属于遗产的问题。原则上,死亡抚恤金不属于遗产,而伤残抚恤金则属于遗产。指定了本人以外的人作为受益人的人寿保险金不属于遗产,没有指定受益人的人寿保险金属于遗产。

15.C 【解析】 根据禁止权利滥用原则的含义可知,丙禁止其邻人从两家之间唯一的通道行走,损害同样受到保护的邻人利益,构成权利滥用。故本题正确答案为C。

16.D 【解析】 本题考查的知识点是标的物交付形式。标的物交付,是指在买卖合同中,出卖人将标的物转移给买受人占有。交付可分为现实交付和拟制交付。前者指卖方将标的物直接交给买方控制,由买方直接占有标的物。后者指标的物没有直接转移给买方占有或者不需要实际转移占有,卖方只是将标的物占有的权利转移给买方以代替实物的交付。故拟制交付又称象征交付、观念交付。拟制交付又有三种方式:简易交付、指示交付和占有改定。简易交付,是指在买卖合同订立之前,买方已经占有标的物,自买卖合同生效之日即为交付。《合同法》第140条对简易交付作了规定,即"标的物在订立合同之前已经为买受人占有的,合同生效的时间为交付时间"。指示交付,是指在标的物由买卖双方的第三人占有时,卖方将对第三人的返还请求权让与买方,以代替标的物的实际交付。例如,把提货单、仓单直接交给买方,即为指示交付。占有改定是由双方当事人约定,标的物的所有权转移给买方,但标的物仍然由卖方实际占有,买方取得标的物的间接占有,以代替标的物的实际交付。例如,买卖双方订立买卖合同之后又订立租赁合同,由卖方租赁标的物,则在租赁合同生效之日,标的物即为交付。本题表明,买卖双方订立的合同已经成立并生效(成交),但买方同意待画展结束后再将"属于自己的画取走",此种交付即为典型的占有改定。因此,只有D项符合试题要求,其他三项排除。

17.C 【解析】 本题考查合同的履行地。诸如合同的履行地点、履行时间问题,我们首先应该看题目中有没有约定或后来达成约定,再看交易习惯,也可以适用《合同法》第62条。《合同法》第62条第(三)项规定:"履行地点不明确,给付货币的,在接受货币一方所在地履行;交付不动产的,在不动产所在地履行;其他标的,在履行义务一方所在地履行。"

18.D 【解析】《民法通则》第12条第1款规定,10周岁以上的未成年人是限制民事行为能力人,可以进行与他的年龄、智力相适应的民事活动;其他民事活动由他的法定代理人代理,或者征得他的法定代理人的同意。对"与他的年龄、智力相适应",是从行为与本人生活相关联的程度、本人的智力能否理解其行为,并预见相应的行为后果,以及行为标的数额等方面认定。17岁的甲是限制民事行为能力人,在慈善拍卖会上以1000元的积蓄拍得价值100元的表演道具,是其年龄智力都能理解的,因此该行为有效。C错误,本题应选D。由于拍卖会上的商品往往价值和实际价值不符,所以不属于显示公平,题目也没有显示甲存在误解,A、B错误。

19.A 【解析】 该题主要考查对宣告死亡申请人顺序的掌握。宣告死亡第一顺序的申请人没有申请人民法院宣告被申请人死亡的,后一顺序的申请人无权申请宣告死亡。另外,宣告死亡的案件不交纳诉讼费。

20.B 【解析】《民法通则》第16条规定,没有近亲属或关系密切的其他亲属、朋友担任监护人的,由未成年人的父、母的所在单位或者未成年人住所地的居民委员会、村民委员会或者民政部门担任监护,A 错误。《民通意见》第 13 条规定,为患有精神病的未成年人设定监护人,适用关于未成年人的监护人的规定,因此 D 错误。第 16 条规定,对于担任监护人有争议的,应当先由有关组织予以指定。未经指定而向人民法院起诉的,人民法院不予受理。因此 C 错误。第 14 条规定,监护人可以是一人,也可以是同一顺序中的数人,B 正确。

21. C 【解析】 社团法人相当于我国法律中的企业法人、事业单位法人和社会团体法人,《民法通则》第 50 条第 2 款规定,具备法人条件的事业单位、社会团体,依法不需要办理法人登记的,从成立之日起,具有法人资格;依法需要办理法人登记的,经核准登记,取得法人资格。因此,并不是成立所有社团法人都需要登记,A 错误。B 项表述太绝对,如人民银行就是中央银行,其性质不是企业法人,错误。《民法通则》第 52 条规定,企业之间或者企业、事业单位之间联营,共同经营、不具备法人条件的,由联营各方按照出资比例或者协议的约定,以各自所有的或者经营管理的财产承担民事责任。依照法律的规定或者协议的约定负连带责任的,承担连带责任,即关于合伙型联营的规定。C 正确。D 说法错误,《公司法》所规定的一人有限公司就属于法人。

22. B 【解析】《合同法》第 54 条第 2 款规定,一方以欺诈、胁迫的手段或者乘人之危,使对方在违背真实意思的情况下订立的合同,受损害方有权请求人民法院或者仲裁机构变更或者撤销。《民通意见》第 69 条规定,以给公民及其亲友的生命健康、荣誉、名誉、财产等造成损失或者以给法人的荣誉、名誉、财产等造成损害为要挟,迫使对方作出违背真实的意思表示的,可以认定为胁迫行为。本题乙以检举揭发甲的对甲威胁,应认定为存在胁迫行为,故本题选 B。本题当事人没有故意隐瞒真实情况,诱使或误导对方基于此作出错误的意思表示,所以不是欺诈行为,A 错误。甲出卖房屋也不是处于危难之际,所以 C 错误。题目也没有显示甲存在误解,D 错误。

23. A 【解析】 本题考查的知识点是遗嘱人的遗嘱能力。《继承法》第 22 条规定,只有完全行为能力人有遗嘱能力,无行为能力人和限制行为能力人所立遗嘱无效。本题中,"被宣告为限制行为能力人的间歇性精神病人"所立遗嘱符合《继承法》第 22 条的规定,应为无效,A 项符合题意。因为遗嘱是死后生效行为,故不存在效力待定问题。

24. B 【解析】《合同法》第 36 条规定:"法律、行政法规规定或者当事人约定采用书面形式订立合同,当事人未采用书面形式但一方已经履行主要义务,对方接受的,该合同成立。"因此,A 项错误,而 B 项正确。C 项的错误在于其对合同成立的原因表述不正确,题干中合同的成立并不是因为该合同不是法律、行政法规规定应当采用书面合同形式的,即使是法律、行政法规规定应当采用书面形式,题中情形下合同仍能够成立。《合同法》第 37 条规定:"采用合同书形式订立合同,在签字或者盖章之前,当事人一方已经履行主要义务,对方接受的,该合同成立。"依此,D 项错误。

25. A 【解析】 本题考查的知识点是遗嘱的形式要件。因为遗嘱是死后生效的单方法律行为,为了保证遗嘱的真实性,法律规定遗嘱必须符合法定的条件。由于自书遗嘱是立遗嘱人亲笔书写的遗嘱,能够反映其真实意思,因此,《继承法》没有要求自书遗嘱必须有两个以上的见证人在场见证。口头遗嘱是立遗嘱人以口头形式所立的遗嘱;代书遗嘱是由他人代为书写的遗嘱;录音遗嘱是以录音形式所立的遗嘱。在某种程度上,三种遗嘱都反映了立遗嘱人把遗嘱继承的内容通过口头表达出来。因此,立法要求这三种遗嘱形式必须具有两个以上的见证人在场见证。故本题答案为 A 项。

26. A 【解析】 本案涉及产品责任与产品质量瑕疵担保责任。甲从商家购得一辆汽车,甲与商家有买卖合同。根据《合同法》第 155 条的规定,出卖人交付的标的物不符合质量要求的,买受人可以依照本法第111条的规定要求其承担违约责任。商家出售的车刹车不灵,是质量问题,违反了产品质量瑕疵担保义务,应负违约责任。故正确答案为A项。根据《民法通则》第122条的规定,因产品质量不合格造成他人财产、人身损害的,产品制造者、销售者应当依法承担民事责任。因产品缺陷致人损害,由厂家、商家负连带赔偿责任,请求权基础是特殊侵权。所以,厂家承担侵权责任。可以排除B、C项。根据《合同法》第122条的规定,侵权责任与违约责任竞合时,受害人可以选择一种请求权,如同时要求加害人承担两项责任,会使受害人得到双倍赔偿,明显有失公平。所以,D项错误。

27.C 【解析】 民事法律关系,是基于民事法律事实并由民事法律规范调整形成的民事权利义务关系,是民法调整的平等主体之间的财产关系和人身关系在法律上的表现。民事法律关系由主体、内容、客体三个要素组成,故A错误。民事法律关系的主体主要包括自然人和法人;国家在特殊情况下也可以成为民事法律关系的主体,B错误。民事法律关系的内容有由法律规定的,也有由当事人约定的,D错误。故本题正确答案为C。

28.D 【解析】 本题考查的知识点是夫妻共同财产的范围。《婚姻法》关于夫妻财产制有约定财产制和法定财产制的规定。当事人可以就婚前或婚后财产的归属作出约定,没有特别约定时,除了法律规定属于个人所有的以外,婚姻关系存续期间所得财产属于夫妻共有。《婚姻法》第17条、第18条规定,一方的婚前财产、一方专用的生活用品、一方因身体受到伤害获得的医疗费都属于个人财产,只有知识产权的收益作为夫妻共有财产。因此,本题的正确答案是D项。

29.C 【解析】 本题考查遗产的继承问题。这类问题我们可以从以下几个方面入手:

(1)分析继承的方式属于哪种方式,即遗赠扶养协议、遗嘱继承、法定继承、代位继承、转继承。

(2)分析继承人有没有继承的权利。

(3)分析可供继承的财产。

(4)遗产分配,要注意法律的特殊规定。

《继承法》第11条规定:"被继承人的子女先于被继承人死亡的,由被继承人的子女的晚辈直系血亲代位继承。代位继承人一般只能继承他的父亲或者母亲有权继承的遗产份额。"因此,张玉凤的两个儿子应代位继承母亲应继承的份额,选项C为正确答案。

30.A 【解析】 本题考查胎儿死亡后遗产的分配,掌握继承的本质是做对题目的关键,胎儿出生后死亡应当发生继承,按照一般继承的方式分配财产。根据法律规定,胎儿出生时是死体的,为胎儿保留的遗产份额由被继承人的继承人继承。胎儿出生后死亡的,为胎儿保留的必要遗产份额由胎儿的继承人继承。

31.B 【解析】 A选项有点迷惑性。B抵押权的客体可以是不动产,也可以是动产,还可以是权利。C选项地役权的客体是土地,为不动产。D留置权的客体只能是动产。A选项所有权其客体也可以是动产,不动产,甚至权利。但通说一般认为是物的所有权,而不包含权利。

32.B 【解析】《民通意见》第37条,被宣告死亡的人与配偶的婚姻关系,自死亡宣告之日起消灭。死亡宣告被人民法院撤销,如果其配偶尚未再婚的,夫妻关系从撤销死亡宣告之日起自行恢复;如果其配偶再婚后又离婚或者再婚后配偶又死亡的,则不得认定夫妻关系自行恢复。故选B。A、C、D错误。自然人被宣告死亡后其配偶再婚的,不管怎样,如果要双方要恢复婚姻关系,都必须重新进行婚姻登记。

33.C 【解析】 本题考核特殊侵权行为。人身关系是"人格关系"和"身份关系"的合称。民法调整的人身关系即是自然人的人格权关系和身份权关系。本题甲乙之间的纠纷是侵权关系中的因动物致人损害的特殊侵权关系,不属于人身关系的范围。因此,A 项错误。

甲请求乙承担赔偿责任的权利是在行使债权,是相对权,而非绝对权。因此,B 项错误。

《民法通则》第 136 条第(一)项规定,身体受到伤害要求赔偿的诉讼时效是 1 年。甲请求乙赔偿的权利适用特殊诉讼时效 1 年的规定,因此,C 项正确。

抗辩权是能够阻止请求权效力的权利。行使抗辩权的前提是先承认对方的享有请求权利,然后再提出阻止对方请求权利的事由以此对抗对方权利的行使。本题中,乙提出甲被狗咬伤与自己没有任何关系,是对甲请求权利的否认,而非抗辩。因此,D 项错误。

34.C 【解析】 本题考核个人合伙中合伙人的确定及其合伙人内部协议的效力。

《民法通则》第 30 条规定,个人合伙是指两个以上公民按照协议,各自提供资金、实物、技术等,合伙经营、共同劳动。

《民通意见》第 46 条规定,公民按照协议提供资金或者实物,并约定参与合伙盈余分配,但不参与合伙经营、劳动的,或者提供技术性劳务而不提供资金、实物,但约定参与盈余分配的,视为合伙人。

根据上述规定可知,《民通意见》第 46 条对《民法通则》第 30 条规定的共同劳动、共同经营作了扩大解释,即仅出资不劳动、不经营者,也可以作为合伙人。本题中,李南和张西虽然不参与经营和劳动,但是他们参与合伙的盈余分配,属于合伙人,因此,王东、李南和张西都是合伙人,C 项正确,A、B 项说法错误。

王东和张西出具的"餐馆经营亏损与李南无关"的字据属于合伙人之间的内部约定,该约定是有效的,但是仅在其内部有效,对外不产生约束力。因此,D 项错误。

35.B 【解析】 本题考核婚姻的效力问题。

《婚姻法》第 10 条第(三)项规定,婚前患有医学上认为不应当结婚的疾病,婚后尚未治愈的,该婚姻关系无效。本题中,甲婚前就患有医学上认为不应当结婚的疾病且久治不愈,满足无效婚姻的构成要件,属于无效婚姻。因此,法院应当判决宣告该婚姻关系无效,而非撤销该婚姻。所以,A 项错误,B 项正确。

最高人民法院《关于适用〈中华人民共和国婚姻法〉若干问题的解释(一)》第 9 条第 1 款规定,人民法院审理宣告婚姻无效案件,对婚姻效力的审理不适用调解,应当依法作出判决;有关婚姻效力的判决一经作出,即发生法律效力。据此可知,对于审理宣告婚姻无效的案件,法院审理时不适用调解,且判决一经作出即发生法律效力,不能上诉。因此,C、D 项错误。

二、简答题

36.【参考答案】 离婚和婚姻无效的主要区别在于:(1)二者的性质不同。离婚是对合法婚姻关系的解除,当事人之间原存的婚姻关系是合法的;而婚姻无效是对违法结合宣告其不具有法律效力,当事人之间所谓的婚姻是非法的。(2)二者的效力不同。离婚生效时,男女之间的婚姻关系始得解除,离婚只对未来生效,不溯及既往。对于离婚的男女,其离婚之前的婚姻关系是合法、有效的;而婚姻无效的宣告具有溯及既往的效力,该项婚姻自始无效。(3)二者的请求权人不同。离婚只能由婚姻当事人提出,即配偶双方或一方提出,他人无权代为提出;而请求宣告婚姻无效,既可由当事人提出,也可由其他利害关系人提出。(4)解除和宣告的程序不同。离婚,即解除合法的婚姻关系只能由当事人发动,有关机关不能主动要求当事人提出离婚或依职权主动宣告当事人离婚。而婚姻无效宣告的程序,各国则规定有所不同。

37.【参考答案】 (1)保护公民私有财产继承权;

(2)继承权男女平等;

(3)养老育幼;

(4)互谅互让,和睦团结。

38.【参考答案】 用益物权是从所有权分离出来的他物权,是指对他人所有的物使用和收益的权利。

(1)用益物权是对所有权的行使有所限制的权利;用益物权人的权利也受到一定的限制,所以用益物权也称为限制物权。

(2)用益物权是非所有人基于法律、合同或其他合法途径而取得的权利,是对他人的财物享有的直接支配权。

(3)用益物权是从所有权的权能分离出来的相对独立的他物权。

(4)用益物权人依法享有占有、使用、收益的权利。

三、论述题

39.【参考答案】 所谓婚姻法的基本原则,是指从积极的角度,指明从事婚姻家庭法律行为、建立和维护婚姻家庭关系必须遵循的准则。我国婚姻法规定的基本原则有以下几个:(1)婚姻自由原则。婚姻自由原则的确立是对封建包办强迫婚姻的根本否定。这一原则的内容是,凡是具有婚姻行为能力的人,都有权依照法律规定自主自愿地决定自己的婚姻问题,不受任何非法干涉。它体现了社会主义婚姻关系的根本要求和国家对公民合法婚姻权利的充分保护。婚姻自由包含结婚自由和离婚自由。婚姻自由原则在我国婚姻法中的具体表现。婚姻自由原则是我国全部婚姻制度的基石。婚姻自由权是宪法和法律赋予公民的一项基本权利。我们应当坚决维护和贯彻这一基本原则,同时注意防止对婚姻自由权的滥用。贯彻这一原则,还应当禁止包办婚姻、买卖婚姻和其他干涉婚姻自由的行为。禁止借婚姻索取财物。(2)一夫一妻原则。我国《婚姻法》中一夫一妻原则的基本要求是,婚姻关系只能由一男一女组成,任何一个公民都不能同时有两个或更多的配偶。一夫一妻制是社会主义婚姻家庭制度的必然要求。我国法律将一夫一妻确立为一项基本的婚姻原则,首先是充分尊重社会主义制度下婚姻关系的本质。社会主义制度要求婚姻以男女双方的感情为基础。同时,这一原则也是实现男女平等和保证婚姻家庭关系稳定的需要,因为任何的多偶关系必然造成两性地位的差异,并且必将影响正常婚姻关系的谐调与稳定。贯彻这一原则,应当禁止重婚。禁止有配偶者与他人同居。(3)男女平等原则。《婚姻法》中的男女平等原则是宪法男女平等原则在婚姻家庭关系中的具体体现,它的根本要求是,在婚姻家庭生活中男女两性平等地享有权利,平等地承担义务,禁止一切性别歧视。实现男女平等的核心在于充分尊重女性,保证女性在家庭生活中的合法权利实现。正确看待男女两性在法律上的平等和实际生活中的平等问题。全面实现我国《婚姻法》的男女平等原则,需要社会各个方面和全体公民的不断努力。(4)保护妇女、儿童和老人合法权益的原则。保护妇女合法权益是对男女平等原则的必要补充,很有必要。尊老爱幼是中华民族的传统美德,保护儿童和老人合法权益是促进社会和谐的重要措施。禁止家庭暴力。禁止家庭成员间的虐待和遗弃。(5)实行计划生育原则。计划生育是一项基本决策,具有战略意义。《婚姻法》中的实行计划生育原则是实现计划生育基本国策的具体法律保障。国家鼓励公民晚婚晚育,提倡一对夫妻生育一个子女;符合法律、法规规定条件的,可以要求安排生育第二个子女。实行计划生育,应当以避孕为主,预防和减少非意愿妊娠。实行计划生育是男女双方的共同义务。夫妻双方都有生育和不生育的自由,任何一方不得对他方进行强制。在达成生育的合意时,夫妻双方都要服从国家和民族利益的大局,在政府的指导下制定科学、合理的生育计划,特别是要坚决抛弃重男轻女的旧观念,严格禁止歧视、虐待生育女婴的妇女和不育妇女,禁止歧视、虐待、遗弃女婴。(6)夫妻互相忠实、互相尊重,家庭成员间敬老爱幼、互相帮助。这是一项新的规定,具有导向性。夫妻应当互相忠实、互相尊重,要求当事人在夫妻共同生活中不仅要严格一夫一妻制原则,而且应当充分意识到彼此的合法夫妻身份和各自独立的人格,不从事任何伤害对方尊严、感情和正当利益的行为。家庭成员间应当敬老爱幼、互相帮助,婚姻法的基本原则是共同起作用的,是一个整体,不能割裂。

四、案例分析题

40.【参考答案】 法院应支持甲的诉讼请求,调解或判决刘某和许某共同偿还这笔债务。在夫妻财产契约对第三方效力的问题上,我国《婚姻法》第 19 条第 3 款规定,夫妻对婚姻关系存续期间所得的财产约定归各自所有的,夫或妻一方对外所负的债务,第三人知道该约定的,以夫或妻一方所有的财产清偿。最高人民法院《关于适用〈中华人民共和国婚姻法〉若干问题的解释(一)》第 18 条规定,婚姻法第 19 条所称的"第三人知道该约定的",夫妻一方对此负有举证责任。本案中,由于刘某向甲借款时没有说明与许某的约定,这一约定不能对抗善意第三人,所以许某对这笔债务应当承担连带的清偿责任。但是,这并不意味着双方的约定无效,许某可以在清偿对甲的债务后向刘某索偿。

41.【参考答案】 (1)牛的所有权应当认定尚未发生转移。《民法通则》第 72 条规定:"财产所有权的取得,不得违反法律规定。按照合同或者其他合法方式取得财产的,财产所有权从财产交付时起转移,法律另有规定或者当事人另有约定的除外。"在本案中,尽管某甲和某乙已经就财产的转让达成协议,但由于牛仍在某乙的占有之下,并未交付给某甲,因此应认定所有权尚未转移。

(2)本案中由于双方买卖的牛因盗窃而灭失,由此造成的损失由何方承担就是风险承担的问题。由于牛尚未由某乙交付给某甲,其所有权亦未发生转移,因此该风险理应由某乙承担。

政法干警招录培养考试民法学模拟试卷三

一、单项选择题,共35题,每题2分,共70分。

1. 下列各项中属于孳息的是(　　)。
   A. 树上的果实
   B. 未收割的庄稼
   C. 银行存款的利息
   D. 供热管道输送的热力

2. 代理人在代理权限内,以(　　)的名义实施民事法律行为。
   A. 被代理人
   B. 自己
   C. 被代理人或者自己
   D. 行为人

3. 企业法人依法被撤销后,(　　)。
   A. 法人主体资格立即消灭
   B. 应当自行成立清算组织
   C. 应当依法进行清算
   D. 法人仍可继续从事经营活动

4. 下列行为属于要约的是(　　)。
   A. 超市寄送的新商品目录
   B. 某拍卖行发布的拍卖徐悲鸿《奔马图》的公告
   C. 《读者》杂志发布的银饰品广告有图片及报价,称款到发货
   D. 某房地产公司发布的商品房楼盘广告

5. 李某有二男一女三个孩子,某日李某和他的大女儿李丽一同乘车去云南旅游,在旅游途中发生车祸,李某和他的大女儿一起遇难死亡。李丽死后留有两个儿子。李某留有10万元的遗产。李某生前没有留下遗嘱,按法定继承开始遗产分割。那么,李丽是否有继承权,如果有,应该如何继承?(　　)
   A. 李丽有继承权,其应继承的份额转继承给她的两个儿子
   B. 李丽没有继承权
   C. 李丽有继承权,由她的两个儿子代位继承其应继承的份额
   D. 李丽有继承权,应该由她的两个儿子和李某的两个儿子,四人平均分割遗产

6. 甲将一辆汽车以15万元卖给乙,乙付清全款,双方约定七日后交付该车并办理过户手续。丙知道此交易后,向甲表示愿以18万元购买,甲当即答应并与丙办理了过户手续。乙起诉甲、丙,要求判令汽车归己所有,并赔偿因不能及时使用汽车而发生的损失。关于该汽车的归属,下列哪一说法是正确的?(　　)
   A. 归乙所有,甲应赔偿乙的损失
   B. 归乙所有,乙只能请求甲承担赔偿责任
   C. 归丙所有,但甲、丙应赔偿乙的损失
   D. 归丙所有,但丙应赔偿乙的损失

7. 清偿被继承人债务的原则不包括(　　)。
   A. 有序清偿原则
   B. 限定继承原则
   C. 连带责任原则
   D. 全部清偿原则

8. 我国《担保法》规定的担保物权包括(　　)。
   A. 典权和抵押权
   B. 留置权、抵押权和质权

C. 地上权和地役权　　　　　　　　　　　D. 地役权、典权和质权

9. 韩某是精神病患者,在其妻的陪伴下外出散步,顽童甲前来挑逗,韩某受刺激追赶,其妻见状竭力阻拦无效,韩某将顽童甲的头打破。甲的医疗费如何承担?（　　）

　　A. 完全由韩某之妻承担

　　B. 主要由韩某之妻承担,但甲的监护人也应当承担

　　C. 完全由甲的监护人承担

　　D. 主要由甲的监护人承担,韩某之妻也应承担

10. 在债权人行使债权时,债务人根据特定事由,对抗债权人行使债权的权利是一种什么权利?（　　）

　　A. 支配权　　　　　　　　　　　　　　　B. 请求权

　　C. 形成权　　　　　　　　　　　　　　　D. 抗辩权

11. 财产所有权是一种什么权利?（　　）

　　A. 自物权　　　　　　　　　　　　　　　B. 动产物权

　　C. 完全物权　　　　　　　　　　　　　　D. 用益物权

12. 红光、金辉、绿叶和彩虹公司分别出资 50 万、20 万、20 万、10 万元建造一栋楼房,约定建成后按投资比例使用,但对楼房管理和所有权归属未作约定。对此,下列哪一说法是错误的?（　　）

　　A. 该楼发生的管理费用应按投资比例承担

　　B. 该楼所有权为按份共有

　　C. 红光公司投资占 50%,有权决定该楼的重大修缮事宜

　　D. 彩虹公司对其享有的份额有权转让

13. 王村村支书王某于 2009 年 6 月死亡,李某因与王某有仇,遂到处散布谣言说王某因收受贿赂,现在行贿人举报,王某因惧怕而自杀身亡。此时村民相互传播,造成了较恶劣的影响。王某之子遂向人民法院起诉要求追究李某的侵权责任,以下说法正确的是（　　）。

　　A. 王某已经死亡,其不存在名誉权,因而李某因侵权客体不存在而不构成侵权

　　B. 李某的行为已经侵害了王某的名誉,依法应当承担侵权责任

　　C. 王某之子有权代表王某向李某提起诉讼

　　D. 对于李某的行为能够对李某提起诉讼的只有王某的子女

14. 我国《合同法》规定,当事人在合同中既约定了违约金又约定了定金的,一方违约时,另一方（　　）。

　　A. 只能请求适用定金条款

　　B. 只能请求适用违约金条款

　　C. 可以请求同时适用定金条款和违约金条款

　　D. 可以选择请求适用定金条款或违约金条款

15. 2008 年 1 月 5 日,张三将行李寄存在火车站,2008 年 1 月 10 日被李四冒领,张三欲向李四追索,诉讼时效为（　　）。

　　A. 2009 年 1 月 10 日　　　　　　　　　B. 2009 年 1 月 5 日

　　C. 2010 年 1 月 10 日　　　　　　　　　D. 2010 年 1 月 5 日

16. 某晚甲向乙借 5000 元钱去赌博,并答应说:"如果能赢 2 万元的话,将还给乙 1 万元。"甲果然当天晚上赢了 25000 元,但事后只还给乙 5000 元,拒绝还给乙 1 万元。于是,乙向人民法院起诉。（　　）

　　A. 人民法院应判甲违约

B. 人民法院应该确认甲、乙之间的协议无效

C. 人民法院应该没收甲的赌博赢利

D. 人民法院应判决没收甲、乙的全部赌资资金

17. 通过自己建设取得房屋所有权的方式是哪种性质？（　　　）

　　A. 原始取得　　　　　　　　　　B. 继受取得

　　C. 加工　　　　　　　　　　　　D. 附合

18. 张某有一头牛要卖，王某向李某声称张某要委托自己替他卖牛，李某不放心，托人告诉张某，张某没有否认，成交后，因李某不付购牛款而发生纠纷，这一后果由（　　　）。

　　A. 张某自己承担　　　　　　　　B. 王某向张某承担

　　C. 李某、王某承担连带责任　　　　D. 李某向张某承担

19. 依据我国《合同法》的规定，限制民事行为能力人签订的其依法不能独立订立的合同，在未经其法定代理人追认之前，该合同的效力为（　　　）。

　　A. 有效　　　　　　　　　　　　B. 无效

　　C. 部分无效　　　　　　　　　　D. 效力待定

20. 下列哪一情形构成无权代理？（　　　）

　　A. 甲冒用乙的姓名从某杂志社领取乙的论文稿酬据为己有

　　B. 某公司董事长超越权限以本公司名义为他人提供担保

　　C. 刘某受同学周某之托冒充丁某参加求职面试

　　D. 关某代收某推销员谎称关某的邻居李某订购的保健品并代为付款

21. 甲公司欠乙公司 500 万元到期债权，甲公司同时对丙公司享有 400 万元的到期债权，但甲公司既不履行到期的债务，也不行使其对丙的到期债权，致使严重损害了债权人乙公司的利益。下列说法正确的是（　　　）。

　　A. 乙公司只能要求甲公司偿还其债权，不能要求丙公司向其履行债务

　　B. 乙公司可以要求丙公司向其履行债务

　　C. 丙公司如果拒绝甲公司要求向其履行债务的请求，甲公司无权向人民法院提起诉讼

　　D. 甲公司放弃了对丙的债权，乙公司就无权要求丙公司向其履行债务

22. 法定继承权的取得原因不包括（　　　）。

　　A. 因抚养、赡养关系而取得　　　　B. 因合同而取得

　　C. 因血缘关系而取得　　　　　　　D. 因婚姻关系而取得

23. 当事人约定"甲的儿子如果调回北京"，甲、乙间的房屋租赁合同即行生效。这一民事法律行为是（　　　）。

　　A. 附肯定解除条件的民事法律行为　　B. 附肯定延缓条件的民事法律行为

　　C. 附否定延缓条件的民事法律行为　　D. 附否定解除条件的民事法律行为

24. 某郊区小学校为方便乘坐地铁，与相邻研究院约定，学校人员有权借研究院道路通行，每年支付一万元。据此，学校享有的是下列哪一项权利？（　　　）

　　A. 相邻权　　　　　　　　　　　　B. 地役权

　　C. 建设用地使用权　　　　　　　　D. 宅基地使用权

25. 下列（　　　）不被法律认为是违法行为。

　　A. 公安人员刑讯逼供　　　　　　　B. 限制债务人的人身自由

　　C. 为抢钱而打伤别人　　　　　　　D. 为抵抗抢劫而打伤抢劫者

26. 应当先履行合同债务的当事人，可以行使不安抗辩权的情形是：有确切证据证明对方（　　　）。

A.经营状况恶化   B.丧失商业信誉

C.转移财产   D.更换法定代表人

27.辽东公司欠辽西公司货款200万元,辽西公司与辽中公司签订了一份价款为150万元的电脑买卖合同,合同签订后,辽中公司指示辽西公司将该合同项下的电脑交付给辽东公司。因辽东公司届期未清偿所欠货款,故辽西公司将该批电脑扣留。关于辽西公司的行为,下列哪一选项是正确的?(　　　)

A.属于行使抵押权   B.属于行使动产质权

C.属于行使留置权   D.属于自助行为

28.中国人李某定居甲国,后移居乙国,数年后死于癌症,未留遗嘱。李某在中国、乙国分别有住房和存款,李某养子和李某妻子的遗产之争在中国法院审理。关于该遗产继承案的法律适用,下列哪些选项是正确的?(　　　)

A.李某动产的继承应适用甲国法

B.李某不动产的继承应适用乙国法

C.李某动产的继承应适用中国法

D.李某所购房屋的继承应适用房屋所在国的法律

29.周某到某家具城购买家具,看中了甲公司生产的"352"号红木家具一套。双方达成协议:价款8000元,周某预付订金4000元,甲公司保证3天内将货送到周某家。双方在"352"号家具上做了标记。当晚,家具城失火,该套家具被焚。本案应如何处理?(　　　)

A.由周某承担损失,周某应补交所欠货款4000元

B.由甲公司承担损失,甲公司应退还周某预付订金4000元

C.由周某、甲公司双方平均分担损失,周某不补交货款,甲公司不退还订金

D.主要由甲公司承担损失,周某也应适当承担损失

30.城市小区绿地应当归(　　　)所有。

A.业主委员会   B.房地产开发商

C.全体业主   D.物业管理公司

31.甲、乙、丙三人合伙经营一电器商场,效益不佳,已欠债2万元。三人经协商一致邀请有经营能力的丁加入到合伙之中,丁在被告知合伙经营状况后出资加入其中,并以合伙人的身份参与经营。两年后,该电器商场因故停业。对丁入伙前电器商场对外所欠的2万元债务,依法应当(　　　)。

A.由甲、乙、丙、丁四人承担按份责任   B.由甲、乙、丙、丁四人承担连带责任

C.由甲、乙、丙三人承担按份责任   D.由甲、乙、丙三人承担连带责任

32.根据《民法通则》规定,可撤销行为在当事人申请撤销之前为(　　　)。

A.有效行为   B.效力未定行为

C.无效行为   D.部分无效行为

33.周某与妻子庞某发生争执,周某一记耳光导致庞某右耳失聪。庞某起诉周某赔偿医药费1000元、精神损害赔偿费2000元,但未提出离婚请求。下列哪一选项是正确的?(　　　)

A.周某应当赔偿医疗费和精神损害

B.周某应当赔偿医疗费而不应赔偿精神损害

C.周某应当赔偿精神损害而不应赔偿医疗费

D.法院应当不予受理

34.在当事人没有约定,法律亦无特别规定的情况下,买卖合同中财产所有权的转移时间是(　　　)。

A.标的物交付时　　　　　　　　B.买方付清全部货款时

C.合同生效时　　　　　　　　　D.合同成立时

35.甲、乙二人同在山坡上放羊,乙的羊混入甲的羊群,甲不知,赶羊回家入圈。甲的行为属于( )。

A.拾得遗失物　　　　　　　　　B.获取不当得利

C.无因管理　　　　　　　　　　D.授权行为

二、简答题,共3题,每题10分,共30分。

36.简述无权代理行为与无权处分行为。

37.简述不当得利制度的构成要件。

38.简述民法调整的人身关系的特征。

三、论述题,共1题,每题20分,共20分。

39.论侵权责任与违约责任的异同。

四、案例分析题,共2题,每题15分,共30分。

40.年仅8岁的小强在省教育厅组织的儿童摄影大赛上获得了一等奖。省教育厅下属的一家儿童读物出版社闻讯后即来信表示,他们将出一期儿童作品专刊,希望小强能寄来几幅作品。小强的父亲收到信后给儿童读物出版社寄去了三幅作品,但之后一直没有回音。第二年1月,小强的父亲在该儿童读物出版社的期刊上发现有小强的两幅作品但没有给小强署名,便立即找到该儿童读物出版社,要求其支付报酬。然而,该儿童读物出版社称,小强年仅8岁,还是未成年人,还不能享有著作权,因此没必要署名;该儿童读物出版社发表小强的作品是教育厅对其成绩的肯定,没有必要支付报酬。

问:(1)根据我国法律,小强是否有署名的权利和获得报酬的权利?

(2)分析该儿童读物出版社的抗辩理由。

41.A地的甲厂与B地的乙商店于2009年6月订立洗衣粉买卖合同,约定7月25日由甲厂在B地的火车站交货。7月14日,由于洪水冲垮了两地间的铁路,交通中断,A地与B地之间又无飞机通航,甲厂未将此情势通知乙商店,乙商店亦未查询。8月1日,交通恢复后,甲厂立即装运,8月9日运抵B地火车站,甲厂押运人通知乙商店取货。乙商店拒不受领,在与甲厂押运人的谈判中,要求压低价格,甲厂不能接受。甲厂押运人只好租用民房一间暂为保管,同时继续与乙商店交涉。8月15日,由于B地大雨,山洪暴发,冲垮民房,洗衣粉灭失1/3,另外2/3也因浸水而只能降价处理。

问:(1)甲、乙之间的合同关系是否解除?为什么?

(2)甲厂未将交通中断的事实通知乙商店,若乙商店因此受到损害,甲厂是否应该负责赔偿?

(3)乙商店不受领是否构成违反买卖合同?为什么?

(4)甲厂因部分洗衣粉灭失以及降价而遭受的损失,可否要求乙商店予以赔偿?为什么?

参考答案及解析

一、单项选择题

1. C 【解析】 本题考查的知识点是孳息的认定。孳息是因物或权益而产生的收益。孳息必须在原物或权益上产生,必须与原物或权益分离独立,不是其组成部分。本题备选答案中,A 项树上的果实、B 项未收割的庄稼都表明孳息尚未与原物分离,即孳息尚未产生,故 A 项、B 项不属于孳息。C 项银行存款的利息,自存款计息之日起,便与原物发生分离,故 C 项符合试题要求。D 项供热管道输送的热力并非是供热管道所产生,缺少原物,故该热力也不构成孳息。可见,本题正确选项应当为 C 项。

2. A 【解析】 本题考查的知识点是代理的概念。代理就是以被代理人的名义在代理权限内与第三人进行民事活动,法律后果归属于被代理人的行为。这是代理不同于行纪、代表和居间的独有特点。代理人以自己的名义实施民事法律行为的,可以构成隐名代理。但在显名代理中,以自己的名义实施民事行为将构成滥用代理权。故 B 项排除。C、D 两项为干扰项,正确选择是 A。

3. C 【解析】 法人撤销后要进行清算,清算完毕后主体资格才消灭。这一点考生切记。企业法人依法被撤销后,要停止经营活动,由主管部门成立清算组织,依法进行清算。清算完毕后,法人主体资格消灭。因此,ABD 项是错误的,只有 C 项是正确答案。

4. C 【解析】 本题考查要约的情形。考生解题时应首先明确什么是要约,其次要把要约和承诺、要约邀请相区别。要约邀请是希望他人向自己发出要约的意思表示。寄送的价目表、拍卖公告、招标公告、招股说明书、商业广告等为要约邀请。商业广告的内容符合要约规定的,视为要约。所以,C 项符合要约的规定。

5. A 【解析】 首先,应确定李丽和其父李某的死亡时间。根据司法解释,如果不能确定死亡先后,应推定年老的先死亡。推定李某先于李丽死亡,这样李丽的继承权转继承给其两个儿子,而不是代位继承。李丽两个儿子继承的份额只能是李丽应继承的份额,而不是平均参加遗产的分割。

6. A 【解析】 《物权法》第 23 条第一款规定,动产物权的设立和转让,自交付时发生效力,但法律另有规定的除外。第 24 条规定,船舶、航空器和机动车等物权的设立、变更、转让和消灭,未经登记,不得对抗善意第三人。本题中汽车所有权的转移因甲丙办理了过户登记,所以应当归丙,AB 项排除。但是,只有甲应当对乙承担违约责任,赔偿其损失,所以本题答案为 A。

7. D 【解析】 清偿被继承人债务的原则包括以接受继承为前提的原则、限定继承原则、有序清偿原则、连带责任原则、保留必留份额原则。

8. B 【解析】 《中华人民共和国担保法》(以下简称《担保法》)规定的担保物权包括留置权、抵押权和质权三种。

9. B 【解析】 本题主要考监护人的民事责任的承担。《民法通则》第 133 条第 1 款规定,无民事行为能力人、限制民事行为能力人造成他人损害的,由监护人承担民事责任。监护人尽了监护责任的,可以适当减轻他的民事责任。《民法通则》第 131 条规定,受害人对于损害的发生也有过错的,可以减轻侵害人的民事责任。

10. D 【解析】 抗辩权,广义上是指对抗请求权或者否认他人权利主张的权利,狭义上仅指对抗请求权的权利。债权是一种请求权,对抗请求权的就是抗辩权。

11.C 【解析】 财产所有权,是指所有人依法对自己的财产享有占有、使用、收益和处分的权利,故财产所有权是一种完全物权。

12.C 【解析】《物权法》第103条 共有人对共有的不动产或者动产没有约定为按份共有或者共同共有,或者约定不明确的,除共有人具有家庭关系等外,视为按份共有。所以,该楼为按份共有,B正确。第97条规定,处分共有的不动产或者动产以及对共有的不动产或者动产作重大修缮的,应当经占份额三分之二以上的按份共有人或者全体共同共有人同意,但共有人之间另有约定的除外。红光公司的份额没有达到三分之二,故不能决定该楼的重大修缮,C错误,应选。第98条规定,对共有物的管理费用以及其他负担,有约定的,按照约定;没有约定或者约定不明确的,按份共有人按照其份额负担,共同共有人共同负担。A正确。第101条规定,按份共有人可以转让其享有的共有的不动产或者动产份额。其他共有人在同等条件下享有优先购买的权利。D正确。

13.B 【解析】 最高人民法院《关于确定民事侵权精神损害赔偿责任若干问题的解释》第3条规定:"自然人死亡后,其近亲属因下列侵权行为遭受精神痛苦,向人民法院起诉请求赔偿精神损害的,人民法院应当依法予以受理:

(一)以侮辱、诽谤、贬损、丑化或者违反社会公共利益、社会公德的其他方式,侵害死者姓名、肖像、名誉、荣誉;

(二)非法披露、利用死者隐私,或者以违反社会公共利益、社会公德的其他方式侵害死者隐私;

(三)非法利用、损害遗体、遗骨,或者以违反社会公共利益、社会公德的其他方式侵害遗体、遗骨。"

依此,王某虽然已经死亡但是其名誉受到法律保护,李某不得侵害,对李某的侵害行为,王某的近亲属都可以提起诉讼,并且是以自己的名义,而不能以死者的名义。

14.D 【解析】 本题考查的知识点是违约金和定金的适用。在合同中,当事人约定了违约金,又约定了定金的,在一方发生违约时,如何适用,各国规定不同,理论也多有争议。违约金是一种违约责任方式,定金是合同履行的担保方式,性质本不同,按理说各自适用即可。但一个国家毕竟有其立法政策。我国《合同法》为了体现民法的等价有偿原则,第116条明确规定,当事人既约定违约金,又约定定金的,一方违约时,对方可以选择适用违约金或者定金条款。这就是说,当事人不能同时适用违约金或者定金条款,只能择其一。本题选项中,只有D项符合试题要求。

15.A 【解析】 本题考查考生对《民法通则》第136条四种特殊案件诉讼时效的掌握。寄存财物丢失或者被损毁的诉讼时效为一年。从被知道或应当知道被侵权时开始计算诉讼时效。

16.B 【解析】 附条件的民事行为,如果所附的条件是违背法律规定或者不可能发生的,应当认定该民事行为无效。人民法院在民事诉讼中,无权没收甲的赌博赢利和全部赌资金,需要处理的应该由公安机关处理。

17.A 【解析】 所有权的取得有原始取得与继受取得之分。前者是指不以他人的权利及意思表示为依据,而是依据法律直接取得物权,如因先占、取得时效取得一物的所有权;后者则是指以他人的权利及意思表示为依据取得物权,如因买卖、赠与取得物的所有权。加工是指一方使用他人的财产加工改造,形成具有更高价值的新财产;附合是指不同所有人的财产密切结合在一起而形成新的财产,对原物虽然尚能辨明,但无法分离或分离后会大大降低新物的价值。加工与附合均为所有权的原始取得方式。据此,本题选项为A。

18.D 【解析】 根据《民法通则》的规定,本人知道他人以自己的名义实施民事行为而不表示否认的,应视为同意他人的代理行为。王某不承担连带责任。

19.D 【解析】 本题考查的知识点是行为能力欠缺的人,所订立合同的效力问题。行为能力欠缺的人,是指行为能力不完全的人,包括无行为能力人和限制行为能力人。一般说来,无民事行为能力人不能独立进行民事活动,限制行为能力人可以从事与其年龄和智力状况相适应的民事活动。根据《民法通则》第58条的规定,限制民事行为能力人依法不能独立实施的行为无效。但根据《合同法》第47条的规定,限制民事行为能力人订立的合同,经法定代理人追认后,该合同有效。依据该条规定,民法理论上的解释是,法定代理人追认限制行为能力人所订立的合同之前,该行为的效力不是无效,也不是有效,而是效力处在待定状态,其效力取决于法定代理人的追认或拒绝。当该行为被法定代理人拒绝时,行为追溯到自始无效;当该行为被法定代理人追认,该行为自始有效。在本题中要求"根据《合同法》的规定",而不是《民法通则》的规定,判断限制行为能力人不能独立订立合同的效力,因此,应当选择D项效力待定。A、B、C三项都不符合试题要求。

20.D 【解析】 本题考核无权代理。无权代理是非基于代理权而以本人名义实施的旨在将效果归属于本人的代理。A项中,虽然甲是冒用乙的姓名进行的民事行为,但是,并非旨在将行为效果归属于乙,而是旨在据为己有,不满足无权代理的条件,因此,A项不选。

B项中,某公司的董事长不是公司的代理人,而是代表人。代理人与法人代表地位也不同,法人代表人在代表法人时,自己的人格被法人吸收,法人代表的行为就是法人的行为;代理人在代理时,仍是以自己的意思独立实施行为,只是该行为的法律效果归属于本人。本项中,董事长的行为是代表行为,而非代理行为,因此,也就无所谓无权代理的问题了。因此,B项不选。

《民法通则》第63条第3款规定,依照法律规定或者按照双方当事人约定,应当由本人实施的民事法律行为,不得代理。C项中的求职面试行为根据实践经验可知,属于必须由本人亲自实施的民事法律行为,不得由代理人代理,因此,刘某冒充丁某参加请求面试的行为是违背法律禁止规定的行为,属于无效行为,不属于是否有权代理的评价范围之内。因此,C项不选。

D项中,从"推销员谎称"信息中可以判定出关某没有得到李某的授权,关某认为此保健品是邻居李某订购的,并代李某接收且付款的行为属于无权代理。因此,D项正确。

21.B 【解析】 本题考查考生对代位请求权的理解。代位请求权是债的履行的重要内容,因此考生应重点掌握。本题中甲公司可以通过行使代位请求权保全自己的债权。

22.B 【解析】 本题考查继承权的取得原因。无论取得的方式有几种,考生只要把握一点,继承权的取得有其人身属性。自然人可以基于以下三种原因取得继承权:因婚姻关系而取得;因扶养、赡养关系而取得;因血缘关系而取得。

23.B 【解析】 本题考查考生对附条件的民事法律行为的理解。附条件的民事法律行为以条件成就的法律效力不同可以分为:延缓条件和解除条件。延缓条件又可分为肯定的延缓条件和否定的延缓条件。肯定的延缓条件是某一事实成就,民事法律行为生效。

24.B 【解析】 地役权,是指利用他人土地以便有效的使用或经营自己的土地的权利。相邻关系,是指两个或两个以上相互毗邻不动产的所有人或使用人,在行使占有、使用、收益、处分权利时发生的权利义务关系。二者的区别在于地役权提供较高程度的便利利益,而相邻关系是最低限度的便利利益和容忍义务。本题郊区小学为方便地铁乘坐才借地通行,不是最基本的通行便利,因此双方之间是关于地役权的约定,B正确,A错误。宅基地使用权指的是农村集体经济组织的成员依法享有的在农民集体所有的土地上建造个人住宅的权利。建设用地使用权是因建筑物或其他工作物而使用国家所有的土地的权利。本题与此无关,可以排除C、D。

25.D 【解析】 本题考查违法行为,解题时首先确认违法行为的一般特征、构成要件。在此基础上排除法律规定的特殊情形,如正当防卫等。D项为正当防卫行为。正当防卫是指根据法律规定,为了保护公共利益、自身或他人的合法利益,对于正在进行非法侵害的人给予适当的还击,以排除或减轻违法行为可能造成的损害。正当防卫行为是合法行为,因此,《民法通则》第128条规定:"因正当防卫造成损害的,不承担民事责任。"正当防卫行为应具有一定的限度,否则可能防卫过当,而防卫过当是违法行为。ABC均为侵权行为。

26.B 【解析】 本题考查的知识点是不安抗辩权的适用情形。

根据《合同法》第68条第1款的规定,"应当先履行债务的当事人,有确切证据证明对方有下列情形之一的,可以中止履行:

(一)经营状况严重恶化;

(二)转移财产、抽逃资金,以逃避债务;

(三)丧失商业信誉;

(四)有丧失或者可能丧失履行债务能力的其他情形。"

正确回答本题的关键是对于该条的理解。对照该条分析本题所给选项,不难看出,选项A经营状况恶化,缺少法条第一项"严重"二字,经营状况能否达到严重程度,是不安抗辩权成立的关键,没有严重恶化,仅仅是一般恶化或者有恶化的倾向,都不成立不安抗辩权,故该选项排除。B项丧失商业信誉完全符合第68条第1款第3项规定的情形。C项转移财产,缺少法条关于转移财产的目的界定,即转移财产必须是为了逃避债务才能成立不安抗辩权,故此选项也应排除。D项更换法定代表人并不能成为丧失或可能丧失履行能力的其他情形,故也不符合试题要求。只有B项完全符合《合同法》的规定,也符合该题意。

27.C 【解析】 《物权法》第230条规定,"债务人不履行到期债务,债权人可以留置已经合法占有的债务人的动产,并有权就该动产优先受偿。"前款规定的债权人为留置权人,占有的动产为留置财产。第231条规定,"债权人留置的动产,应当与债权属于同一法律关系,但企业之间留置的除外。"法律对企业之间的留置规定较为宽松,不要求留置的动产和债权属于同一法律关系,因此本题应选C,双方没有对担保达成合意,所以A、B排除,本题属于留置权行使行为,D可以排除。

28.D 【解析】 我国《民法通则》第149条规定:"遗产的法定继承,动产适用被继承人死亡时住所地法律,不动产适用不动产所在地法律。"本题中,李某的遗产之争在中国法院审理,而李某未留有遗嘱,因此,对李某遗产的继承应适用该法定继承的规定。应当注意,"李某定居甲国,后移居乙国,数年后死于癌症",可见其死亡时的住所地在乙国。因此,对李某的遗产的法定继承,应当区分财产的性质:动产即他的全部存款适用他死亡时的住所地法即乙国法;不动产即他的全部住房则适用不动产所在地法,在中国的住房适用中国法,在乙国的住房适用乙国法。故D选项正确,ABC选项错误。

29.B 【解析】 本题的考查点为财产所有权的转移。《民法通则》第72条第2款规定,按照合同或者其他合法方式取得财产的,财产所有权从财产交付时起转移,但法律另有规定或者当事人另有约定的除外。《合同法》第142条规定,"标的物毁损、灭失的风险,在标的物交付之前由出卖人承担,交付之后由买受人承担,但法律另有规定或者当事人另有约定的除外。"在本案中,"352"号红木家具没有交付给周某,甲公司仍享有所有权,所以甲公司也应负担家具灭失的风险。A、C、D三项均违背了《合同法》第142条的规定。

30.C 【解析】 本题考查建筑物区分所有权的共有权,小区绿地属于业主共有财产。

31.B 【解析】 根据《合伙企业法》第44条第2款的规定,"新合伙人对入伙前合伙企业的债务承担无限连带责任。"由此可知,正确答案选B。

32. A 【解析】 可撤销民事行为只有经过审判或仲裁程序确定之后,才属无效,在当事人不申请变更撤销,或虽然申请,但审判或仲裁尚未作出撤销判决时,还具有效力。

33. D 【解析】《婚姻法》第46条规定:"有下列情形之一,导致离婚的,无过错方有权请求损害赔偿:(一)重婚的;(二)有配偶者与他人同居的;(三)实施家庭暴力的;(四)虐待、遗弃家庭成员的。"最高人民法院《关于适用〈中华人民共和国婚姻法〉若干问题的解释(一)》第29条进一步规定:"承担婚姻法第四十六条规定的损害赔偿责任的主体,为离婚诉讼当事人中无过错方的配偶。人民法院判决不准离婚的案件,对于当事人基于婚姻法第四十六条提出的损害赔偿请求,不予支持。在婚姻关系存续期间,当事人不起诉离婚而单独依据该条规定提起损害赔偿请求的,人民法院不予受理。"本题中,由于庞某不起诉离婚而单独提起损害赔偿请求,因此人民法院应不予受理,答案应选 D。

34. A 【解析】《合同法》第133条规定:"标的物的所有权自标的物交付时起转移,但法律另有规定或当事人另有约定的除外。"故 A 项正确。在后三项情形下,在 B、C 两项的情形下,只有当事人特别约定才可以作为所有权转移的时间。D 项在简易交付条件下,根据法律特别规定,可以作为所有权转移时间,如甲、乙先行订立租赁电脑合同,乙作为承租人占有电脑,后两者又签订买卖该电脑合同,电脑所有权便自买卖电脑合同成立时转移。

35. B 【解析】 本题考查的知识点是不当得利与拾得遗失物、无因管理、侵权行为的区别。不当得利与这三项制度的区别主要在于行为人主观态度和行为是否事实。拾得遗失物要求行为人主观知道"拾得"的法律意义;侵权行为的构成要件之一是行为人有主观过错,即故意和过失。无因管理的构成要件是管理人已经实施了管理行为。从本题所给事实来看,"乙的羊群混入甲的羊群"和"甲不知",这两个条件足以表明甲的行为不属于 A、D 项的拾得遗失物和侵权行为。甲只是"赶羊回家入圈",并未实施管理,故不构成无因管理。

二、简答题

36.【参考答案】 无权代理行为,是指行为人在没有代理权的情况下以他人名义实施的民事行为。无权处分行为,是指行为人在没有处分权的情况下,以自己的名义实施的处分行为。

两者的区别如下:从性质上看,两者均属于效力待定的民事行为,行为人都是在欠缺某种权利的情况下实施民事行为,只是无权代理行为人欠缺的是代理权,而无权处分的行为人欠缺的是处分权。两者最大的区别在于行为人是以谁的名义实施民事行为,无权代理的行为人是以本人的名义实施民事行为,而无权处分的行为人是以自己的名义实施民事行为,而不是以权利人或他人的名义实施相关的民事行为。

37.【参考答案】 不当得利的构成要件包括以下四个方面:
(1)须一方受到利益,即一方当事人因一定的事实结果而使其得到一定的财产利益。
(2)须一方受到损失。这里的所谓的受到损失,是指因一定的事实结果使财产利益的总额减少,既包括积极的损失,也包括消极的损失。
(3)须一方受利益与一方受损失之间有因果关系。所谓受利益与受损失之间有因果关系,是指他方的损失是因一方的受益造成的,一方受益是他方受损的原因,受益与受损二者之间有变动的关联性。
(4)须无合法的根据,这是不当得利构成的实质性要件。

38.【参考答案】 人身关系,是指人们在社会生活中形成的具有人身属性,与主体的人身不可分离的、不是以经济利益而是以特定精神利益为内容的社会关系。民法调整的人身关系具有以下特点:
(1)主体的地位平等;
(2)与民事权利的享受和行使有关;

(3)与主体的人身不可分离且不具有经济内容。

三、论述题

39.【参考答案】 侵权民事责任和违约责任都是民事责任,但仍然存在着重大的差别。侵权民事责任和违约责任的区别主要有以下几个方面:

(1)归责原则不同。违约责任一般采取无过错的责任原则,例外采取过错责任原则;而侵权民事责任则一般采取过错责任原则,例外采取无过错责任原则和公平责任原则。

(2)构成要件不同。构成违约责任,一般以行为人主观上有过错为要件,违约金的交付及定金罚则的适用不以其违约行为给对方造成的损失为要件;而构成侵权民事责任,行为人主观上是否须有过错,依其适用的归责原则的不同而有所不同,但一定损害后果的存在是构成侵权责任的必要条件。

(3)举证责任不同。在违约责任中,由于一般实行无过错责任原则,违约方只有证明具有法定的或者约定的免责事由才可免责;而在侵权的民事责任中,一般侵权行为的受害人有义务就加害人有无过错负举证责任,在特殊的民事侵权行为中,即使加害人举证证明自己没有过错也不能免责。

(4)免责条件不同。在违约责任中,除了法定的免责条件以外,合同的当事人还可以事先约定不承担民事责任的情况,但当事人不得事先约定免除故意或重大的过失责任。即使就不可抗力来说,当事人也可以就不可抗力的范围事先约定。而在侵权的民事责任中,免责条件只能是法定的,当事人不得事先约定免责条件,也不得对不可抗力的范围事先约定。

(5)责任形式不同。违约责任的形式主要有强制实际履行、支付违约金、赔偿损失等。而侵权的民事责任的形式有停止侵害、返还财产、恢复原状、消除影响、恢复名誉、赔偿损失等。违约责任主要是财产责任;而侵权责任既包括财产责任,也包括非财产责任。

(6)损害赔偿的范围不同。在违约责任中,损害赔偿的责任只限于财产损害,不包括人身损害和其他的非财产损害,且当事人可以在合同中约定赔偿损失额,如果没有约定,赔偿额应相当于受害人因违约受到的损失,但是不得超过违约方订立合同时应当预见到的违约可能造成的损失;而在侵权的民事责任中,损害赔偿责任的范围不限于财产损害,而且包括人身伤害。侵权的民事责任中不仅包括直接损失,也包括间接损失,且损害赔偿的范围是法定的,不能因当事人的事先约定而改变。

四、案例分析题

40.【参考答案】 (1)按照《民法通则》的规定,公民从出生时起到死亡时止,具有民事权利能力,依法享有民事权利,承担民事义务。著作权是一项民事权利,包括作者署名权和获得报酬权。小强对自己的作品享有著作权,也当然享有署名权和获得报酬权。

(2)该儿童读物出版社是教育厅下属的一个具有独立法人资格的企业,不是教育厅的工作部门。《民法通则》第36条第1款规定:"法人是具有民事权利能力和民事行为能力,依法独立享有民事权利和承担民事义务的组织。"因而,儿童读物出版社在没有得到教育厅授权的情况下,其行为仅代表自己的意志,不能代表教育厅,它必须对自己行为的后果负责。该儿童读物出版社与小强之间的关系是平等主体间的民事关系,适用平等自愿、等价有偿的原则,该儿童读物出版社选用小强的作品,就应该依照我国《著作权法》为小强署名并支付报酬。

41.【参考答案】 (1)虽然不可抗力是法定的免责条款,但鉴于甲、乙之间不符合法定的解除合同的情形,同时解除权的行使要以通知为要件,故该合同没有解除。

(2)洪水暴发属于不可抗力,因洪水引起的交通中断所造成的不能履行带来的损失,甲方不承担赔偿责任;但发生不可抗力以后,甲方负有通知的义务,由于其未尽通知义务而造成的损失,则要承担赔偿责任。

（3）乙商店不受领构成违反了买卖合同的规定。虽然合同双方约定的履行期限已过，但合同尚未解除，乙商店不能拒绝受领。

（4）甲厂因部分洗衣粉灭失及降价所受的损失虽然同样是由于不可抗力而引起的，但既然合同没有解除，依合同约定运到 B 地火车站即算交付，故可以要求乙商店予以赔偿。但甲厂在迟延履行后发货时，并未通知对方，对损失的形成也有一定责任，故依据公平责任也应分担一定的损失。故不论乙商店是否拒绝受领，鉴于货物业已交付，所以因此而遭受的损失，即使是不可抗力亦要由乙商店承担主要责任。

政法干警招录培养考试民法学
模拟试卷四

一、单项选择题,共 35 题,每题 2 分,共 70 分。

1. 甲与乙均系 8 岁儿童,同在一所学校上小学二年级。二人在下课后游玩时,甲扔一石头打中乙的右眼。乙的父亲为此花医疗费 2 万元。经查,甲住在其姑母丙家,甲的父亲丁在外地工作。丙、丁订有协议:丙安排甲上学,并照顾甲生活,对甲的一切行为都要负责;丁每月付给丙 300 元。下列有关论述不正确的有(   )。
   A.丁将监护职责全部委托给丙,丙取得监护资格,丁丧失监护资格
   B.乙的父亲起诉时应要求丁承担赔偿责任
   C.丁承担赔偿责任后,依丙、丁之间的约定,丙应承担损失
   D.若丙确有过错的,则丙应承担连带责任

2. 甲公司的董事乙以公司财产为丙提供担保,下列说法正确的是(   )。
   A.如果丙是个人,则该担保有效
   B.如丙是公司,则该担保有效
   C.只有在甲是个人,该担保是经过公司股东大会同意的,该担保才是有效的
   D.如丙是公司,且丙没有对甲进行任何投资,则该担保是有效的

3. 甲、乙二人同在山坡上放羊,乙的羊混入甲的羊群,甲不知,赶羊回家入圈。甲的行为属于(   )。
   A.拾得遗失物   B.获取不当得利
   C.无因管理   D.授权行为

4. 下列合同中,可以是有偿也可以是无偿合同的是(   )。
   A.保管合同   B.融资租赁合同
   C.运输合同   D.行纪合同

5. 在要约生效前,要约人可以(   )要约,以阻止要约发生法律效力。
   A.撤销   B.撤回
   C.收回   D.撤销或者撤回

6. 甲公司准备为乙公司作中介寻找开发楼盘的合作伙伴,两个公司签订了意向书,约定乙公司交付 80 万元定金作为与甲公司签订正式合同的担保。乙公司交付定金后,却委托另一家公司作中介,同时要求甲公司退还定金。对此要求(   )。
   A.甲公司应该退还定金,因为主合同没有成立,定金条款也无效
   B.甲公司应该退还定金,因为乙公司没有构成根本违约,不能适用定金罚则
   C.甲公司不予退还定金,因为乙公司根本违约,适用定金罚则
   D.甲公司不予退还定金,此定金是立约定金,担保主合同的签订

7. 相对法律关系是指(   )。
   A.可以存在,也可以不存在的法律关系
   B.权利、义务不确定的法律关系

    C. 权利人与权利人相对应的义务人具体、特定的法律关系

    D. 代理人根据委托授权与相对人建立的法律关系

8. 公民可以适用正当防卫方法保护的民事权利是(　　)。

    A. 名誉权　　　　　　　　　　　　B. 生命权

    C. 肖像权　　　　　　　　　　　　D. 扶养权

9. 我国《担保法》规定的担保物权包括(　　)。

    A. 典权和抵押权　　　　　　　　　B. 留置权、抵押权和质权

    C. 地上权和地役权　　　　　　　　D. 地役权、典权和质权

10. 所有权的取得方式中，属于原始取得的是(　　)。

    A. 继承遗产　　　　　　　　　　　B. 受赠图书

    C. 收获庄稼　　　　　　　　　　　D. 购得汽车

11. 依据《担保法》，企业法人内部职能部门作保证人的条件是(　　)。

    A. 有清偿能力　　　　　　　　　　B. 有保证能力

    C. 企业法人同意　　　　　　　　　D. 企业法人书面授权

12. 特定之债与种类之债的划分依据是(　　)。

    A. 债的标的物的性质　　　　　　　B. 债的内容是否特定

    C. 债权人是否特定　　　　　　　　D. 债务人是否特定

13. 宣告失踪的法律后果是(　　)。

    A. 婚姻关系解除　　　　　　　　　B. 失踪人民事主体资格消灭

    C. 财产发生代管　　　　　　　　　D. 财产发生继承

14. 甲将一个音响抵押给了乙，办理登记手续，后又质押给丙。丙发现音响有质量问题，拿到丁处修理，后由于丙没有支付修理费，被丁留置，丁又将此质押给不知情的戊。下列说法正确的是(　　)。

    A. 如果仅仅有乙的抵押权和丙的质押权存在，丙的权利优先实现

    B. 戊不能取得质押权

    C. 如果在抵押权、质押权、留置权并存的情况下，乙由于是登记的权利，仍然优先实现

    D. 如果仅仅有乙的抵押权和丙的质押权并存时，乙的抵押权优先实现

15. 债权人分立、合并或者变更住所没有通知债务人致使履行债务有困难的，债务人可以(　　)。

    A. 解除合同　　　　　　　　　　　B. 向人民法院起诉

    C. 终止履行　　　　　　　　　　　D. 将标的物提存

16. 下列权利中，不属于民事权利的是(　　)。

    A. 婚姻自由权　　　　　　　　　　B. 亲属扶养权

    C. 作品修改权　　　　　　　　　　D. 仲裁请求权

17. 某甲的外祖父与某乙的父亲是亲兄弟，某丙的外祖母与某丁的祖母是亲姐妹。则(　　)。

    A. 某甲与某乙、某丙与某丁的婚姻均有效

    B. 某甲与某乙、某丙与某丁的婚姻均无效

    C. 某甲与某乙的婚姻无效，某丙与某丁的婚姻有效

    D. 某甲与某乙的婚姻有效，某丙与某丁的婚姻无效

18. 根据有关法律法规规定，《民法通则》中的"二十年诉讼时效期间"(　　)。

    A. 可以中止和中断　　　　　　　　B. 可以中断和延长

    C. 可以延长　　　　　　　　　　　D. 可以中止和延长

19. 甲公司的法定代表人超越权限,擅自以甲公司的名义与乙公司签订了一份买卖设备的合同,约定由甲公司向乙公司提供设备10套,乙公司在货到后一周内付清货款。但是,在甲公司即将交付设备之前,发现乙公司确已濒临破产。甲公司在发现乙公司确已濒临破产时,可以采取何种措施?(　　)
   A. 直接解除合同　　　　　　　　　　　B. 宣告合同无效
   C. 中止履行　　　　　　　　　　　　　D. 要求乙先付款

20. 我国《民法通则》规定,企业法人有权转让其(　　)。
   A. 营业执照　　　　　　　　　　　　　B. 荣誉
   C. 名称　　　　　　　　　　　　　　　D. 名誉

21. 依据我国《继承法》的相关规定,口头遗嘱属于(　　)。
   A. 要式民事法律行为　　　　　　　　　B. 不要式民事法律行为
   C. 要物民事法律行为　　　　　　　　　D. 附条件民事法律行为

22. 张某和李某采用书面形式签订一份买卖合同,双方在甲地谈妥合同的主要条款,张某于乙地在合同上签字,李某于丙地在合同上摁了手印,合同在丁地履行。关于该合同签订地,下列哪一选项是正确的?(　　)
   A. 甲地　　　　　　　　　　　　　　　B. 乙地
   C. 丙地　　　　　　　　　　　　　　　D. 丁地

23. 根据我国《合同法》的规定,以下合同属于实践性合同的是(　　)。
   A. 买卖合同　　　　　　　　　　　　　B. 承揽合同
   C. 保管合同　　　　　　　　　　　　　D. 运输合同

24. 甲、乙两人系同事,甲曾委托乙创作一剧本,乙碍于情面答应为其创作,但双方没有订立任何书面合同,也未作出明确的口头约定。乙按时完稿交甲审阅,甲看后让乙再作修改。后甲因工作关系调到他省工作,乙修改完作品即以自己的名义对外发表。甲知悉后,提出著作权属于自己。依法律规定,此剧本的著作权属于谁?(　　)
   A. 甲、乙均不享有　　　　　　　　　　B. 甲、乙共同享有
   C. 甲一人享有　　　　　　　　　　　　D. 乙一人享有

25. 依据我国《婚姻法》的有关规定,可撤销婚姻的撤销事由是(　　)。
   A. 重婚　　　　　　　　　　　　　　　B. 未到法定婚龄
   C. 因欺诈而结婚　　　　　　　　　　　D. 因胁迫而结婚

26. 从事高空、高压、易燃、易爆、剧毒、放射性、高速运输工具等对周围环境有高度危险的作业造成他人损害的,对这种损害(　　)。
   A. 按无过错原则承担责任　　　　　　　B. 按过错原则承担责任
   C. 由受害人承担举证责任　　　　　　　D. 按公平原则处理

27. 买方代理人和出卖人互相串通,抬高价金,由后者汇给前者一定的回扣,这一行为的性质属于(　　)。
   A. 欺诈　　　　　　　　　　　　　　　B. 显失公平
   C. 恶意串通　　　　　　　　　　　　　D. 以合法形式掩盖非法目的

28. 合伙经营期间发生亏损,退伙人已分担合伙债务的,对其参加合伙期间的全部债务(　　)。
   A. 负连带责任　　　　　　　　　　　　B. 负部分责任
   C. 负补充责任　　　　　　　　　　　　D. 不负责任

29. 顾客将胶卷交照相馆冲印,照相馆交给顾客一份取印单,该取印单属于(　　)。
   A. 委托合同　　　　　　　　　　　　　B. 承揽合同

C. 行纪合同   D. 技术合同

30. 对主物与从物的关系,下列说法中正确的是( )。

A. 从物属于主物的构成部分

B. 从物所有权只在当事人有特别约定时,才随主物所有权的转移而转移

C. 从物必须依附于主物而存在

D. 从物与主物的所有权人是同一人

31. 下列行为中,属于事实行为的是( )。

A. 签订合同   B. 承认债务

C. 创作作品   D. 设立遗嘱

32. 王家有三兄弟甲、乙、丙,丙幼年时送给胡某作养子,丙结婚时,胡某为其盖了新房,后因失火致使该房屋被烧毁。丙的生母就将自己的住房腾出 1 间来,让丙夫妇及胡某居住,不久丙的生母病故。甲与乙要收回房子,丙认为自己有权继承母亲遗产,拒不搬出,依照法律规定,死者的遗产由谁继承?( )

A. 甲和乙   B. 甲、乙和丙

C. 甲、乙、丙和胡某   D. 甲、乙丙及胡某

33. 村民甲与妻子感情较好,但因其妻接连生了两个女孩而欲离婚,对此法院应如何处理?( )

A. 法院不能判决离婚   B. 法院必须判决离婚

C. 法院调解无效,则判决离婚   D. 法院调解无效,可判决不准离婚

34. 小学生小杰和小涛在学校发生打斗,在场老师陈某未予制止。小杰踢中小涛腹部,致其脾脏破裂。下列哪一选项是正确的?( )

A. 陈某未尽职责义务,应由陈某承担赔偿责任

B. 小杰父母的监护责任已转移到学校,应由学校承担赔偿责任

C. 学校和小杰父母均有过错,应由学校和小杰父母承担连带赔偿责任

D. 学校存在过错,应承担与其过错相应的补充赔偿责任

35. 某报社在一篇报道中披露某女影星甲曾做过不光彩的事情,致使甲备受歧视。甲因无法忍受巨大的精神压力,跳楼自杀未遂,但造成终身残疾。该报社的行为( )。

A. 是如实报道,不构成侵权   B. 侵害了甲的隐私权

C. 侵害了甲的生命权   D. 侵害了甲的健康权

二、简答题,共 3 题,每题 10 分,共 30 分。

36. 简述表见代理的概念和构成要件。

37. 简述代位权。

38. 简述用益物权和担保物权的区别。

三、论述题,共 1 题,每题 20 分,共 20 分。

39. 试述民事法律行为应当具备的条件。

四、案例分析题,共 2 题,每题 15 分,共 30 分。

40. 2009 年 8 月 16 日下午 5 时左右,某村刮起了 8 级大风。该村村民王某路经村委会在建的办公楼时,大风将建楼所用的脚手架刮倒。脚手架在倒塌过程中将一根电线砸断,电线正巧落在由此路过的王某身上,王某不幸触电身亡。王某的家人向法院起诉,要求村委会和供电公司对王某的死亡承担损害赔偿责任。村委会辩称:脚手架是大风刮倒的,击中王某的输电线路属于供电公司,村委会对王某的死亡不应承担损害赔偿责任。供电公司辩称:供电线路是被脚手架砸断的,脚手架是村委会盖办公楼时使用的,供电公司对王某的死亡

不应承担损害赔偿责任。法院审理还查明,村委会用于建办公楼的脚手架在当年7月2日搭建完毕。击中王某的输电线路归供电公司所有,该线路不属于高压线。

根据上述案情,请回答:

(1)村委会对王某的死亡是否应当承担损害赔偿责任?为什么?

(2)供电公司对王某的死亡是否应当承担损害赔偿责任?为什么?

(3)两被告主张的抗辩事由是否成立?请说明理由。

41. 某房地产开发公司(以下简称A公司)在某市商业街开发了一幢商品楼,售价4000元/平方米。某甲选中了其中一套三居室,双方签订了购房合同并于2008年2月1日办理了付款交房的手续,并且约定1年之内办理所有权证书。

　　某甲因公需要出国一年,为了方便房屋的维护,某甲于2008年2月18日将房屋钥匙交给A公司下属的物业处保管。3月以后,该市的楼价大幅上涨,商品房供不应求。3月5日,A公司售楼人员某乙从物业处取走了某甲房屋钥匙,打开房门让购房者参观选购。该房屋被某丙看中,某乙以A公司名义与某丙签订了购房合同,双方于3月30日办理了交房付款手续,并于次日办理了过户登记手续。某甲于2009年5月回国后发现本属于自己的房屋已被他人居住,十分气愤,手持购房合同要求某丙腾退房屋,遭到某丙拒绝。某甲找到A公司交涉,A公司负责人表示"一房二卖"的确是自己的工作人员所为,向某甲道歉并表示愿意按照合同约定返还某甲的全部购房款及利息,但拒绝某甲要求返还房屋的请求。

根据上述案例,请回答:

(1)A公司与某甲的购房合同是否有效?为什么?

(2)A公司与某丙的购房合同是否有效?为什么?

(3)该房屋的所有权应当归谁?为什么?

(4)A公司应对某甲承担什么法律责任?为什么?

参考答案及解析

一、单项选择题

1.A 【解析】《民通意见》第22条规定："监护人可以将监护职责部分或者全部委托给他人。因被监护人的侵权行为需要承担民事责任的,应当由监护人承担,但另有约定的除外;被委托人确有过错的,负连带责任。"依此,被监护人甲造成他人伤害,应当由其监护人丁承担,而丙、丁因另有约定,所以丙应承担最终责任。此外,被委托人丙若有过错,其应当承担连带责任。

2.D 【解析】 根据《中华人民共和国公司法》(以下简称《公司法》)第149条的规定,公司的董事、经理不得以公司财产为本公司的股东或者个人提供担保。

3.B 【解析】 本题考查的知识点是无因管理、不当得利。《民法通则》第92条规定:"没有合法根据,取得不当利益,造成他人损失的,应当将取得的不当利益返还受损失的人。"据此,不当得利,是指没有合法根据而获得利益并使他人利益遭受损失的事实。甲没有合法根据获取乙的羊的所有权,并使得乙受到损失,因此甲的行为构成不当得利。甲不知乙的羊混入自己的羊群,甲的行为不构成有意识的"拾得"或"无因管理"。授权行为,在民法上一般指授予代理权,由代理人为本人为民事法律行为。本案中,很明显也不存在这种问题。据上,排除选项ACD。

4.A 【解析】 本题考查的知识点是有偿合同、无偿合同的范围。有偿合同,是指一方当事人履行义务后,对方需要付出相应的对价。例如,卖方发出货物,买方应支付货款;出借人支付所借款项,借款人支付相应利息等都是有偿合同。相反,就是无偿合同。合同是有偿的还是无偿的,并非完全按照生活中的客观事实,有些是法律为了更好地调整相关社会关系作出的特别规定,如运输合同、行纪合同等。《合同法》第288条规定,运输合同是承运人将旅客或者货物从起运地点运输到约定地点,旅客、托运人或者收货人支付票款或者运输费的合同。《合同法》第414条规定,行纪合同是行纪人以自己的名义为委托人从事贸易活动,委托人支付报酬的合同。这就表明,法律规定的这两类合同都属于有偿合同。《合同法》第237条规定的融资租赁合同明确要求承租人支付租金,当然也是有偿合同。只有保管合同,《合同法》没有要求必须支付保管费。《合同法》第366条规定,寄存人应当按照约定向保管人支付保管费。当事人对保管费没有约定或者约定不明确,依照本法第61条的规定仍不能确定的,保管是无偿的。故本题中只有A项符合题意。

5.B 【解析】 要约是当事人向特定人发出的订立合同的意思表示,要约一经到达受要约人,发出要约的一方就必须遵守要约;如果要约没有到达受要约人,要约就不产生效力。因此,法律允许要约人撤回要约。但是,根据《合同法》第17条的规定,撤回要约的通知应当在要约到达受要约人之前或者与要约同时到达受要约人。要约没有到达受要约人,要约就不生效,要想阻止要约发生效力,要约人可以撤回要约。

6.D 【解析】 根据《担保法解释》第115条,当事人约定以交付定金作为订立主合同担保的,给付定金的一方拒绝订立主合同的,无权要求返还定金;收受定金的一方拒绝订立合同的,应当双倍返还定金。此处乙作为给付定金的一方没有签订主合同,自然适用定金罚则。

7.C 【解析】 相对法律关系,是指与权利人相对应的义务人具体、特定的民事法律关系。在这类法律关系中,权利人实现权利必须有具体义务人协助,并且义务人只是特定的一人或数人,其所承担的义务一般表现为某种积极的行为。

8.B 【解析】 本题考查的知识点是正当防卫的适用。A、C、D项难以实施正当防卫,因为名誉权属于精神性人格权,其侵权行为方式主要是采用侮辱、诽谤形式,捏造事实损害他人名誉,如果受害人也以同样的方式对待加害人,不仅构不成正当防卫,反之,构成侵权行为。C项肖像权是指自然人对其再现的形象享有使用并排斥他人侵犯的人格权。肖像权也属于精神性人格权,侵犯肖像权体现为未经许可以营利为目的使用他人肖像的行为。对侵犯肖像权的行为也无法实施正当防卫。D项扶养权是基于平等主体的身份关系产生的经济扶助和生活照顾的请求权,如夫妻扶养请求权、父母子女扶养请求权。侵犯扶养权主要体现为具有特定扶养义务的人不履行法定扶养义务,属于不作为侵权,对不作为侵权实施正当防卫不具备正当防卫的第一个构成要件。以上分析表明,正当防卫不适用于精神性人格权、身份权的侵害以及不作为侵权行为。只有现实的生命、身体、健康以及其他财产正在遭受积极损害的,才能实行正当防卫。故本题中只有B项符合题意。

9.B 【解析】 本题考查的是我国担保物权的分类。我国《担保法》规定的担保物权包括留置权、抵押权和质权三种。

10.C 【解析】 本题考查的知识点是财产所有权的原始取得方式。原始取得也称最初取得,是指不以他人已有的所有权为根据从他人那里转移来的,而是根据法律规定所取得。与原始取得相对应的是继受(传来)取得,是指财产所有人通过某种法律行为,从原所有人处取得所有权。一般认为,前者包括劳动生产、收取孳息、没收财产、先占、拾得遗失物或发现埋藏物、添附以及善意取得等;后者包括合同、继承、接受遗赠、征收等行为。依据该理论,本题中,A项继承遗产、B项受赠图书、D项购得汽车都是从原所有权处取得的,属于继受取得。只有C项收获庄稼,属于土地上所产生的孳息,不是依赖于他人的所有权而取得,故为原始取得,答案为C项。

11.D 【解析】《担保法》第10条规定,企业法人的分支机构、职能部门不得为保证人。企业法人的分支机构有法人书面授权的,可以在授权范围内提供保证。

12.A 【解析】 特定物之债与种类物之债,是根据债的标的物的性质不同而作的分类。

13.C 【解析】 本题考查的知识点是宣告失踪的法律后果。民法设立宣告失踪制度,目的是为了稳定那些长期下落不明的人所有的财产关系。宣告失踪不同于宣告死亡的根本点就在于法律后果不同。因此,对于符合法定条件被法院判决宣告失踪的人,仅就其财产发生代管后果。因为失踪人并没有死亡,还继续保持着民事主体资格,其婚姻关系不能解除,财产也不发生继承。故本题的正确答案是C。

14.D 【解析】 根据最高人民法院《担保法解释》第79条的规定,同一财产法定登记的抵押权与质权并存时,抵押权人优先于质权人受偿。同一财产抵押权与留置权并存时,留置权人优先于抵押权人受偿。故ABC项错误,D项正确。

15.D 【解析】 本题考查的知识点是提存。提存作为民法特有的制度,是指由于债权人无正当理由拒绝受领、债权人下落不明、债权人死亡未确定继承人等原因,债务人难以履行债务的,可以将标的物提存来消灭债权债务关系。提存是债权债务终止的一种方式。根据《合同法》第70条的规定,债权人分立、合并或者变更住所没有通知债务人,致使履行债务有困难的,债务人可以中止履行或者将标的物提存。故D项正确。

16.D 【解析】 本题考查的知识点是民事权利的认定。民事权利是法律赋予民事主体享有的为实现某种利益而为一定行为或不为一定行为的可能性。民事权利的性质直接体现为一定的利益,但必须是被法律确认和保护的利益,保护的主要途径就是通过向人民法院起诉或向仲裁机构提起仲裁。因此,认定民事权利时,就以能否为主体带来直接利益进行判断,主体是否享有该权利是人民法院或仲裁机构给予保护的依据。本题选项中,A项婚姻自由权属于自然人人格权的范畴;B项亲属扶养权属于身份权的范畴;C项作品修改权属于著作权中人身权的范畴,由作者享有。这三项权利都能为主体带来实际利益,为法律所确认,故都属于民事权利的法律行为。故答案选D。

17.A 【解析】 本题考查的知识点是结婚的亲属条件。根据《婚姻法》的规定,三代以内的旁系血亲禁止结婚。结合本题意,只要能够计算出结婚的双方是否属于三代以内旁系血亲即可做出选择。旁系血亲是没有直接血缘关系、两者可以找到同源的亲属,如兄弟姐妹。三代以内旁系血亲是指以自己为一代,由己身向上数至同源,以最远者作为代数。例如,兄弟姐妹就是二代以内旁系血亲,堂兄弟姐妹就是三代以内旁系血亲。某甲的外祖父和某乙的父亲是亲兄弟,由甲、乙向上数至同源,甲的曾外祖父是乙的祖父,甲和其曾外祖父是四代直系血亲,和乙则是第四代旁系血亲。某丙的外祖母和某丁的祖母是亲姐妹,两者的同源是曾(外)祖父母,曾(外)祖父母到丙、丁都是四代,故丙和丁也是第四代旁系血亲。既然是第四代旁系血亲,不属于三代以内旁系血亲,故甲和乙、丙和丁可以结婚,其婚姻有效。

18.C 【解析】 本题考查的知识点是诉讼时效中止、中断和延长的适用。这三项制度都是在特殊情况下为了保护权利人的利益而设置的补救措施。由于20年的诉讼时效期间属于最长时效,从权利受到侵害之日开始计算。而诉讼时效中止和中断都是权利人可以行使请求权而因主观原因或客观原因不能行使,因此,诉讼时效中止、中断不符合最长诉讼时效的立法意旨。诉讼时效延长则是在权利人基于客观原因不知道请求权存在或知道而无法行使请求权的,如海峡两岸的继承问题,向人民法院提出申请,可以决定延长。据此,《民通意见》第175条第2款规定,20年的诉讼时效期间,可以适用民法通则有关延长的规定,不适用中止、中断的规定。故本题答案为C项。

19.C 【解析】 行使不安抗辩权的法律效果是中止履行。

20.C 【解析】 本题考查的知识点是企业法人的人身权。根据《民法通则》的规定,法人也可以成为人身权的主体。法人享有的人身权有名称权、名誉权、荣誉权等。法人名誉是对法人的信誉、商誉等的评价,伴随着法人的成立而存在。法人荣誉是法人从特定组织依法获得的积极和肯定的评价。荣誉的取得有严格的人身属性,属于特定主体。因此,法人名誉、法人荣誉都无法转让。法人名称是法人参与民事活动时,为区别于其他组织而为自己确立一个特定的标志,该标志经过登记而具有特定性,如果变更该标志,只要进行变更登记即可。故法人名称可以转让。法人的营业执照是法人取得法人资格进行民事活动的依据,营业执照记载着法人的设立宗旨、业务活动范围。营业执照的取得必须符合法定条件。不同的法人,取得营业执照的条件不同,营业范围也不同。故营业执照不能转让。由此得出结论,只有C项符合试题要求,其他三项排除。

21.A 【解析】 本题考查的知识点是遗嘱的特征。因为遗嘱是死后生效的行为,所以,法律规定遗嘱必须采用法定的形式。这意味着遗嘱是要式法律行为,口头遗嘱作为一种遗嘱形式,当然不能例外。因此,A项符合该题意,B项不要式民事法律行为排除。C项要物民事法律行为存在于双方法律行为中,而遗嘱是单方行为,不可能产生要物性。D项附条件法律行为是约定以将来不确定的事实作为法律行为生效的条件,而遗嘱行为的生效条件是死亡,是法定而不是约定的期限,故应排除。

22.C 【解析】 根据最高人民法院《关于适用〈中华人民共和国合同法〉若干问题的解释(二)》第4条的规定,"合同没有约定签订地,双方当事人签字或者盖章不在同一地点的,人民法院应当认定最后签字或者盖章的地点为合同签订地"。在本题中,双方当事人并没有约定合同签订地,张某首先在乙地签字,李某后来于丙地在合同上摁了手印,根据最高人民法院《关于适用〈中华人民共和国合同法〉若干问题的解释(二)》第5条的规定,"当事人在合同书上摁手印的,人民法院应当认定其具有与签字或者盖章同等的法律效力。"因此,李某的摁手印具有与签字或者盖章同等的法律效力。本题的情形属于最高人民法院《关于适用〈中华人民共和国合同法〉若干问题的解释(二)》第4条规定的双方当事人签字或者盖章不再同一地点的,人民法院应当认定最后签字或者盖章的地点为合同签订地,结合本题,即后签字的李某签字或者盖章的地点即丙地为合同签订地。因此,本题的正确答案为C。

23.C 【解析】 本题考查的知识点是实践性合同的范围。实践性合同与诺成性合同相对,是根据合同成立以是否交付实物为标准进行的分类。实践性合同要求合同成立除了当事人意思表示一致外,还必须交付实物;而诺成性合同不要求交付实物,只要当事人意思表示一致合同即可成立。故实践性合同又称要物合同。根据《合同法》第130条的规定,A项买卖合同是当事人达成的关于转移标的物所有权的协议。根据该法第251条的规定,B项承揽合同是承揽人按照定作人的要求完成工作,交付工作成果,定作人给付报酬的合同,两者的定义表明其为典型的诺成性合同。根据该法第365条的规定,C项保管合同是保管人保管寄存人交付的保管物,并返还该物的合同。该定义表明合同成立应以交付保管物为要件。根据该法第288条的规定,D项运输合同是承运人将旅客或者货物从起运地点运输到约定地点,旅客、托运人或者收货人支付票款或者运输费用的合同。承运人、托运人一经约定即产生约束力,故运输合同也为诺成性合同。综上分析,只有C项符合题干要求,其他三项均为诺成性合同。

24.D 【解析】《著作权法》第17条规定,"受委托创作的作品,著作权的归属由委托人和受托人通过合同约定。"合同未作明确约定或者没有订立合同的,著作权属于受托人。本题中双方当事人就著作权归属没有约定,因此应当归受托人所有。

25.D 【解析】 根据《婚姻法》第10条的规定,A、B项属于婚姻无效事由。根据该法第11条的规定,D项属于可撤销婚姻的撤销事由。至于选项C不影响婚姻效力。特别注意,对选项C不能适用《合同法》第54条第2款的规定而认为属于撤销事由,因为合同法不适用于婚姻关系(《合同法》第2条第2款)。因欺诈而结婚,根据《民法通则》第58条第1款第(三)项的规定,婚姻无效;但是《婚姻法》第10条并未将此规定为无效事由。根据特别法优于普通法的法律适用原则,因欺诈而结婚的,不影响婚姻效力。

26.A 【解析】 本题主要考查考生对我国《民法通则》规定的几种特殊民事侵权行为责任承担方式的掌握。从事高度危险作业造成侵权的,实行无过错推定原则。

27.C 【解析】 本题考查无效合同的几种形式。欺诈行为是由于一方的欺诈而使另一方陷入错误认识,致使其遭受重大不利的行为。该题不属于欺诈行为。

28.A 【解析】《民通意见》第53条规定:"合伙经营期间发生亏损,合伙人退出合伙时未按约定分担或者未合理分担合伙债务的,退伙人对原合伙的债务,应当承担清偿责任;退伙人已分担合伙债务的,对其参加合伙期间的全部债务仍负连带责任。"据此,应选选项A。

29.B 【解析】 本题考查的知识点是合同的认定。一份合同,属于法律上的哪种类型,必须根据合同关系中的主体、客体和内容等体现的基本特征判断。委托合同的客体是单纯地提供服务,由受托人处理委托事务,委托人完全承担法律后果的合同。承揽合同是承揽人按照定作人的要求完成工作、交付工作成果,定作人给付报酬的合同,包括加工、定作、修理、复制、测试、检验等工作。行纪合同是指行纪人以自己的名义为委托人从事贸易活动,委托人支付报酬的合同。技术合同是当事人就技术开发、转让、咨询或者服务订立的确立相互之间权利和义务的合同。以不同类型的合同特征分析本题,照相馆根据顾客要求,完成冲印胶卷工作,提供冲印好的胶卷,由顾客支付报酬,顾客作为定作人,照相馆作为承揽人,完全符合承揽合同的定义,不属于委托合同、行纪合同和技术合同。故正确答案为B项。

30.D 【解析】 主物与从物是根据两个独立存在的物在法律效力中的主从关系进行的

划分。只有属于同一个所有人的两个独立存在的、要互相结合才能发生效用的物,才构成主物与从物的关系。如果是不同所有人的物,则不产生主物和从物的关系。区分主物和从物的法律意义在于,如果法律或者合同没有相反规定时,则从物的所有权随主物的所有权一并转移。据此,应选选项D。

31. C 【解析】 A、B、D 三个选项中都需要行为人意思表示,是民事法律行为。

32. A 【解析】 根据我国《继承法》的规定,"养子女因收养关系成立,失去了对生父母遗产的继承权,而有权继承养父母的遗产。"

33. D 【解析】 判决离婚的标准是感情确已破裂。

34. D 【解析】 陈某只是学校的一名老师,属于法人的工作人员,如果陈某未尽到自己的职责造成了学生的损害,应由学校而不是陈某对该学生承担责任。因此 A 项错误。《民法通则》第 133 条第 1 款规定:"无民事行为能力人、限制民事行为能力人造成他人损害的,由监护人承担民事责任。监护人尽了监护责任的,可以适当减轻他的民事责任。"小杰的父母是小杰的法定监护人,理应对小杰的侵权行为承担责任。小杰在学校上学并不意味着监护职责的转移。因此 B 项错误。《人身损害赔偿司法解释》第 7 条规定:"对未成年人依法负有教育、管理、保护义务的学校、幼儿园或者其他教育机构,未尽职责范围内的相关义务致使未成年人遭受人身损害,或者未成年人致他人人身损害的,应当承担与其过错相应的赔偿责任。第三人侵权致未成年人遭受人身损害的,应当承担赔偿责任。学校、幼儿园等教育机构有过错的,应当承担相应的补充赔偿责任。"可见,学校的责任并非连带责任,C 项错误,D 项正确。

35. B 【解析】 本题考查的知识点是侵害隐私权的行为以及侵害相关人身权的认定。隐私权是指自然人享有的属于个人的、与公共利益无关的个人信息、私人活动和私有领域进行支配的一种人格权。这些个人信息、私人活动和私有领域作为隐私权的客体,是客观存在的事实。隐私权的保护范围受公共利益的限制。侵害隐私权的行为主要表现在刺探、调查个人信息,干涉、监视私人活动,侵入、窥视私人领域以及非法公布、利用他人隐私等。报社作为新闻媒体,报道真实的事实是媒体的责任,但这种报道必须有限度,即受公共利益的限制。如果女影星的事情不是一般意义上的私事,则女影星的隐私权就要受到限制。本题中并未指明女影星的"不光彩"事情牵涉公共利益,"不光彩"的事情是女影星不愿公开的,他人也不便知道,故报社的报道行为属于侵犯隐私权。选项 A 错;甲的自杀行为是对自己生命权的处分,甲的健康权受损是甲自己的行为所致,不是报社的报道行为本身,故选项 C、D 不符合要求。只有 B 项正确。

二、简答题

36.【参考答案】 表见代理,是指代理人没有代理权、超越代理权或者代理权终止后的无权代理人,以被代理人的名义进行的民事行为在客观上使第三人相信其有代理权而实施的代理行为。表见代理的构成要件是:(1)存在无权代理行为;(2)第三人在客观上有理由相信无权代理人有代理权;(3)第三人主观上是善意的。

37.【参考答案】 根据《合同法》第 73 条的规定,因债务人怠于行使其到期债权,对债权人造成损害的,债权人可以向人民法院请求以自己的名义代位行使债务人的债权,但该债权专属于债务人自身的除外。代位权的行使范围以债权人的债权为限。债权人行使代位权的必要费用,由债务人负担。

代位权的构成要件:

(1)债权人对债务人的债权合法、确定,且必须已届清偿期。

(2)债务人怠于行使其到期债权。

(3)债务人怠于行使权利的行为已经对债权人造成损害。

(4)债务人的债权不是专属于债务人自身的债权。

38.【参考答案】 用益物权和担保物权都是他物权。用益物权,是指以标的物的使用和收益为目的而设立的定限物权,如地上权、地役权、永佃权等。担保物权,是指为担保债权的实现而设立的定限物权,如抵押权、质权、留置权等。用益物权和担保物权虽然同属定限物权(他物权),但存在明显差别。

(1)对标的物进行支配的方面有所不同。用益物权是占有和利用标的物的实体的权利,它支配的是物的使用价值,因此又称为实体物权;担保物权则不以对物的实体的利用为目的,而是支配物所蕴涵的交换价值,是一种价值权。

(2)用益物权为独立物权,担保物权为从属物权。用益物权为独立物权,表明用益物权不以用益物权人对所有人享有其他财产权利为其存在的前提,不具有担保物权所具有的从属性和不可分性的属性;而担保物权的存在则以担保物权人对担保物的所有人或其关系人享有债权为前提,债权一旦消灭,担保物权也随之消灭。

(3)权利实现的时间不同。由用益物权的性质所决定,用益物权人取得与实现其对标的物的使用、收益权无时间间隔;而在担保物权,担保物权人取得担保物权后,并不能立刻实现其权利,只有在担保物权所担保的债权已届清偿期而未受清偿时,担保物权人才可以行使变价受偿权。

(4)占有在权利行使中的地位不同。用益物权的行使以占有标的物为前提,用益物权人如不占有标的物即无法对标的物进行使用收益;而担保物权则不同,它的内容在于取得物的交换价值,因而可不必对物进行有形的支配,而以无形支配为满足。

(5)两者在物上代位性上的不同。担保物权具有物上代位性。担保物权的标的物毁损、灭失,因而获得赔偿金时,该赔偿金即成为担保物权的代替物,从而担保物权人可以就该赔偿金行使权利;而在用益物权,无论其标的物灭失的原因如何,用益物权均将确定地、终局性地归于消灭,用益物权人不得请求物的所有人以其他物替补。

三、论述题

39.【参考答案】 民事法律行为简称法律行为,是指公民、法人设立、变更、终止民事法律关系的合法行为。根据《民法通则》规定,民事法律行为应具备以下三个条件:行为人具有相应的民事行为能力;意思表示真实;不违反法律和社会公共利益。

(1)行为人具有相应的民事行为能力。这是民事法律行为要具备的首要条件。所谓相应的民事行为能力,是指当事人的民事行为能力同其实施的民事法律行为要相适应。就公民来说,已满18周岁的公民,智力、精神状况正常,或已满16周岁的未成年人以自己的劳动收入为主要生活来源的,都可以独立进行法律允许的一切民事活动。10周岁以上的未成年人以及不能完全辨认自己行为性质的精神病人,可以进行与其智力、精神状况、年龄适应的民事行为,其他民事行为则要由其法定代理人代理或同意。对法人而言,其具有民事行为能力的条件是其所进行的民事活动应与其业务活动性质、范围相适应。

(2)意思表示真实,也是民事法律行为有效的主要条件之一。所谓意思表示真实,有两项基本要求:一是行为人的意思表示与其内心意思相一致;二是行为人的意思表示是行为人自愿作出的,不是在受到他人欺诈、威胁的情况下作出的。在现实生活中,由于主客观的原因,导致行为人的意思表示不真实情况,是确实存在的。例如,从客观方面来看,一方当事人采取欺诈、胁迫的手段或乘人之危,致使对方当事人在违背真实意思情况下所为的民事行为;从主观方面来看,双方当事人故意规避法律的行为,或行为人对行为内容有重大误解的民事行为,都是行为人意思表示不真实的情况。在这些情况下的民事行为要么是无效民事行为,要么是可撤销的民事行为或效力待定的民事行为。

（3）不违反法律和社会公共利益。民事法律行为必须做到不违反法律,必须遵守社会公德,这是民事法律行为的本质要求。这里所说的不违反法律,包括行为的内容和形式不违反法律两个方面。行为的内容不违反法律,指行为的动机、目的、内容等要符合法律;行为的形式不违反法律,要求凡是法律上对某种民事法律行为规定必须采取某种形式,行为人必须遵照法律规定的形式,否则,其民事行为不能产生法律上的效力。社会公共利益受到国家法律的保护,任何民事法律行为都必须以不违反公共利益为标准才能受法律的确认和保护。

四、案例分析题

40.**【参考答案】** （1）村委会应当承担损害赔偿责任。因为村委会对建楼所用的脚手架有管理义务,又不能证明自己没有过错,可以推定其主观上存在疏忽大意、怠于管理的过错,故应承担损害赔偿责任。

（2）供电公司应当承担损害赔偿责任。因为供电公司是供电设施的所有人,对输电线路有维护、管理义务,又不能证明自己没有过错,可推定其主观上存在疏忽大意、怠于管理的过错,故应承担损害赔偿责任。

（3）两被告主张的抗辩事由不能成立。对村委会而言,大风尚不能构成不可抗力。村委会应当预见到脚手架在外力（包括大风）的作用下可能倒塌并造成损害后果的危险,并应及时消除危险。对供电公司而言,脚手架倒塌不能构成抗辩事由。供电公司应注意到供电设施周围的物体、设施在外力作用下,对输电线路安全的影响,并应对安全隐患及时处理。

41.**【参考答案】** （1）A公司与某甲的购房合同有效。因为该合同订立时主体合格、意思表示真实、内容合法,其他方面也符合法律的有关规定,所以,该购房合同属于合法有效的合同。

（2）A公司与某丙的购房合同有效。因为虽然A公司已将房屋交给某甲,但并未办理过户手续,A公司仍然是该房屋的所有权人,因此,合同主体仍然是合法的,当事人的意思表示也是真实、自愿的,合同内容和其他方面符合法律的有关规定。故A公司与某丙的购房合同合法有效。

（3）该房屋的所有权应当归某丙。根据《物权法》的规定,房屋所有权的变动以登记为准。某甲虽然拿到了房屋钥匙,但是并未登记,所以并没有取得该房屋的所有权。而某丙不仅有合法有效的购房合同,而且已经进行登记,所以某丙是该房屋的所有权人。

（4）A公司应当向某甲承担违约责任。因其"一房二卖"和逾期未办理所有权证书的行为构成违约。

政法干警招录培养考试民法学
模拟试卷五

一、单项选择题,共35题,每题2分,共70分。

1.下列有关民事法律关系的说法中错误的是( )。
   A.民事法律关系只能因合法行为而产生
   B.民事法律关系有主体、内容与客体三个要素
   C.民事法律关系属于社会关系
   D.民事法律关系只能存在于平等民事主体之间

2.甲为寻求刺激,故意与车辆乙相撞以图玩乐,则责任如何分担?( )
   A.由乙承担全部责任　　　　　　　B.由甲、乙依照过错程度承担责任
   C.乙不承担任何责任　　　　　　　D.按公平责任处理

3.甲乙二人合伙开办一饭店,二人轮流掌勺。乙在做菜时,因疏忽大意,误将不能同食的两种食物做成菜,造成顾客食物中毒,则( )。
   A.应由乙对第三人承担赔偿责任　　B.应由甲乙二人各自对第三人承担责任
   C.应由乙负主要责任,甲负次要责任　D.应由甲乙二人对第三人承担连带责任

4.下列哪一种情况,不属于善意取得的构成要件?( )
   A.受让人受让该不动产或者动产时是善意的
   B.以合理的价格转让
   C.转让的不动产或者动产依照法律规定应当登记的已经登记,不需要登记的已经交付给受让人
   D.经过公示

5.王某在公园捡回一只小狗,便抱回家饲养,并为其注射了防病疫苗。则王某实施了( )。
   A.无因管理　　　　　　　　　　　B.不当得利
   C.自助行为　　　　　　　　　　　D.善意取得

6.甲委托乙购买惠普牌电脑,乙擅作主张买了苹果牌电脑。甲拒收,乙诉至法院。下列选项中正确的是( )。
   A.甲拒绝受领的行为合法,乙的行为属于越权代理
   B.甲、乙之间无书面委托书,委托关系不成立
   C.乙的行为属于有效行为,因为是为了甲的利益
   D.甲不得拒绝受领,因为乙有代理权

7.下述民事权利中应当适用除斥期间的是( )。
   A.甲对其发明享有的专利权　　　　B.买方要求卖方履行合同义务的请求权
   C.所有权人对其财产的处分权　　　D.被代理人对无权代理行为的追认权

8.下列不属于双务合同履行中的抗辩权的是( )。
   A.先履行抗辩权　　　　　　　　　B.同时履行抗辩权
   C.先诉抗辩权　　　　　　　　　　D.不安抗辩权

9. 下列选项中,乙的哪种行为构成我国《合同法》规定的承诺?(　　)

　　A. 甲向丙发出要约,乙得知后向甲表示接受甲在要约中规定的条件

　　B. 甲向乙发出要约,要求乙在接到要约后七日内给予答复,逾期未答复则视为承诺。乙未按期答复

　　C. 甲在报纸上刊登广告称欲购者请速与本公司联系,乙打电话给甲订购若干

　　D. 甲在报纸上刊登附有价目表的广告称:本书店新到图书若干,欲购者可在一个月内汇款,款到寄书。乙汇款给甲

10. 自然人参与合伙关系,不可以用(　　)出资。

　　A. 劳务　　　　　　　　　　　　B. 资金

　　C. 房屋　　　　　　　　　　　　D. 土地所有权

11. 下列关于地役权的特征说法错误的是(　　)。

　　A. 地役权是使用自己土地的权利　　B. 地役权具有不可分性

　　C. 地役权是为自己土地的便利的权利　　D. 地役权具有从属性

12. 合同之债和侵权之债的区别不包括(　　)。

　　A. 合同之债是意定之债,侵权之债是法定之债

　　B. 合同之债在于显示契约自由,侵权之债在于保障民事权利不可侵犯

　　C. 合同之债的举证责任在于由违约方自证无过错,侵权之债的举证责任在于一般由受害人证明加害人有过错

　　D. 违反合同行为一般为不作为,侵权行为则表现为作为

13. 甲、乙、丙、丁共有一辆汽车,其份额均为 25%,现甲抛弃自己的份额,该份额的归属如何?(　　)

　　A. 由乙、丙、丁享有　　　　　　B. 归国家所有

　　C. 乙、丙、丁不得享有　　　　　D. 乙、丙、丁依据自己的份额相应增加

14. 当事人自愿办理抵押物登记的,登记部门为(　　)。

　　A. 抵押人所在地的法院　　　　　B. 抵押人所在地的县级以上人民政府

　　C. 抵押人所在地的公证机关　　　D. 财产所在地的工商行政管理机关

15. 根据《民法通则》规定,下列侵权行为中适用过错推定的归责原则的是(　　)。

　　A. 产品致人损害　　　　　　　　B. 环境污染致人损害

　　C. 动物致人损害　　　　　　　　D. 建筑物致人损害

16. 下列协议中哪个适用《合同法》?(　　)

　　A. 遗赠扶养协议　　　　　　　　B. 监护责任协议

　　C. 联产承包协议　　　　　　　　D. 业务代理协议

17. 根据设立目的不同,他物权可以分为(　　)。

　　A. 所有权与其他物权　　　　　　B. 用益物权与担保物权

　　C. 占有物权与非占有物权　　　　D. 主物权与从物权

18. 关于委托作品下列说法错误的是(　　)。

　　A. 委托作品,是指作者接受他人委托而创作的作品

　　B. 委托作品的创作基础是委托合同

　　C. 委托合同必须是书面的

　　D. 委托作品的著作权归属由委托人和受托人通过合同约定

19. 在当事人没有约定,法律亦无特别规定的情况下,买卖合同中财产所有权的转移时间是(　　)。

A. 合同签订时　　　　　　　　　　　B. 付清全部货款时

C. 标的物交付时　　　　　　　　　　D. 登记时

20. 代书遗嘱、录音遗嘱、口头遗嘱都须有（　　）个以上的见证人在场见证。

A. 1　　　　　　B. 2　　　　　　C. 3　　　　　　D. 4

21. 当事人在加工承揽合同中约定不得对加工物进行留置,按照法律规定,该约定（　　）。

A. 无效,因为留置权是法定担保物权　　B. 有效

C. 效力待定　　　　　　　　　　　　D. 无效,违反法律规定

22. 买方代理人张庆和出卖人刘杰互相串通,抬高价格,由后者汇给前者一定的回扣,这一行为的性质属于（　　）。

A. 欺诈　　　　　　　　　　　　　　B. 显失公平

C. 恶意串通　　　　　　　　　　　　D. 胁迫

23. 下列单位中可以做保证人的是（　　）。

A. 学校　　　　　　　　　　　　　　B. 幼儿园

C. 医院　　　　　　　　　　　　　　D. 银行

24. 以下哪项不属于《担保法》规定的担保方式?（　　）

A. 质押　　　　　　　　　　　　　　B. 抵押

C. 留置　　　　　　　　　　　　　　D. 违约金

25. 名称权的享有主体是（　　）。

A. 公民　　　　　　　　　　　　　　B. 法人

C. 其他组织　　　　　　　　　　　　D. 法人和其他组织

26. 下列为民法上的物的是（　　）。

A. 星星　　　　　B. 永久性假肢　　　C. 商标　　　　　D. 金子

27. 以下行为中不属于无权代理行为的是（　　）。

A. 未经授权的代理　　　　　　　　　B. 代理权消灭后的代理

C. 超越代理权限的代理　　　　　　　D. 自己代理

28. 处理相邻关系的三项原则不包括（　　）。

A. 有利生产、方便生活　　　　　　　B. 符合道德

C. 团结互助　　　　　　　　　　　　D. 公平合理

29. 甲、乙同为儿童玩具生产商。"六一"节前夕,丙与甲商谈进货事宜。乙知道后向丙提出更优惠条件,并指使丁假借订货与甲接洽,报价高于丙以阻止甲与丙签约。丙经比较与乙签约,丁随即终止与甲的谈判,甲因此遭受损失。对此,下列哪一说法是正确的?（　　）

A. 乙应对甲承担缔约过失责任　　　　B. 丙应对甲承担缔约过失责任

C. 丁应对甲承担缔约过失责任　　　　D. 乙、丙、丁无须对甲承担缔约过失责任

30. 表见代理之法律要件不包括（　　）。

A. 以本人名义为民事法律行为　　　　B. 行为人无代理权

C. 须相对人为善意　　　　　　　　　D. 按有权代理来处理

31. 下列情形中,属于所有权继受取得方式的是（　　）。

A. 以所有的意思占有无主财产　　　　B. 拾得他人遗失物

C. 获取自有财产的孳息　　　　　　　D. 依照遗嘱取得遗产

32. 下列行为中属于要约的是（　　）。

A. 投标　　　　　　　　　　　　　　B. 发布拍卖公告

C. 寄送价目表　　　　　　　　　　　D. 刊登招股说明书

33. 村民方某将自己饲养的马拴在树上。同村村民何某出来遛狗,狗见到马嗷嗷乱叫,并向马咬去。马受惊挣断缰绳,疯狂的向公路上跑,将正在公路上练习摩托车的赵某撞倒,花去医疗费共计 2 万余元。根据民法规定,次责任应由(   )。
    A. 方某承担
    B. 何某承担
    C. 方某和何某共同承担
    D. 方某、何某、赵某共同承担

34. 某甲与某乙已登记结婚,但未同居,也未举行婚礼。之后某甲后悔与某乙结婚,进行下列哪种行为后,婚姻关系才能解除?(   )
    A. 调解
    B. 宣布婚姻无效
    C. 离婚
    D. 撤销结婚登记

35. 因第三者介入而引起夫妻感情破裂,导致离婚的应如何处理?(   )
    A. 调解无效,应判决离婚
    B. 调解无效,可判决不准离婚
    C. 调解无效,应判决不准离婚
    D. 调解无效,可以判决离婚

二、简答题,共 3 题,每题 10 分,共 30 分。

36. 简述民法的渊源。

37. 简述继承权丧失的法定理由。

38. 简述民事责任的特征。

三、论述题,共 1 题,每题 20 分,共 20 分。

39. 民法的基本原则。

四、案例分析题,共 2 题,每题 15 分,共 30 分。

40. 甲公司想购买某种办公材料,得知华夏商场有货,遂让其员工乙持公司介绍信前往华夏商场洽谈业务。员工乙找到华夏商场,华夏商场向其出示了打印的办公材料价格。由于打印员的疏忽,价格打印错误,但双方都未发现这一问题。甲公司根据合同规定向华夏商场支付货款时,双方就价格问题产生争执,华夏商场遂拒绝交货。合同签订 8 个月后,华夏商场准备起诉甲公司。
    问:(1)该合同是什么性质的民事行为?
        (2)如果该合同是可撤销民事行为,华夏商场是否还有权主张撤销权?为什么?
        (3)该合同的法律后果是什么?

41. 高某与穆某是夫妻,双方于 2008 年购买了一台笔记本电脑,价值 1 万元。后因二人产生家庭矛盾,穆某未经高某同意,擅自把电脑拿走,并同吴某协商以 1 万元的价格卖给了吴某。吴某得到电脑后,经常随身携带,某次外出不幸丢失。恰巧电脑被周某捡到,并以 7000 元的价格卖给了同事武某。后武某在开学术会议时携带该笔记本电脑被吴某认出,吴某并提供了相关证明。
    问:(1)吴某能否取得该电脑的所有权?为什么?
        (2)武某能否取得该电脑的所有权?为什么?

参考答案及解析

一、单项选择题

1. A 【解析】 民事法律关系是民法在调整平等主体之间的人身关系和财产关系的过程中形成的权利义务关系。民事法律关系属于众多社会关系的一种。民事法律关系是由主体、内容和客体组成的。民事法律关系既可以产生于合法行为,也可以产生于违法行为,因此选项A错误。选项D是由于民法的调整对象所决定的。

2. C 【解析】 交通事故的损失是由非机动车驾驶人、行人故意造成的,机动车一方不承担责任。

3. D 【解析】《民通意见》第47条规定:"全体合伙人对合伙经营的亏损额,对外应当负连带责任;对内则应按照协议约定的债务承担比例或者出资比例分担;协议未规定债务承担比例或者出资比例的,可以按照约定的或者实际的盈余分配比例承担。但是对造成合伙经营亏损有过错的合伙人,应当根据其过错程度相应的多承担责任。"因此,本题中应当由甲乙二人共同对第三人承担连带责任,在承担了连带责任后,再按照协议约定的比例确定内部的承担比例。而且,本题的乙有过错,因此应当按照其过错程度,确定由其多承担一些责任。

4. D 【解析】《物权法》第106条第1款规定,无处分权人将不动产或者动产转让给受让人的,所有权人有权追回;除法律另有规定外,符合下列情形的,受让人取得该不动产或者动产的所有权:

(1)受让人受让该不动产或者动产时是善意的;

(2)以合理的价格转让;

(3)转让的不动产或者动产依照法律规定应当登记的已经登记,不需要登记的已经交付给受让人。

5. A 【解析】 无因管理,是指没有法定的或约定的义务,为避免他人利益受损失而为他人管理事务或提供服务的行为。本题可用排除法。

6. A 【解析】 乙的行为属于超越代理权的行为,超越代理权属于无权代理的一种,而无权代理的法律后果是被代理人有权拒绝接受无权代理的法律后果。故选项A正确。

7. D 【解析】 除斥期间亦称预定期间,是指法律预定某种权利于存续期间届满当然消灭的期间,除斥期间的客体是形成权;而诉讼时效的客体是债权请求权。在本题中,B的权利性质是请求权,C的权利性质是支配权,A的权利性质也是支配权,只有D是形成权,因此ABC都是错误的,只有D是正确答案。

8. C 【解析】 双务合同履行中的抗辩权包括同时履行抗辩权、不安抗辩权、先履行抗辩权,先诉抗辩权是一般保证人所享有的对抗债权人的一种抗辩权。

9. D 【解析】 承诺是受要约人同意要约的意思表示。

(1)承诺必须由受要约人作出。

(2)承诺必须在合理期限内向要约人发出。

(3)承诺的内容必须与要约的内容相一致。

选项A,甲针对的受要约人是丙,并非乙,因此乙向甲表示接受并非承诺,而是向甲发出要约。单纯的缄默或不作为一般不能作为承诺的意思表示方式,除非法律强制规定、交易习惯表明或者当事人双方事先明确同意。选项B,不作为承诺方式是甲的要约规定,乙没有义务遵守此规定。选项C,甲刊登的广告的内容不符合要约规定,属于要约邀请,乙的行为属于要约。

选项 D,甲的广告的内容符合要约规定,属于要约。乙的汇款行为构成承诺。

10.D 【解析】 合伙人可以以现金、实物、技术、劳务作为投资。土地所有权属于国家,自然人无权处分。

11.A 【解析】 地役权的特征有:地役权是使用他人土地的权利,地役权是为使用自己土地的便利的权利,地役权具有从属性和不可分性。

12.D 【解析】 本题考查侵权行为的特点。与合同之债相比,侵权行为之债具有如下特点:

(1)它由非法行为引起,性质上属于不法行为;而合同之债则由合法行为引起。

(2)侵权行为之债由加害人的单方行为所致,与受害人的意思和行为无关;而合同之债需当事人双方意思表示一致。

(3)侵权行为之债是法定之债。它的发生是基于法律的规定;而合同之债为任意之债,法律一般不作强制性规定。

(4)侵权行为之债的内容主要为赔偿损害,具有补偿受害人损失的作用;而合同之债的内容基本上都具有财产性质,债务人履行债务的目标,在于使债权人取得约定的利益。

13.D 【解析】 依所有权扩张规则,抛弃份额由其他共有人按共有份额的原有比例相应扩张。

14.C 【解析】 《担保法》第 43 条规定:"当事人以其他财产抵押的,可以自愿办理抵押物登记,抵押合同自签订之日起生效。当事人未办理抵押物登记的,不得对抗第三人。当事人办理抵押物登记的,登记部门为抵押人所在地的公证部门。"

15.D 【解析】 根据《民法通则》第 126 条的规定,建筑物或者其他设施以及建筑物上的搁置物、悬挂物发生倒塌、脱落、坠落造成他人损害的,它的所有人或者管理人应当承担民事责任,但能够证明自己没有过错的除外。也就是说,建筑物致人损害适用过错推定的归责原则。选项 A、B、C 均实行无过错责任。

16.D 【解析】 《合同法》第 2 条规定:"本法所称合同是平等主体的自然人、法人、其他组织之间设立、变更、终止民事权利义务关系的协议。婚姻、收养、监护等有关身份关系的协议,适用其他法律的规定。"所以 A、B 错误,而 C 选项的联产承包协议中当事人不是平等的民事主体,因此也不适用《合同法》。

17.B 【解析】 根据权利人是对自有物享有物权还是对他人所有之物享有物权而分为自物权与他物权。在他物权中,以设立目的的不同为标准可分为用益物权与担保物权。

18.C 【解析】 委托作品,是指作者接受他人委托而创作的作品。委托作品的创作基础是委托合同,既可以是口头的,也可以是书面的;既可以是有偿的,也可以是无偿的。委托作品应体现委托人的意志,实现委托人使用作品的目的。委托作品的著作权归属由委托人和受托人通过合同约定。

19.C 【解析】 《合同法》第 133 条规定:"标的物的所有权自标的物交付时起转移,但法律另有规定或者当事人另有约定的除外。"《民法通则》第 72 条第 2 款也明确规定:"按照合同或者其他合法方式取得财产的,财产所有权从财产交付时起转移,法律另有规定或者当事人另有约定的除外。"

20.B 【解析】 代书遗嘱、录音遗嘱、口头遗嘱都须有两个以上的见证人在场见证。

21.B 【解析】 《担保法》第 84 条规定:"因保管合同、运输合同、加工承揽合同发生的债权,债务人不履行债务的,债权人有留置权。法律规定可以留置的其他合同,适用前款规定。当事人可以在合同中约定不得留置的物。"

22.C 【解析】 恶意串通是指当事人为实现某种目的,串通一气,共同实施订立合同的民事行为,造成国家、集体或者第三人的利益损害的违法行为。其他选项不合题意。

23.D 【解析】《担保法》第6条至第10条规定,"本法所称保证,是指保证人和债权人约定,当债务人不履行债务时,保证人按照约定履行债务或者承担责任的行为";"具有代为清偿债务能力的法人、其他组织或者公民,可以作保证人";"国家机关不得为保证人,但经国务院批准为使用外国政府或者国际经济组织贷款进行转贷的除外";"学校、幼儿园、医院等以公益为目的的事业单位、社会团体不得为保证人";"企业法人的分支机构、职能部门不得为保证人。企业法人的分支机构有法人书面授权的,可以在授权范围内提供保证"。

24.D 【解析】《担保法》第2条第2款规定:"本法规定的担保方式为保证、抵押、质押、留置和定金。"

25.D 【解析】 名称权是法人和其他组织对自己的名称享有的权利,公民或自然人不享有名称权。所以答案选D。

26.D 【解析】 物是能满足人的需要,并能为人支配的物体或自然力。星星不能为人所实际控制和支配,永久性假肢已与人体连成一体,成为人体的组成部分,商标不为有体物,因此,本题的选项为D。

27.D 【解析】 根据我国法律的规定,无权代理行为包括四种:未经授权的代理、代理权消灭后的代理、超越代理权限的代理和表见代理。其中,表见代理是特殊的无权代理类型。因为它尽管是无权代理,但为了保护善意第三人的合法权益,法律确认其产生有权代理的法律后果。在本题中,D为滥用代理权的行为。

28.B 【解析】 处理相邻关系的三项原则:有利生产,方便生活,团结互助,公平合理。

29.C 【解析】 根据《合同法》第42条第(一)项的规定,当事人在订立合同中有假借订立合同,恶意进行磋商的情况,给对方造成损失,该当事人应当承担损害赔偿责任。结合本题,丁假借订货与甲接洽,报价高于丙以阻止甲与丙签约,即属于假借订立合同,恶意进行磋商的情形,因此,合同当事人丁应当对甲承担缔约过失责任。本题的答案为C。

根据《合同法》第42条的规定,只有合同一方当事人在订立合同过程中的行为导致另一方的损失的,该方当事人承担损害赔偿责任,而乙和丙均不是合同的当事人,因此,不承担缔约过失责任。因此,A、B是错误的。

丁需对甲承担缔约过失责任,因此,D的说法也是错误的。

30.D 【解析】 D项是表见代理的效果,不是法律要件。

31.D 【解析】 继受取得。所有权的继受取得包括:买卖、互易、赠与、继承、遗赠、征收等。

32.A 【解析】 四种常见的要约邀请:寄送的价目表、拍卖广告、招标公告、招股说明书。

33.B 【解析】 动物致人损害是由动物的饲养人或者管理人承担责任,但第三人引起的由第三人承担。所以,马的主人方某不承担,而由狗的主人何某承担。

34.C 【解析】 除非一方当事人死亡,取得离婚证明的法律文书,始得解除夫妻关系。

35.A 【解析】 根据有关司法解释,因第三者介入而引起的离婚,由有过错的一方提出离婚的,如原来夫妻感情融洽,感情尚未破裂,对方谅解,应调解和好或判决不准离婚;如果夫妻感情确已破裂,调解离婚无效,应判决离婚,但要分清责任和做好有关工作。无过错的一方提出离婚。经调解和好无效时,应准予离婚。

二、简答题

36.【参考答案】 民法的渊源,又称民法的法源,是指民事法律规范的来源或表现形式。我国民法的渊源主要是指国家有关机关在其职权范围内制定的有关民事的规范性文件,主要包括:

(1)法律。法律是指全国人民代表大会和全国人民代表大会常务委员会制定的规范性文件。包括:宪法、民事基本法、民事单行法和其他法律中的民法规范。

(2)法规。法规包括行政性法规和地方性法规。

(3)规章。规章是指国务院各部(委)和地方人民政府为贯彻法律、法规,在其权限范围内制定的规范性文件。

(4)最高人民法院的司法解释。最高人民法院有权就法律适用中的问题作出解释。最高人民法院的司法解释包括关于贯彻执行法律的意见、适用法律的解答、就某案件如何适用法律的批复等,也是民法的重要渊源。

(5)国家政策和习惯。

37.【参考答案】 继承权丧失的法定理由是:

(1)故意杀害被继承人。

(2)为争夺遗产而杀害其他继承人。

(3)遗弃被继承人,或者虐待被继承人情节严重的。

(4)伪造、修改或者销毁遗嘱,情节严重的。

38.【参考答案】 民事责任,是指民事法律关系主体在侵犯民事权利或违反民事义务的情况下依照民法所应承担的强制性法律后果。其特征包括:

(1)民事责任是因违反民事义务,依法应承担的一种法律后果。

(2)民事责任主要是一种财产责任,但不限于财产责任。

(3)民事责任是一方当事人对于另一方当事人的责任。

(4)民事责任的范围与违法行为造成的权利损害相适应。

三、论述题

39.【参考答案】 民法的基本原则,效力贯穿民法始终,体现了民法的基本价值,集中反映了民事立法的目的和方针,对各项民法制度和民法规范起统帅和指导作用,是民事立法、执法、守法及研究民法的总的指导思想。在我国现行的民事立法上,承认了平等原则、自愿原则、公平原则、诚实信用原则、守法原则以及公序良俗原则。其中,平等原则是民法的基础原则;自愿原则反映了民法的法规特性;公平原则意在谋求当事人之间的利益平衡;诚实信用原则、守法原则和公序良俗原则对个人利益与个人利益之间的矛盾和冲突,以及个人利益与国家、社会利益之间的矛盾和冲突发挥双重调整功能。

(1)民法基本原则的概念

民法的基本原则,是民法及其经济基础的本质和特征的集中体现,是高度抽象的、最一般的民事行为规范和价值判断准则。民法基本原则的意义,具体体现在:

①民法的基本原则是民事立法的准则。

②民法的基本原则是民事主体进行民事活动的基本准则。

③民法的基本原则是法院解释法律、补充法律漏洞的基本依据。

④民法的基本原则是解释、研究民法的出发点。

(2)民法基本原则的内容

我国的民事立法上,确立了以下几项民法的基本原则:

①平等原则。平等原则,也称为法律地位平等原则。《民法通则》第3条明文规定:"当事人在民事活动中的地位平等。"平等原则集中反映了民事法律关系的本质特征,是民事法律关系区别于其他法律关系的主要标志。它是指民事主体享有独立、平等的法律人格,其中平等以独立为前提,独立以平等为归宿。在具体的民事法律关系中,民事主体互不隶属,各自能独立地表达自己的意志,其合法权益平等地受到法律的保护。平等原则是市场经济的本质特征和

内在要求在民法上的具体体现，是民法最基础、最根本的一项原则。

②自愿原则。自愿原则，是指法律确认民事主体自由地基于其意志进行民事活动的基本准则。《民法通则》第4条规定，民事活动应当遵循自愿原则。自愿原则的存在和实现，以平等原则的存在和实现为前提。只有在地位独立、平等的基础上，才能保障当事人从事民事活动时的意志自由。自愿原则的核心是合同自由原则。

③公平原则。公平原则，是指民事主体应依据社会公认的公平观念从事民事活动，以维持当事人之间的利益均衡。《民法通则》第4条规定，民事活动应当遵循公平的原则。公平原则在民法上主要是针对当事人之间的合同关系提出的要求，是当事人缔结合同关系，尤其是确定合同内容时，所应遵循的指导性原则。它具体化为合同法上的基本原则就是合同正义原则。合同正义隶属平均正义，要求维护合同双方当事人之间的利益均衡。

④诚实信用原则。在民法上，诚实信用原则是指民事主体进行民事活动必须意图诚实、善意、行使权利不侵害他人与社会的利益，履行义务信守承诺和法律规定，最终达到所有获取民事利益的活动，不仅应使当事人之间的利益得到平衡，而且也必须使当事人与社会之间的利益得到平衡的基本原则。《民法通则》第4条规定，民事活动应当遵循诚实信用原则。《民法通则》将诚实信用原则规定为民法的一项基本原则，不难看出，诚实信用原则在我国民法上有适用于全部民法领域的效力。诚实信用原则常被奉为"帝王条款"，有"君临法域"的效力。

⑤守法原则。民事主体的民事活动应当遵守法律和行政法规。《民法通则》第6条将守法原则表述为：民事活动必须遵守法律，法律没有规定的，应当遵守国家政策。这是作为民法基本原则的守法原则的核心。民法作为私法，着重于对私人人身利益和财产利益的法律调整，因而在规范形态上存在许多可以经由当事人特别协商予以排除的任意性规范，以及为保护当事人的利益所设置的倡导性规范，《合同法》第10条第2款关于合同形式的规定，即属民法上的倡导性规范。任意性规范仅在当事人对有关事项未作约定或约定不明确的情况下，方可作为补充性规范，弥补当事人意思表示上的欠缺。倡导性规范也不具有强制当事人遵循的效力。不遵守倡导性规范，属于自甘冒险的行为，当事人有可能承受由此带来的不利后果。因而，守法原则一般不包括法律和行政法规中的任意性规范和倡导性规范，而是指民事主体的民事活动应当遵守法律和行政法规中的强行性规范，不得有所违反；一旦违反，法律和行政法规将作出否定性评价，使民事主体的民事活动不按照民事主体的预期发生相应的法律效果。

⑥公序良俗原则。公序良俗是公共秩序和善良风俗的合称。公序良俗原则是现代民法一项重要的法律原则，是指一切民事活动应当遵守公共秩序及善良风俗。在现代市场经济社会，它有维护国家社会一般利益及一般道德观念的重要功能。《民法通则》第7条规定，民事活动应当尊重社会公德，不得损害社会公共利益，不得扰乱社会经济秩序。经济的公序，是指为了调整当事人之间的契约关系，而对经济自由予以限制的公序。良俗，即善良风俗，学界一般认为是指为社会、国家的存在和发展所必要的一般道德，是特定社会所尊重的起码的伦理要求。不难看出，善良风俗是以道德要求为核心的。为了将公序良俗原则与诚实信用原则区别开来，应将善良风俗概念限定在非交易道德的范围内，从而与作为市场交易的道德准则的诚实信用原则各司其职。与诚实信用原则相仿，公序良俗原则具有填补法律漏洞的功效。这是因为公序良俗原则包含了法官自由裁量的因素，具有极大的灵活性，因而能处理现代市场经济中发生的各种新问题，在确保国家一般利益、社会道德秩序，以及协调各种利益冲突、保护弱者、维护社会正义等方面发挥极为重要的机能。一旦人民法院在司法审判实践中，遇到立法当时未能预见到的一些扰乱社会秩序、有违社会公德的行为，而又缺乏相应的禁止性规定时，可直接适用公序良俗原则认定该行为无效。

四、案例分析题

40.【参考答案】 (1)该合同是可撤销的民事法律行为,可撤销行为,是因行为有法定的重大瑕疵而须以诉变更或者撤销的民事行为。因为这是一个基于重大误解而订立的合同,根据《民法通则》和《合同法》的规定,为可撤销的民事法律行为。

(2)华夏商场有权主张撤销权,因为根据《民法通则》的规定,重大误解的民事行为中,双方当事人均享有撤销权。当事人行使撤销权的时间是自其知道或者应当知道撤销事由之日起1年,而本案中华夏商场行使撤销权的时间尚未超过1年,因此华夏商场有权主张撤销权。

(3)华夏商场享有撤销权和变更权:

①如果华夏商场主张撤销该合同,则合同因被法院撤销而自始无效,华夏商场应向甲公司返还货款,双方根据各自的过错承担缔约过失责任。

②如果华夏商场主张变更该合同价款,则合同因被法院变更而成为有效合同,华夏商场有权要求甲公司按照变更后的合同继续履行或承担违约责任。

③如果华夏商场明确表示放弃撤销权,则该合同成为有效合同,华夏商场应向甲公司继续履行合同或承担违约责任。

41.【参考答案】 (1)吴某能取得对电脑的所有权。吴某构成善意取得。共同共有人对共有财产享有共同的权利,承担共同的义务。在共同共有关系存续期间,部分共有人擅自处分共有财产的,一般认定无效。但第三人善意、有偿取得该项财产的,应当维护第三人的合法权益;对其他共有人的损失,由擅自处分共有财产的人赔偿。在本案中,穆某作为共同共有人,处分其共有财产,而吴某作为善意第三人,在并不知情的情况下,支付了相当的价款,依法应取得该电脑的所有权。

(2)武某不能取得对电脑的所有权。根据我国《物权法》规定,动产善意取得必须符合如下构成要件:第一,受让人受让动产时是善意的。第二,受让人以合理的价格有偿受让。第三,动产已经交付给受让人。第四,占有人必须是善意取得占有。如果占有人的占有不是基于所有人的意思取得的,占有人非法转让,善意第三人不能取得原物的所有权,所有人有权向第三人请求返还原物。本案中,由于电脑是被所有权人遗失,原物不基于所有人的意思丧失占有,因此不能适用善意取得,武某不能取得有关所有权。